普通高校"十二五"规划教材
公共基础课系列

高职语文（下）

主　编　刘金同　李晓辉
　　　　张钦辉
副主编　于丽波　崔朝红
　　　　王玉文

清华大学出版社
北　京

内容简介

本教材是根据高职高专《教学大纲》基本要求,精选古今中外的名篇佳作,以主题的形式划分成不同单元,每一单元又根据体裁安排了"口语交际"、"写作训练"、"知识拓展"等内容,并在文章后附有"思考练习",以利于提升学生的语文能力、培养良好的人文素养、形成高尚的道德品质。本教材分上、下两册,其中,上册分为:"绚丽青春"、"编织梦想"、"探索奥秘"、"青鸟使者"、"诗情古韵"、"星火启智"、"感悟生命"、"和谐自然"、"走进科学"、"世相百态"、"融入社会"、"求学之志"12个单元。下册分为:"故乡情深"、"演讲大厅"、"关注生态"、"立志成才"、"词达乾坤"、"借你慧眼"、"辩证思维"、"花木寄情"、"人生哲理"、"诗情画意"、"戏剧人生"、"历史回声"12个单元。

本教材适用于高职、高专类学生特别是"五年一贯制"大专生使用,也可作为高级技工学校及中职学校的基础教材。

本书封面贴有清华大学出版社防伪标签,无标签者不得销售。
版权所有,侵权必究。举报:010-62782989,beiqinquan@tup.tsinghua.edu.cn。

图书在版编目(CIP)数据

高职语文.下册/刘金同,李晓辉,张钦辉主编.--北京:清华大学出版社,2013(2023.7重印)
(普通高校"十二五"规划教材·公共基础课系列)
ISBN 978-7-302-31747-0

Ⅰ.①高… Ⅱ.①刘… ②李… ③张… Ⅲ.①大学语文课—高等职业教育—教材 Ⅳ.①H19

中国版本图书馆CIP数据核字(2013)第056012号

责任编辑:彭 欣
封面设计:汉风唐韵
责任校对:王荣静
责任印制:曹婉颖

出版发行:清华大学出版社
  网 址:http://www.tup.com.cn,http://www.wqbook.com
  地 址:北京清华大学学研大厦A座 邮 编:100084
  社 总 机:010-83470000 邮 购:010-62786544
  投稿与读者服务:010-62776969,c-service@tup.tsinghua.edu.cn
  质量反馈:010-62772015,zhiliang@tup.tsinghua.edu.cn
印 装 者:北京鑫海金澳胶印有限公司
经 销:全国新华书店
开 本:185mm×260mm 印 张:19.25 插 页:1 字 数:446千字
版 次:2013年6月第1版 印 次:2023年7月第11次印刷
定 价:48.00元

产品编号:051853-02

教材编委会

主　任　李昌武
副主任　张子泉
编　委　刘金同　李晓辉　张钦辉　于丽波　崔朝红
　　　　王玉文　付景明　韩丙宝　王丽芳　刘蔚玲
　　　　黄美霞　王双同　韩秋华　魏晓玲　王艳萍

前 言

高职语文是随着高职教育的发展而逐渐发展起来的,"高职语文"与"大学语文"相比有一定差异,它是面向普通高职类院校非中文专业开设的公共必修课,是在高职教育培养目标指引下,在坚持技能与素质并重的观念下,既强调实用性技能的培养,又注重对学生人文素养的教育。实现对高职大学生人文素养方面的教育,不是一朝一夕能完成的事情,所以,高职语文在教学内容设定方面,不仅要做到充分利用好有限的教学时间,还要将课堂教学中的内容作为"引子",对学生课外文化生活作出科学的编排。只有这样,才能有效打造高等职业院校人文素养的平台,真正将高职院校大学生的人文素质培养工作落实到位。

高职语文教材如何做到既能适应高职教育发展,还符合人才培养模式的需要呢?高职语文教材在出版后,是否能得到教师、学生的普遍认可?这些方面的问题,成为众多专家学者不断努力的方向。从当前情况来看,高职语文教材建设呈现出百花齐放的大好局面,这为高职语文学科建设作出了很大贡献。这本由刘金同教授和李晓辉老师担任主编、一线教师集体编写的《高职语文》(上、下册),是在继承现有高职语文教材,又充分结合一线教师教学经验以及学生对高职语文学习现实需要的基础上,集合众人智慧的高职语文力作。

本教材最初以讲义的形式出现,先由高校一线语文教师试用该讲义,并在试用三年之后,又采用调查问卷的形式,对一线教师、专家学者、学生等进行专门的调研,从教材框架、单元结构、作品选择、整体性评价等多个方面进行汇总分析,获得了大量的教学经验与诸多专家学者的建设性意见,再次对试教讲义进行修订,又在高校试用了两年,最后才得以出版本教材,可以说是"千呼万唤始出来",是教材所有编纂人员集体智慧的结晶。

高职语文人文素养教育的载体是古今中外的经典佳作,学生只有通过阅读经典的文学作品,才能不断提升其阅读能力与表达能力,所以,高职语文人文素质教育需要从高职教学实际出发,做到人文性与工具性的有机结合,也就是既要强调实用性,也要保持人文性。只有这样,学生步入社会后,才能真正践行社会主义核心价值观、承担更多的社会责任。从上述编纂理念出发,本教材一直坚持语文素质的培养与人文精神的有机结合。教材内的作品在选择过程中坚持"选材范围广、风格多样化"的原则,对古今中外的经典作品进行反复鉴别,选取人文性与实用性俱佳的作品,在拓宽文化视野的同时,还能强调人文素养的培养。也就是注重将体现深刻思想内涵、独到审美趣味的人文作品纳入教材中。让学生通过阅读,提升自身的审美情趣与人品品质;让学生通过学习古今中外的优秀文化成果,成为传承文化成果的桥梁;从而适应当前人文学科与自然学科交叉发展趋势,实现人文与自然的有机融合。

本教材在编写体例上,将作品主题作为单元,上册由"绚丽青春"、"编织梦想"、"探索奥秘"、"青鸟使者"、"诗情古韵"、"星火启智"、"感悟生命"、"和谐自然"、"走进科学""世相百态"、"融入社会"、"求学之志"12个部分组成;下册由"故乡情深"、"演讲大厅"、"关注生态"、"立志成才"、"词达乾坤"、"借你慧眼"、"辩证思维"、"花木寄情"、"人生哲理"、"诗情画意"、"戏剧人生"、"历史回声"12个部分组成,每一个单元后面又根据不同体裁安排了"口语交际"、"写作训练"、"知识拓展"等,并在相应的课文后面附有思考练习。该编排体例有利于培养学生的语文能力,提升人文素养以及养成高尚的道德品质。在《高职语文》(上、下册)编写过程中,做了以下几个方面的尝试:

第一,编排体例创新。根据高职语文教学的需要,采用主题的形式来划分单元,共分24个单元,每一个单元都突出一个特色。比如"感悟生命",精选了《给我三天视力》《谈生命》《青年在选择职业时的思考》《获得教养的途径》《我的梦想》等几篇文章,能够从不同的视角去思考生命、学会感恩。从海伦·凯勒那里看到了"身残志坚"的毅力,使我们有更大勇气去面对生活中的挫折,与此同时,作为身体健全的人,更应该珍惜生命。从冰心的"一江春水"与"一棵小树"中认识生命的规律与生命中幸福、痛苦相伴的人生法则,汲取生命不止、奋斗不息的精神;从马克思那里,我们知道了职业理想,为人类幸福与自身完美而工作,才能让自己过得完美;从瑞士作家赫尔曼·黑塞那里懂得了读书是获得教养的途径,强调了读书的重要作用,鼓励人们多读经典作品,进而能认识社会,提升自我修养;从史铁生身上学习在苦难中思索人生,品味人生。

第二,体现人文精神。将人文素养贯穿于整部教材中,让学生在学习过程中陶冶情操,感悟人生,提升思想境界,培养学生的高尚人格。比如"星火启智"中的《论语十则》《鱼我所欲也》《邹忌讽齐王纳谏》《庖丁解牛》《察今》等文章,从一些日常小事情中感受到智慧之光,领悟到知识背后的东西。《论语十则》中谈到的是孔子教育思想的核心部分,明确了为人处世、学习方法、学习态度、修身做人的基本方法。《鱼我所欲也》中孟子主张性善论,指出人具备羞恶之心、恻隐之心、是非之心与辞让之心,在道德层面就具有"仁、义、礼、智"。《邹忌讽齐王纳谏》中的邹忌用生活中的小事设喻,劝说君王广开言路,劝谏齐王应该广纳人民的意见,可当作今后施政根据。《庖丁解牛》通过厨师的讲解,可以明白只要经过不断的实践,就可以掌握事物的客观规律,进而做事情能做到得心应手。《察今》指出做事情一定要从一定的法度出发,变法一定要依据时代的发展而变化。

第三,突出实用性。教材充分结合高职语文教学特点,适当编排了实用性项目,有的是在每一单元之后,安排"口语交际"、"知识扩展"、"写作训练"等;有的是以单独的单元来出现,比如"青鸟使者"重点探讨了"求职信"、"应聘信"、"感谢信"、"慰问信"、"贺信"、"倡议书"、"建议书"、"申请书"等,能让学生掌握应用文写作的基本知识。为了让学生加深对书信格式的认识,还在本单元后附加了"中文和英文书信格式对比",让学生掌握更多有关书信方面的知识。

刘金同、李晓辉、张钦辉担任本教材的主编,负责教材的策划、编写方案的制定以及统稿,于丽波、崔朝红、王玉文担任副主编,主要负责教材的编辑、整理工作,最后由李昌武、张子泉主审。教材编写人员具体分工如下:刘金同、于丽波负责第一单元、第二单元的编写;崔朝红、王丽芳负责第三单元、第四单元的编写;付景明、王艳萍、刘蔚玲负责第五单元、第六单元的编写;黄美霞、王双同、张钦辉负责第七单元、第八单元的编写;韩秋华、韩丙宝负责第九单元、第十单元的编写;李晓辉、魏晓玲、王玉文负责第十一单元、第十二单元的编写。

  本教材在编写的过程中,借鉴参考了一些专家、学者观点,引用了互联网上的一些资料,并参阅了兄弟院校的《高职语文》教材,在此对相应人员一并表示感谢!我们还代表千万学子对课文的作者再次表示感谢!

  因编写人员的水平有限,书中错讹之处,欢迎广大读者批评指正!

本书编写组

目 录

第一单元　故乡情深 …………………………………………………………… 1

　1. 故乡的榕树(黄河浪) ………………………………………………………… 1
　2. 乡土情结(柯灵) ……………………………………………………………… 5
　3. 江南的冬景(郁达夫) ………………………………………………………… 8
　4. 梦回故园(丛维熙) …………………………………………………………… 11
　5. 西安这座城(贾平凹) ………………………………………………………… 14
　写作训练(一)　散文写作 ……………………………………………………… 17
　知识拓展(一)　散文的欣赏 …………………………………………………… 18

第二单元　演讲大厅 …………………………………………………………… 26

　1. 在马克思墓前的讲话(恩格斯) ……………………………………………… 26
　2. 我有一个梦想(马丁·路德·金) ……………………………………………… 29
　3. 不自由,毋宁死(帕特里克·亨利) …………………………………………… 33
　4. 奥林匹克精神(顾拜旦) ……………………………………………………… 35
　5. 《黄花岗烈士事略》序(孙文) ………………………………………………… 37
　写作训练(二)　应用文写作 …………………………………………………… 39
　口语交际(一)　即席发言 ……………………………………………………… 44

第三单元　关注生态 …………………………………………………………… 47

　1. 像山那样思考(奥尔多·利奥波德) ………………………………………… 47
　2. 离太阳最近的树(毕淑敏) …………………………………………………… 50
　3. 森林写意(徐刚) ……………………………………………………………… 52
　4. 西地平线上(高建群) ………………………………………………………… 56
　5. 一滴水可以活多久(迟子建) ………………………………………………… 59
　写作训练(三)　调查报告 ……………………………………………………… 61
　知识拓展(二)　我国自然生态环境现状 ……………………………………… 62

第四单元　立志成才 …………………………………………………………… 65

　1. 改造我们的学习(毛泽东) …………………………………………………… 65
　2. 谈自制力(诸晓) ……………………………………………………………… 70

3. 尚俭戒奢谈(毛书征) ……………………………………………… 72
4. 富有的是精神(谢冕) …………………………………………… 74
5. 思考的威力(牛守贤) …………………………………………… 76
写作训练(四)　议论文写作 ………………………………………… 80
知识拓展(三)　议论文的阅读与写作 ……………………………… 82

第五单元　词达乾坤 …………………………………………… 85

1. 水调歌头(苏轼) ………………………………………………… 85
2. 永遇乐　京口北固亭怀古(辛弃疾) …………………………… 87
3. 望海潮(柳永) …………………………………………………… 88
4. 虞美人·春花秋月何时了(李煜) ……………………………… 90
5. 武陵春(李清照) ………………………………………………… 91
6. 天净沙·秋思(马致远) ………………………………………… 92
7. 钗头凤(陆游) …………………………………………………… 93
口语交际(二)　主持 ………………………………………………… 95
知识拓展(四)　词的基本知识 ……………………………………… 98

第六单元　借你慧眼 …………………………………………… 103

1. 林黛玉进贾府(曹雪芹) ………………………………………… 103
2. 苦恼(契诃夫) …………………………………………………… 113
3. 一碗清汤荞麦面(栗良平) ……………………………………… 118
4. 群英会蒋干中计(罗贯中) ……………………………………… 123
5. 婴宁(蒲松龄) …………………………………………………… 127
6. 红高粱(莫言) …………………………………………………… 134
写作训练(五)　记叙文写作 ………………………………………… 137
知识拓展(五)　我国古代小说的产生与发展 ……………………… 138

第七单元　辩证思维 …………………………………………… 140

1. 中国人失掉自信力了吗(鲁迅) ………………………………… 140
2. 不求甚解(邓拓) ………………………………………………… 142
3. 论骄傲(平伦元) ………………………………………………… 144
4. 毛遂不避嫌疑(赵金禾) ………………………………………… 147
5. "苹果落地"的传闻可靠吗(杜晓庄) …………………………… 148
写作训练(六)　议论文写作 ………………………………………… 151
口语交际(三)　演讲 ………………………………………………… 153

第八单元　花木寄情 …………………………………………… 157

1. 荷塘月色(朱自清) ……………………………………………… 157

2. 故都的秋（郁达夫）……………………………………………… 160
　　3. 陶然亭的雪（俞平伯）……………………………………………… 163
　　4. 听听那冷雨（余光中）……………………………………………… 168
　　5. 一片叶子（节选）（东山魁夷）…………………………………… 173
　　写作训练（七）　散文写作………………………………………… 175
　　口语交际（四）　采访……………………………………………… 178

第九单元　人生哲理 …………………………………………………… 182

　　1. 我若为王（聂绀弩）………………………………………………… 182
　　2. 剃光头发微（何满子）……………………………………………… 184
　　3. 一只特立独行的猪（王小波）……………………………………… 186
　　4. 哲学家皇帝（陈之藩）……………………………………………… 189
　　5. 哀"八旗子弟"（秦牧）…………………………………………… 191
　　写作训练（八）　议论文写作……………………………………… 195
　　知识拓展（六）　"人肉搜索"利与弊……………………………… 198

第十单元　诗情画意 …………………………………………………… 200

　　1. 再别康桥（徐志摩）………………………………………………… 200
　　2. 致大海（普希金）…………………………………………………… 202
　　3. 雨巷（戴望舒）……………………………………………………… 205
　　4. 我愿是一条急流（裴多菲·山陀尔）……………………………… 208
　　5. 我骄傲,我是一棵树（李瑛）……………………………………… 210
　　写作训练（九）　诗歌写作………………………………………… 214
　　口语交际（五）　辩论……………………………………………… 216

第十一单元　戏剧人生 ………………………………………………… 222

　　1. 窦娥冤（节选）（关汉卿）………………………………………… 222
　　2. 雷雨（节选）（曹禺）……………………………………………… 229
　　3. 威尼斯商人（节选）（莎士比亚）………………………………… 238
　　4. 茶馆（节选）（老舍）……………………………………………… 247
　　5. 悭吝人（节选）（莫里哀）………………………………………… 257
　　写作训练（十）　剧本写作………………………………………… 266
　　口语交际（六）　应聘和自荐……………………………………… 270

第十二单元　历史回声 ………………………………………………… 274

　　1. 鸿门宴（司马迁）…………………………………………………… 274
　　2. 六国论（苏洵）……………………………………………………… 280

3. 谏太宗十思疏(魏征) …………………………………………………… 283
4. 阿房宫赋(杜牧) …………………………………………………… 285
5. 过秦论(上)(贾谊) …………………………………………………… 289
写作训练(十一)　自由写作 …………………………………………… 292
知识拓展(七)　毛泽东对鲁迅的评价 …………………………… 294

参考文献 ……………………………………………………………………… 297

第一单元

故 乡 情 深

　　每个人都有自己的家,都有自己的家乡。家乡的山川树木、风土人情和血浓于水的亲情,连同那关于故土的传说,都是我们成长的精神滋养,都是我们的"根"。家园之思也因此成为文学作品中一个"永恒的主题"。在古人的笔下,望月思乡总是那样充满诗情画意,那是一种悲凉的美,我们从中体悟了游子的牵挂、哀怨和无奈,领略了古往今来人们对故乡家园的无限依恋和拳拳思念。在日新月异的现代社会,一生一世不离故土的人越来越少了。不管出于何种原因,当你踏上离乡之路时,思乡便"渐行渐远还生"了。故土难离啊,思乡之情,人皆有之。漫漫旅途中,当明月升起之时,当午夜梦回之际,思乡常如影随形地陪伴着你我,深邃而绵长。

　　本单元美文展现出怀恋故园的浓情深意,吟味那绵绵不绝的乡思乡愁。故乡是黄河浪笔下郁郁苍苍的榕树;是柯灵心里那一方魂牵梦萦的土地;是郁达夫对温润、晴暖、优美的江南冬景的眷恋;是丛维熙和巍巍青山的对话;是贾平凹笔下不一样的西安城。

　　一个挚爱故乡、谙熟故乡的人,是一个聪明人、一个充分理解人生的人。由故乡走向社会,再由社会回归故乡,进而反观社会的人,则近于哲与圣的超然、彻悟与睿智。故土情深,故园难忘,故乡是我们心中最美的地方!

1.

故乡的榕树[1]

黄河浪

[阅读提示]

　　文章由住所左近的两棵榕树,联想到故乡的榕树,由故乡的榕树联想到可爱的故乡和淳朴的故乡人。老榕树苍虬多筋的树干,使作者想到了儿时的缤纷之梦;老榕树那世世代代讲不完的传说,勾起了作者对亲人的思念;老榕树那"温柔的翅膀"投下的"一地阴凉",引发了作者深深的思索和无限的情思。我们仿佛看到了老祖母那慈祥的身影,听到了农人们那充满着原野风味的粗犷小曲,感受到了浓蔚的绿荫里飕飕的凉意……故乡的榕树以无限的爱心庇护着故乡的人们,远离故乡的游子怎能不怀念故乡的榕树?作者以榕树为凭借,把故乡这些平凡的生活贯穿起来,联想丰富,感情真挚。阅读时,要把握文章的思路,展开想象的翅膀,体会作者的感情。

文章叙述明快流畅,描写有声有色,抒情真挚浓郁。可找出对大榕树及其环境描写的文字,仔细阅读,领略文中像图画一般的美丽意境;反复朗读最后几段,学习作品融记叙、描写、议论、抒情于一体的表达方式,品味文章诗一般的语言。

住所左近的土坡上,有两棵苍老翁郁[2]的榕树,以广阔的绿荫遮蔽着地面。在铅灰色的水泥楼房之间,摇曳[3]赏心悦目的青翠;在赤日炎炎的夏天,注一潭诱人的清凉。不知什么时候,榕树底下辟出一块小平地,建了儿童玩的滑梯和亭子,周围又种了蒲葵和许多花卉,居然成了一个小小的儿童世界。也许是对榕树有一份亲切的感情吧,我常在清晨或黄昏带小儿子到这里散步,或是坐在绿色的长椅上看孩子们嬉戏,自有种悠然自得的味道。

那天特别高兴,动了未泯[4]的童心,我从榕树枝上摘下一片绿叶,卷制成一支小小的哨笛,放在口边,吹出单调而淳朴的哨音。小儿子欢跳着抢过去,使劲吹着,引得谁家的一只小黑狗循声跑来,摇动毛茸茸的尾巴,抬起乌溜溜的眼睛望他。他把哨音停下,小狗失望地跑开去;他再吹响,小狗又跑拢来……逗得小儿子嘻嘻笑,粉白的脸颊上泛起淡淡的红晕。

而我的心却像一只小鸟,从哨音里展翅飞出去,飞过迷蒙的烟水、苍茫的群山,停落在故乡熟悉的大榕树上。我仿佛又看到那高大魁梧的躯干,卷曲飘拂的长须和浓得化不开的团团绿云;看到春天新长的嫩叶,迎着金黄的阳光,透明如片片碧玉,在袅袅的风中晃动如耳坠,摇落一串串晶莹的露珠。

我怀念从故乡的后山流下来,流过榕树旁的清澈的小溪,溪水中彩色的鹅卵石,到溪畔洗衣和汲[5]水的少女,在水面嘎嘎嘎地追逐欢笑的鸭子;我怀念榕树下洁白的石桥,桥头兀立[6]的刻字的石碑,桥栏杆上被人抚摸光滑了的小石狮子。那汩汩[7]的溪水流走了我童年的岁月,那古老的石桥镌刻[8]着我深深的记忆,记忆里的故事有榕树的叶子一样多……

站在桥头的两棵老榕树,一棵直立,枝叶茂盛;另一棵却长成奇异的S形,苍虬[9]多筋的树干斜伸向溪中,我们都称它为"驼背"。更特别的是它弯曲的这一段树心被烧空了,形成丈多长平放的凹槽,而它仍然顽强地活着,横过溪面,昂起头来,把浓密的枝叶伸向蓝天。小时候我们对这棵驼背榕树分外有感情,把它中空的那段凹槽当作一条"船"。几个伙伴爬上去,敲起小锣鼓,以竹竿当桨七上八落地划起来,明知这条"船"不会前进一步,还是认真地、起劲地划着。在儿时的梦里,它会顺着溪流把我们带到秧苗青青的田野上,绕过燃烧着火红杜鹃的山坡,穿过飘着芬芳的小白花的橘树林,到大江大海里去,到很远很美丽的地方去……

有时我们会问:这棵驼背的老榕树为什么会被烧成这样呢?听老人说,很久很久以前,有一条大蛇藏在这树洞中,日久成精,想要升天;却因伤害人畜,犯了天条[10],触怒了玉皇大帝。于是有天夜里,乌云紧压着树梢,狂风摇撼着树枝,一个强烈的闪电像利剑般劈开树干,头上响起惊天动地的炸雷!榕树着火烧起来了,烧空了一段树干,烧死了那头蛇精,接着,一阵飘泼大雨把火浇熄了……这故事是村里最老的老人说的,他像老榕树一样垂着长长的胡子。我们相信他的年纪和榕树一样苍老,所以我们也相信他说的话。

不知在什么日子,我们还看到一些女人到这榕树下虔诚[11]地烧一叠纸钱,点几柱香,她们怀着怎样的心愿来祈求[12]这榕树之神呢?我只记得有的小孩面上长了皮癣,母亲就会把他带到这里,在榕树干上砍几刀,用渗流出来的乳白的液汁涂在患处,过些日子,那癣似乎也就慢慢地好了。而我最难忘的是,每当过年的时候,老祖母都会叫我顺着那"驼背"爬到树上,折几枝四季长青的榕树枝,用来插在饭甑[13]炊熟的米饭四周,祭祀祖先的神灵。那时候,慈爱的老祖母往往会蹑着缠得很小的"三寸金莲"[14],笃笃笃地走到石桥上,一边看着我爬树,一边唠唠叨叨地嘱咐我小心。而我虽然心里有点战战兢兢的,却总是装出毫不在乎的样子,把折到的树枝得意地朝着她挥舞。

使人留恋的还有铺在榕树下的长长的石板条,夏日里,那是农人们的"宝座"和"凉床"。每当中午,亚热带强烈的阳光令屋内如焚、土地冒烟,唯有这两棵高大的榕树撑开遮天巨伞,抗拒迫人的酷热,洒落一地的阴凉,让晒得黝黑的农人们踏着发烫的石板路到这里透一口气。傍晚,人们在一天辛劳后,躺在用溪水冲洗过的石板上,享受习习的晚风,漫无边际地讲三国、说水浒,从远近奇闻谈到农作物的长势和收成……高兴时,还有人拉起胡琴,用粗犷的喉咙唱几段充满原野风味的小曲,在苦涩的日子里寻一点短暂的安慰和满足。

苍苍的榕树啊,用怎样的魔力把全村的人召集到膝下?不是动听的言语,也不是诱惑的微笑,只是默默地张开温柔的翅膀,在风雨中为他们遮挡,在炎热中给他们阴凉,以无限的爱心庇护着劳苦而淳朴的人们。

我深深怀念在榕树下度过的愉快的夏夜。有人卷一条被单,睡在光滑的石板上;有人搬几块床板,一头搁着长凳,一头就搁在桥栏杆上,铺一张草席躺下。我喜欢跟大人们一起挤在那里睡,仰望头上黑黝黝的榕树的影子,在神秘而恬静的气氛中,用心灵与天上微笑的星星交流。要是有月亮的夜晚,如水的月华[15]给山野披上一层透明的轻纱,将一切都变得不很真实,似梦境,似仙境。在睡意朦胧中,有嫦娥驾一片白云悄悄飞过,有桂花的清香自榕树枝头轻轻洒下来。而桥下的流水静静地唱着甜蜜的摇篮曲,催人在夜风温馨的抚摸中慢慢沉入梦乡……有时早上醒来,清露润湿了头发,感到凉飕飕的寒意,才发觉枕头不见了,探头往桥下一看,原来是掉到溪里,吸饱了水,涨鼓鼓的,搁浅[16]在乱石滩上……

那样的日子不会回来了。我仿佛刚刚从一场梦中醒转,身上还留有榕树叶隙漏下的清凉;但我确实知道,这一觉已睡过了三十年,而人也已离乡千里万里外了!故乡桥头苍老的榕树啊,也经历了多少风霜?听说那棵"驼背",在一次台风猛烈的袭击中,挣扎着倒下去了,倒在山洪暴发的溪水里,倒在故乡亲爱的土地上,走完了自己生命的历程。幸好另一棵安然无恙,仍以它浓蔚的绿叶荫庇着乡人。而当年把驼背的树干当船划的小伙伴们,都已成长。有的像我一样,把生命的船划到遥远的异乡,却仍然怀念着故土的榕树么?有的还坐在树下的石板上,讲着那世世代代讲不完的传说么?但那像榕树一样垂着长长胡子的讲故事老人已经去世了;过年时常叫我攀折榕树枝叶的老祖母也已离开人间许久了;只有桥栏杆上的小石狮子,还在听桥下的溪水汩汩流淌吧?

"爸爸,爸爸,再给我做几个哨笛。"不知什么时候,小儿子也摘了一把榕树叶子,递到我面前,于是我又一叶一叶卷起来给他吹。那忽高忽低、时远时近的哨音,弥漫成一片浓浓的乡愁,笼罩在我的周围。故乡的亲切的榕树啊,我是在你绿荫的怀抱中长大的,如果你有知觉,会知道我在这遥远的异乡怀念着你么?如果你有思想,你会像慈母一样,思念我这漂泊天涯的游子么?

故乡的榕树呀……

一九七九年五月于香港

[注释]

[1] 选自《福建青年》1980年6月号。
[2] 蓊(wěng)郁:草木茂盛。
[3] 摇曳(yè):摇荡。
[4] 泯(mǐn):丧失。
[5] 汲(jí):打水。
[6] 兀(wù)立:直立。
[7] 汩汩(gǔ):水流动的声音或样子。
[8] 镌(juān)刻:雕刻。
[9] 虬(qiú):古代传说中有角的小龙。这里形容树干像虬龙一样弯曲。
[10] 天条:迷信的人认为老天爷所定的戒律,人、神都要遵守。
[11] 虔(qián)诚:恭敬而有诚意(多用于宗教信仰方面)。
[12] 祈(qí)求:恳求。
[13] 饭甑(zèng):蒸米饭的用具,形似木桶,有屉而无底。
[14] 三寸金莲:指旧时女子缠过的小脚。
[15] 月华:月光。
[16] 搁浅:原指船只进入水浅的地方,不能行驶。这里指枕头被水冲到了乱石滩上,搁在那里。

[思考练习]

一、课文由眼前的榕树联想到故乡的榕树。找出文中眼前景和故乡情相互联系的段落和其中起主要联系作用的词语,体会它们的表达作用。

二、围绕着故乡的榕树,作者想到了哪些人和事?这些人和事与全文的中心有什么关系?

三、找出课文中的抒情段落,轻声诵读,仔细体会这些段落表达了作者怎样的思想感情。

四、课文中的描写很精彩。细细品味下边句子中加点的短语,说说它们在具体的语境中有什么表达作用。

1. 在儿时的梦里,它会顺着溪流把我们带到秧苗青青的田野上,绕过燃烧着火红杜鹃的山坡,穿过飘着芬芳的小白花的橘树林,到大江大海去……

2. 在睡意朦胧中,有嫦娥驾一片白云悄悄飞过,有桂花的清香自榕树枝头轻轻洒下来。而桥下的流水静静地唱着甜蜜的摇篮曲,催人在夜风温馨的抚摸中慢慢沉入梦乡……

五、作者对故乡的怀念之情是通过对榕树的回忆来表现的。课文为什么要以榕树为中心来写？文章以"故乡的榕树啊……"这几个字独立成段作结尾有什么作用？

2.

乡 土 情 结[1]

柯 灵

[阅读提示]

  本文以故园之思为线索，由"小家"到"大家"，由"离家"到"归家"，作者将乡土之情升华到了爱国之情。在文章中，作者不仅写出了千百年来人们对故乡的思念，更写出了为了保家卫国而割舍故园之思的高贵品质。

  文章开头解释乡土情结的由来与含义，作者以王维的《杂诗》引出一个普遍的道理："每个人的心里，都有一方魂牵梦萦的土地"，并且援引了大量古代诗人写的思乡诗来说明这种情感，点出"乡土情结"。接着，作者叙述人们离家的几种情形，不管是离家创业，还是因灾难与战争，人们在远离故乡的时候，乡土情结表现得更为强烈。在叙述了因各种原因而造成的离家之后，作者从古说到今，从自然说到人伦，从现实世界说到神话传说，最后归结到一点：安土重迁是中华民族的传统。作者把对乡土的思念与对祖国的思念融为一体，把乡土情结提高到民族凝聚力的高度来认识，这就丰富并深化了乡土情结的内涵。最后，作者从当今世界现代化程度越来越高、文化交融越来越充分的角度对乡土情结作了新的阐释，完成了主题的升华，读来发人深省，回味悠长。

  在文章中，作者征引了大量的古代诗文、史料与典故，不仅说明了乡土情结的久远与根深蒂固，而且还通过它们营造了一个个具体的历史场景，使文章更加含蓄蕴藉。比喻与排比句的大量运用，使语言更加生动、形象，增强了文章的艺术感染力。

  君自故乡来，应知故乡事，来日绮窗前，寒梅着花未？[2]

——王维

  每个人的心里，都有一方魂牵梦萦的土地。得意时想到它，失意时想到它。逢年逢节，触景生情，随时随地想到它。海天茫茫，风尘碌碌，酒阑灯灺[3]人散后，良辰美景奈何天[4]，洛阳秋风[5]，巴山夜雨[6]，都会情不自禁地惦念它。离得远了久了，使人愁肠百结："客舍并州数十霜，归心日夜忆咸阳。无端又渡桑乾水，却望并州是故乡[7]。"好不容易能回家了，偏又忐忑不安："岭外音书断，经冬复历春。近乡情更怯，不敢问来人[8]。""异乡人"这三个字，听起来音色苍凉；"他乡遇故知"，则是人生一快。一个怯生生的船家女，偶尔在江上听到乡音，就不觉喜上眉梢，顾不得娇羞，和隔船的陌生男子搭讪[9]："君家居何处？妾住在横塘。停船暂借问，或恐是同乡[10]。"辽阔的空间，悠邈[11]的时间，都不会使这种感情褪色：这就是乡土情结。

  人生旅途崎岖修远，起点站是童年。人第一眼看见的世界——几乎是世界的全部，就是生我育我的乡土。他开始感觉饥饱寒暖，发为悲啼笑乐。他从母亲的怀抱，父亲的眼神,亲族的逗弄中开始体会爱。但懂得爱的另一面——憎和恨,却须在稍稍接触人事以后。乡土的一山一水,一虫一鸟,一草一木,一星一月,一寒一暑,一时一俗,一丝一缕,一饮一啜,都溶化为童年生活的血肉,不可分割。而且可能祖祖辈辈都植根在这片土地上,有一部悲欢离合的家史。在听祖母讲故事的同时,就种在小小的心坎里。邻里乡亲,早晚在街头巷尾、桥上井边、田塍[12]篱角相见,音容笑貌,闭眼塞耳也彼此了然,横竖呼吸着同一的空气,濡染[13]着同一的风习,千丝万缕沾着边。一个人为自己的一生定音定调定向定位,要经过千磨百折的摸索,前途充满未知数,但童年的烙印,却像春蚕作茧,紧紧地包着自己,又像文身的花纹,一辈子附在身上。

"金窝银窝,不如家里的草窝。"但人是不安分的动物,多少人仗着年少气盛,横一横心,咬一咬牙,扬一扬手,向恋恋不舍的家乡告别,万里投荒,去寻找理想,追求荣誉,开创事业,富有浪漫气息。有的只是一首朦胧诗——为了闯世界。多数却完全是沉重的现实主义格调:许多稚弱的童男童女,为了维持最低限度的生存要求,被父母含着眼泪打发出门,去串演各种悲剧。人一离开乡土,就成了失根的兰花,逐浪的浮萍,飞舞的秋蓬,因风四散的蒲公英,但乡土的梦,却永远追随着他们。"慈母手中线,游子身上衣[14]",这根线的长度,足够绕地球三匝[15],随卫星上天。

浪荡乾坤的结果,多数是少年子弟江湖老,黄金、美人、虚名、实惠,都成了竹篮打水一场空。有的侘傺[16]无聊,铩羽而归[17]。有的春花秋月,流连光景,"未老莫还乡,还乡须断肠[18]"。有的倦于奔竞,跳出名利场,远离是非地,"只应守寂寞,还掩故园扉[19]"。有的素性恬淡,误触尘网,不愿为五斗米折腰,归去来兮,种菊东篱,怡然自得。——但要达到这境界,至少得有几亩薄田,三间茅舍作退步,否则就只好寄人篱下,终老他乡。只有少数中的少数、个别中的个别,在亿万分之一的机会里冒险成功,春风得意,衣锦还乡。——"富贵不归故乡,如衣绣夜行,谁知之者[20]!"这句名言的创作者是楚霸王项羽,但他自己功败垂成,并没有做到。

灾难使成批的人流离失所,尤其是战争,不但造成田园寥落,骨肉分离,还不免导致道德崩坏,人性扭曲。当然,战争有正义与非正义之分,"国家兴亡,匹夫有责";"匈奴未灭,何以家为[21]";"男儿何不带吴钩,收取关山五十州[22]",都是千古美谈。但正义战争的终极目的,正在于以战止战,缔造和平,而不是以战养战、以暴易暴。比灾难、战争更使人难以为怀的,是放逐:有家难归,有国难奔。屈原、贾谊[23]、张俭[24]、韩愈、柳宗元、苏东坡,直至康有为、梁启超,真可以说无代无之。——也许还该特别提一提林则徐,这位揭开中国近代史开宗明义第一章的伟大爱国前贤,为了严禁鸦片结果获罪革职,遣戍[25]伊犁。他在赴戍登程的悲凉时刻,口占[26]一诗,告别家人:"苟利国家生死以,岂因祸福避趋之。谪居正是君恩厚,养拙刚于戍卒宜[27]。"百年后重读此诗,还令人寸心如割,百脉沸涌,两眼发酸,低徊歔欷[28]不已。

安土重迁是中华民族的传统,我们祖先有个根深蒂固的观念,以为一切生灵,都有返本归元的倾向:鸟恋旧林,鱼思故渊,胡马依北风,狐死必首丘[29],树高千丈,落叶归根。有一种聊以慰情的迷信,以为人在百年之后,阴间有个望乡台,好让死者的幽灵在月明之夜,登台望一望阳世的亲人。但这种缠绵的情致,并不能改变冷酷的现实,百余年来,许多人依然不得不离乡别井,乃至飘洋过海,谋生异域。有清一代,出国的华工不下一千万,足迹遍于世界,新兴资本主义国家的金矿、铁路、种植园里,渗透了他们的血汗。美国南北战争以后,黑奴解放了,我们这些黄皮肤的同胞,恰恰以刻苦、耐劳、廉价的特质,成了奴隶劳动的后续部队,他们当然做梦也没有想到什么叫人权。为了改变祖国的命运,孙中山领导的革命运动发轫[30]于美国檀香山[31],第一代中国共产党人,很多曾在法国勤工俭学。改革开放后掀起的出国潮,汹涌澎湃,方兴未艾。这一代又一代中华儿女浮海远游的潮流,各有其截然不同的背景、色彩和内涵,不可一概而论,却都是时代浮沉的侧影,历史浩荡前进中飞溅的浪花。民族向心力的凝聚,并不取决于地理距离的远近。我们第一代的华侨,含辛茹苦,寄籍外洋,生儿育女,却世代翘首神州,不忘桑梓[32]之情,当祖国需要的时候,他们都作了慷慨的奉献。香港蕞尔[33]一岛,从普通居民到各业之王、绅士爵士、翰苑[34]名流,对大陆都表示出休戚相关、风雨同舟的情谊,是近在眼前的动人事例。"美不美,故乡水,亲不亲,故乡人",此中情味,离故土越远,就体会越深。

科学进步使天涯比邻,东西文化的融会交流使心灵相通,地球会变得越来越小。但乡土之恋不会因此消失。株守乡井,到老没见过轮船火车;或者魂丧域外,飘泊无归的现象,早该化为陈迹。我们应该有鹏举鸿飞的豪情,鱼游濠水[35]的自在,同时拥有温暖安稳的家园,还有足以自豪的祖国,屹立于现代世界文明之林。

[注释]

[1] 选自《中国当代散文经典》,春风文艺出版社2001年版,有改动。柯灵(1909—2000年),原名高季琳,浙江绍兴人,中国现代作家、电影艺术家。作品有《燕居闲话》、《煮字生涯》等。
[2] "君自"四句:此为唐诗人王维的《杂诗》。王维(约701—761年),字摩诘,祖籍太原祁(今山西祁县),迁居蒲州(今山西永济西),唐著名诗人。开元九年(721)登进士第。官至尚书右丞,世称王右丞。他是唐代山水田园诗派的主要代表人物,与孟浩然并称"王孟"。有《王右丞集》。
[3] 酒阑灯炧(xiè):酒尽灯灭。阑,尽。炧,灯烛的余烬。
[4] 良辰美景奈何天:语出明汤显祖《牡丹亭》传奇《游园》一出中的一支曲子《皂罗袍》:"原来姹紫嫣红开遍,似这般都付与断井颓垣。良辰美景奈何天,赏心乐事谁家院?"
[5] 洛阳秋风:据刘义庆《世说新语·识鉴》记载,西晋时,张翰在洛阳做官,见秋风起,便想到吴中家乡莼菜羹和鲈鱼脍的美味,说:"人生贵得适意尔,何能羁宦数千里以要名爵!"遂辞官还乡。
[6] 巴山夜雨:语出李商隐《夜雨寄北》诗。
[7] 客舍并州数十霜……却望并州是故乡:唐代诗人刘皂《渡桑乾》(又名《旅次朔方》)诗。
[8] 岭外音书断……不敢问来人:唐代诗人宋之问《渡汉江》诗。
[9] 搭讪(shàn):为了跟人接近或把尴尬的局面敷衍过去而找话说。
[10] 君家居何处……或恐是同乡:唐代诗人崔颢《长干曲》诗。
[11] 悠邈(miǎo):悠长遥远。邈,遥远。
[12] 田塍(chéng):田埂。
[13] 濡染:沾染。
[14] 慈母手中线,游子身上衣:语出唐代诗人孟郊《游子吟》诗。
[15] 匝(zā):周。
[16] 侘傺(chàchì):失意的样子。
[17] 铩(shā)羽而归:指失败或不得意,灰溜溜地回来。铩羽,翅膀摧残,比喻失意或失败。
[18] 未老莫还乡,还乡须断肠:语出五代词人韦庄《菩萨蛮(人人尽说江南好)》词。

[19] 只应守寂寞,还掩故园扉:语出唐代诗人孟浩然《留别王侍御维》诗。
[20] 富贵不归故乡,如衣绣夜行,谁知之者:语出《史记·项羽本纪》。鸿门宴后,项羽引兵西屠咸阳,烧秦宫殿,大火三月不灭,搜其货宝妇女而东去。此时,有人对项羽说:"关中阻山河四塞,地肥饶,可都以为霸。"但项羽见秦宫殿都被烧残,又急于东归,便说:"富贵不归故乡,如衣绣夜行,谁知之者!"
[21] 匈奴未灭,何以家为:见《史记·卫将军骠骑列传》。汉武帝为名将霍去病营造府第,霍对曰:"匈奴未灭,无以为家也。"
[22] 男儿何不带吴钩,收取关山五十州:语出唐代诗人李贺《南园》诗。
[23] 贾谊(公元前200—前168年):西汉政论家、文学家。
[24] 张俭(115—198年):东汉人,曾因上疏弹劾宦官而获罪逃亡。
[25] 遣戍:遣送戍边。
[26] 口占:作诗不打草稿而随口念出。
[27] 苟利国家生死以……养拙刚于戍卒宜:语出清代林则徐《赴戍登程口占示家人》诗。
[28] 欷歔(xīxū):哭泣后不由自主地急促呼吸。
[29] 狐死必首丘:语出屈原《楚辞·九章·哀郢》。传说狐狸死在洞外的时候,它的头还要遥对其洞穴所在的山丘,比喻不忘故乡。
[30] 发轫:拿掉支住车轮的木头,使车前进,比喻新事业开始。
[31] 檀香山:即火奴鲁鲁,美国夏威夷州的首府和港口城市。
[32] 桑梓(zǐ):语出《诗经·小雅·小弁(biàn)》:"维桑与梓,必恭敬止",是说家乡的桑树和梓树是父母种的,对它要表示敬意。后人用来比喻家乡。
[33] 蕞(zuì)尔:形容小(多指地区)。
[34] 翰苑:翰林院的别称。
[35] 鱼游濠水:语出《庄子·秋水》,比喻自得其乐。庄子在濠水桥上与惠施一起散步,庄子说:"鱼出游从容,是鱼之乐也。"惠施说:"子非鱼,安知鱼之乐?"庄子说:"子非我,安知我不知鱼之乐?"惠施说:"非子,固不知子矣;子固非鱼也,子之不知鱼之乐,全矣。"后来,庄子用一句非常巧妙的话结束了这场辩论:"子曰'汝安知鱼乐'云者,既已知吾知之而问我。"

[思考练习]

一、本文的结构线索是怎样的?作者是如何用这一线索来组织材料的?

二、本文第六段写了一代又一代的中华儿女浮海远游的潮流,并赞颂他们不忘桑梓之情,慷慨奉献,与祖国休戚相关。这样写与表现主题有什么关系?

三、找出文中的比喻句和排比句,并说明其作用。

3.

江南的冬景[1]

郁达夫

[阅读提示]

本文是一篇写景散文,抒写作者的家乡——浙江富阳一带的冬日风光,突出了江南冬景的特点：温润、晴暖、优美。

全文写了五个优美的画面：屋外曝背谈天图、寒郊散步图、冬雨农村图、江南雪景图、旱冬闲步图。在这些图画中，渗透着作者赞美、眷恋自己的故乡——江南自然风物的真情，展现出清新明朗的心境。

作者在写江南故乡的冬景时，善于用比较的手法，如将江南的冬景与北方的冬景相比较：北方的冬天极寒冷，雪深几尺，风大若雷，人躲进屋里蛰居两三个月；江南的冬天晴暖、温润，树叶不脱尽，寒风吹过只冷一两日，老翁、小孩常坐在太阳下曝背谈天。另外，作者还将江南的冬天与闽、粤等地的冬天作比较，将德国与江南的寒郊散步作比较。通过比较，既加深了读者对江南冬景的印象，更借此抒发了作者对自己家乡风土的强烈自豪感。

文中多处引用了古诗句，如"晚来天欲雪，能饮一杯无"、"寒沙梅影路，微雪酒香村"、"柴门村犬吠，风雪夜归人"、"前村深雪里，昨夜一枝开"等，语言典雅，令文章充满诗情画意。

本文行文如行云流水，舒卷自如，语言清新隽永，情感真挚细腻，鲜明地体现出郁达夫散文的个性风格。

凡在北国过过冬天的人，总都道围炉煮茗，或吃煊羊肉[2]，剥花生米，饮白干的滋味。而有地炉、暖炕等设备的人家，不管它门外面是雪深几尺，或风大若雷，而躲在屋里过活的两三个月的生活，却是一年之中最有劲的一段蛰居异境；老年人不必说，就是顶喜欢活动的小孩子们，总也是个个在怀恋的，因为当这中间，有的是萝卜，雅儿梨等水果的闲食，还有大年夜，正月初一，元宵等热闹的节期。

但在江南，可又不同；冬至过后，大江以南的树叶，也不至于脱尽。寒风——西北风——间或吹来，至多也不过冷了一日两日。到得灰云扫尽，落叶满街，晨霜白得像黑女脸上的脂粉似的。清早，太阳一上屋檐，鸟雀便又在吱叫，泥地里便又放出水蒸气来，老翁小孩就又可以上门前的隙地里去坐着曝背谈天，营屋外的生涯了；这一种江南的冬景，岂不也可爱得很么？

我生长江南，儿时所受的江南冬日的印象，铭刻特深，虽则渐入中年，又爱上了晚秋，以为秋天正是读读书、写写字的人的最惠季节，但对于江南的冬景，总觉得是可以抵得过北方夏夜的一种特殊情调，说得摩登些，便是一种明朗的情调。

我也曾到过闽粤，在那里过冬天，和暖原极和暖，有时候到了阴历的年边，说不定还不得不拿出纱衫来着；走过野人的篱落，更还看得见许多杂七杂八的秋花！一番阵雨雷鸣过后，凉冷一点，至多也只好换上一件夹衣，在闽粤之间，皮袍棉袄是绝对用不着的；这一种极南的气候异状，并不是我所说的江南的冬景，只能叫它作南国的长春，是春或秋的延长。

江南的地质丰腴而润泽，所以含得住热气，养得住植物；因而长江一带，芦花可以到冬至而不败，红叶亦有时会保持得三个月以上的生命。像钱塘江两岸的乌桕树，则红叶落后，还有雪白的桕子着在枝头，一点一丛，用照相机照将出来，可以乱梅花之真。草色顶多成了赭色，根边总带点绿意，非但野火烧不尽，就是寒风也吹不倒的。若遇到风和日暖的午后，你一个人肯上冬郊去走走，则青天碧落之下，你不但感不到岁时的肃杀，并且还可以饱觉着一种莫名其妙的含蓄在那里的生气；"若是冬天来了，春天也总马上会来"的诗人的名句，只有在江南的山野里，最容易体会得出。

说起了寒郊的散步,实在是江南的冬日,所给与江南居住者的一种特异的恩惠;在北方的冰天雪地里生长的人,是终他的一生,也决不会有享受这一种清福的机会的。我不知道德国的冬天,比起我们江浙来如何,但从许多作家的喜欢以 Spaziergang 一字来做他们的创造题目的一点看来,大约是德国南部地方,四季的变迁,总也和我们的江南差仿不多。譬如说十九世纪的那位乡土诗人洛在格(Peter Rosegger,1843—1918)罢,他用这一个"散步"做题目的文章尤其写得多,而所写的情形,却又是大半可以拿到中国江浙的山区地方来适用的。

江南河港交流,且又地滨大海,湖沼特多,故空气里时含水分;到得冬天,不时也会下着微雨,而这微雨寒村里的冬霖景象,又是一种说不出的悠闲境界。你试想想,秋收过后,河流边三五家人家会聚在一道的一个小村子里,门对长桥,窗临远阜,这中间又多是树枝槎桠的杂木树林;在这一幅冬日农村的图上,再洒上一层细得同粉也似的白雨,加上一层淡得几不成墨的背景,你说还够不够悠闲?若再要点些景致进去,则门前可以泊一只乌篷小船,茅屋里可以添几个喧哗的酒客,天垂暮了,还可以加一味红黄,在茅屋窗中画上一圈暗示着灯光的月晕。人到了这一个境界,自然会得胸襟洒脱起来,终至于得失俱亡,死生不同了;我们总该还记得唐朝那位诗人做的"暮雨潇潇江上村[3]"的一首绝句罢?诗人到此,连对绿林豪客都客气起来了,这不是江南冬景的迷人又是什么?

一提到雨,也就必然的要想到雪:"晚来天欲雪,能饮一杯无[4]",自然是江南日暮的雪景。"寒沙梅影路,微雪酒香村[5]",则雪月梅的冬宵三友,会合在一道,在调戏酒姑娘了。"柴门村犬吠,风雪夜归人[6]",是江南雪夜,更深人静后的景况。"前村深雪里,昨夜一枝开[7]",又到了第二天的早晨,和狗一样喜欢弄雪的村童来报告村景了。诗人的诗句,也许不尽是在江南所写,而做这几句诗的诗人,也许不尽是江南人,但假了这几句诗来描写江南的雪景,岂不直截了当,比我这一枝愚劣的笔所写的散文更美丽得多?

有几年,在江南,在江南也许会没有雨没有雪的过一个冬,到了春间阴历的正月底或二月初再冷一冷下一点春雪的;去年(1934)的冬天是如此,今年的冬天恐怕也不得不然,以节气推算起来,大约大冷的日子,将在一九三六年的二月尽头,最多也总不过是七八天的样子。像这样的冬天,乡下叫做旱冬,对于麦的收成或者好些,但是人口却要受到损伤;旱得久了,白喉,流行性感冒等疾病自然容易上身,可是想恣意享受江南的冬景的人,在这一种冬天,倒只会得感到快活一点,因为晴和的日子多了,上郊外去闲步逍遥的机会自然也多!日本人叫作 Hiking,德国人叫作 Spaziergang 狂者,所最欢迎的也就是这样的冬天。

窗外的天气晴朗得像晚秋一样;晴空的高爽,日光的洋溢,引诱得使你在房间里坐不住,空言不如实践,这一种无聊的杂文,我也不再想写下去了,还是拿起手杖,搁下纸笔,上湖上散散步罢!

一九三五年十二月一日

[注释]

[1] 本文写于 1935 年,最初发表于 1936 年 1 月 1 日《文学》第 6 卷第 1 号,收于 1936 年出版的散文集《闲书》。

[2] 煊(xuān)：同"煖"，温暖。
[3] "暮雨"句：语出唐李涉《井栏砂宿遇夜客》诗："暮雨潇潇江上村,绿林豪客夜知闻。他时不用逃名姓,世上如今半是君。"
[4] "晚来"句：语出唐白居易《问刘十九》诗："绿蚁新醅酒,红泥小火炉。晚来天欲雪,能饮一杯无？"
[5] "寒沙"句：语出元何中《辛亥元夕》诗："顽坐故贪默,忽行时自言。寒沙梅影路,微雪酒香村。时序鬓发改,人家童稚喧。街头试灯候,不到郭西门。"
[6] "柴门"句：语出唐刘长卿《逢雪宿芙蓉山主人》诗："日暮苍山远,天寒白屋贫。柴门闻犬吠,风雪夜归人。"
[7] "前村"句：语出唐齐己《早梅》诗："万木冻欲折,孤根暖独回。前村深雪里,昨夜一枝开。风递幽香出,禽窥素艳来。明年如应律,先发望春台。"

[思考练习]

一、本文所写的江南冬景有何特点？作者为何将江南冬天与北方冬天对比，起到了何种作用？

二、作者写江南冬景，具有怎样的情调？试说他有什么性格。

三、本文写景充满诗情画意，请指出文中哪些文字体现出这个特点。

4.

梦回故园[1]

丛维熙

[阅读提示]

本文描写作者阔别故乡四十多年的姑姑从台湾回来，面对故乡的巍巍青山，抒发了思念故乡、热爱故乡的深厚感情。

文章结构紧凑，线索清晰，全文只是写了一个画面。在这画面中，有大山，有树，有鸟，有小羊羔，还有我、老母亲、姑姑三个人物。而姑姑是这个画面的主角。作者的描写与抒情，都是围绕着姑姑的视角来展开的。有看到的，有听到的，有描写，有抒情，有童趣，有灾难，有回忆，有展望，有痛苦，有欢乐，腾挪跳荡，错落有致，充满浓浓的象征性诗意。

作者用了拟人化的写法，把故乡的青山当作一个有着深厚感情的人，开篇就呼喊："梦牵魂系的巍巍青山，我回来了！"接着就用与青山对话的形式，抒发了浓浓的乡情。行文中还有不少动人的细节描写。如写姑姑"抚摸着山脚下的一块青石，说她在这块石头上坐过百次千次；姑姑又指点着一棵枯枝桠杈的老树，说她在这棵树下歇过荫凉"。通过这些细节，更能表现出久别故乡的姑姑的恋乡之情。

文章的抒情气氛较浓，语言简练，用词精当。如"那小马驹子一般撒欢的足音，已录进你大山的山褶里，溶进了你宽敞的胸膛，镶嵌进了你不老的魂魄"。这里用了排比句式，有利于抒情，而且"录进"、"溶进"、"镶嵌"几个词也用得非常贴切。

梦牵魂系的巍巍青山,我回来了!

你还能分辨吗,站在我左侧的银发老人,是我八十三岁的老母;站在我右侧戴着遮阳镜的妇女,是从台湾来故里寻梦的小姑?!

你没显得苍老,山褶的年轮依旧如初。但是站在面前的三个来者,却被时间老人洗净了脸上的红颜,额上的皱纹深如你脚下的谷壑。岁月如刀,真是太无情了!

青山,你还记得吗,在四十多年以前,在你怀抱的回肠小路上,曾留下小姑和我奔跑的足音! 小姑姑拉着我的手,对你吆喝:

"哎——"

"哎——"你也如是回答。

"你好——"

"你好——"你像鹦鹉学话。

"日头出山啦——"

"日头出山啦——"你学得分毫不差。

而今,那小马驹子一般撒欢的足音,已录进你大山的山褶,溶进了你宽敞的胸膛,镶嵌进了你不老的魂魄。

老母亲说:"那时候我在山下呼喊你们吃饭,山也呼喊你们吃饭。"小姑姑说:"过年节时我在山下放'二踢脚',山也响起'叮——当——'的鞭炮声。山最有情,大山的心窝深埋着我们许多童年的梦!"说着,她摘下太阳镜,凝视着你:从你的绿色头冠,一直看到褐色的山脚。之后,她眼睛盈出泪光。她把阔别了四十多年的相思,化成热泪,一滴滴融进脚下的乡土。

你依然巍巍而立,没有呼喊你时的回声。似乎你魂魄中的精灵,只会储藏记忆和反馈呼唤,而其他的情感信号,已在亿万年风霜雨雪的苦度中消逝。不然,你看见飘零于大海对岸的儿女归来,怎么会依然沉默?!

不,也许你太含蓄了。当亿万年前的沧海巨震时,你炽热的浆液拱出地壳,冷却成了大山;从此,你没了灼人的温热,没了热情而动人的堂堂仪表。对吗?

姑抚摸着山脚下的一块青石,说她在这块石头上坐过百次千次;姑又指点着一棵枯枝桠杈的老树,说她在这棵树下歇过荫凉。当时,它像她一样童贞。灰白色的树皮,是它的躯干;秋时叶片耀眼的黄,是它头上的金冠。姑说它曾是一棵小白桦树。而今,它的童贞也荡然无存。姑猜想,一定是夏天的雷电,剥去它的树皮,焚烧了它的霓裳,它才落得这般苍老凄凉。

我当时太小,不记得这棵树的童年故事。但我记得在这大山坳上有一片杨树,喜鹊和乌鸦都在杨树上筑巢。清晨时喜鹊叫、黄昏时乌鸦啼;喜神喳喳迎接日出,丧神呱呱催人关闭柴门。为了驱赶丧神噪叫,我和一群乡间的小伙伴,先用"弹弓"打乌鸦的窝;后又爬上杨树,拆除乌鸦搭在树杈上的巢穴。"像'文革'中查抄黑五类的家一样,真够残忍的。"我说,"世人偏爱喜鹊,可能是它只报喜不报忧吧!"

姑笑了,笑的甜中有苦。

妈说:"'文革'中我就是被扫地出门的一只'黑乌鸦',从北京押送回这大山崖崖。乡亲们都是庄稼人,庄稼人最明事理。他们说不能叫我受这么大委屈,又把我送回北京去了。原因弄清楚了,因为儿子是流放改造的右派,我是劳改犯的母亲,应该轰出水晶城北京。"

姑似乎不愿再听这已经长了青苔的蛮荒故事,她仰头凝视着大山顶上的蓝天。姑的头一动不动,那姿态可以定格成"天间"的屈子石雕。我问姑在天上寻觅什么,她说故乡的天比台湾的蓝,云更比台湾的白。

我说:"这是乡情所致。"

姑摇摇头。

我又说:"这是久患乡思症的幻觉。"

她说是,又不完全是乡思症作怪。台湾工业密集,弹丸之地的小岛上,太多太多了粉雾烟尘,太少太少了天的湛蓝和云的洁白。

届时,适逢一只鸟儿从我们头上飞过。姑的目光追随着鸟儿的身影,把脖颈旋转成半弧;那专注而虔诚的神色,像是看到了外星人游弋太空的飞碟。只是在晴空中难见飞碟尾部的彩色光环。耳畔听到了鸟儿洒下的一串银铃般的歌:

"赶快布谷——"

"赶快布谷——"大山也跟着鸟儿同唱。

姑雀跃得像个小小村姑。她摘起颈上的纱巾,向鸟儿挥舞着:"故园的鸟儿,你好——"

"你好——"

"你好——"

姑的喊声和大山的回应鸾凤合鸣。沙沙的回音久久徘徊不去。

姑问我:"记得吗?"

"记得,那时候它唱'赶快布谷'时,姑你总喊'光棍好苦!'"

老母亲笑了。

小姑姑笑了。

我们面对乡土上的大山笑了。这一刻,时间仿佛倒流回去了半个世纪,我和小姑还只是在大山怀抱中嬉戏的顽童。我有些感慨,脱口而出:

"春水一去不回头。"

姑有些沉醉。她问:

"迎春何时插鬓头?"

大山无语,只是缄默地望着他孕育的儿女。大山有声,那是羊群中的小羊羔,在鸣叫声中寻找母羊的乳头。

姑指点着大山深处,那儿万绿丛中有一缕艳红。我告诉小姑,那是山地用的小拖拉机;姑的眼神,又追向山环中闪烁着的一团流火。给姑解疑的是出现在我们身后的叔伯哥哥。他说,那是侄子骑的摩托。他一大早,就进山给姑采蘑菇、木耳去了。

姑凝视着那团在万绿中穿梭的流火,低吟着:"梦,我找到大山和我的梦了!"

1991年1月16日于北京

[注释]

[1] 选自《丛维熙文集》第七卷,华艺出版社,1995年版。

丛维熙(1933—　),河北玉田人。笔名碧征、丛缨。1950年入北京师范学校,读了大量中外文学作品,受孙犁和屠格涅夫的作品影响很深。19岁开始发表散文、诗歌和小说。1953年师范毕业后任小学教员。1954年任《北京日报》文艺编辑、记者。1955年出版第一个短篇小说集《七月雨》,1956年出版第二个短篇小说集《曙光升起的早晨》。

1957年因创作长篇小说《南河春晓》在"反右"中被划为右派,从此开始了长达20年的"劳动改造",从24岁到44岁,他在大墙内外当过煤矿工、铁矿掘井工、砖窑制坯工、出窑工、化肥厂车工和漂粉工……1979年平反后回京重返文坛,任中国作协理事、作家出版社总编辑等职。他创作的《大墙下的红玉兰》,将大墙内非人的劳改生活剖开在世人面前,开"大墙文学"之先河,笔墨震撼人心,格调冷峻沉郁。

主要作品有小说集《驿路折花》,中篇小说《大墙下的红玉兰》(获1977—1980年全国优秀中篇小说奖)《第十个弹孔》(被改编成电影,获文化部1980年全国优秀故事片奖)《杜鹃》《泥泞》《遗落在海滩的脚印》《伞》《燃烧的记忆》《远去的白帆》(获第二届全国优秀中篇小说奖)《鹿回头》,长篇小说《南河春晓》《北国草》《断桥》《裸雪》,以及《从维熙小说选》《从维熙中篇小说集》《从维熙文集》等。

[思考练习]

一、本文整体上描写了一个怎样的画面?通过这些画面表达了亲人们怎样的思想感情?读后你有什么感想?

二、找出文中一些感人的细节描写,并分析这些描写起到的作用。

三、本文把故乡的青山当作一个人来描写,这种写法取得了怎样的艺术效果?

5.

西安这座城[1]

贾平凹

[阅读提示]

贾平凹的散文有不少是以故乡为题材的,他往往用充满深情的目光审视自己的故土,表现对中国传统文化的崇尚与讴歌。作者与西安这座城有一种特别的缘分,因而他笔下的古城有一种独特的美。

作者赞颂这座城,没有夸耀曾经是十三朝古都的辉煌历史,也没有过多着墨于遍地都是的历史古遗迹,而是从城墙、街巷、院落、街谈巷议中寻觅古都赋予的秉性和智慧,从生活中拾取古城随处可见、可闻、可感的活着的历史,表现出了西安所特有的文化魅力和民族性格。

文章节奏从容舒缓,语言质朴、亲切,具有浓郁的乡土气息。阅读时要细细品味。

我住在西安城里已经是二十年了,我不敢说这个城就是我的,或我给了这个城什么,但二十年前我还在陕南的乡下,确实是做过一个梦的,梦见了一棵不高大的却很老的树,树上有一个洞。在现实的生活里,老家是有满山的林子,但我没有觅寻到这样的树,而在初作城里人的那年,于街头却发现了,真的,和梦境中的树丝毫不差。这棵树现在还长着,年年我总是看它一次,死去的枝柯[2]变得僵硬,新生的梢条软和如柳。我就常常盯着还趴在树干上的裂着背已去了实质的蝉壳,发许久的迷瞪[3],不知道这蝉是蜕了几多回壳,生命在如此转换,真的是无生无灭,可那飞来的蝉又始于何时,又该终于何地呢?于是在近晚的夕阳中驻脚南城楼下,听岁月腐蚀得并不完整的砖块缝里,一群蟋蟀在唱着一部繁乐,恍惚里就觉得哪一块砖是我吧,或者,我是蟋蟀的一只,夜夜在望着万里的长空,迎接着每一次新来的明月而欢歌了。

　　我庆幸这座城在中国的西部,在苍茫的关中平原上,其实只能在中国西部的关中平原上才会有这样的城,我忍不住就唱起关于这个地方的一段民谣:

　　八百里秦川黄土飞扬,三千万人民吼叫秦腔[4],

　　调一碗黏面喜气洋洋,没有辣子嘟嘟囔囔。

　　这样的民谣,描绘的或许缺乏现代气息,但落后并不等于愚昧,它所透发的一种气势,没有矫情和虚浮,是冷的幽默,是对旧的生存状态的自审。我唱着它的时候,唱不出声的却常常是想到了夸父逐日[5]渴死在去海的路上的悲壮。正是这样,数年前南方的几个城市来人,以优越异常的生活待遇招募我去,我谢绝了,我不去,我爱陕西,我爱西安这座城。我生不在此,死却必定在此,当百年之后躯体焚烧于火葬场,我的灵魂随同黑烟爬出了高高的烟囱,我也会变成一朵云游荡在这座城的上空的。

　　当世界上的新型城市愈来愈变成了一堆水泥,我该怎样来叙说西安这座城呢?是的,没必要夸耀曾经是十三个王朝国都的历史,也不自得八水环绕[6]的地理风水,承认中国的政治、经济、文化的中心已不在了这里,对于显赫的汉唐,它只能称为"废都"。但可爱的是,时至今日,气派不倒的,风范犹存的,在全世界的范围内最具古城魅力的,也只有西安了。它的城墙赫然完整,独身站定在护城河上的吊板桥上,仰观那城楼、角楼、女墙[7]垛口,再怯弱的人也要豪情长啸了。大街小巷方正对称,排列有序的四合院和四合院砖雕门楼下已经黝黑如铁的花石门墩,让你可以立即坠入了古昔里高头大马驾驶了木制的大车喤喤喤开过来的境界里去。如果有机会收集一下全城的数千个街巷名称,贡院门、书院门、竹笆市、琉璃市、教场门、端履门、炭市街、麦苋街、车巷、油巷……你突然感到历史并不遥远,以至眼前飞过一只并不卫生的苍蝇,也忍不住怀疑这苍蝇的身上有着汉时的模样或是有唐时的标记。现代的艺术在大型的豪华的剧院、影院、歌舞厅日夜上演着,但爬满青苔的如古钱一样的城墙根下,总是有人在观赏着中国最古老的属于这个地方的秦腔,或者皮影木偶。这不是正规的演艺人,他们是工余后的娱乐,有人演,就有人看,演和看都宣泄的是一种自豪,生命里涌动的是一种历史的追忆,所以你也便明白了街头饭馆里的餐具,碗是那么粗的瓷,大得称之为海碗。逢年过节,你见过哪里的城市的街巷表演着社戏,踩起了高跷,扛着杏黄色的幡旗放火铳[8],敲纯粹的鼓乐?最是那土得掉渣的土话里,如果依音笔写出来,竟然是文言文中的极典雅的词语,抱孩子不说抱,说"携",口中没味不说没味,说"寡",即使骂人滚开也不说滚,说"避"。你随便走进一条巷的一户人家中吧,是艺术家或者是工人、小职员、个体的商贩,他们的客厅是必悬挂了装裱考究的字画,桌柜上必是摆设了几件古陶旧瓷。对于书法绘画的理解,对于文物古董的珍存,成为他们生活的基本要求。男人们崇尚的是黑与白的色调,女人们则喜欢穿大红大绿的衣裳,质朴大方,悲喜分明。他们少以言辞,多以行动;喜欢沉默,善于思考;崇拜的是智慧,鄙夷的是油滑;有整体雄浑,无琐碎甜腻。西安的科技人才云集,产生了众多的全球也著名的数学家、物理学家,但民间却大量涌现着《易经》的研究家,观天象,识地理,搞预测,作遥控。你不敢轻视了静坐于酒馆一角独饮的老翁或巷头鸡皮鹤首[9]的老妪,他们说不定就是身怀绝技的奇才异人。清晨的菜市场上,你会见到手托着豆腐,三个两个地立在那里谈论着国内的新闻。在公共厕所蹲坑,你也会听到最及时的关于联合国的一次会议的内容。关心国事,放眼全球,似乎对于他们是一种多余,但他们就有这种古都赋予的秉性。"杞人忧天[10]"从来不是他们讥笑的名词,甚至有人庄严地提议,在城中造一尊巨大的杞人雕塑,与那巍然竖立的丝绸之路的开创人张骞[11]塑像相映成辉,成为一种城标。整个西安城,充溢着中国历史的古意,表现的是一种东方的神秘,囫囫囵囵是一个旧的文物,又鲜活活是一个新的象征。

所以,我数次搬家,却总乐意在靠近城墙的地方住。现在我居住在叫甜水井的方位,井已经被覆盖了,但数个四合院内还保留着古老的井台。千百年来,全城的食用水靠这一带甜水供应,老一代的邻居还说得清最后一届水局[12]的模样,抱出匣子来让我瞧那手摸汗浸而光滑如铜的骨片水牌,耳畔里就隐约响起了驮着水桶的驴子叩击青石板街的节奏。星期日,去那器声腾浮的鸟市、虫市和狗市,或是赶那黎明开张、日出消散的露水集场,去城河沿上看那练习导引吐纳[13]之术的汉子,去旧古书店书摊购买几本线装的古籍,去寺院里拜访参禅[14]的老僧和高古的道长,去楼房的建筑工地的土坑里捡一堆称之为垃圾文物的碎瓷残片,分辨其字画属于汉的海风之格或属于唐的山骨之度,一切都在与历史对话,调整我的时空存在,圆满我的生命状态。所以,在我的居室里接待了全中国各地来的客人乃至海外的朋友,我送他们的常常是汉瓦当的一个拓片[15],秦砖自刻的一方砚台,或是陪他们听一段已无弦索的古琴的无声的韶音[16]。我说,你信步在城里走走吧,钟楼已没钟,晨时你能听见的是天音,鼓楼已没鼓,暮时你能听见的是地声,再倘若你是搞政治的,你往城东去看秦兵马俑,你是搞艺术的,你往城西去看霍去病[17]墓前石雕。我不知疲劳地,一定要带领了客人朋友爬土城墙,指点那城南的大雁塔和曲江池,说,看见那大雁塔吗?那就是一枚印石;看见那曲江池吧,那就是一盒印泥。记住,历史当然翻开了新的一页,现代的西安当然不仅仅是个保留着过去的城,它有着其他城市所具有的最现代的东西。但是,它区别于别的城市,是无言的上帝把中国文化的大印放置在西安,西安永远是中国文化魂魄的所在地了。

[注释]

[1] 选自《北京文学》1992年第11期。贾平凹,原名贾平娃,1952年2月21日出生,中国当代作家。陕西省商洛市丹凤县人。现中国作家协会理事、中国作家协会陕西分会主席、西安建筑科技大学人文学院院长。著有小说集《贾平凹获奖中篇小说集》《贾平凹自选集》,长篇小说《商州》《白夜》,自传体长篇《我是农民》等。《腊月·正月》获中国作协第3届全国优秀中篇小说奖;《满月》获1978

年全国优秀短篇小说奖;《废都》获1997年法国费米娜文学奖;《浮躁》获1987年美国美孚飞马文学奖,最近获得由法国文化交流部颁发的"法兰西共和国文学艺术荣誉奖";《秦腔》获2008年第七届茅盾文学奖。

[2] 枝柯:树枝。柯,草木的枝茎。
[3] 迷瞪:心里迷惑、糊涂。这里有因感触而发愣的意思。
[4] 秦腔:流行于西北各省的地方戏曲剧种,由陕西、甘肃一带的民歌发展而成,是梆子腔的一种。
[5] 夸父逐日:《山海经·海外北经》中的神话。夸父立志追逐太阳,赶到太阳入口处,感到焦渴,便喝干了黄河、渭河两河的水,仍感不足,终于渴死。他遗留下的杖却化成了一片树林,叫做邓林。后来用"夸父逐日"比喻决心大而不自量力。
[6] 八水环绕:西安境内的河流属黄河、渭河流域,东有灞河、浐河,西有沣河、涝河,南有潏河、滈河,北有泾河、渭河,自古有"八水绕长安"之说。
[7] 女墙:城墙上面呈凹凸形的短墙,也叫女儿墙。
[8] 火铳(chòng):一种旧式火器。
[9] 鸡皮鹤首:形容皮肤布满皱纹,头上白发苍苍。
[10] 杞人忧天:《列子·天瑞》里有一则寓言。传说杞国有个人怕天塌下来,为此吃饭睡觉都感到不安。后来用这个成语比喻不必要的忧虑。
[11] 张骞:西汉人,曾奉汉武帝之命两次出使西域,促进了中原和西域各少数民族间经济文化的交流和发展。
[12] 水局:生产、供应水的机构。
[13] 导引吐纳:气功练功的方法。
[14] 参禅:佛教徒静坐冥想领会佛理叫参禅。
[15] 拓(tà)片:把碑刻、铜器等文物的形状和上面的文字、图像拓下来的纸片。
[16] 韶音:韶,传说是舜所作的乐曲名。《论语》里说孔子在齐国听了这种曲子后,"三月不知肉味"。这里用来指美妙的音乐。
[17] 霍去病(公元前140—前117年):西汉名将。他前后六次出击匈奴,解除了西汉初年以来匈奴对汉王朝的威胁。

[思考练习]

一、阅读课文,在文中找出作家贾平凹笔下最能概括西安这座城的语句。说说作者是从哪些方面来表现这一特点的。
二、西安的建筑为什么最具魅力?西安的文化为什么最具魅力?
三、作者对西安这座城有什么样的感情?

写作训练(一)

散文写作

写作范围

学写一篇散文(指作为文学样式之一的散文),题材不限,叙事性散文、抒情性散文、议论性散文均可。自由命题。

写作指导

生活中,我们常常由此一事想到彼一事,有感情要抒发,有美感要与人分享,有感悟要给人启示,散文便是最合适的文学体裁。学会写散文,把所见、所闻、所忆、所感、所思、所想形之于文字,给生活阅历、思想感情留下一个记录,是一件愉快的事情;让人读了,也能给人以人生的启示和美的享受。

本单元的几篇散文,不都是作者情不自禁地写下来的吗?可以想见,这些散文的作者都享受到创作的快感。

郁达夫的《江南的冬景》给我们描绘了五个优美的画面,表现了江南冬景的温润、晴暖、优美,抒发了作者对自己家乡风土的强烈自豪感。我们也欣赏到了郁达夫散文的行文如行云流水,舒卷自如,语言清新隽永,情感真挚细腻的个性风格。

散文写好不易,但学写却不必畏难。散文一般的写法无非是三条:一是不局限于一事一物,依靠联想,将相关的若干材料串联起来。《故乡的榕树》就是由眼前的榕树联想到故乡的榕树、故乡的人和事。二是倾注感情,点出所感悟的道理。三是用生动形象的文学语言来写。

要把若干材料串联起来,就要理出一条思路,几组材料之间要注意过渡。

写作散文时,感情要沉浸于情境中去,这样,笔端自然流露感情,无论直接抒情,还是间接抒情,通篇都会饱含感情。

散文语言要注意文学性,就是要注意形象性,即使议论,也要力求生动。语言美,往往不是挥笔即成的,完成初稿后要反复加工润色。

知识拓展(一)

散文的欣赏

一、抓住文脉,理清思路

散文取材丰富多样,所谓宇宙之大,苍蝇之微皆可入文。表达灵活自由,所谓"行于当行,止于当止",如行云流水,体现出散文"散"的特色。但文脉贯通、文意分明应当是领悟散文作品的前提和基础。

散文的文脉——线索,是我们探寻散文美的源头和一把钥匙。阅读散文首先要紧紧把握住它的线索。就像放风筝一样,只要牢牢地牵住了丝线,即便风筝飞得再高,也逃脱不掉我们的掌心。一般来讲,一篇散文中心线索脉络只有一条,有的以思想感情为线索、有的以人物为线索,有的以事件或事物为线索,等等。其形态或隐或现,或抽象或具体,其标记位置也可能有诸多变化,有的题目就标明,有的暗含于字里行间,但只要认真阅读,定能将其挖掘出来。线索分明了,散文的构思立意也就一目了然。如老舍的散文《养花》,从爱好养花,写到养花辛苦,交织着悲欢,然而全文离不开"养花乐趣"四个字,以此去芜存菁,删繁就简,锤炼语言,结构全篇,线索分明。再如唐代散文家刘禹锡的《陋室铭》,开头两句由山水兴起,蜿蜒引出所描写的对象,入题后又很快荡漾开去:从陋室的环境清幽,来往客人的儒雅,室中主人志趣的高洁,宣示出"陋室不陋";再以诸葛庐、子云亭陪衬,孔子之言点穴:"何陋之有?"把陋室的美好芳香写得淋漓尽致,无以复加。陋室何以不陋,因为主人德高行好。因而本文的中心线索应为"惟吾德馨"。如果简单地理解为:本文的线索是"陋室",那不免有失恰当。

有的散文出于表达的需要有两条线索:一实一虚,或一明一暗。明线和暗线一在构思上起作用,一在结构上起作用,并行发展,互相依存,不可偏废。如秦牧的《土地》,土地是明线,对祖国大好河山所涌起的强烈感情是暗线;再如鲁迅的《藤野先生》,作者与藤野先生的交往是明线,融于字里行间的作者强烈的爱国感情是暗线。

如此之类不一而足,在阅读和欣赏散文时,务求牵住线索理清文脉,把握中心,因为它的确是欣赏的最基本的前提和基础。

二、领略意境,感受醇美

意境美是构成一篇优秀散文艺术生命的重要因素,所以品味散文的意境是欣赏散文不可或缺的内容。所谓意境,就是作者的主观感情和客观景象高度融合所产生的一种境界,也就是饱含着作者丰富感情的艺术画面,它能引起读者强烈的共鸣。其特点是情景交融,形神兼备,物我归一。

要体味意境之美,需从三个方面理解:

第一,体味象外传神。

唐代著名文学家刘禹锡曾有"境生于象外"之说,此中"象"指的是作品中具体的形象;"境"指的是产生于具体意象之外的意境形象,意境不在作品意象本身,而在意象之外。严阵的《峨嵋清音》是一篇意境幽美的散文,作者有机会登临峨嵋,但未能直薄金顶,引以为憾。可是后来夜宿清音阁,有意外的发现和收获,转愁为喜:虽未"看到峨嵋",却"听到了峨嵋"。

"那是在清音阁佛寺住过的那夜里。当万籁俱寂云雾四合的午夜,一种不可挡的声音突然把我从梦中惊醒。它沸腾辽阔,犹如万马自天而过,又像一场遥远的暴风雨正在拍击着震撼着这隆起的山地,和这山地的每一朵花,每一棵草,每一片叶子!这就是清音阁下日夜奔流不息的黑白二水的声音。我从它们彻夜不息的声音里,深切地感觉到它那可贵的力。那种冲击力、弹跳力和爆发力,以及它不错过一分一秒永远奔腾向前的开拓精神,创造精神,和它那置弃一切于不顾的追求精神。"

作者不写"看峨嵋",却别出心裁写"听峨嵋",把现实中无感情的死峨嵋,变成了有感觉的活峨嵋,可谓得"峨嵋之神",读者以"黑白"二水运动,富有冲击爆发力的描写中,可以作个人的或社会的"创造"、"开拓"、"追求精神"的种种联想,这就是虚幻之类,这就是"神"。作者如果不从"清音"方面提炼题旨,没有鲜活的"象",断然没有沁人的"神"。

读者应透过种种"象",去领悟潜在的"神"。

第二,揣摩化理为象。

体味意境需要着意于虚境,如象外传神,但这仅仅是一个方面,不可由此而夸大虚境的作用。"境生于象",没有象哪来境?如果脱离"象",一味追求"虚"或"神",那样的幻境虚无缥缈,不着边际。所以领悟美感,还要借助意象的刻画,理解作者寄寓意象的认识、思考和情感。著名散文家宗璞《紫藤萝瀑布》意境幽美:

"从来未见过开得这样盛的藤萝,只见一片辉煌的淡紫色,像一条瀑布,从空中垂下,不见其发端,也不见其终极,只是深深浅浅的紫,仿佛在流动,在欢笑,在不停地生长。紫色的大条幅上,泛着点点银花,就像迸溅的水花。

……

我抚摸了一下那小小的紫色的花舱,那里满装着生命的酒酿,它张满了帆,在这闪光的花的河流上航行。它是万花中的一朵,也正是由每一个花朵组成了万花灿烂的流动的瀑布。"

作者对藤萝的"瀑布"的描写是细致的,给人的感受是具体的:那紫色"条幅上","泛着银花","迸溅水花",那紫色花舱里"装满生命的酒酿",张满了帆在闪光的"花的河流上航行";这瀑布不断地"流向人的心底",像生命之河永无止境。要是没有这出色的实境描写,我们就无法欣赏那有花灿烂的流动瀑布的美,而紫藤萝瀑布之所以美,又因为它是情理化的"意象",使我们从中得到一种领悟,一种深层享受。(我们可以从中领略到作者的写作用意:以物写人,即拟人化手法,笔法委婉含蓄动人。)意境中的实境就是一座"桥",它把阅读者从有形之境引向无形之境。从实境引渡到虚境,从浅层美渡向深层美。所以每个欣赏者,都要精心领会这座情理化的艺术之"桥"。

第三,求得融之以情。

一篇散文能否构成意境,关键在于能否以情统一画面,融化意象。作为欣赏者一方面要洞悉作者的情感表现,成为欣赏作品的必要前提;另一方面自己要具有一定的情感体验能力,当其撞击发生共鸣时,才能真正达成对作品意境的欣赏。

不妨看一看刘白羽的《天池》一文,境界很美,它的独特之处就在于以心境融化物境,以心境统摄整个文境。全文着力表现一种"静"境。

"的确,天池是非常之美的。但奇怪的是这里并不是没有游人欢乐的喧哗,也不是没有呼啸的树声、啁啾和鸟鸣,但这一切似乎都给这山和湖吸收了,却使你静得连一点声音也听不见,如果让我用一个字来形容天池之美,那就是——静。"

其实,偌大天池,群山环绕,碧波荡漾,雪水潺潺,木林飒飒,不可能静得一点声音也没有。

"但在宁静之中,却似乎回旋着一支无声的乐曲。我不知在哪儿,也许在天空,也许在湖面,也许在林中,也许在我的心灵深处,'此时无声胜有声'。不过这乐曲不是莫扎特,不是舒曼,而是贝多芬,只有贝多芬的深沉和雄浑,才和天池的风度相称。"

之所以作者以为没有声音,应该说是被"我"的心湖吸收了,是一种超凡脱俗的心境的"静",之所以产生雄壮深沉的天籁,更反衬出"静"得出奇的形态。我们读者不禁为这种"静"的氛围所感染、所陶醉,那种"我"融入自然山水之中,自然山水融入"我"心中的幽美意境呼之欲出。

两情相融是美感产生的必备条件。

(一)禅悟意趣,升华主旨

从散文的功用来看,散文呈现给读者的启迪、教益是为人享用不尽的精神财富,精神得到陶冶、思想得以升华是每个散文欣赏阅读者共同的精神诉求。禅悟意趣则是实现这种诉求的重要手段和方法。

概括起来,禅悟意趣,洞察散文熔铸和哲理,需要解剖以下创作方法。

1. 点化法

点化法即作者在叙述一段故事、描绘一片风景及一个物体的同时,用议论的手法将故事、风物作纵深开掘,妙笔点化出它的历史、人生的要义,使读者从中得到深刻领悟。如日本散文家的眼光观察院子里的树木,发觉每到冬天,枯枝上挂着一片黄叶,不久黄叶落地,就在原来枝丫上生出一叶嫩芽,它慢慢在体内积攒着力量,默默等待着春天。春天终于来了,万物复苏,嫩叶浮绿泛金,渐渐织成浓荫。而冬天的陈叶早已腐烂,化作泥土。到了冬季,绿叶又复枯谢飘零在地,所在枝丫上又冒出了一叶嫩芽。作者从一片树叶的荣枯轮回现象中得到这样的启示:世上万物都有一个相同的归宿,"正是这片片黄叶,换来了整个大树的盎然生机。这一片树叶诞生和消亡,正标志着生命在四季里的不停转化","同样,一人的死关系着整个人类的生、死,固然是人所不欢迎的。但是只要你珍爱自己的生命,同时也珍爱他人的生命,那么,当你生命渐尽,行将回归大地的时候,你应当感到庆幸"。这最后的点化,可谓画龙点睛,揭示人生的要义,是主旨的升华和深化,的确给人以深刻的启迪。

在形式上,点化方法有的边叙边议,边渲染边点化,有的层层渲染铺叙,篇终点化。前者,如秦牧的《花市》,在叙事写景的同时,作者屡以慧心点拨,即景抒情,抽绎哲理;后者,如范仲淹的《岳阳楼记》,文章的前半部分,极尽渲染之能事,最后卒章点志,揭示出作者先天下之忧而忧,后天下之乐而乐的伟大政治抱负,即全文主旨。

鉴于此,我们在阅读欣赏散文时,应当注意分析这种方法的应用,领悟主旨。

2. 暗示法

所谓暗示法是指在描摹事物时,不直接揭示其蕴含的内在深意,而是让人去玩味、思索,使文章表现的张力更大,可读性更强。特别是短小的散文,采取侧面的暗示的写法,往往要比采取正面的平铺直叙,其艺术效果更佳。这不仅能为我们提供一个新颖的视角,而且能更大限度地发挥我们的想象力,从而更进一步拓宽和丰富散文描写的境界和意趣。如老舍的《小麻雀》,就带有很深刻的暗示性。作者对于社会人生的感悟,渗透在对小麻雀的描写里:"它被人毁坏了,可是还想依靠人,多么可怜!""因为那小猫出世也才有四个来月,还没有捉住过大老鼠,大概还不曾学会杀生,只是把小鸟衔来玩玩罢了。""它不预备反抗了,可是并非全无勇气,因为它敢在猫的面前一动也不动呢。"字里行间充满作者对于被毁坏、被凌辱的弱小者的同情,并寄寓着对弱小者能以抗争求生存的期望,同时还蕴含着一些发人深思的人生哲理。

但应注意的是,读这类暗示的写法的作品,一定要注意根据作品的实际,认真地、仔细地思索体味,切忌牵强附会地去"发掘"作品的"言外之意"、"象外之味",以免造成误读。为此对作家的风格、作品的背景、语言的特色等要有深思熟虑的考究,唯其如此,才能获得真正的感悟,领受真正的启迪!

(二) 联想想象,并驾齐驱

散文有美文之誉,散文之美有赖于联想和想象。联想和想象是通往美的散文的桥梁,散文的创作和欣赏都离不开联想和想象。

1. 欣赏散文,追寻联想的缘起和目的,丰富审美内涵

所谓联想,就是从某一事物想到与之有一定联系的别的事物。例如朱自清的《荷塘月色》,由眼前荷塘里的荷花,想到了"采莲的事情",又记起《西洲曲》里的句子"如"采莲南塘秋"等,由眼前荷塘"不见一些流水的影子"而"令我到底惦着江南了"——因为故乡一带多水。再如朱自清《绿》的联想更有特色:"我曾见过北京什刹海拂地的绿杨,脱不了鹅黄的底子,似乎太淡了。我又见过杭州虎跑寺近旁高峻而深密的'绿壁',丛叠着无穷的碧草与绿叶的,那又似乎太浓了。其余的呢,西湖的波太明了,秦淮河的也太暗了。"通过联想作者把眼前之景,既有共同点又有不同点的浓淡明暗的不同光色"引入"作品,不但为写眼前的"绿"平添了多层次多角度的"立体感",而且也能在广阔的背景中,引导读者透过作品的语言文字,展开再创造的想象力,去与作者一起领略祖国山水无比美丽可爱的风光。浮篇的联想,把读者带入了幽美的境界,读者在欣赏中,激情为之点燃,精神为之激奋,欢愉为之勃发。沉浸在联想所构筑的艺术氛围里,如若没有联想的参与,内涵丰富、品味高雅的审美情趣不知要逊色多少,甚至荡然无存。

登山,则情满于山;观海,则意溢于海。在欣赏散文时,我们要努力探究联想的缘起和目的,以获得更好的美的享受。

还要注意联想不要停留在事物的表层,要透过表层揭示其内在的深意。如巴金的《灯》,由眼前的"灯"联想到有过的"经验"。从现在想到过去,从在黑夜的风雪中行路,想到了在黑夜徘徊的"心"因"灯光"而"找到归路",这就赋予了"灯光"象征的意义。作者为什么又写到了灯塔,哈里希岛上的孤灯,希洛点燃的火炬,以及友人在灯光中获救的往事呢?如果说前边写"灯","我"还只是"受惠者",点灯人可能并没有意识到自己的作用,那么后边则主要写"灯"的"施动者"——为了亲人、爱人、别的人,不是有人在主动地点着"灯"吗?这样,"在人间,灯火是不会灭的",这句话的内涵,就大为丰富、充实;作品的思想力量,就得到了充分的而不是就事论事的发挥。

可见深层次的联想,对挖掘作品的深刻的主题,增强作品的力量有着重大意义,所以欣赏散文不可轻视联想的作用。

2. 欣赏散文,努力调遣想象力,丰满审美形象

在欣赏散文时,除了探寻作者联想的缘起和目的之外,还要注重调遣我们的想象力。文字是沟通作者和读者的一道桥梁。作者着手于创作,必然对人生或生活先有所见,先有所感,他想做到的是写下来的文字正好传达出他的所见所感,读者看到这些文字并不是他的目的,读者要通过文字去接触作者的所见所感。如果仅仅停留于字面解释,是断然达不到阅读目的的,更不消说欣赏。驱遣想象便成为推究作者创作本意的重要途径。唐代杰出诗人王维曾有名句传世:"大漠孤烟直,长河落日圆。"单就字面解释,恐怕索然无味。但我们在想象中睁开眼睛来看,这十个字构成了一幅绚丽的图画:在北方旷远荒凉的大沙漠,没有一丝风,听不到朔风怒吼的声息,只望见一缕烟径直冲向高天,圆圆的火红的太阳落在长河的背后。好一幅大漠风光图!景物不多,虽有些单薄,但配合浑然天成,加上我们丰富的想象,意境顿生,给人留下了丰满的审美形象,叫人难以忘怀,彰显出长久的艺术魅力。

想象,对于散文作品的欣赏,同样具有重要作用,欣赏散文,努力调遣我们的想象力,

可以丰满审美形象,更大地获得审美愉悦。

此外,欣赏散文,还应该分析和把握各种表现手法的运用,如象征、比喻、比拟、衬托等,以及结构美、语言美、音乐美等艺术特色,这对体味散文的艺术意境,感悟作品的意趣和哲理大有裨益。

总之,阅读和欣赏散文,是一项综合性的审美活动,它涉及诸多因素,不过因文而异,各有侧重。从整体来说,既要细心领会作者对人生或自然的感悟,又要认真分析作者用以表达这种感悟的形式。一篇散文是作者主观感悟的结晶,这种主观感悟就是对事物的特殊意义和美质的发现,是一杯作者用自己的生活经验酿成的酒。在饮这杯"酒"时,越是细细品尝,越能够体会出其中丰富而复杂的滋味,感受情致美,得到启迪、思考。

所以散文的美,不只是在一般意义上的语言文字的精练和优美,而更在于由作者个性同语言美质所共同融合成的特殊的文调。读散文应该留心:作者怎样在正确使用语言文字的前提下去积极修辞,灵活地组织和安排语句,使语言产生特殊的审美效应,体察作者的见微知著和匠心独运。我们留心这一切,归根结底还是为了更深细地体味出作品内含的情、理、意、味,即作者对人生或自然、社会、历史的特殊感悟。

散文,"是将作者思索体验的世界,只暗示于细心的注意深微的读者们"。

附:翡冷翠山居闲话

在这里出门散步去,上山或是下山,在一个晴好的五月的向晚,正像是去赴一个美的宴会,比如去一果子园,那边每株树上都是满挂着诗情最秀逸的果实,假如你单是站着看还不满意时,只要你一伸手就可以采取,可以恣尝鲜味,足够你性灵的迷醉。阳光正好暖和,决不过暖;风息是温驯的,而且往往因为他是从繁花的山林里吹度过来他带来一股幽远的淡香,连着一息滋润的水汽,摩挲着你的颜面,轻绕着你的肩腰,就这单纯的呼吸已是无穷的愉快;空气总是明净的,近谷内不生烟,远山上不起霭,那美秀风景的全部正像画片似的展露在你的眼前,供你闲暇鉴赏。

作客山中的妙处,尤在你永不须踌躇你的服色与体态;你不妨摇曳着一头的蓬草,不妨纵容你满腮的苔藓;你爱穿什么就穿什么;扮一个牧童,扮一个渔翁,装一个农夫,装一个走江湖的桀卜闪,装一个猎户;你再不必提心整理你的领结,你尽可以不用领结,给你的颈根与胸膛一半日的自由,你可以拿一条这边颜色的长巾包在你的头上,学一个太平军的头目,或是拜伦那埃及装的姿态;但最要紧的是穿上你最旧的旧鞋,别管他模样不佳,他们是顶可爱的好友,他们承着你的体重却不叫你记起你还有一双脚在你的底下。

这样的玩顶好是不要约伴,我竟想严格地取缔,只许你独身;因为有了伴多少总得叫你分心,尤其是年轻的女伴,那是最危险最专制不过的旅伴,你应得躲避她像你躲避青草里一条美丽的花蛇!平常我们从自己家里走到朋友的家里,或是我们执事的地方,那无非是在同一个大牢里从一间狱室移到另一间狱室去,拘束永远跟着我们,自由永远寻不到我们;但在这春夏间美秀的山中或乡间你要是有机会独身闲逛时,那才是你福星高照的时候,那才是你实际领受,亲口尝味,自由与自在的时候,那才是你肉体与灵魂行动一致的时候;朋友们,我们多长一岁年纪往往只是加重我们头上的枷,加紧我们脚胫上的链,我们见小孩子在草里在沙堆里在浅水里打滚作乐,或是看见小猫追他自己的尾巴,何尝没有羡慕的时候,但我们的枷,我们的链永远是制定我们行动的上司!所以只有你单身奔赴大自然的怀抱时,像一个裸体的小孩扑入他母亲的怀抱时,你才知道灵魂的愉快是怎样的,单是活着的快乐是怎样的,单就呼吸单就走道单就张眼看耸耳听的幸福是怎样的。因此你得严格的为己,极端的自私,只许你,体魄与性灵,与自然同在一个脉搏里跳动,同在一个音波里起伏,同在一个神奇的宇宙里自得。我们浑朴的天真是像含羞草似的娇柔,一经同伴的抵触,他就卷了起来,但在澄静的日光下,和风中,他的姿态是自然的,他的生活是无阻碍的。

  你一个人漫游的时候,你就会在青草里坐地仰卧,甚至有时打滚,因为草的和暖的颜色自然地唤起你童稚的活泼;在静僻的道上你就会不自主地狂舞,看着你自己的身影幻出种种诡异的变相,因为道旁树木的阴影在他们纡徐的婆娑里暗示你舞蹈的快乐;你也会得信口的歌唱,偶尔记起断片的音调,与你自己随口的小曲,因为树林中的莺燕告诉你春光是应得赞美的;更不必说你的胸襟自然会跟着漫长的山径开拓,你的心地会看着澄蓝的天空静定,你的思想和着山壑间的水声,山罅里的泉响,有时一澄到底的清澈,有时激起成章的波动,流,流,流入凉爽的橄榄林中,流入妩媚的阿诺河去……

  且你不但不须应伴,每逢这样的游行,你也不必带书。书是理想的伴侣,但你应得带书,是在火车上,在你住处的客室里,不是在你独身漫步的时候。什么伟大的深沉的鼓舞的清明的优美的思想的根源不是可以在风籁中,云彩里,山势与地形的起伏里,花草的颜色与香息里寻得?自然是最伟大的一部书,葛德说,在他每一页的字句里我们读得最深奥的消息。并且这书上的文字是人人懂得的;阿尔帕斯与五老峰,雪西里与普陀山,来因河与扬子江,梨梦湖与西子湖,建兰与琼花,杭州西溪的芦雪与威尼市夕照的红潮,百灵与夜莺,更不提一般黄的黄麦,一般紫的紫藤,一般青的青草同在大地上生长,同在和风中波动——他们应用的符号是永远一致的,他们的意义是永远明显的,只要你自己心灵上不长疮瘢,眼不盲,耳不塞,这无形迹的最高等教育便永远是你的名分,这不取费的最珍贵的补剂便永远供你的受用;只要你认识了这一部书,你在这世界上寂寞时便不寂寞,穷困时不穷困,苦恼时有安慰,挫折时有鼓励,软弱时有督责,迷失时有指南针。

一九二五年七月

赏析:

  《翡冷翠山居闲话》,是徐志摩散文中的一篇佳作名篇,发表于1925年7月4日《现代评论》第二卷第30期上,后收入《巴黎的鳞爪》(新月书店1931年版);写在意大利名城翡冷翠(佛罗伦萨)山居的冥想、思绪和感受,洋溢着浪漫的情调。作者写"山居",却未着重、具体写山野的秀美风光和居于此间的生活情况,而是"闲话"其妙处、意义,抒写情怀、袒露心志。因此,它是一篇地道的抒情随笔。

  文章一开头,就写在那里"山居"的美妙所在,反映了作者对大自然美的追求:晴好的五月的向晚,出门散步,上山下山,如赴宴会,如去果园或看或采摘"诗情最秀逸的果实",足够"性灵的迷醉";阳光暖和,风息温驯,还带来繁花的山林里幽远的淡香;还有湿润的水汽摩挲颜面、轻绕肩腰;空气明净,秀美的风景像画片展露眼前供鉴赏。这些山间风物,不是直接、客观写出,而是主观融于其中,作者欣然畅然的愉悦心情,一下表现了出来。

接着写作客山中的妙处,更在于完全可以自由自在、无拘无束,不讲究穿戴、体态、装扮,无须掩饰行游。他强调春夏间秀美的山林,要独身闲逛。那"才是福星高照","实际领受、亲口尝味","肉体与灵魂行动的一致";才知道灵魂的愉快、活着的快乐,才知道单就呼吸、走路、眼看、耳听是怎样的。总之,作者从不同的角度,以铺张的语句,抒写那时的真正自我与大自然一体的自得。仅这样还不够,他进一步写独自漫游,会在青草里坐地仰卧、打滚;在静僻的道上狂舞,看身影幻出诡异的变相;会信口歌唱,胸襟会跟着漫长的山径开拓,心地会看着蓝天静定,思想会和山里的水声泉响,有时一澄到底的清澈……陶醉于大自然的快感与幸福,超然、畅然之情,由此写透写够了。

徐志摩有返璞归真的追求,对大自然有崇高的认识。他曾说自己"是个自然的崇拜者",在此作品中又说"自然是最伟大的一部书"。因此,他认为"山居"不但不须约游伴,"也不必带书"。"什么伟大的深沉的鼓舞的清明的优美的思想的根源不是可以在风籁中、云彩里、山势与地形的起伏里,花草的颜色与香气里寻得?"而且它的"文字是人人懂得的",认识了它,就会产生伟大的、奇特的力量。这在作品的结尾,警句似的作了概括与升华。

全篇紧扣自我感受展开抒写,具有浓厚的感情色彩。作者以诗人的气质与心灵写散文,神驰意纵,笔调轻盈,语句飘逸,词藻华丽,笔路铺张,比喻、排比、对偶、重叠等修辞性句式大量运用,将情志抒写得酣畅淋漓、丰姿多态,建构了一种独特的情境,也给人以旷达放浪的美感。这正如阿英所评:他善写冥想的小品,以宁静的心,抓住一个中心,发展下去,而且发展很远。本文正是这样来"经营"一种冥想心境的。它无疑是一篇成功之作、超凡之作。

第二单元

演讲大厅

在人类日常生活中,用话语交流信息、沟通情感从来没有像当今时代这样便捷、频繁而普遍。作为现代公民的重要素养,口语交际能力显示着一个人的语言水平,更体现着一个人的自信与智慧、教养与风度。

《在马克思墓前的讲话》是恩格斯在安葬马克思的仪式上的讲话。作者满怀着痛惜之情指出了马克思的逝世所造成的重大损失,精辟地概括了马克思创立的革命理论,高度评价了他的伟大历史功绩,热情赞颂了他为无产阶级解放事业顽强斗争的精神,表达了全世界无产阶级对这位革命导师的无比崇敬和深切悼念。学习本文,能够使我们加深对马克思历史地位和伟大贡献的了解。当《我有一个梦想》的作者马丁·路德·金充满激情地呼喊"群山各处,让自由高响"的时候,他就把听众带到了崇高的、理想的精神境界。他的演讲表现出大无畏的勇气和不屈不挠的意志,给听众以巨大的信心和力量。美国演讲家帕特里克·亨利在弗吉尼亚州会议上发表了激励人心的抗英演讲,迅速地唤起了千百万人坚定地投身斗争中。他的"不自由,毋宁死"的名言,至今仍教育着千万民众为自由而战。《奥林匹克精神》是第一次世界大战后顾拜旦在恢复奥林匹克运动25周年纪念会上的讲话。作者用诗一样的语言阐述了奥林匹克精神的内涵与价值。我国伟大的民主主义革命先行者孙中山先生在致力于民主革命的40年间,始终以演讲为武器启迪和呼唤民众投身于民主革命。正如后来许多参加辛亥革命的老人回忆道:他们之所以参加辛亥革命,可以说就是因为听了孙中山先生激动人心的演讲所致。他的《〈黄花岗烈士事略〉序》记述辛亥广州起义、烈士墓碣的修建和"烈士事略"的编纂,评介广州起义的历史价值等,无不饱含着"痛逝者"和"勖"国人的深情,催人奋进。

让我们在这些优美的演讲中感受演讲特有的魅力,在这些大家的熏陶下学会演讲吧!

1.

在马克思墓前的讲话[1]

恩格斯

[阅读提示]

这是恩格斯在安葬马克思的仪式上的讲话。作者满怀着痛惜之情指出了马克思的逝世所造成的重大损失,精辟地概括了马克思创立的革命理论,高度评价了他的伟大历史功绩,热情赞颂了他为无产阶级解放事业顽强斗争的精神,表达了全世界无产阶级对这位革命导师的无比崇敬和深切悼念。学习本文,能够使我们加深对马克思历史地位和伟大贡献的了解。

本文语言表达很有特色。词语简洁精当,含义明确,无论是对马克思逝世的惋惜,对他伟大贡献的阐述和斗争精神的赞美,还是对反动派的蔑视,都做到高度概括,准确凝练;句中的修饰和限制,句与句、段与段之间的过渡、承接和照应也十分严谨、周密。阅读时要注意体会。

3月14日下午两点三刻,当代最伟大的思想家停止思想了。让他一个人留在房里还不到两分钟,当我们进去的时候,便发现他在安乐椅上安静地睡着了——但已经永远地睡着了。

这个人的逝世,对于欧美战斗的无产阶级,对于历史科学,都是不可估量的损失。这位巨人逝世以后所形成的空白,不久就会使人感觉到。

正像达尔文[2]发现有机界的发展规律一样,马克思发现了人类历史的发展规律,即历来为繁芜丛杂的意识形态所掩盖着的一个简单事实:人们首先必须吃、喝、住、穿,然后才能从事政治、科学、艺术、宗教等等;所以,直接的物质的生活资料的生产,从而一个民族或一个时代的一定的经济发展阶段,便构成基础,人们的国家设施、法的观点、艺术以至宗教观念,就是从这个基础上发展起来的,因而,也必须由这个基础来解释,而不是像过去那样做得相反。

不仅如此,马克思还发现了现代资本主义生产方式和它所产生的资产阶级社会的特殊的运动规律。由于剩余价值[3]的发现,这里就豁然开朗了,而先前无论资产阶级经济学家或者社会主义批评家所做的一切研究都只是在黑暗中摸索。

一生中能有这样两个发现,该是很够了。即使只能作出一个这样的发现,也已经是幸福的了。但是马克思在他所研究的每一个领域,甚至在数学领域,都有独到的发现,这样的领域是很多的,而且其中任何一个领域他都不是浅尝辄止。

他作为科学家就是这样。但是这在他身上远不是主要的。在马克思看来,科学是一种在历史上起推动作用的、革命的力量。任何一门理论科学中的每一个新发现——它的实际应用也许还根本无法预见——都使马克思感到衷心喜悦,而当他看到那种对工业、对一般历史发展立即产生革命性影响的发现的时候,他的喜悦就非同寻常了。例如,他曾经密切注视电学方面各种发现的进展情况,不久以前,他还密切注视马赛尔·德普勒[4]的发现。

因为马克思首先是一个革命家。他毕生的真正使命,就是以这种或那种方式参加推翻资本主义社会及其所建立的国家设施的事业,参加现代无产阶级的解放事业,正是他第一次使现代无产阶级意识到自身的地位和需要,意识到自身解放的条件。斗争是他的生命要素。很少有人像他那样满腔热情、坚忍不拔和卓有成效地进行斗争。最早的《莱茵报》[5](1842年),巴黎的《前进报》[6](1844年),《德意志-布鲁塞尔报》[7](1847年),《新莱茵报》[8](1848—1849年),《纽约每日论坛报》[9](1852—1861年),以及许多富有战斗性的小册子,在巴黎、布鲁塞尔和伦敦各组织中的工作,最后,作为全部活动的顶峰,创立伟大的国际工人协会[10],——老实说,协会的这位创始人即使没有别的什么建树,单凭这一成果也可以自豪。

正因为这样,所以马克思是当代最遭忌恨和最受诬蔑的人。各国政府——无论专制政府或共和政府,都驱逐他[11];资产者——无论保守派或极端民主派,都竞相诽谤他,诅咒他。他对这一切毫不在意,把它们当作蛛丝一样轻轻拂去,只是在万不得已时才给以回敬。现在他逝世了,在整个欧洲和美洲,从西伯利亚[12]矿井到加利福尼亚[13],千百万革命战友无不对他表示尊敬、爱戴和悼念,而我敢大胆地说:他可能有过许多敌人,但未必有一个私敌。

他的英名和事业将永垂不朽!

[注释]

[1] 选自《马克思恩格斯选集》第3卷(人民出版社1995年版)。标题是编译者加的。马克思于1883年3月14日逝世,3月17日安葬于英国伦敦海格特公墓。恩格斯(1820—1895年),科学社会主义的奠基人,国际无产阶级的导师,马克思的亲密战友。

[2] 达尔文(1809—1882年):英国生物学家,进化论的奠基人。1859年出版的《物种起源》一书,提出以自然选择为基础的进化学说。

[3] 剩余价值:雇佣工人剩余劳动所创造并被资本家无偿占有的那部分价值。

[4] 马赛尔·德普勒:法国物理学家。他在1882年慕尼黑的电气展览会上,展出了他在米斯巴赫至慕尼黑之间架设的第一条实验性输电线路。

[5] 《莱茵报》:1842年1月1日至1843年3月31日在德国科隆出版的日报。1842年4月,马克思开始为该报撰稿,同年10月起担任该报编辑。

[6] 《前进报》:1844年1月至12月在巴黎出版的德国报纸,每周出两次。马克思和恩格斯在该报发表过文章。马克思从1844年夏天起开始经常参与该报的编辑工作。该报对普鲁士反动制度展开了尖锐的批评。根据普鲁士政府的要求,法国内阁于1845年1月下令把马克思及该报其他一些撰稿人驱逐出法国,《前进报》因而停刊。

[7] 《德意志—布鲁塞尔报》:是侨居布鲁塞尔的德国政治亡者创办的。1847年1月创刊,1848年2月停刊。1847年9月起马克思和恩格斯成了该报的经常撰稿人,对该报的方针开始发生直接影响,1847年最后几个月,他们实际上已经掌握了该报的编辑工作。

[8] 《新莱茵报》:从1848年6月1日至1849年5月19日每天在科隆出版,总编辑是马克思。参加编辑部工作的还有恩格斯等人。该报的立场和国际主义精神使其在创刊后就受到普鲁士政府的迫害。1849年5月,普鲁士政府借口马克思没有普鲁士国籍而把他驱逐出境,该报因而停刊。

[9] 《纽约每日论坛报》:一家美国报纸,1841年至1924年出版。在19世纪40年代至50年代,该报站在进步的立场上反对奴隶占有制。马克思为该报撰稿,持续了10年以上,其中很大一部分是马克思约恩格斯写的。

[10] 国际工人协会:即第一国际。1864年秋由马克思创立。1876年正式宣布解散。马克思和恩格斯所主持的第一国际,领导了各国工人的经济斗争和政治斗争,并同形形色色的反马克思主义流派进行了激烈斗争,巩固了各国工人的国际团结。正如列宁所说,第一国际的历史意义在于它"奠定了工人国际组织的基础,使工人做好向资本进行革命进攻的准备"。

[11] 各国政府……都驱逐他:马克思曾四次被各国政府无理驱逐:1845年1月被逐出法国,1848年3月被逐出比利时,1849年5月被逐出德国,同年8月第二次被逐出法国。

[12] 西伯利亚:亚洲北部、俄罗斯境内的一片面积广大的地区。

[13] 加利福尼亚：美国西南部靠太平洋的一个州。

[思考练习]

一、根据课文,在下边的括号里填上恰当的内容。

1."一生中能有这样两个发现,该是很够了。"这里的"两个发现"是(　　)和(　　)。

2."他作为科学家就是这样。"这里的"这样"是指(　　)。

3."因为马克思首先是一个革命家。"所以他(　　)。

4."正因为这样,所以马克思是当代最遭忌恨和最受诬蔑的人。"说明马克思"最遭忌恨和最受诬蔑"的根据是(　　)。

二、下边句子中加点的词语用了什么表达方法？其作用是什么？

1.3月14日下午两点三刻,当代最伟大的思想家停止思想了。让他一个人留在房间里还不到两分钟,当我们进去的时候,便发现他在安乐椅上安静地睡着了——但已经永远地睡着了。

2.由于剩余价值的发现,这里就豁然开朗了,而先前无论资产阶级经济学家或者社会主义批评家所做的一切研究都只是在黑暗中摸索。

三、说说"他可能有过许多敌人,但未必有一个私敌"这句话的含义。

四、语言的严密性常表现在对中心词的修饰、限制和补充、说明上。分析下边句子,回答括号中的问题,体会课文语言的严密性。

1.这个人的逝世,对于欧美战斗的无产阶级,对于历史科学,都是不可估量的损失。("损失"一词的修饰成分是什么？加点的部分在句中有何作用？)

2.他毕生的真正使命,就是以这种或那种方式参加推翻资本主义社会及其所建立的国家设施的事业。("使命"和"事业"的修饰成分各有哪几层？"推翻"一词的支配对象是谁？)

五、编写课文的结构提纲,理清课文的写作思路。

2.

我有一个梦想[1]

马丁·路德·金

[阅读提示]

这是一篇境界高远、情真意切的演讲词。

面对着几十万反抗歧视与压迫的黑人兄弟,面对着他们愤怒、激昂的面孔,金博士不是简单地诉说苦难或是煽动仇恨,而是站在历史的制高点上,回首二百年前美国建国时的理想,回首一百年前废奴先驱者的理想,从而使自己的诉求获得更重大的价值;同时他又展望未来,用诗一样的语言描绘了自己的梦想。这个梦想既包含了对现实权利的争取,也包括了对白人、黑人亲如兄弟的共同家园的构建。当他充满激情地呼喊"让自由之声从每一片山坡响起来"的时候,他就把听众带到了崇高的、理想的精神境界。

他的演讲表现出大无畏的勇气和不屈不挠的意志,他用一连串的排比句鼓舞与会者,他用振聋发聩的声音宣誓,这样的气魄、气势必然给听众以巨大的信心和力量。他的演讲又是非常注意说服力与感召力的。他用十分亲切的、诚恳的、通俗的语言说出黑人诉求的正当性、斗争的理性与非暴力的重要、对深处苦难中的同胞表达真挚的同情,并激励他们坚持自己正义的斗争。

演讲词要求有强烈的现场感,要求能够控制、调动听众的情绪,这篇演讲稿堪称这方面的典范。他用"让我们"、"朋友们,今天我对你们说"这样的语句使自己和听众融为一体;用"只要"、"只要"和"我梦想有一天"、"我梦想有一天"的大段排比鼓动起全场的热烈气氛;又通过在大段的热情激烈的话语之间穿插"但是对于"、"我并没有注意到"一类内容,调节演讲的节奏,使得演讲者与听众的情绪一浪高过一浪地推向顶峰。

一百年前,一位伟大的美国人[2]签署了解放黑奴宣言,今天我们就是在他的雕像前集会。这一庄严宣言犹如灯塔的光芒,给千百万在那摧残生命的不义之火中备受煎熬的黑奴带来了希望。它之到来犹如欢乐的黎明,结束了束缚黑人的漫漫长夜。

然而一百年后的今天,我们必须正视黑人还没有得到自由这一悲惨的事实。一百年后的今天,在种族隔离的镣铐和种族歧视的枷锁下,黑人的生活备受压榨。一百年后的今天,黑人仍生活在物质充裕的海洋中一个贫困的孤岛上。一百年后的今天,黑人仍然蜷缩在美国社会的角落里,并且意识到自己是故土家园中的流亡者。今天我们在这里集会,就是要把这种骇人听闻的情况公之于众。

就某种意义而言,今天我们是为了要求兑现诺言而汇集到我们国家的首都来的。我们共和国的缔造者草拟宪法和独立宣言时,曾以气壮山河的词句向每一个美国人许下了诺言,他们承诺给予所有的人以不可剥夺的生存、自由和追求幸福的权利。

就有色公民而论,美国显然没有实践她的诺言。美国没有履行这项神圣的义务,只是给黑人开了一张空头支票,支票上盖上"资金不足"的戳子后便退了回来。但是我们不相信正义的银行已经破产,我们不相信,在这个国家巨大的机会之库里已没有足够的储备。因此,今天我们要求将支票兑现——这张支票将给予我们宝贵的自由和正义的保障。

我们来到这个圣地也是为了提醒美国,现在是非常急迫的时刻。现在绝非侈谈冷静下来或服用渐进主义[3]的镇静剂的时刻。现在是实现民主的诺言的时候。现在是从种族隔离的荒凉阴暗的深谷攀登种族平等的光明大道的时候。现在是把我们的国家从种族不平等的流沙中拯救出来,置于兄弟情谊的磐石上的时候,现在是向上帝所有的儿女开放机会之门的时候。

如果美国忽视时间的迫切性和低估黑人的决心,那么,这对美国来说,将是致命伤。自由和平等的爽朗秋天如不到来,黑人义愤填膺[4]的酷暑就不会过去。一九六三年并不意味着斗争的结束,而是开始。有人希望,黑人只要撒撒气就会满足;如果国家安之若素[5],毫无反应,这些人必会大失所望的。黑人得不到公民的权利,美国就不可能有安宁或平静;正义的光明的一天不到来,叛乱的旋风就将继续动摇这个国家的基础。

但是对于等候在正义之宫门口的心急如焚的人们,有些话我是必须说的。在争取合法地位的过程中,我们不要采取错误的做法。我们不要为了满足对自由的渴望而抱着敌对和仇恨之杯痛饮。我们斗争时必须永远举止得体,纪律严明。我们不能容许我们的具有崭新内容的抗议蜕变为暴力行动。我们要不断地升华到以精神力量对付物质力量的崇高境界中去。

现在黑人社会充满着了不起的新的战斗精神,但是我们却不能因此而不信任所有的白人。因为我们的许多白人兄弟已经认识到,他们的命运与我们的命运是紧密相连的,他们今天参加游行集会就是明证:他们的自由与我们的自由是息息相关的。我们不能单独行动。

当我们行动时,我们必须保证向前进。我们不能向后退。现在有人问热心民权运动的人,"你们什么时候才能满足?"

只要黑人仍然遭受警察难以形容的野蛮迫害,我们就绝不会满足。

只要我们在外奔波而疲乏的身躯不能在公路旁的汽车旅馆和城里的旅馆找到住宿之所,我们就绝不会满足。

只要黑人的基本活动范围只是从少数民族聚居的小贫民区转到大贫民区,我们就绝不会满足。

只要密西西比仍然有一个黑人不能参加选举,只要纽约有一个黑人认为他投票无济于事,我们就绝不会满足。

不!我们现在并不满足,我们将来也不满足,除非正义和公正犹如江海之波涛,汹涌澎湃,滚滚而来。

我并非没有注意到,参加今天集会的人中,有些受尽苦难和折磨,有些刚刚走出窄小的牢房,有些由于寻求自由,曾在居住地惨遭疯狂的迫害和打击,并在警察暴行的旋风中摇摇欲坠。你们是人为痛苦的长期受难者。坚持下去吧,要坚决相信,忍受不应得的痛苦是一种赎罪。

让我们回到密西西比去,回到亚拉巴马去,回到南卡罗来纳去,回到佐治亚去,回到路易斯安那去,回到我们北方城市中的贫民区和少数民族居住区去,要心中有数,这种状况是能够也必将改变的。我们不要陷入绝望而不能自拔。

朋友们,今天我对你们说,在现在和未来,我们虽然遭受种种困难和挫折,我仍然有一个梦想。这个梦想是深深扎根于美国的梦想[6]中的。

我梦想有一天,这个国家会奋起,真正实现其信条的真谛:"我们认为这些真理是不言而喻的——人人生而平等。"

我梦想有一天,在佐治亚的红山上,昔日奴隶的儿子将能够和昔日奴隶主的儿子坐在一起,共叙兄弟情谊。

我梦想有一天,甚至连密西西比州这个正义匿迹,压迫成风的地方,也将变成自由和正义的绿洲。

我梦想有一天,我的四个孩子将在一个不是以他们的肤色,而是以他们的品格优劣来评判他们的国度里生活。

我今天有一个梦想。

我梦想有一天,亚拉巴马州能够有所转变,尽管该州州长现在仍然满口异议,反对联邦法令,但有朝一日,那里的黑人男孩和女孩将能与白人男孩和女孩情同骨肉,携手并进。

我今天有一个梦想。

我梦想有一天,幽谷上升,高山下降,坎坷曲折之路成坦途,圣光披露,满照人间。

这就是我们的希望。我怀着这种信念回到南方。有了这个信念,我们将能从绝望之岭劈出一块希望之石。有了这个信念,我们将能把这个国家刺耳的争吵声,改变成为一支洋溢手足之情的优美交响曲。

有了这个信念,我们将能一起工作,一起祈祷,一起斗争,一起坐牢,一起维护自由;因为我们知道,终有一天,我们是会自由的。

在自由到来的那一天,上帝的所有儿女们将以新的含义高唱这支歌:"我的祖国,美丽的自由之乡,我为您歌唱。您是父辈逝去的地方,您是最初移民的骄傲,让自由之声响彻每个山冈。"

如果美国要成为一个伟大的国家,这个梦想必须实现。让自由之声从新罕布什尔州的巍峨峰巅响起来!让自由之声从纽约州的崇山峻岭响起来!让自由之声从宾夕法尼亚州阿勒格尼山的顶峰响起来!

让自由之声从科罗拉多州冰雪覆盖的落基山响起来!让自由之声从加利福尼亚州蜿蜒的群峰响起来!不仅如此,还要让自由之声从佐治亚州的石岭响起来!让自由之声从田纳西州的瞭望山响起来!

让自由之声从密西西比州的每一座丘陵响起来!让自由之声从每一片山坡响起来!

当我们让自由之声响起来,让自由之声从每一个大小村庄、每一个州和每一个城市响起来时,我们将能够加速这一天的到来,那时,上帝的所有儿女,黑人和白人,犹太教徒和非犹太教徒,耶稣教徒和天主教徒,都将手携手,合唱一首古老的黑人灵歌:"终于自由啦!终于自由啦!感谢全能的上帝,我们终于自由啦!"

[注释]

[1] 选自《我有一个梦想》(中央编译出版社2001年版)。许中立译。有改动。马丁·路德·金(1929—1968年),牧师,美国黑人民权运动领袖,1964年获诺贝尔和平奖,1968年4月4日被种族主义分子枪杀。从1986年起,美国政府将每年一月的第三个星期一定为马丁·路德·金全国纪念日。1963年8月28日,为争取民权,25万名黑人在华盛顿林肯纪念堂前举行盛大集会。马丁·路德·金在会上发表了这篇著名的演说。

[2] 一位伟大的美国人:指美国第16届总统林肯。

[3] 渐进主义:美国民权运动中的保守主张,号召人们按部就班行事,不要采取过激的行动。

[4] 义愤填膺:由不义的人和事所激起的愤怒感情充满胸膛。膺,胸。

[5] 安之若素:对于危困境地或异常情况,一如平时,泰然处之。

[6] 美国的梦想:一个通用的口号,即美国所宣传的赖以立国的民主、平等、自由的理想。

[思考练习]

一、"我有一个梦想"中的"梦想"包括那些内容?用自己的话概括出来。

二、从内容和情绪两个角度,分析这篇演讲词的层次结构。

三、用演讲的语气朗诵"朋友们,今天我对你们说"到篇末的部分。

3.

不自由，毋宁死[1]

——在弗吉尼亚州议会上的演讲

帕特里克·亨利

[阅读提示]

　　这次演讲的目的就是让人们丢掉幻想，准备战斗。为了使议员们接受自己的主张，争取到各方面的理解和支持，亨利在演讲时十分注意策略，采用了后发制人、逐层推进的方法。

　　演讲一开始，他先对其他发言人的爱国精神与见识才能表示了钦佩。接着话锋一转，说明自己毫无顾忌、毫无保留地讲出截然不同的观点，并非不敬和冒犯，而是在论及事关国家存亡的重大问题时，不能缄口沉默，很自然地转到坚持斗争、反对妥协的观点上来。

　　亨利对议会中主张和解的保守派的心理了解得十分清楚，直截了当地指出他们"沉湎于希望的幻觉"、"不愿正视痛苦现实"的心理倾向，批评他们对"关系到是否蒙受奴役的大问题时视而不见充耳不闻"。然后，以"我只有一盏指路明灯，那就是经验之灯"领起，详尽陈述求和的历史事实与大兵压境的严峻现实，逐层批驳和解妥协的思想，用连续的问句启发人们从对经验的回顾中判断未来，呼吁人们"再也不能沉迷于虚无缥缈的和平希望之中了"，用斩钉截铁的语气反复强调"必须战斗"，"我们的唯一出路只有诉诸武力，求助于战争之神"。

　　接下来亨利针对"力量太单薄"、不能与强敌"抗衡"的畏惧心理，分三层展开说理。先说力量并非指日可待，等待的结果是束手就擒；次说利用自然条件，发动民众为正义而战，任何敌人都无法战胜我们；最后说战争不可避免，我们别无选择！

　　随着演讲的逐步展开，亨利的语调越来越坚决，言辞越来越激烈，感情越来越高昂，直到最后，以"不自由，毋宁死"的警句表达了誓为自由而战的坚定决心，将整篇演讲推向高潮，给听众留下深刻的印象。

主席先生：

　　没有人比我更钦佩刚刚在会议上发言的先生们的爱国精神与见识才能。但是，人们常常从不同的角度来观察同一事物。因此，尽管我的观点与他们截然不同，我还是要毫无顾忌、毫无保留地讲出自己的观点，并希望不要因此而被认为是对先生们的不敬。此时不是讲客气话的时候，摆在各位代表面前的是国家存亡的大问题，我认为，这是关系到享受自由还是蒙受奴役的大问题。鉴于它事关重大，我们的辩论应该允许各抒己见。只有这样，我们才有可能搞清事物的真相，才可能不辱于上帝和祖国所赋予我们的伟大使命。在这种时刻，如果怕冒犯各位的尊严而缄口不语，我将认为自己是对祖国的背叛和对比世界上任何国君都更为神圣的上帝的不忠。

　　主席先生，沉湎于希望的幻觉是人的天性。我们有闭目不愿正视痛苦现实的倾向，有倾听女海妖的惑人歌声的倾向，可那是能将人化为禽兽的惑人的歌声。这难道是在这场为获得自由而从事的艰苦卓绝的斗争中，一个聪明人所应持的态度吗？难道我们愿意做那种对这关系到是否蒙受奴役的大问题视而不见充耳不闻的人吗？就我个人而论，无论在精神上承受任何痛苦，我都愿意知道真理，知道最坏的情况，并为之做好一切准备。

　　我只有一盏指路明灯，那就是经验之灯，除了以往的经验以外，我不知道还有什么更好的方法判断未来。而既要以过去的经验为依据，我倒希望知道，10年来英国政府的所作所为中有哪一点足以证明先生们用以欣然安慰自己及各位代表的和平希望呢？难道就是最近接受我们请愿时所流露出的阴险微笑吗？不要相信它，先生，那是在您脚下挖的陷阱。不要让人家的亲吻把您给出卖了。请诸位自问，接受我们请愿时的和善微笑与这如此大规模的海陆战争准备是否相称？难道舰艇和军队是对我们的爱护和战争调停的必要手段吗？难道为了解决争端，赢得自己的爱而诉诸武力，我们就应该表现出如此的不情愿吗？我们不要自己欺骗自己了，先生，这些都是战争和征服的工具，是国君采取的最后手段。主席先生，我要向主张和解的先生请教，这些战争部署究竟意味着什么？如果说其目的不在于迫使我们屈服的话，那么哪位先生能指出其动机所在？在我们这块土地上，还有哪些对手值得大不列颠征集如此规模的海陆军队呢？不，先生，没有其他对手了。一切都是针对我们而来，而不是针对别人。英国政府如此长久地锻造出的锁链要来桎梏我们了，我们该何以抵抗？还要靠辩论吗？先生，我们已经辩论10年了，可辩论出什么更好的抵御措施了吗？没有。我们已从各种角度考虑过了，但一切均是枉然。难道我们还要求救于哀告与祈求吗？难道我们还有什么更好方法未被采用吗？无须寻找了，先生，我恳求您，千万不要自己欺骗自己了。我们已经做了应该做的一切，来阻止这场既已来临的战争风暴。我们请愿过了，我们抗议过了，我们哀求过了，我们也曾拜倒在英国国王的宝座下，恳求他出面干预，制裁国会和内阁中的残暴者。可我们的请愿受到轻侮，我们的抗议招致了新的暴力，我们的哀求被人家置之不理，我们被人家轻蔑地一脚从御座前踢开了。事到如今，我们再也不能沉迷于虚无缥缈的和平希望之中了。希望已不再存在！假如我们想得到自由，并拯救我们为之长期奋斗的珍贵权力的话；假如我们不愿彻底放弃我们长期所从事的，曾经发誓不取得最后的胜利就决不放弃的光荣斗争的话，那么，我们必须战斗！我再重复一遍，必须战斗！我们的唯一出路只有诉诸武力，求助于战争之神。

　　主席先生，他们说我们的力量太单薄了，不能与如此强大凶猛的敌人抗衡。但是，我们何时才能强大起来呢？是下周？还是明年？还是等到我们完全被缴械，家家户户都驻守着英国士兵的时候呢？难道我们就这样仰面高卧，紧抱着那虚无缥缈的和平幻觉不放，直到敌人把我们的手脚都束缚起来的时候，才能获得有效的防御手段吗？先生们，如果我们能妥善利用自然之神赐予我们的有利条件，我们就不弱小。如果我们三百万人民在自己的国土上，为神圣的自由事业而武装起来，那么任何敌人都是无法战胜我们的。此外，先生们，我们并非孤军作战，主宰各民族命运的正义之神，会号召朋友们为我们而战。先生们，战争的胜负不仅仅取决于力量的强弱，胜利永远属于那些机警的、主动的、勇敢的人们。况且，我们已没有选择余地了。即使我们那样没有骨气，想退出这场战争，也为时晚矣！我们已毫无退路，除非甘愿受屈辱和奴役！囚禁我们的锁链已经铸就，波士顿草原上已经响起镣铐的叮当响声。战争已不可避免——那么就让它来吧！我再重复一遍，就让它来吧！

　　回避现实是毫无用处的。先生们会高喊：和平！和平！！但和平安在？实际上，战争已经开始，从北方刮来的大风都会将武器的铿锵回响送进我们的耳鼓。我们的同胞已身在疆场了，我们为什么还要站在这里袖手旁观呢？先生们希望的是什么？想要达到什么目的？生命就那么可贵？和平就那么甜美？甚至不惜以戴锁链、受奴役的代价来换取吗？全能的上帝啊，阻止这一切吧！在这场斗争中，我不知道别人会如何行事，至于我，不自由，毋宁死！

[注释]

[1]　选自《不朽的声音：世界经典演讲》，王菁、杨博编译，京华出版社2000年版，有改动。帕特里克·亨利(1736—1799年)，美国独立战争时期重要的政治家、演说家，是弗吉尼亚殖民地上最成功的律师之一，美国《人权法案》的主要执笔者。这是帕特里克·亨利于1775年3月23日在弗吉尼亚州议会上的演讲。

　　其时，北美殖民地正面临历史性抉择——要么拿起武器，争取独立；要么妥协让步，甘受奴役。亨利以敏锐的政治家眼光，饱满的爱国激情，以铁的事实驳斥了主和派的种种谬误，阐述了武装斗争的必要性和可能性。从此，"不自由，毋宁死"的口号激励了千百万北美人为自由独立而战，这篇演说也成为世界演说名篇。

[思考练习]

一、演讲的目的是要说服听众。史料记载，亨利的演讲结束后，会场群情激奋，"拿起武器！拿起武器！"的呼喊声响彻议会大厅。这篇演说词被后人作为不朽的名篇，特别是结尾的警句一直为人们所传诵。亨利的演讲为何如此的轰动，他是怎样说服听众的？这对你练习演讲有什么启发？

二、古罗马雄辩家西塞罗说，演讲就是得体地运用声音、表情和手势。请想象亨利演讲的情境，借助语气和语调、表情和手势，演讲最后两段，体会呼告与反问语气对增强感染力的作用。

4.

奥林匹克精神[1]

顾拜旦

[阅读提示]

　　课文是第一次世界大战后顾拜旦在恢复奥林匹克运动25周年纪念会上的演讲。作者用诗一样的语言阐述了奥林匹克精神的内涵与价值。

　　奥林匹克精神是人类创造的宝贵的精神财富，是人类文明的重要组成部分。课文中，作者从当时特定的历史背景说起，阐述了奥林匹克精神与纯粹竞技精神的不同之处。他认为，纯粹的竞技精神只能带给运动员心理上自得其乐的愉悦感，而"奥林匹克精神包括但又超越了竞技精神",给人们带来美感和荣誉感。作者呼吁让大众参与到这一运动中,继承发扬完整、民主的奥林匹克精神。

课文语言晓畅,主题突出,意义深刻。阅读时注意思考:作者为什么要致力于恢复奥林匹克运动?他所倡导的现代奥林匹克精神的实质是什么?

联邦主席先生、女士们、先生们:

5年前,来自世界各国的代表聚会在巴黎——1894年宣布恢复奥林匹克运动会的地方——同我们一起庆祝恢复奥林匹克运动会20周年。在过去这5年内,世界崩溃了。虽然奥林匹克精神经历了这一切,但是,她没有恐惧,没有成为这场劫难的牺牲品。豁然开朗的前景证明,一个崭新的重要角色正等待着她。

奥林匹克精神逐渐为青年所崇尚。奥林匹克精神同纯粹的竞技精神是有区别的,奥林匹克精神包括但又超越了竞技精神。我想对这一不同之处作出详细阐述。运动员欣赏自己作出的努力。他喜欢施加于自己肌肉和神经上的那种紧张感,而且因为这种紧张感,即使他不能获胜,也会给人以胜利在望的感觉。但这种乐趣保留在运动员内心深处,在某种程度上只是自得其乐。现在,让我们设想一下当这种内心的悦乐向外突发与大自然的乐趣和艺术的奔放融合在一起,当这种悦乐为阳光所萦绕,为音乐所振奋,为带圆柱形门廊的体育馆所珍藏时,该是怎样的情景呢?这就是很久以前诞生在阿尔弗斯河岸边的古代奥林匹克精神绚丽的梦想。在过去几千年里,正是这一迷人的梦想使世界凝聚在一起。

现在,我们正处于历史的转折关头。人类渴望进步,但又常常误入歧途。青少年往往为陈旧、复杂的教学方法,愚蠢和严厉相交替的说教以及拙劣肤浅的哲学所束缚而失去平衡。我想这就是为何要敲响重开奥林匹克时代钟声的原因。我们把盎格鲁撒克逊人[2]的运动功利主义同古希腊留传下来的高尚、强烈的观念结合起来,开辟奥林匹克新时代。在对纽约和伦敦举办奥运会的现实可能性作出评估后,我为这一意外的合成物向不朽的希腊祈求一剂理想主义的良药。先生们,这就是我们的杰作——刚才你们还向她表达了敬意。如果你们的赞美之词是向为之工作的人说的,我将感到羞愧。这个人没有意识到他应受这样的赞扬,因为他仅仅是凭一种比其意识还强大的直觉在行事。但他愉快地接受对奥林匹克理想的赞美之辞,他是这一理想的第一个信徒。

我刚才回忆起1914年6月的庆典。当时,我们似乎是在为恢复奥林匹克的理想变成现实而庆祝。今天,我觉得又一次目睹她由含苞而怒放,因为从现在起,如果只有少数人关心她的话,我们的事业将一事无成。在那时,有这些人也许就够了,但今天则不然,需要怀有共同兴趣的大众。凭什么该把大众排除在奥林匹克精神之外呢?

面对一个需要整顿的全新世界,人类必须吸收古代留传下来的全部力量来构筑未来。奥林匹克精神是这种力量之一。虽然奥林匹克精神不足以确保社会和平,不能更加均衡地为人类分配生产和消费物质必需品的权利,甚至也不能够为青少年提供免费接受智力培训的机会,使他们能够保持自己的天赋,而不是停留在其父母生活的那种境况,但是,奥林匹克精神将依然为人类所需要。强健的肌肉是欢乐、活力、镇静和纯洁的源泉。奥林匹克精神必将以现代产业发展所赋予的各种形式为地位最低下的公民所享受。这就是完整、民主的奥林匹克精神。今天我们正在为她奠定基础。

这次庆祝仪式是在极为祥和欢乐的气氛中举行的。古老的赫尔维希亚[3]联邦最高委员会及其尊敬的主席、被上帝和人类所爱的沃州[4]地区的资深代表、这个最慷慨和热情好客的城市的领导人士、享誉世界的歌星以及一支精心挑选的朝气蓬勃的体育队伍聚集在这里，为这次盛会树立了历史性、公民精神、自然性、青春和艺术性五重声誉。

目前的时势依然很严峻。即将破晓的黎明是暴风雨过后的那种黎明。但待到日近中天时，阳光会普照大地，黄褐色的玉米又将沉甸甸地压在收获者的双臂上。

[注释]

[1] 选自《中外名人演讲精粹·欧洲卷》（中国书籍出版社1999年版），有改动。顾拜旦（1863—1937年），法国人，历史学家、教育家，现代奥林匹克运动的创始人，国际奥委会第二任主席（1896—1925年）。由于对恢复和发展现代奥林匹克运动作出了不朽的贡献，顾拜旦被誉为"奥林匹克之父"。
[2] 盎格鲁撒克逊人：古代日耳曼人中的盎格鲁、撒克逊、朱特等部落集团，近代常用来泛指英格兰人、苏格兰人以及他们在北美、澳大利亚、南非等地的移民。
[3] 赫尔维希亚：瑞士的古名。
[4] 沃州：瑞士境内西边的一个行政州域。

[思考练习]

一、现代奥林匹克运动作为人类历史上规模最大的社会文化活动，具有强大的教育功能，直接推动了人类文明的进步。阅读课文，用自己的话简要概括奥林匹克精神的内涵。

二、奥林匹克的格言"更快、更高、更强"，这与顾拜旦所提倡的"重在参与"是否矛盾？试做简要分析。

三、作为演讲词，本文语言既富有激情，又有着诗歌般的美感。欣赏下列句子，谈谈对其含义的理解。

1. 现在让我们设想一下当这种内心的悦乐向外突发与大自然的乐趣和艺术的奔放融合在一起，当这种悦乐为阳光所萦绕，为音乐所振奋，为带圆柱形门廊的体育馆所珍藏时，该是何等情景呢？

2. 但待到日近中天时，阳光会普照大地，黄褐色的玉米又将沉甸甸地压在收获者的双臂上。

四、想一想，奥林匹克精神对社会发展有什么影响？在我们的日常生活中有哪些表现？作为一个普通人，我们应该如何继承和落实课文中强调的奥林匹克精神？

5.

《黄花岗烈士事略》序[1]

孙　文

[阅读提示]

本文题为序，但并非介绍或评论书的本身，而是借书以评史论世，借序以"勖"国人。

文章以"痛逝者"之情和"勖"国人之理贯穿全篇,将叙事、抒情、议论融为一体。其中记述辛亥广州起义、烈士墓碣的修建和"烈士事略"的编纂,评介广州起义的历史价值等,无不饱含着"痛逝者"和"勖"国人的深情,催人奋进。本文记叙、抒情、议论三者水乳交融,文章第一段,以抒情为主,兼有记叙和议论;第二段以记叙为主,兼有议论和抒情;第三段则以议论为主,兼有抒情和记叙。本文语言也富有浓烈的感情色彩,是一篇情理并茂的序文。

本文恰当运用比喻、对偶、拟人、夸张等修辞手法,并通过比较烘托,增强了文章的表现力和感染力。阅读时要认真体会。

满清末造[2],革命党人历艰难险巇[3],以坚毅不挠之精神,与民贼相搏,踬踣者屡[4],死事之惨,以辛亥三月二十九日围攻两广督署[5]之役为最,吾党菁华[6],付之一炬,其损失可谓大矣。然是役也,碧血横飞,浩气四塞[7],草木为之含悲,风云因而变色,全国久蛰[8]之人心,乃大兴奋,怨愤所积,如怒涛排[9]壑,不可遏抑,不半载而武昌之大革命以成[10],则斯役之价值,直[11]可惊天地、泣鬼神,与武昌革命之役并寿[12]。

顾[13]自民国肇造[14],变乱纷乘[15],黄花岗上一抔土[16],犹湮没于荒烟蔓草间,延至七年,始有墓碣之建修,十年始有事略之编纂;而七十二烈士者,又或有纪载而语焉不详[17],或仅存姓名而无事迹,甚者且姓名不可考,如史载田横事[18],虽以史迁之善传游侠[19],亦不能为五百人立传,滋可痛已[20]!

邹君海滨[21]以所辑《黄花岗烈士事略》丐[22]序于予。时予方以讨贼督师桂林[23],环顾国内,贼氛方炽[24],杌陧[25]之象,视清季有加[26];而三十年前所主唱[27]之三民主义、五权宪法[28]为诸先烈所不惜牺牲生命以争者,其不获实行也如故,则予此行所负之责任,尤倍重于三十年前[29]。倘国人[30]皆以诸先烈之牺牲精神为国奋斗,助予完成此重大之责任,实现吾人理想之真正中华民国,则此一部开国血史,可传世而不朽;否则不能继述[31]先烈遗志且光大之,而徒感慨于其遗事,斯诚后死者之羞也。

余为斯序,既痛逝者,并以为国人之读兹编者勖[32]。

[注释]

[1] 孙中山(1866—1925年),幼名帝象,学名文,字德明,号日新,后改号逸仙,旅居日本时曾化名中山樵,"中山"因而得名。本文是孙中山先生于1921年12月应邹鲁的请求为《黄花岗烈士事略》一书写的序言。书序一般是说明写书的意图、经过,或介绍、评价书的内容。这篇序却不是就书论书,而是就书以评史论世,借序以"勖国人"。
[2] 满清末造:清朝末年。清朝是满族统治者建立的,所以当时革命党人称它为"满清"。
[3] 险巇(xī):危险。
[4] 踬踣(zhì bó)者屡:受过多次挫折。踬踣,跌倒,这里指遭受挫折。
[5] 督署:总督衙门。
[6] 菁(jīng)华:精华,指最优秀的中坚分子。菁,通"精"。
[7] 浩气四塞(sè):浩然正气,充满四面八方。塞,充满。
[8] 久蛰(zhé):长期受压抑。蛰,隐藏,这里指受禁锢和压抑,不得奋发。
[9] 排:冲击,推挤。
[10] 以成:因此而成功。以,因。
[11] 直:简直。

[12] 并寿：一同长存。寿，年岁长久，永存。
[13] 顾：但是。
[14] 肇造：开始建立。肇，始。造，建立。
[15] 变乱纷乘：战乱连续不断。变乱，战争或暴力行为所造成的混乱。纷乘，纷纷而来，此起彼伏。
[16] 一抔(póu)土：指坟墓。一，一捧。
[17] 语焉不详：文字不详细。
[18] 史载田横事：史书上记载的田横的事迹。田横，秦末人，齐国贵族。楚汉战争中，自立为齐王。汉朝建立后，他率五百余人逃往海岛。汉高祖刘邦要他到洛阳，被迫前往，因不愿做汉朝的臣属，在途中自杀了。那些留居海岛的五百壮士听到田横死讯，也全部自杀了。
[19] 史迁之善传(zhuàn)游侠：司马迁善于为游侠作传。史迁，指司马迁，因为他做太史令、著《史记》，后人称他为"史迁"。游侠，好交游、讲义气、能替人解除危难的人。《史记·游侠列传》生动地描绘出游侠们的性格特点。
[20] 滋可痛已：更加可悲痛啊。滋，益，更加。
[21] 海滨：邹鲁的字。他追随孙中山革命。孙中山逝世后，他成为另一派的人物。
[22] 丐：请求。
[23] 时予方以讨贼督师桂林：此时，我正因为讨伐敌人，在桂林统帅军队。贼，指军阀。
[24] 贼氛方炽：敌人的气焰正盛。炽，旺。
[25] 杌陧(wùniè)：(国家)倾危不安。
[26] 视清季有加：比清朝末年还厉害。视，比。季，这里指一个朝代的末了。
[27] 主唱：主张、倡导。
[28] 三民主义、五权宪法：孙中山的革命学说。三民主义，民族主义(主张实现民族独立，国内各民族一律平等)，民权主义(主张政权归全民所有，实行地方自治)，民生主义(主张平均地权和节制资本)。五权宪法，主张把政治分为政权和治权两种：人民有政权，可以选举和罢免官吏，创制和复决法律；政府有治权，分行政、立法、司法、考试、监察五权。根据这种原则制定的宪法叫做"五权宪法"。
[29] 尤倍重于三十年前：比三十年前更是加倍重大。
[30] 国人：全国的人。
[31] 继述：继承，接续。
[32] 并以为国人之读兹编者勖(xù)：并且用(此文)来勉励读这本书的人。勖，勉励。

[思考练习]

一、本文记叙、抒情、议论相结合，试对各自然段进行具体分析。
二、本文运用了比喻、对偶、夸张、比较等手法，请举例说明。

写作训练（二）

应用文写作

——演讲稿

写作范围

写一篇演讲稿，在班级里演讲。

写作指导

演讲又叫讲演、演说,是一种在特定的场合面对听众,就某个问题发表意见、阐述事理或抒发感情的口头交际形式。演讲以"讲"为主,"讲"就是用口语表达思想、传播知识、传递感情;演讲又离不开"演","演"就是借助表情、姿态、手势等体态语来增强表达效果。演讲不能只"讲"不"演",也不能轻"讲"重"演",而应该"讲""演"结合,从听觉、视觉两个方面传递交流信息,从而产生令"快者掀髯,愤者扼腕,悲者掩泣,羡者色飞"的效果。

作为社会实践活动的一种重要工具,演讲具有宣传真理、鼓动群众的功能,历来为人们所重视。我国商代的盘庚即位后,为摆脱困境,避免自然灾害,决定把国都从奄(今山东曲阜)迁到殷(今河南安阳西北),但遭到各方面的抵制。盘庚亲自发表三次演讲,向民众晓以利害,终于取得了大家的支持。1941年12月7日,"珍珠港事件"发生之后不到二十四小时,美国总统罗斯福就在参众两院联席会议上发表了题为"一个遗臭万年的日子"的著名演讲。接着参众两院分别以82∶0和388∶1的投票结果,通过了美国和日本处于战争状态的联合决议。

一、演讲的基本要求:

第一,要有的放矢,有明确的意图。

成功的演讲总要力图解决"是什么""为什么"或"怎么办"这类问题,首先要考虑针对什么问题演讲,在什么场合演讲,演讲给什么对象听,希望达到什么目的、产生什么效果。例如帕特里克·亨利的《不自由,毋宁死》是对议员们作的演讲,他针对议会中主张和解的保守派的心理,批评他们对"关系到是否蒙受奴役的大问题时视而不见充耳不闻"。然后详尽陈述求和的历史事实与大兵压境的严峻现实,逐层批驳和解妥协的思想,用连续的问句启发人们从对经验的回顾中判断未来,达到让人们丢掉幻想,准备战斗的目的。

如果意图不明确,缺乏针对性,这样的演讲往往会失败。

第二,要有翔实生动的材料,富有说服力、感染力。

演讲不能靠空洞的说教,必须有令人信服的材料,包括典型事例、名言警句、寓言故事、统计数字等。

运用材料要注意,不能不加分析,罗列堆砌;而要选得精,讲得透,给听众留下深刻的印象。

第三,要有清晰的思路,恰当的结构。

演讲要让大家听懂,演讲者必须有清晰的思路,先说什么,后说什么,每一部分应该怎么说,都应该有通盘的考虑和恰当的安排。

演讲的开头要吸引听众,很快地建立起同听众的思想感情相联系,把听众的注意力引导到正题上来。1883年3月17日恩格斯《在马克思墓前的讲话》这篇演讲,草稿的开头是这样写的:

就在十五个月以前,我们中间的大部分人曾聚集在这座坟墓周围,当时,这里将是一位高贵的崇高的妇女最后安息的地方。今天,我们又要掘开这座坟墓,把她的丈夫的遗体放在里边。

演讲稿(定稿)是这样的:

3月14日下午两点三刻,当代最伟大的思想家停止思想了。让他一个人留在房间里还不到两分钟,当我们进去的时候,便发现他在安乐椅上安静地睡着了——但已经永远地睡着了。

比较一下就可以看出,定稿开门见山,委婉地交代了马克思逝世这个事实,叙述了当时的情形,一下子就使听众同演讲者同样沉浸在对马克思的缅怀和崇敬的气氛之中。

演讲的结尾要干净利落,不能拖泥带水。如果在听众兴味未尽时戛然而止,则会产生余味无穷的效果。例如爱因斯坦《悼念玛丽·居里》这篇演讲的结尾:"居里夫人的品德力量和热忱,哪怕只要有一小部分存在于欧洲的知识分子中间,欧洲就会面临一个比较光明的未来。"强调了居里夫人伟大人格的榜样作用,言近旨远,发人深思。

演讲的主体部分要层次分明,波澜起伏。可以用"第一""第二"或"首先""其次"等交代层次,也可以用设问句提示要讲的几个问题,或者像《在马克思墓前的讲话》,用显豁的过渡句来表示层次的推进。

第四,语言要生动形象。

要善于运用口语,恰当使用比喻、排比、夸张等修辞手法,句式要富于变化。恩格斯在《在马克思墓前的讲话》讲到马克思对待敌人的诽谤、诅咒时说:"他对这一切毫不在意,把它们当作蛛丝一样轻轻拂去,……"这里用一个生动的比喻,十分形象地表现了马克思坦荡无畏的襟怀。梁启超《敬业与乐业》在语言的运用上也很有特色,亦庄亦谐,或雅或俗,句式有整有散,表现了恣肆汪洋、酣畅淋漓的风格,富有感染力。

第五,要充分发挥口语和体态语传递信息的优势。

演讲者要有充分的自信心,精神要饱满,仪态大方,服饰得体。演讲时,发音要准确清楚,语调要抑扬顿挫,富于变化,要控制好音量的大小和节奏的张弛。还要恰当运用表情、姿态、手势等体态语来帮助表达思想感情。体态语可以是演讲之前设计好的,也可以在演讲中情不自禁即兴发挥。闻一多的《最后一次讲演》:"反动派暗杀李先生的消息传出以后,大家听了都悲愤痛恨。我心里想,这些无耻的东西,他们是怎么想的,他们的心理是什么形态,他们的心怎样长的!"说到这里,闻一多悲愤至极,猛地用拳头捶击桌子。这一动作,使台上台下形成了人神共愤、声讨反动派罪行的强烈气氛。

另外,还有两点必须注意。

一是演讲者心中要有听众。演讲前作准备时,要对听众有所了解,不管是拟演讲词还是列演讲提纲,都要考虑是对什么对象讲的,应该讲哪些,不宜讲哪些,怎么讲才能使听众接受。演讲时要用自己的真情实感来打动听众,特别要善于用眼神和听众交流思想感情,切忌目光游移或盯着某一处(如讲稿)。还要善于应变,能根据演讲现场的各种具体情况随时调整自己的演讲内容。演讲后要注意了解听众的反应,不管是赞扬还是批评,都有利于提高演讲水平。

二是演讲者要加强自身修养。不仅要增加阅历,增长学识,丰富思想,加强美学修养,提高演讲技巧,还要注重提高自己的思想道德水准,因为演讲者的"个人品质永远被看作他所拥有的最有效的说服手段"(莎士比亚语)。

二、演讲稿的写法

1. 确定主题,选择材料

(1) 根据演讲活动的性质与目的来确立讲题

所谓主题,就是演讲的中心话题。演讲稿的撰写必须在一个有社会或科学价值、有现实意义或学术意义的特定问题中展开,否则,将是无的放矢。

演讲者总是根据演讲的性质、目的来确定选题的。若被邀请作学术演讲,就应该介绍自己最新的研究成果或自己掌握的最新的学术信息,这样的话题才最具学术性。如果是在思想教育性的演讲活动上作演讲,就应该针对现实中最新鲜的现象和听众最关心的问题发表见解。就连竞选演说和就职演说,也要以把握住听众的理想和愿望来选题。

(2) 根据演讲主题与听众情况来选择材料

材料是演讲稿的血肉,材料的选择和使用在演讲稿的写作过程中是一个重要的环节。

首先,要围绕主题筛选材料。主题是演讲稿的思想观点,是演讲的宗旨所在。材料是主题形成的基础,又是表现主题的支柱。演讲稿的思想观点必须靠材料来支撑,材料必须能充分地表现主题,有力地支持主题。所以,凡是能充分说明、突出、烘托主题的材料就应选用,否则就舍弃,要做到材料与观点的统一。另外,还要选择那些新颖的、典型的、真实的材料,使主题表现得更深刻、更有力。

其次,材料的选择还要考虑到听众的情况。听众的思想状况、文化程度、职业状况,以及心理需求等,都对演讲有制约作用。因而,选用的材料要尽量贴近听众的生活,这样,不仅容易使他们心领神会,而且听起来也会饶有兴味。一般而言,对青少年的演讲应形象有趣、寓理于事,举例要尽量选择他们所崇拜的人和有轰动效应的事;对工人、农民的演讲,要生动风趣、通俗浅显,尽可能列举他们周围的人和发生在他们中间的事作例子。而对知识分子的演讲,使用材料则必须讲究文化层次。

2. 精心安排好开头、主体和结尾

不同类型、不同内容的演讲稿,其结构方式也各不相同,但结构的基本形态都是由开头、主体、结尾三部分构成。各部分的具体要求如下:

(1) 开头要先声夺人,富有吸引力

演讲稿的开头,也叫开场白,它犹如戏剧开头的"镇场",在全篇中占据重要的地位。开头的方式主要有如下几种:

方式一:开门见山,提示主题。这种开头不绕弯子,直奔主题,开宗明义地提出自己的观点。如1941年李卜克内西《在德国国会上反对军事拨款的声明》开头就说:"我投票反对这项提案,理由如下",宋庆龄《在接受加拿大维多利亚大学荣誉法学博士学位仪式上的讲话》的开头:"我为接受加拿大维多利亚大学荣誉法学博士学位感到荣幸。"

方式二:介绍情况,说明根由。开头向听众报告一些新发生的事实,比较容易引起人们的注意,吸引听众倾听。如1941年7月3日斯大林《广播演说》的开头:"希特勒德国从6月22日向我们祖国发动的背信弃义的军事进攻,正在继续着。虽然红军进行了英勇的抵抗,虽然敌人的精锐师团和他们的精锐空军部队已被击溃,被埋葬在战场上,但是敌人又从前线调来了生力军,继续向前闯进。……我们的祖国面临着严重的危险。"

方式三:提出问题,引起关注。通过提问,引导听众思考一个问题,并由此造成一个悬念,引起听众欲知答案的期待。如曲啸的《人生·理想·追求》就是这样开头的:"一个人应该怎样对待自己青春的时光呢?我想在这里同大家谈谈我的情况。"弗雷德里克·道格拉斯1854年7月4日在美国纽约州罗彻斯特市举行的国庆大会上发表的《谴责奴隶制的演说》,一开讲就能引发听众的积极思考,把人们带到一个愤怒而深沉的情境中去:"公民们,请恕我问一问,今天为什么邀我在这儿发言?我,或者我所代表的奴隶们,同你们的国庆节有什么相干？《独立宣言》中阐明的政治自由和生来平等的原则难道也普降到我们的头上？因而要我来向国家的祭坛奉献上我们卑微的贡品，承认我们得到并为你们的独立带给我们的恩典而表达虔诚的谢意么？"

开头的方法还有很多。总之无论采用什么形式的开头，都要做到先声夺人，富于吸引力。

（2）主体部分要环环相扣，层层深入

演讲稿的主体，要环环相扣，层层深入，步步推向高潮。所谓高潮，即演讲中最精彩、最激动人心的段落。在主体部分的行文上，要在理论上一步步说服听众，在内容上一步步吸引听众，在感情上一步步感染听众。要精心安排结构层次，层层深入，环环相扣，水到渠成地推向高潮。在行文的过程中，要处理好层次、节奏和衔接等几个问题。

层次。层次是演讲稿思想内容的表现次序，它体现着演讲者思路展开的步骤，也反映了演讲者对客观事物的认识过程，演讲稿结构的层次是根据演讲的时空特点对演讲材料加以选取和组合而形成的。由于演讲是直接面对听众的活动，所以演讲稿的结构层次是听众无法凭借视觉加以把握的，而听觉对层次的把握又要受限于演讲的时间。

那么，怎样才能使演讲稿结构的层次清晰明了呢？根据听众以听觉把握层次的特点，显示演讲稿结构层次的基本方法就是在演讲中树立明显的有声语言标志，以此适时诉诸于听众的听觉，从而获得层次清晰的效果。演讲者在演讲中反复设问，并根据设问来阐述自己的观点，就能在结构上环环相扣，层层深入。此外，演讲稿用过渡句，或用"首先"、"其次"、"然后"等语词来区别层次，也是使层次清晰的有效方法。

节奏。节奏，是指演讲内容在结构安排上表现出的张弛起伏。演讲稿结构的节奏，主要是通过演讲内容的变换来实现的。演讲内容的变换，是在一个主题思想所统领的内容中，适当地插入幽默、诗文、轶事等内容，以便听众的注意力既保持高度集中而又不因为高度集中而产生兴奋性抑制。优秀的演说家几乎没有一个不长于使用这种方法。演讲稿结构的节奏既要鲜明，又要适度。平铺直叙，呆板沉滞，固然会使听众紧张疲劳，而内容变换过于频繁，也会造成听众注意力涣散。所以，插入的内容应该为实现演讲意图服务，而节奏的频率也应该根据听众的心理特征来确定。

衔接。衔接是指把演讲中的各个内容层次联结起来，使之具有浑然一体的整体感。由于演讲的节奏需要适时地变换演讲内容，因而也就容易使演讲稿的结构显得零散。衔接是对结构松紧、疏密的一种弥补，它使各个内容层次的变换更为巧妙和自然，使演讲稿富于整体感，有助于演讲主题的深入人心。演讲稿结构衔接的方法主要是运用同两段内容、两个层次有联系的过渡段或过渡句。

（3）结尾要简洁有力，余音绕梁

结尾是演讲内容的自然收束。言简意赅、余音绕梁的结尾能够使听众精神振奋，并促使听众不断地思考和回味；而松散疲沓、枯燥无味的结尾则只能使听众感到厌倦，并随着时过境迁而被遗忘。怎样才能给听众留下深刻的印象呢？美国作家约翰·沃尔夫说："演讲最好在听众兴趣到高潮时果断收束，未尽时戛然而止。"这是演讲稿结尾最为有效的方法。在演讲处于高潮的时候，听众大脑皮层高度兴奋，注意力和情绪都由此而达到最佳状态，如果在这种状态中突然收束演讲，那么保留在听众大脑中的最后印象就特别深刻。

结尾或归纳、或升华、或希望、或号召，方式很多。好的结尾应收拢全篇，卒章显志，干脆利落,简洁有力,切忌画蛇添足,节外生枝。

参考题目

1. 下边的现象是学校生活中常见的,针对其中一种现象作一次演讲。演讲前先拟好比较详细的演讲提纲。

(1) 有些同学和大家关系融洽,人缘很好;而有些同学却很难与人相处,人际关系搞得很紧张。

(2) 很多同学都有自己的业余爱好,如唱歌、书法、集邮、打球、下棋等,生活内容很丰富;而有些同学却似乎对什么事都不感兴趣,业余生活很贫乏。

2. 在下边的题目中选择一个作演讲,同学间可相互评分,评选出演讲优胜者。

(1) 学习生活的苦与乐

(2) 怎样打扮自己

(3) 我与电脑(手机)

口语交际(一)

即 席 发 言

生活情境

情境一:

口语交际——即席发言课正在进行。窗外,风起云涌,电闪雷鸣,天色骤然变得昏暗,瓢泼大雨从天而降。老师发现同学们的视线完全被雨景吸引,她静默了几秒钟,然后大声说道:"同学们,今天的课是即席发言,既然大家对窗外的雨景如此感兴趣,那我们就先做一个练习,练习的话题是'雨'。我们的目的是锻炼口语表达能力,大家可以描述景色,叙述故事,表达感受。下面我先做一个示范。"

情境二:

周末,田青的寝室不时地传出欢声笑语,同学们正在给她庆祝17岁生日。田青热泪盈眶,来自大山里的她,从未经历过这样热闹的生日庆祝会。看着同学们送给她的各种生日礼物,听着同学们的声声祝福,田青按捺不住心中的激动,缓缓地站起身来,说了一段感人肺腑的话。

情境三:

放暑假了,于东随表哥参加一个聚会。在人们的闲聊中,有位大学生说道:"中职学校的学生毕业后能干什么?我认为国家应该大力缩减中专生的招生计划,进一步扩大高校的招生规模。"身为一名在校的中职生,于东坐不住了,他有话要说,他想让人们对中职学生有一个正确的、全面的认识。

……

无论是在校求学,还是在社会上工作,面对面地与人沟通是无处不在的。很多时候,我们事先并无准备,需要临场即兴发挥,这就是即席发言。这种即席发言,对我们达到期望的目的很有必要,并会影响我们在他人心目中的形象,因此,掌握一些即席发言的知识,很有必要。

相关知识

所谓即席发言,是指在某个特定的情境中,在事先没有准备的情况下,因受人邀请或情景刺激而产生的口语表达形式。

即席发言的基本要求:

1. 反应迅速,抓住中心

即席发言的最大特点是在"即席"二字上,即在无准备的情况下现想现说。因此,发言者必须根据当时特定的场景、特定的听众群体,迅速作出反应,确定讲话的中心内容,并进行快速的整体构思。

2. 条理清晰,有的放矢

即席发言的场合往往会有一些不可预知的事情发生,对于发言者来讲,无论情境有怎样的变化,都必须保持清醒的头脑,发言内容要有条有理。同时,还要有针对性,不能无的放矢,乱说一气,说话的主题不能偏离现场的需要。

3. 边想边说,言简意赅

即席发言时,大脑是在临时组织说话内容,因此,不可能所有内容都按部就班地在头脑中等着。这就要求发言者在说当前句的同时,还要斟酌后面要讲的内容。边讲话,边构思,根据主旨的需要边加工,边筛选,力求用简练而生动的语言吸引并感染听众。

培养即席发言能力应注意以下几个方面:

1. 克服当众说话的羞怯、畏惧心理

从某种程度上讲,当众说话成功与否的关键不在于讲话内容,而在于发言者的心理素质。克服人前讲话紧张心理最有效的办法就是加强当众说话的训练,可以先在最亲近、最熟悉的人群中练起,从小群体到大群体,从熟人群体到陌生人群体。只要持之以恒,相信你的自信心会越来越强,心理素质会越来越好。

2. 重视知识积累,珍惜锻炼机会

"巧妇难为无米之炊。"只有发言欲望还远远不够,好的即席发言首先要以丰富的发言内容做后盾。腹中空空,语言自然不会流畅。因而我们要养成积累知识的良好习惯,储存丰富的知识营养,这样,说话时才不至于言之无物。同时我们还要抓住并珍惜当众说话的每一次机会,不放过任何一次锻炼时机。只要坚持不懈,就会有进步。

3. 扬长避短,突显个性特点

每个人都有自己的优点和缺点,无论做什么事情,如果能扬长避短,就为成功开了一个好头,即席发言也是如此。不同的人可能会在不同的方面呈现出不同的个性光彩,因此,在即席发言时,我们可以根据自身特点和现场情境,尽量寻找能发挥自己优势的切入点,从而使自己的发言产生与众不同的效果。

示例简析

示例

1946年7月,李公朴先生被国民党反动派暗杀,在其追悼会上,闻一多先生本没有打算发言,但他发现一伙混进会场的国民党特务分子猖狂地有说有笑,甚至无理取闹。对此闻一多义愤填膺,他拍案而起,当即说道:"这几天,大家晓得,在昆明出现了历史上最卑劣最无耻的事情!李先生究竟犯了何罪,竟遭此毒手?他只不过是用笔写写文章,用嘴说说话,而他所写的,所说的,都无非是一个没有失掉良心的中国人的话!大家都有一支笔,一张嘴,有什么理由拿出来讲啊!有事实拿出来说啊!为什么要打要杀,而且又不光明正大地来杀,而是偷偷摸摸地来杀!这成什么话?"

【简析】 从闻一多先生这段即席发言中,我们可以看出他清醒理智,反应迅速,发言内容现场感强烈,中心突出。本还沉浸在悲痛中的闻一多先生,面对国民党特务的寻衅闹事,按捺不住内心的激愤,"拍案而起"。但他并没有就闹事而论事,而是抓住问题的中心,从李先生遇害说起,痛斥国民党反动派的无耻行径。这既符合追悼会的主题需要,又给了反动派迎头一击。

练习实践

一、结合"生活情境"中的"情境三",以"中职生能干什么"为话题,在班中组织一次即席发言练习活动。

要求:

1. 不规定主题思想,可以各抒己见。
2. 无论何种观点,都要能自圆其说。
3. 努力做到条理清晰,语言流畅。

二、阅读并体会下列情境,以小组为单位,组织即席发言练习。

王壮作为应聘者来到招聘现场,在推门而入的那一刻,恰逢前一位应聘者开门而出,没等王壮关门,那位应聘者一边气恼地嘟囔着什么,一边"咣当"一声把门关上。王壮走到考官面前,简单地自我介绍之后,考官说:"请就前一位应聘者出门时的举动,发表一下你的看法。"

三、阅读并体会下列情境,以李凯的口气即席发言。

放寒假了,作为家中的长孙,李凯参加了为赡养奶奶而召开的家庭会议。但他没想到的是,父亲、叔叔、姑姑们为了所出赡养费的多少问题吵了起来。姑姑们认为她们是女儿,可以尽义务,但不能跟儿子一样必须承担固定数额的赡养费;叔叔认为法律上男女平等,儿子女儿所承担的赡养义务是相同的;父亲则说赡养自己的娘是天经地义的,什么法律不法律,个人应摸着自己的良心做。吵来吵去意见不一,叔叔和两个姑姑已经吵得面红耳赤,彼此用手指着对方的鼻子说话。李凯对此很生气,他忍不住站起来发表了自己的意见。

第三单元

关注生态

　　大自然是美的源泉,它崇高而又优雅,雄浑而又柔和;它时而狂放不羁,时而静谧悠远……人们感怀并摹写她亘古如斯的美丽,将身心沉浸其中,在聆听万籁的时候体味人世的纷繁,感慨历史的沧桑。人类一直思考应该如何与自然相处,尤其是在物质文明日益进步的今天,人类为了眼前利益,肆意对自然进行掠夺和毁坏,使生态环境遭到破坏,我们更应深切关注人与自然的关系。

　　我们要学会《像山那样思考》,不要为了人类短期利益,从根本上破坏了环境,与自然为敌;否则人类将坠入用文明消灭自己的危险境地。我们在无意中消灭了那固住了飞舞的流沙、给荒漠的高原带来了生命和希望的《离太阳最近的树》,没有意识到人类的生存发展与自然界万物的生存发展是相依相存的。徐刚的《森林写意》怀着激情去认识大自然,让科学的内涵、生动的形象、深刻的思想和深沉强烈的感情融合在一起,使作品折射出时代的色彩和理性的光辉。《西地平线上》不仅给我们展示了夕阳无与伦比的美丽,也融入了作家对生活、对生命的思考。《一滴水可以活多久》是一篇童话式的散文,水滴经历了从露珠到露珠的循环,自然界生命与女人的生命相伴随,它已经成为母性生命生生不息、人类借此生命的力量不断繁衍的美丽象征。

　　人类既是他的环境的创造物,又是他的环境的塑造者,环境给予人维持生存的东西,并给他提供了在智力、道德、社会和精神方面获得发展的机会。生存在地球上的人类,在漫长而曲折的进化过程中已经达到了这样一个阶段,即由于科学技术发展速度的迅速加快,人类获得以无数方法和在空前规模上改造其环境的力量。人类对环境的种种改善或无意的破坏,都客观地留在了人类的周围,并深刻影响着人类的现在和未来。关注生态环境,树立人与自然和谐共生的理念,规范人与自然的互动准则已刻不容缓。

1.

像山那样思考[1]

奥尔多·利奥波德

[阅读提示]

　　利奥波德是西方的环境学家,他在文章中通过人类消灭狼的具体故事,提出了深沉的哲理思考。人们兴奋地杀狼,表面的理由很充足;但是,生态学第一规律告诉我们,每个事物都和其他事物联系着,破坏自然生物链中的任何一环,都将波及包括人类自身文明及其生存。所以,不仅是死去的狼,就是大山、森林、草原和河流——也即人类赖以生活的自然环境,都坚决不同意人类这一短视的看法。

在人与自然的关系中,人类态度不同:有的主张"人定胜天",人是万物之灵,主宰世界,一切不合人类要求的事物或生命,统统消灭掉,从而促使自然成为人类的奴隶,自然环境必须屈服于人类的无限欲望。另一类人则主张人与自然和平共处,地球上诸多物种都有自己生存与发展的理由,地球是人类的母亲,人的胸怀要宽广深厚,容载万物,共建和谐世界。前者急功近利,为了人类短期利益,从根本上破坏了环境,与自然为敌,最终,人类将坠入用文明消灭自己的危险境地。这就是狼的垂死眼光的启示,是荒野大山的思考。

一声深沉的、骄傲的嗥叫,从一个山崖回响到另一个山崖,荡漾在山谷之中,渐渐地消失在漆黑的夜色里。这是一种不驯服的、对抗性的悲哀,和对世界上一切苦难的蔑视情感的迸发。

每一种活着的东西(大概还有很多死了的东西),都会留意这声呼唤。对鹿来说,它是死亡的警告;对松林来说,它是半夜里在雪地上混战和流血的预言;对郊狼来说,是就要来临的拾遗的允诺[2];对牧牛人来说,是银行里赤字的坏兆头[3];对猎人来说,是狼牙抵制弹丸的挑战。然而,在这些明显的、直接的希望和恐惧的背后,还隐藏着更加深刻的涵义,这个涵义只有这座山自己才知道。只有这座山长久地存在着,从而能够客观地去听取一只狼的嗥叫。

不过,那些不能辨别其隐藏的涵义的人也都知道这声呼唤的存在,因为在所有有狼的地区都能感到它,而且,正是它把有狼的地方与其他地方区别开来的。它使那些在夜里听到狼叫,白天去察看狼的足迹的人毛骨悚然。即使看不到狼的踪迹,也听不到它的声音,它也是暗含在许多小小的事件中的:深夜里一匹驮马的嘶鸣,滚动的岩石的嘎啦声,逃跑的鹿的砰砰声,云杉下道路的阴影。只有不堪教育的初学者[4]才感觉不到狼是否存在,和认识不到对狼有一种秘密的看法这一事实。

我自己对这一点的认识,是自我看见一只狼死去的那一天开始的。当时我们正在一个高高的峭壁上吃午饭。峭壁下面,一条湍急的河蜿蜒流过。我们看见一只雌鹿——当时我们是这样认为——正在涉过这条急流,它的胸部淹没在白色的水中。当它爬上岸朝向我们,并摇晃着它的尾巴时,我们才发觉我们错了:这是一只狼。另外还有六只显然是正在发育的小狼也从柳树丛中跑了出来,它们喜气洋洋地摇着尾巴,嬉戏着搅在一起。它们确确实实是一群就在我们的峭壁之下的空地上蠕动和互相碰撞着的狼。

在那些年代里,我们还从未听说过会放过打死一只狼的机会那种事。在一秒钟之内,我们就把枪弹上了膛,而且兴奋的程度高于准确:怎样往一个峭壁的山坡下瞄准,总是不大清楚的。当我们的来复枪[5]膛空了时,那只狼已经倒了下来,一只小狼正拖着一条腿,进入到那无动于衷的静静的岩石中去。

当我们到达那只老狼的所在时,正好看见在它眼中闪烁着的、令人难受的、垂死的绿光。这时,我觉察到,而且以后一直是这样想,在这双眼睛里,有某种对我来说是新的东西,是某种只有它和这座山才了解的东西。当时我很年轻,而且正是不动扳机就感到手痒的时期。那时,我总是认为,狼越少,鹿就越多,因此,没有狼的地方就意味着是猎人的天堂。但是，在看到这垂死时的绿光时，我感到，无论是狼，或是山，都不会同意这种观点。

自那以后，我亲眼看见一个州接一个州地消灭了它们所有的狼。我看见过许多刚刚失去了狼的山的样子，看见南面的山坡由于新出现的弯弯曲曲的鹿径而变得皱皱巴巴。我看见所有可吃的灌木和树苗都被吃掉，先变成无用的东西，然后则死去。我看见每一棵可吃的、失去了叶子的树都只有鞍角那么高。这样一座山看起来就好像什么人给了上帝一把大剪刀，并禁止了所有其他的活动。结果，那渴望着食物的鹿群的饿殍[6]，和死去的艾蒿丛一起变成了白色，或者就在高出鹿头的部分还留有叶子的刺柏下腐烂掉。这些鹿是因其数目太多而死去的。

我现在想，正是因为鹿群在对狼的极度恐惧中生活着，那一座山就要在对它的鹿的极度恐惧中生活。而且，大概就比较充分的理由来说，当一只被狼拖去的公鹿在两年或三年里就可得到补替时，一片被太多的鹿群拖疲惫了的草原，可能在几十年里都得不到复原。

牛群也是如此，清除了其牧场上的狼的牧牛人并未意识到，他取代了狼用以调整牛群数目以适应其牧场的工作。他不知道像山那样来思考。正因为如此，我们才有了尘暴，河水把未来冲刷到大海去。

我们大家都在为安全、繁荣、舒适、长寿和平静而奋斗着。鹿用轻快的四肢奋斗着，牧牛人用套圈和毒药奋斗着，政治家用笔，而我们大家则用机器、选票和美金。所有这一切带来的都是同一种东西：我们这一时代的和平。用这一点去衡量成就，全部是很好的，而且大概也是客观的思考所不可缺少的，不过，太多的安全似乎产生的仅仅是长远的危险。也许，这也就是梭罗的名言潜在的涵义。这个世界的启示在荒野。大概，这也是狼的嗥叫中隐藏的内涵，它已被群山所理解，却还极少为人类所领悟。

[注释]

[1] 本文节选自作者的《沙乡年鉴》一书。奥尔多·利奥波德(1887年1月1日—1948年4月21日)，美国著名生态学家和环境保护主义的先驱，被誉为"美国新环境理论的创始者"，"生态伦理之父"。
[2] 拾遗的允诺：据吴美真译本(书名题《沙郡岁月》)，此句译为"对郊狼而言，那是一种有残肉可食的应许"，语意更明确。
[3] 坏兆头：牧牛人，指牧场主而言。牧场主向银行贷款经营牧场，一旦牛羊被狼群咬食，则难以还清贷款，所以说"是银行里赤字的坏兆头"。
[4] 不堪教育的初学者：指从未到过狼区而对狼一无所知的人。
[5] 来复枪：有膛线的步枪，因膛线也叫复线，所以叫来复枪。
[6] 饿殍(piǎo)：本指饿死的人，这里指饿死的动物。

[思考练习]

一、作者以拟人的艺术笔法，写出了山的悲哀。请问，山的思考是什么？谈谈你的具体感受。

二、在人与自然的关系中，"人定胜天"曾被认为是一个具有进步意义的观念，但在环境遭受人类工业文明严重破坏的今天，是否必须重新思考并加以调整？

三、传统中的狼是"坏蛋"的代名词，但作为地球的一个物种，狼是否应该被人类消灭掉？请谈谈你的认识。

2.

离太阳最近的树[1]

毕淑敏

[阅读提示]

  这是一首颂歌。作者饱含深情地讴歌了红柳这一高原上的"精灵"。它用那"从太阳那里索得"的力量,微笑着面对"酷寒和缺氧",给寥寂的雪域带来了生命的绿色;它用那"如冰山般"的强大根系,固住了飞舞的流沙,给荒漠的高原带来了生命的希望。作者赞颂了红柳顽强的生命力、不屈的精神和它对人类的贡献,表达了作者对于热爱自然、珍惜生命、保护生存环境的呼唤。

  这又是一曲悲歌。文章叙述了一个令人心悸的故事:那本应与雪域同在的红柳竟然毁在人类燃起的一堆堆火焰之中,空留下那"傲然不屈的英魂"和沙丘山"怒向苍穹"的空洞的眼睑。可悲的是,人们为了自己的生存,亲手毁灭了红柳这样顽强的生命,却并未意识到,人的生存发展与自然界万物的生存发展是相依相存的。文章以冷峻的叙述、鲜明的形象,表达了对人类愚蠢行为的谴责。

  30年前,我在西藏阿里当兵。

  这世界的第三极,平均海拔5 000米,冰峰林立,雪原寥寂。不知是神灵的佑护还是大自然的疏忽,在荒漠的皱褶里,有时会不可思议地生存着一片红柳丛。它们有着铁一样锈红的枝干,凤羽般纷披的碎叶,偶尔会开出谷穗样细密的花,对着高原的酷寒和缺氧微笑。这高原的精灵,是离太阳最近的绿树,百年才能长成小小的一蓬。到藏区巡回医疗,我骑马穿行于略带苍蓝色调的红柳丛中,曾以为它必与雪域永在。

  一天,司务长布置任务——全休打柴去!

  我以为自己听错了,高原之上,哪里有柴?!

  原来是驱车上百公里,把红柳挖出来,当柴火烧。

  我大惊,说,红柳挖了,高原上仅有的树不就绝了吗?

  司务长回答,你要吃饭,对不对?饭要烧熟,对不对?烧熟要用柴火,对不对?柴火就是红柳,对不对?

  我说,红柳不是柴火。它是活的,它有生命。做饭可以用汽油,可以用焦炭,为什么要用高原上唯一的绿色!

  司务长说,拉一车汽油上山,路上就要耗掉两车汽油。焦炭运上来,一斤的价钱等于六斤白面。红柳是不要钱的,你算算这个账吧!

  挖红柳的队伍,带着铁锹、镐头和斧,浩浩荡荡地出发了。

  红柳通常都是长在沙丘上。一座结实的沙丘顶上,昂然立着一株红柳。它的根像一柄巨大章鱼的无数脚爪,缠附至沙丘逶迤的边缘。

  我很奇怪,红柳为什么不找个背风的地方猫着呢?生存中也好少些艰辛。老兵说,你本末倒置了。不是红柳在沙丘上,是因为有了这棵红柳,固住了流沙。随着红柳的渐渐长大,流沙被固住的越来越多,最后便聚成一座沙山。红柳的根有多广,那沙山就有多大。

啊,红柳如同冰山。露在沙上的部分只有十分之一,伟大的力量埋在地下。

红柳的枝叶算不得好柴薪。它们在灶膛里像闪电一样,转眼就释放完了,炊事员说它们一点后劲也没有。真正顽强的是红柳强大的根系。它们如盘卷的金属,坚挺而硬韧,与沙砾粘结得如同钢筋混凝土。一旦燃烧起来,持续而稳定地吐出熊熊的热量,好像把千万年来,从太阳那里索得的光芒,压缩后爆裂出来。金红的火焰中,每一块红柳根,都弥久地维持着盘根错节的形状,好像一颗傲然不屈的英魂。

把红柳根从沙丘掘出,蕴含着很可怕的工作量。红柳与土地生死相依,人们要先费几天的时间,将大半个沙山掏净。这样,红柳就枝桠遒[2]劲地腾越在旷野之上,好似一副镂空的恐龙骨架。这时需请来最有气力的男子汉,用利斧,将这活着的巨型根雕与大地最后的联系——斩断,整个红柳丛就訇然[3]倒下了。

连年砍伐,人们先找那些比较幼细的红柳下手,因为所费气力较少。但一年年过去,易挖的红柳绝迹,只剩那些最古老的树灵了。

掏挖沙山的工期越来越漫长,最健硕有力的小伙子,也折不断红柳苍老的手臂了。于是人们想出了高技术的法子——用炸药!

只需在红柳根部,挖一条深深的巷子,用架子把火药探进去,人伏得远远的,将长长的药捻点燃。深远的寂静之后,只听轰的一声,再幽深的树怪,也尸骸散地了。

我们餐风宿露。今年可以看到去年被掘走红柳的沙丘,好像做了眼球摘除术的伤员,依旧大睁着空洞的眼睑,怒向苍穹。但这触目惊心的景象不会持续太久,待到第三年,那沙丘已烟消云散,好像此地从来不曾生存过什么千年古木,堆聚过亿万颗沙砾。

听最近到过阿里的人讲,红柳林早已掘净烧光,连根须都烟消灰灭了。

有时深夜,我会突然想起那些高原上的原住民,它们的魂魄,如今栖息在何处云端?会想到那些曾经被固住的黄沙,是否已飘洒到世界各处?从屋顶上扬起的尘雾,通常会飞得十分遥远。

[注释]

[1] 选自1999年10月5日《新华日报》。
[2] 遒(qiú)劲:雄健有力。
[3] 訇(hōng)然:形容声音很大。

[思考练习]

一、找出课文中描写红柳的句子,反复朗读,思考下边的问题。
1. 作者是按怎样的顺序描写红柳的?描写的重点是什么?这样写有什么用意?
2. 作者写红柳丛对着高原的酷寒和缺氧微笑有什么用意?"微笑"一词用得好吗?
3. 红柳与冰山有什么相似之处?把红柳比作冰山有什么含义?

二、文中有不少比喻句,把这些句子画下来,比较一下,说说你喜欢哪几句,为什么?

三、作者详细描写了司务长和"我""算账"的对话,司务长的话中连用四个"对不对"有什么表达作用?

四、结合具体的语言环境,品味下边句子中加点词语的表达作用。

1. 在荒漠的皱褶里,有时会不可思议地生存着一片红柳丛。
2. 到藏区巡回医疗,我骑马穿行于略带苍蓝色的红柳丛中,曾以为它必与雪域永在。
3. 一座结实的沙丘顶上,昂然立着一株红柳。
4. 最健硕有力的小伙子,也折不断红柳苍老的手臂了。

五、文章的标题很有特色,联系全文内容说说标题有什么含义。

六、根据课文内容展开联想,就某个与生态环境有关的问题谈谈你的看法。

3.

森林写意[1]

徐 刚

[阅读提示]

本文的标题是"森林写意",既是"写意",文章的重点就不是写景、状物,而是写由景物引起的种种思绪;既是"写意",文章就应该是舒展自如、余味无穷的。作者采用了发散的思维方式,力图从宏观和微观相结合的角度来揭示森林的丰富内涵。在作者看来,森林是"一个世界",它有一个"生态系统",它"从来不喜欢单一","森林是无法描绘的",更是"无法替代的"。阅读时如果将作者由森林而引发的种种感慨综合起来作进一步的思考,由森林的历史、现实和未来联想到人类社会的种种现象,那你就读懂文章了。

怀着激情去认识大自然,让科学的内涵、生动的形象、深刻的思想和深沉强烈的感情融合在一起,使作品折射出时代的色彩和理性的光辉,这是本文的特色。课文中理性的议论多于形象的描绘,具体的说明多于生动的叙述,阅读时要加以体会。

本文语言明快流畅,尤其是一句一段的句式和排比句、排比段的巧妙使用,使课文"写意"的特色更为明显。

"森林"这两个字是由五个"木"字组成的,它已经从文字的形象上揭示了森林的一个外部特征:它有众多的树木。

生态学家告诉我们,从本质而言,森林的概念应该是:以乔木为主体,包括下木[2]、草被、动物、菌类等生物群体与非生物类的地质、地貌、土壤、气象、水文等因素构成一体的绿色自然体。

森林就是一个世界。

如果没有人的掠夺行为的破坏及干扰,这个世界是宁静的、清新的、富饶的、伊甸园一般的绿色世界。

这是一个没有标语、口号和广告的世界。

这是一个互为依存、彼此作用、谁也离不开谁的世界。

在森林世界中,树木和其他所有绿色植物,是唯一能够把光转化为化学能的兢兢业业的生产者。每一片绿叶都是一个食物制造厂。它通过光合作用,吸收二氧化碳以及土壤中的水分、无机元素,制造糖类与淀粉,作为自己生长发育的需要。森林中大大小小的各种动物,则是绿色世界的消费者。它们之中或者以植物为食料,或者捕食以植物为食料的动物。总而言之这两类不同食性的动物,都不可能离开绿色植物而单独生存。

千万别小看了那些名不见经传的细菌与真菌,它们是勤勤恳恳的分解者。它们能使枯枝烂叶、动物的残体和排泄物腐烂分解,变为无机物质,再还原给绿色植物吸收利用。

由此可知,森林世界是通过生产者、消费者和分解者的不知疲倦的工作,而使有生命的生物群体与无生命的环境之间,各种生物群体之间紧密联系,成为不可分割的一个整体,并且有了完全属于自己的循环不息的能量转化和物质交换的独立系统。

森林生命的织锦是如此复杂微妙,如果其中的一根生命线断了,那么整个织锦上的图案就会松散开去,森林本身也会遭到破坏。

这就是森林生态系统。

这也就是为什么人之初森林是唯一的摇篮,是唯一的衣食之源的道理所在了。

当一代又一代的人,呼唤着理解与爱并且诉说着孤独与痛苦的时候,其实在这个充满误解的世界上,人类对森林的误解更是至深至久的。

直到本世纪中叶,仍然有不少人认为,森林只是让人砍伐取得木材,用之于建筑或造纸等行业的。林业和伐木之间是可以画等号的。

毫不夸张地说,中国几千年封建王朝在历朝历代的政权更替之后,无不大兴土木营造宫殿,盛极一时的富丽奢华都是由森林中砍伐下的木材支撑的。秦始皇修阿房宫,征召天下70万人,把蜀、楚、湘等地的参天大树砍伐一尽。杜牧有赋叹道:"蜀山兀,阿房出。"

人类的文明史,相当一部分就是砍伐史。

当森林日益稀少,世界面临着饥渴与荒漠化的危险时,对森林的重新审视才成了20世纪人类的焦点话题。

森林是地球陆地上有着最复杂组成、最完整结构的、最巨大的生态系统。

我国北起大兴安岭、南到南海诸岛,东起台湾省、西到喜马拉雅山的广阔国土上,森林占有着广大的空间。它的垂直分布高度可以达到终年积雪的下限。

人类,以及土地、庄园、农作物,因为有了森林的庇护而祥瑞、安宁。

这绿色的守望者,守望我们已经太久了。

树木的长寿,森林的生生不息,原来是为了更久远地伴随人类以及地球上别的物种,它们站着,它们活着,它们以最少的需要而奉献出最多的清新与爱。

苹果树能活到100~200年。

梨树能活300年。

核桃树能活300~400年。

榆树能活500年。

桦树能活600年。

樟树、栎树能活800年。

长青松柏的寿命可超过1 000年。

我国湖南城步县境内，还有58棵生长了几千年的银杉，是世界珍稀之宝，植物王国的活化石。

有的树能伴我们一生。

有的树能伴我们几代子孙。

有的树目睹世纪沧桑，那树皮的皱褶永远提醒我们，不要忘记父亲和母亲，不要数典忘祖[3]。

树的长寿正是森林生态系统所具有的时间的优势，它可以朝朝夕夕、年复一年、几百年上千年地覆盖、护卫我们的耕地，保持水土，涵养水源。那是绵长的爱，那是宽阔的爱。

真的。我们很难说清楚森林是什么。

从时间的意义上说，森林是历史、现实和未来。

我们绝对不能够光是以森林的面积去衡量它的博大。森林是物种宝库，地球上陆生植物的90％以上存在于森林中。穿行或蛰伏于青枝绿叶的动物的种类和数量，也远远大于其他陆地生态系统。

森林从来不喜欢单一，森林植物种类愈多愈杂，森林结构愈是多样化，动物的种类和数量也就愈多。

森林的兴旺发达是与庞杂多样不可分割的。

最美的森林是多层林、混交林。

即便在森林地区的土壤中，其丰富的内涵也会使人瞠目结舌。我们说，这是散发着芳香的土壤，这是湿润厚软的土壤，还是远远不够的。作为森林生态体系的基础，在1平方米的表土中，就有数百万个细菌和真菌，几千只线形虫。而在稍稍深一点的土层，1立方米的土体中你会发现数百条以至上千条不露声色的大地耕耘者——蚯蚓。

森林是可以更新的资源，繁殖能力极强。只要不受人为的破坏，林地下和林地的边缘，不断会有新生林出现，形成下一代的林木。如是延续，世代常青。

森林繁殖方式的多样化，也许最典型地体现了森林的不拘一格、天道无为[4]。

小粒的种子，如马尾松、云杉主要靠风播，借助风力落到100～300米远的土壤中。而带翅膀的、披着绒毛的种子，如柳树、桦树种可飞散到1～2公里之远。

椰子的种子却喜欢做一个自由自在的漂流者，任季风与潮汐推动，可以远在母树千里之外的海滩上悄悄地安身立命。

松鼠是森林中搬运红松种子的得力者，它为着贮备食料，却又常常粗心地把松籽遗留在土堆中，当新的红松的幼苗出土，松鼠们会惊讶吗？

森林中的猫头鹰、啄木鸟、苍鹰等等，都是一种神奇。

森林中的大象、狮子、老虎、豹，都是一种壮观。

森林的层次高下，藤的攀援、草的缠结、灌木的丛生、花朵的艳丽，都在告诉人们：生命像一张网。

假如我们从田野走进森林，只需用脚便能感觉到，我们已经走过了两个世界的分界线——这并不荒芜的田野的土质，无论如何也不会有森林地面的潮湿及富有弹性，灵魂会变得清爽，心里有唱歌的欲望。

假如我们碰巧是在秋天走进了一片落叶林中，看着森林的风晃动着高高矮矮的树冠，一片一片树叶飘落在地上，这时候森林里的阳光显得充足而明亮，稀疏的斜插在空中的枝条已经放弃了阻挡秋风秋雨的努力，就连林中小鸟也已经脱掉吸引异性的漂亮羽衣，披上了颜色单调却能保暖的冬装了。

林地上、树木上，是鲜艳夺目的锦绣般的色彩，金色、红色与朱红是主色调，季节已经变冷，可是在冰封雪冻之前，森林却显示了一年四季中唯一的一次落叶的壮丽，让将要冬眠的无数小虫们、真菌们得到温暖和慰藉。

几乎没有一个成功的大画家没有画过森林，没有画过林中的秋天和落叶。

所有的巨匠只能画出森林小小的一角，几棵树木，几片落叶。

诗人找不到语言。画家找不到颜色。

两百年前就有人感叹道："除非要把彩虹上所有的颜色都糅合在画布上，否则就无从描绘出秋叶的各种色彩。"

也许最终我们只能说：森林是无法描绘的，如同森林是无法替代的一样。

1995年3月

北京

[注释]

[1] 选自《倾听大地》（广东旅游出版社1997年9月版）。徐刚，1945年出生于崇明岛，世代农人之后，北京大学中文系毕业。以诗歌成名，作品有《抒情诗100首》等。近十年来主要从事人与自然的研究和环境文学写作。作品曾获得徐迟报告文学奖、冰心文学奖等奖项。徐刚本人是地球奖得主。

[2] 下木：森林中的灌木层，包括灌木和不能长入乔木层的乔木树种。

[3] 数典忘祖：比喻忘掉了自己本来的情况或事物的本源。春秋时晋国的籍谈出使周朝，他回答周王的问题没有答好，周王讽刺他"数典而忘其祖"。意思是说籍谈讲起国家的礼制掌故来，把自己祖先的职守（掌管国家的史册）都忘掉了。见《左传·昭公十五年》。

[4] 天道无为：指自然界总是按照自身的规律运行，万物都应该顺应自然。天道，指自然界的规律。《老子·三十七章》："道常无为而无不为。"

[思考练习]

一、仔细阅读课文，回答下面的问题。

1. 森林是什么？（可从文字形象上、生态学家、作者几个角度来回答。）森林有什么作用？

2. 至20世纪中叶，人们是如何看待森林的？

3. 现今，我们又应该如何来看待森林？

二、圈点出文中体现森林蕴含人文精神的语句，体会出富含什么情感。

三、搜集有关森林的资料数据以及变化情况，写一则小评论。或参加争做"森林小卫士"活动，写一则保护森林的宣传资料。将作品在班级展出、评比。

4.

西地平线上[1]

高建群

[阅读提示]

　　这篇课文主要写了西地平线上的三次落日,不同的地点、不同的景色带给我们不同的感受,带给我们美的震撼。"这个世界不是缺少美,只是缺少发现的眼睛",面对三次落日,我们都被打动了,陶醉了。实际上,这样的落日,我们身边也有,天天都有。但是不是也像作者所写的这样,让人感觉到一种无与伦比的美丽呢?美之为美,不只是因为我们的感官感觉到了它,更主要是因为我们在心灵上理解了它,接受了它。课文三次写日落,在我们的视觉当中融进了其他一些东西,虚拟出一个现实与虚幻并存的世界,让你纵览古今,神游中外。

　　作者还利用联想和想象,联想到悲壮的音乐和在历史的深处西行远去的英雄,告诉我们落日固然美丽,但如果离开了我们美丽的眼睛,它便失去了光辉,如果没有了人类的文化,它便不再让人感动。

　　这几年,我每年都要去一趟新疆。中亚细亚[2]独特的地貌,奇伟的风光,每每令我惊骇,叫我明白了"世间有大美"这句话,决不是偶然而发的诳语[3]。而在所有雄伟的风景中,落日大约是最令我震撼的。我见过许多次落日,这里只简约地记述三次。

　　我们的车在甘肃的定西高原盘旋。天已经有些暗淡了,头顶上甚至隐隐约约有几颗星星。汽车转过一个垭口[4]。这时,眼界突然开阔起来,在苍茫的远方,弧状的群山之巅,一轮血红的落日像一辆勒勒车[5]的轮子,静静地停驻在那里。

　　它没有了光焰,颜色像我们写春联时用的那种红纸,柔和、美丽、安谧,甚至给人一种不真实的感觉。它大极了。我说它像勒勒车的轮子,只是一个顺手攫[6]来的想法,它当然较这轮子要大得多。它悬挂在那里,模糊的群山轮廓线托扶着它。

　　面对这落日,我们全都惊呆了。我们将车停下来,倚托着一棵树,架起相机,直拍到它消失。

　　在沉入西地平线以下那一刻,落日跳跃着、颤抖着降落,它先是纹丝不动,突然,它颤抖了两下,往下一跃,于是只剩下了一半。它继续依恋地慈爱地注视着人间,好像不愿离去,或者说不愿离去正在注视它的我们。但是,在停留了片刻以后,它突然又一跃,当我们揉揉眼睛,再往西看时,它已经消失了。一切都为雾霭所取代,我们刚才看到的那一场奇异的风景,恍若一场梦境。

　　第二个带给我巨大影响和深刻记忆的,是在罗布淖尔荒原[7]上的落日。我们从迪坎尔[8]方向进入罗布泊[9],走的是被斯文·赫定[10]称为"凶险的鲁克沁小道"的那条道路。车去的方向是东南,而落日的方向是西北,我们只是在匆匆的行旅中,偶尔回头关注一下身后的落日景象。

　　中午一过,太阳刚偏西,就变得不怎么显明了,像一枚灰白色的硬币,冷冷地停驻在西边天空。罗布淖尔荒原上的大地和天空，浑沌一片，灰蒙蒙的，那枚硬币的四周边缘，也不太清晰。因此，太阳的存在甚至被我们遗忘了。

我们向死亡之海罗布泊行进。这里是无人区，没有任何的生命存在，荒凉空旷。周围瘴气雾霭弥漫，我们感到自己如同走入地狱，走入鬼域。为了打破这压抑，越野车司机放起了《泰坦尼克号》[11]的用萨克斯吹出来的音乐，这音乐更给人带来一种梦幻般的死亡感觉。

整个下午，太阳就这样不死不活地在我们的车屁股上照耀着。说是白天吧，但恍如夜晚，说是夜间吧，在我们匆匆的回首中，却分明有一个物什，在西天半空悬着。

最辉煌的罗布泊落日出现在黄昏。那一刻，我们的越野车已经来到距古湖盆二十公里的龟背山。在我们不经意的一次回头中，蓦地看见空旷的西地平线上，一轮血红的落日停滞在那里。

这时我们的车停了下来，包括陪同我们一起进罗布泊的"老地质"，都被西地平线上那辉煌的一幕震撼了。我们下了车。我们，我们的车，还有刚才那死气沉沉的罗布淖尔荒原的黑戈壁，此刻都罩在这一片回光返照中。我们互相看着对方的脸，每个人的脸都泛着红光。我们感到自己像在画中。

萨克斯管吹奏的《泰坦尼克号》的音乐，这时候适当其时地放着。在那一刻我突然掉下泪来，我感到，死亡原来也可以是一件充满庄严和尊严的事情！

记得，罗曼·罗兰[12]在构思他心目中的约翰·克利斯朵夫[13]形象时，焦躁不安了半年，有一天，他登上山顶，看见一轮太阳正喷薄而出，于是，罗曼·罗兰心目中久久酝酿的英雄在东地平线上出现了。罗曼·罗兰因此而热泪盈眶，"让我把你抓紧，亲爱的约翰·克利斯朵夫！"罗曼·罗兰叫道。

与罗曼·罗兰不同，我看到的是落日，是西地平线。不过，它们一样是大自然的杰作，而且较之日出，落日景象更庄严、神圣和具有悲剧感。

西地平线上那一轮胭脂色的物什，终于从我们的眼前魔术般消失了，一切又重归于死寂。我们上车，翻过龟背山，进入罗布泊古湖盆。

我要告诉你的第三次日落，是我在阿勒泰草原[14]遇到的。那次实际上并没有看到落日，它隐到背后去了。我只看到了火烧云，那火烧云，灿烂地，热烈地，夸张地烤红了西边半个天空，烧红了大地上的一切，这种景象令我惊骇。但是，我明白，这一切的制造者仍是落日，是落日在云的背后挥舞着魔杖。

西天的那吞没一切的大片火烧云，是太阳坠入云层以后，突然出现的。我们汽车的方向是正西，因此，我们感到自己正向那一片红光走去。

那辽远的西地平线上，那片火烧云映照的地方，被历史学家称为欧亚大平原，被地理学家称为小亚细亚[15]。在那炫目的红光中，我看到一些匆匆的背影，正向历史的深处走去：曾经在东北亚草原上游荡过许多年的匈奴民族，就是在某一个早晨或黄昏，循着西地平线远去的；还有另外一位叫成吉思汗的英雄，跃起他魁梧高大的身躯，率领铁骑，兵分两路，一路打通伊犁河谷，一路翻越阿尔泰山最高峰——友谊峰，西征花剌子模[16]，直到欧洲。

我多么地卑微呀！我多么地平庸呀！感谢落日，它让我看见了他们远去的背影，它把世间惊世骇俗的一幕展示给我。

火烧云持久地停驻在西天。太阳已经落下去很久了,还将最后的一抹光辉像扫帚一样扫向就近的云彩。直到最后,在落日又贪婪地映照了一阵后,西边天空终于恢复了它平庸的色彩。

接着就是中亚细亚那著名的白夜[17]了。

这是我三次见到西地平线上落日的情况。我不敢独享那一幕,所以将它诉诸笔端,带给更多的人们。也许我会写一本叫《西地平线》的书,来记录我这几年西部行旅的感受的。末了要说的话是,"雄伟的风景"和"世间有大美"两句话并不是我的,前者是一个日本画家叫东山魁夷[18]说的,后者则是中国画家张大千[19],在看了敦煌壁画以后发出的一声感叹。

[注释]

[1] 选自《散文》2002年第三期。有改动。高建群,1954年生于陕西临潼,中国现代作家。作品有《最后一个匈奴》《雕像》等。一位被公认的中国文坛罕见的具有崇高感和理想主义色彩的写作者。他的创作具有古典精神和史诗风格。在他的创作题材中,始终激情高唱着生命的赞歌,营造一种生命中最为壮丽的风景,同时也融入了作家对生活、对生命的思考。高建群认为,作家必须要体验生活,而体验生活准确地说就是体验生命。20年前,当代著名作家路遥曾经说过:"我劝你们注意高建群,这是一个很大的谜,很大的未知数。"

[2] 中亚细亚:通常指亚洲中部地区,包括土库曼斯坦、乌兹别克斯坦、塔吉克斯坦和哈萨克斯坦等国。广义的中亚细亚也包括蒙古和中国的新疆等地。

[3] 诳(kuáng)语:骗人的话。

[4] 垭(yā)口:两山间的狭窄地方。

[5] 勒勒车:一种蒙古族人使用的传统交通工具,轮大,车身小。

[6] 攫(jué):抓,夺。

[7] 罗布淖(nào)尔荒原:位于新疆境内,面积达10多万平方公里。

[8] 迪坎尔:位于新疆境内,是从吐鲁番进入罗布泊的最后一个村庄。

[9] 罗布泊:位于新疆塔里木盆地东部,原为湖,后逐渐干涸。

[10] 斯文·赫定(1865—1952年):瑞典旅行家,19世纪末曾到中国新疆探险。

[11] 《泰坦尼克号》:美国影片,由詹姆斯·卡梅隆执导。

[12] 罗曼·罗兰(1866—1944年):法国作家。

[13] 约翰·克利斯朵夫:罗曼·罗兰同名小说中的主人公名字。

[14] 阿勒泰草原:位于新疆伊犁哈萨克自治州北部、额尔齐斯河上游北岸。

[15] 小亚细亚:又称安纳托利亚,接近土耳其亚洲部分。

[16] 花剌子模:中亚阿姆河下游古国,1218—1220年为成吉思汗征服。1873年为俄国兼并。

[17] 白夜:纬度较高的地区常出现的一种天文现象。因太阳的折射和散射,整个夜间天空都是明亮的。

[18] 东山魁夷:日本画家,1908年生于横滨。

[19] 张大千(1901—1984年):中国现代画家。

[思考练习]

一、随着时间空间的变化,西地平线上的落日呈现出不同的景象。不同背景下的落日各有什么特征?它们给了作者哪些截然不同的感受?

二、文中写到《泰坦尼克号》的音乐、罗曼·罗兰笔下的日出有什么作用?

三、在草原落日中作者想到了历史上的英雄,顺着作者的思维你还能想到另一些在历史的深处西行远去的英雄吗?

5.

一滴水可以活多久[1]

迟子建

[阅读提示]

　　本文是一篇童话式的散文,从一个小女孩在一片草茎上发现一滴露珠起笔,为全文确定了一个诗意的语调,而小女孩在凝望水滴的时候"发现了一只黑黑的眼睛",这一情景的安排更别具匠心,很巧妙地暗示了二者之间的隐喻关系。那一滴水,落入泥土,滋养稻谷,小女孩的成长、婚嫁、生儿育女直至衰老、死亡,始终与这一滴水相联结相关联。显然,水滴不仅是映照出小女孩黑亮眼睛的镜子,它与她的生命融成了一体;而且,水滴经历了从露珠到露珠的循环,自然界生命与女人的生命相伴随,它已经成为母性生命生生不息、人类借此生命的力量不断繁衍的美丽象征。

　　童话的逻辑是超出生活常态的,本文就多有出人意表的神奇想象。文章不仅写生命的生长衰老,还写到生命与生命的转换、循环、再生,结尾写"她在过世后又变成了一个七八岁的小女孩",又来到了草地,在"在碧绿的青草叶脉上发现了一颗露珠",按照现实逻辑,这自然是不可能的,但作为一种诗意的想象却是美丽动人的。

　　这滴水诞生于凌晨的一场大雾。人们称它为露珠,而她只把它当做一滴水来看待,它的的确确就是一滴水。最初发现它的人是一个七八岁的小女孩,她不是在玫瑰园中发现它的,而是为了放一只羊去草地在一片草茎的叶脉上发现的。那时雾已散去,阳光在透明的空气中飞舞。她在低头的一瞬发现了那滴水。它饱满充盈,比珠子还要圆润,阳光将它照得肌肤透亮,她在敛声屏气盯着这滴水看的时候不由发现了一只黑黑的眼睛,她的眼睛被水珠吸走了,这使她很惊讶。我有三只眼睛,两只在脸上,一只在草叶上,她这样对自己说。然而就在这时她突然打了一个喷嚏,那柔软的叶脉随之一抖,那滴水骨碌一下便滑落了。她的第三只眼睛也随之消失了。她便蹲下身子寻找那滴水,她太难过了,因为在此之前她从未发现过如此美的事物。然而那滴水却是难以寻觅了。它去了哪里?它死了吗?

　　后来她发现那滴水去了泥土里,从此她便对泥土怀着深深的敬意。人们在那片草地上开了荒,种上了稻谷,当沉甸甸的粮食蜕去了糠皮在她的指间矜持地散发出成熟的微笑时,她确信她看见了那滴水。是那滴水滋养了金灿灿的稻谷,她在吃它们时意识里便不停地闪现出凌晨叶脉上的那滴水,它莹莹欲动,晶莹剔透。她吃着一滴水培育出来的稻谷一天天地长大了,有一个夏日的黄昏她在蚊蚋[2]的歌唱声中发现自己成了一个女人,她看见体内流出的第一滴血时确信那是几年以前那滴水在她体内作怪的结果。她开始长高,发丝变得越来越光泽柔顺，胸脯也越来越丰满，后来她嫁给了一个种地的男人。她喜欢他的力气，而他则依恋她的柔情。她怎么会有这么浓的柔情呢？她俯在男人的肩头老有说也说不尽的话，好在夜晚时被男人搂在怀里就总也不想再出来，后来她明白是那滴水给予她的柔情。不久她生下了一个孩子，她的奶水真旺啊，如果不吃那滴水孕育出的稻米，她怎么会有这么鲜浓的奶水呢？后来她又接二连三地生孩子，渐渐地她老了，她在下田时常常眼花，即使阴雨绵绵的天气也觉得眼前阳光飞舞。她的子孙们却像椴树林一样茁壮地成长起来。

她开始抱怨那滴水，你为什么不再给予我青春、力量和柔情了呢？难道你真的死去了吗？她步履蹒跚着走向童年时去过的那片草地，如今那里已经是一片良田，入夜时田边的水洼里蛙声阵阵。再也不见碧绿的叶脉上那滴纯美之极的水滴了，她伤感地落泪了。她的一滴泪水滑落到手上，她又看见了那滴水，莹白圆润，经久不衰。你还活着，活在我的心头！她惊喜地对着那滴水说。

她的牙齿渐渐老化，咀嚼稻米时显得吃力了。儿孙们跟她说话时要贴着她耳朵大声地叫，即使这样她也只是听个一知半解。她老眼昏花，再也没有激情俯在她男人的肩头咕哝不休了。而她的男人看上去也畏畏缩缩，终日垂头坐在门槛前的太阳底下，漠然平静地看着脚下的泥土。有一年的秋季她的老伴终于死了，她嫌他比自己死得早，把她给丢下了，一滴眼泪也不肯给予他。然而埋葬他后的一个深秋的月夜，她不知怎的格外想念他，想念他们的青春时光。她一个人拄着拐杖哆哆嗦嗦地来到河边，对着河水哭她的伴侣。泪水落到河里，河水仿佛被激荡得上涨了。她确信那滴水仍然持久地发挥着它的作用，如今那滴水幻化成泪水融入了大河。而她每天又都喝着河水，那滴水在她的周身循环着。

直到她衰老不堪即将辞世的时候，她的意识里只有一滴水的存在。当她处于弥留之际，儿孙们手忙脚乱地为她穿寿衣，用河水为她洗脸时，她的头脑里也只有一滴水。那滴水湿润地滚动在她的脸颊为她敲响丧钟。她仿佛听到了叮当叮当的声音。后来她打了一个微弱的喷嚏，安详地合上眼帘。那滴水随之滑落在地，渗透到她辛劳一世的泥土里。她不在了，而那滴水却仍然活着。

她在过世后又变成了一个七八岁的小女孩，有一天凌晨大雾消散后她来到一片草地，她在碧绿的青草叶脉上发现了一颗露珠，确切地说是一滴水，她还看见了一只黑亮的眼睛在水滴里闪闪烁烁，她相信她与一生中所感受的最美的事物相逢了。

[注释]

[1] 本文选自《北方的盐》，迟子建著，江苏文艺出版社2006年版。迟子建（1964—　），黑龙江漠河人。中国当代作家。1984年毕业于大兴安岭师范学校。1990年毕业于北京师范大学与鲁迅文学院合办的研究生班。1990年毕业后到黑龙江作家协会工作。主要作品有小说集《北极村童话》，散文集《伤怀之美》，长篇小说《树下》《伪满洲国》等。

[2] 蚋（ruì）：一种蚊子类的昆虫，成体雌虫以刺吸牛、羊等牲畜的血液为生。

[思考练习]

一、本文表现了作者怎样的生命观？

二、本文用一滴水贯穿全篇,谈谈你对这种结构方式的看法。
三、作者怎样描写"她"在自己老伴去世时的感情?

写作训练(三)

调 查 报 告

写作范围

对当地的生态状况做一次调查,可以从环境污染、水土流失、土壤退化、水资源危机、气候变化、室内空气污染、沙尘暴等几个方面入手,写一份调查报告。

写作指导

调查报告是针对某一社会情况、某一问题或事件进行调查研究后所写的反映调查结果的书面报告。

调查报告具有真实性、典型性和针对性的特点。真实性是调查报告的生命。一定要尊重客观事实,用事实说话。

调查报告一般由标题、正文、落款三部分构成。

1. 标题

调查报告的标题常见的有三种形式。(1)公文式标题。由调查对象、内容和文种三部分组成。如《关于小型国营工业企业开放搞活情况的调查报告》。(2)新闻式标题。即直接点出文章主旨,如《××机械厂为什么能迅速扭亏增盈》。调查报告有时也采用双标题,正题概括文章主旨,副题则补充说明调查的范围和对象,如《为政公开可以保障清廉——××市东城区的调查》。(3)散文式标题。这种标题一般由正、副标题组成。正题点出调研课题的特点或成果,写法比较自由、形象,有的还可运用某种修辞手法,加强感染力,副标题补充正标题。如《一河之隔,两片天地——××企业经营机制改革的启示》《小小一口"塘",赛过小银行——湖南省××县开展山塘养鱼的调查》。

2. 正文

正文包括前言、主体和结尾三部分。

(1)前言。前言又称导言,是基本情况的概述,包括说明调查的背景和出发点,如时间、地点、范围、对象、目的,以及调查的方式、方法和主要的调查结果等。应根据需要写明要点,不必面面俱到。

开头的方法很多,常见的有设问式、议论式、说明式和叙述式等。无论用哪一种方法开头,都必须做到提纲挈领、紧扣主题。

(2)主体。主体是调查报告的核心部分。要详细地介绍调查的主要内容。通过对典型事例和确凿的数据的分析研究,总结出带有规律性的东西,即主要经验和办法,或主要问题和教训。有的还要提出具体的建议。

主体的写法不是固定不变、千篇一律的,应根据调查报告的不同类型和写作要求精心安排其内容顺序和结构形式。

经验性调查报告,其主体表达顺序为"成果—做法—经验",或"做法—经验—成果"。问题性调查报告,其主体表达顺序为"问题—原因—意见或建议"。情况性调查报告,其主体表达顺序为"情况—成果—问题—建议"。

(3) 结尾。调查报告多以结论和建议结尾。可以概括全文,深化主题,加深读者印象;或展望未来,提出建议,启发人们进一步深思。

3. 落款

落款包括署名和日期。调查报告常常在标题之下署名,也可在正文右下方署名标时。

撰写调查报告的基本要求:

1. 深入细致地调查,全面系统地搜集材料。

(1) 要明确调查目的,确定调查对象。

(2) 拟好调查提纲或调查表。调查提纲是根据调查目的来拟定的,一般包括:目的、内容、方法步骤、要求等。调查表格包括调查对象概况、调查内容、表格说明等。

(3) 采用切实可行的调查方法。常用的调查方法有开调查会、个别访谈、实际考察、抽样调查、问卷调查、查阅有关资料等等。

(4) 全面系统地占有材料。只有经过周密的安排。深入细致、谦虚诚恳地调查,细看、勤问、多听、详记,才能获得现实与历史的材料、点上与面上的材料、正面与反面的材料、领导与群众的材料、具体与概括的材料。在众多的材料收集中,应注意采集典型人物、典型事例、典型语言,以及有关统计数据等。

2. 综合分析调查材料,形成正确的观点和结论。

要认真研究材料,分清现象和本质,主流与支流,成绩与缺点,主要矛盾与次要矛盾等,并从事物相互关系中找出其内在的联系,总结出客观存在的规律,从而形成正确的观点,得出科学的结论。

3. 用事实说话,把观点和材料统一起来。

要精选典型的事例,用具体的情况、具体的做法、具体的经验、具体的数据来说明问题的实质,说明报告的观点。观点的产生和表达都离不开材料。观点统率材料,材料说明观点,观点和材料相统一是写调查报告的基本要求。

参考题目

1. 关于××地区环境污染情况的调查报告
2. 《看不见的杀手——室内空气污染调查》
3. 《最后一滴水将是我们的眼泪——水资源危机的调查》

知识拓展(二)

我国自然生态环境现状

时至今日,全球森林覆盖率减少、土地沙化、气候变暖等生态灾难,严重制约着世界各国特别是发展中国家经济社会的发展。作为发展中国家,我国人民在现代化建设的过程中,面临着比世界其他国家更为严峻的人口、资源和环境形势,这些问题已经成为制约经济社会发展的瓶颈之一。

由中国科学院编纂的《2008中国可持续发展战略报告》称,与1995年相比,除北京、上海、山东3个省(直辖市)外,全国及其他省(自治区、直辖市)的环境水平呈现下降态势,这表明我国的环境问题仍在不断加重。

随着我国经济的飞速发展,二氧化碳排放量持续增加,进而造成全球气候变暖不争的事实。据预测,随着气温和海平面的上升,许多滨海城市和沿海地区将变为一片汪洋,到2035年,将有2亿人沦为"气候难民",15%～40%的物种面临灭绝,造成的经济损失相当于20世纪上半叶经济大萧条和两次世界大战损失的总和。

近年来,被称为"空中死神"的酸雨不断蔓延。酸雨不仅影响中国内地,还影响中国港澳地区和邻近国家。《中国环境状况公报》显示,我国城市空气污染状况十分严重,2008年全国仅有1/3的城市达到国家二级标准,酸雨发生面积约150万平方千米。

根据对746个水系断面的调查,2008年地表水中劣类水质比例为23.1%,七大水系中,黄河、海河重度污染;辽河、松花江中度污染。主要湖泊水质恶化,滇池、太湖、洪泽湖重度污染,富营养化严重;巢湖、洞庭湖、鄱阳湖中度污染。

生物物种也在加速灭绝。据保守估计,中国的植物物种中约15%～20%处于濒危状态,仅高等植物中濒危种类就高达4 000～5 000种。近30年来的资料表明,白鳍豚、野象、大熊猫、东北虎等珍贵野生动物分布区显著缩小,种群数量锐减。属于中国特有的物种和国家规定重点保护的珍贵、濒危野生动物有312种,正式列入国家濒危植物名录的第一批植物有354种。近海的一些宝贵的生物资源也因失去良好的生存环境和营养供应地而难以得到应有的保护。例如,红树林、珊瑚礁、江豚、海豹及袂帽等珍稀动植物,如缺乏切实有效的保护措施,将在中国近海逐渐消失。

全国草地面积逐年缩小,草地质量逐渐下降,其中中度退化程度以上的草地达1.3亿公顷,并且每年还以2万平方千米的速度蔓延。中国西部和北方干旱、半干旱地区的大草原,主要生产肉、奶、毛、皮和其他畜产品,但是,长期以来,由于人们不注意合理开垦,过度放牧,重用轻养,破坏了草原的生态平衡,使草原的生产能力退化。特别在农牧结合区和边远地区,广大农牧民由于生活燃料短缺,不得不砍伐和采挖林木和植被,导致草原退化加剧。20世纪70年代,草场面积退化率为15%,80年代中期已达30%以上。全国草原退化面积达0.67亿公顷,目前仍以每年134万多公顷的退化速度在扩大。由于草原退化,牲畜过多,牧草产量持续下降,从而使本来已较脆弱的生态环境更加恶化。

森林资源总体质量下降,人均积蓄量不足世界平均水平的1/7,森林的生态功能严重退化。森林是农业、畜牧业的生态屏障,由于人均森林资源的严重不足,造成森林生态功能薄弱,不少地区水土流失严重,自然灾害频繁。根据联合国粮食及农业组织最新公布的世界森林资源评估报告,在被调查的179个国家中,中国森林面积居世界第5位,但我国平均每人占有森林面积仅为0.11公顷,占世界平均水平的11%。尽管中国在保护森林和植树造林方面做出了长期不懈的努力,但由于历史、自然条件的限制,资金不足与技术的原因,森林资源供求矛盾在相当长时期内仍将十分突出。

全国水土流失面积扩大已达36 500万公顷,并以每年100万公顷的速度在增加;全国荒漠化土地面积已达 26 200 万公顷,且继续以每年 246 000 公顷的速度扩展。我国荒漠化土地的面积约 2.68 亿公顷,严重沙漠化的趋势约 3.35 亿公顷,二者合计占全国国土面积的 30% 以上。我国沙化土地的面积为 16 890 万公顷,占国土面积的 17.6%,碱化和次生盐碱化土地超过 3.35 亿公顷,已经延伸到 17 个省份。目前,我国每年沙化、退化的土地超过 20 万公顷,由于裸露地面缺乏植被保护,1998 年 4 月中旬我国黄土高原的"沙尘风暴"肆虐千里。除了导致北京下黄泥雨以外,就连离大西北 1 000 千米多的绿化植被条件相对较好、降水较多的南京和上海等地也都受到突如其来的沙尘暴袭击。中国人民生存发展的空间越来越小,全球受到沙漠化影响的人口超过了 10 亿人,我国就有近 4 亿人。

生态环境的恶化已经在一定程度上制约了社会、经济的可持续发展:严重的江河断流和污染,使水资源供需矛盾更加激化,给下游地区的社会经济发展造成了严重影响;生物资源的过量消耗和物种的大量消失,不仅破坏了生态系统的稳定,还进一步削弱了工农业生产的原材料供给能力;森林资源的采伐量和消耗量远远超过生长量,当代人过早地消耗了后代人想用的森林资源,按目前的消耗水平来看,我国将面临无成熟林可采伐的局面……

上述问题表明,中国的生态环境问题是严重的。中国人口众多,自然资源相对不足,如果相对不足的自然资源和生存环境得不到有效的保护,可持续发展和现代化的建设也难以为继。加快林业发展,重建可持续发展的森林生态系统,发挥林业巨大的生态功能,是中国治理生态环境问题的根本措施。(豆丁网)

第四单元

立志成才

　　人生当立志。无志则人难做,事难成。没有人生的目标,只会停留在原地。没有远大的志向,只会变得慵懒,只能听天由命、叹息茫然。想不让机会就这样溜走,不叫青春就这样逝去,只有靠志向和理想冲出迷茫的漩涡,崭新的人生之页将会为你从这里掀开。所谓立志,就是立下未来的人生理想。一个没有目标的人就像一艘没有舵的船,永远漂流不定,只会到达失望、失败和丧气的海滩。成功者总是那些有目标的人,鲜花和荣誉从来不会降临到那些无头苍蝇一样在人生之旅中四处碰壁的人头上。聪明的人,有理想、有追求、有上进心的人,一定都有明确的奋斗目标。

　　有了目标,怎样做才能成才呢?毛泽东的《改造我们的学习》对我们今天提高思想认识水平,形成正确的学风和工作作风,仍具有十分重要的意义。诸晓的《谈自制力》告诉我们应当怎样才能驾驭自己、磨炼意志,控制自己的思想感情和举止行为,做自己的主人。《尚俭戒奢谈》把中华民族的提倡节俭、力戒奢靡这一传统美德,联系当前国情展开议论,赋予时代特色,给人以新的启迪。《富有的是精神》告诉我们做人的重要性。《思考的威力》通过事例论证了认真思考是发明创造的一个极其重要的决定性因素。本单元的这些课文对我们思考如何成才是有重要意义的。

　　琼·菲特说:"信心和理想乃是我们追求幸福和进步的最强大推动力。"漫漫人生路,让我们立下自己的志向,盖起自己成功人生的辉煌大厦吧!有志者,事竟成!

1.

改造我们的学习[1]

（一九四一年五月十九日）

毛泽东

[阅读提示]

　　文章针对当时中国共产党在研究现状、研究历史和学习马克思主义等方面存在的缺点,提出了改造全党学风的正确主张。改造学风,就是要改造主观主义的学风,树立理论联系实际的马克思主义的学风。这对我们今天提高思想认识水平,形成正确的学风和工作作风,仍具有十分重要的意义。

文章开头用一句话作引论,提出中心论点"主张将我们全党的学习方法和学习制度改造一下"。本论部分论述了改造主观主义学风的理由。文章在第一部分肯定二十年来成绩的基础上,第二部分和第三部分着重剖析了党内学风问题上存在的缺点及危害,阐述了马克思主义的科学态度。作者运用了举例论证的方法,通过列举存在的问题和应采取的正确态度,令人信服地证明了所提主张的正确性。第四部分是结论,提出改造学风的具体建议。

课文还运用了对比论证的方法,第一、第二两部分是成绩和缺点的对比,第二部分则以两种学习态度作对比。有比较才有鉴别,通过对比,有助于分清是非,辨明正误,增强了文章的说服力。

课文的语言鲜明生动,作者善于使用口语和富有表现力的成语,以及对偶、排比、比喻等修辞方法,贴切生动,增强了论证的效果。

我主张将我们全党的学习方法和学习制度改造一下。其理由如次。

一

中国共产党的二十年,就是马克思列宁主义的普遍真理和中国革命的具体实践日益结合的二十年。如果我们回想一下,我党在幼年时期,我们对于马克思列宁主义的认识和对于中国革命的认识是何等肤浅,何等贫乏,则现在我们对于这些的认识是深刻得多,丰富得多了。灾难深重的中华民族,一百年来,其优秀人物奋斗牺牲,前仆后继,摸索救国救民的真理,是可歌可泣的。但是直到第一次世界大战和俄国十月革命之后,才找到马克思列宁主义这个最好的真理,作为解放我们民族的最好的武器,而中国共产党则是拿起这个武器的倡导者、宣传者和组织者。马克思列宁主义的普遍真理一经和中国革命的具体实践相结合,就使中国革命的面目为之一新。抗日战争以来,我党根据马克思列宁主义的普遍真理研究抗日战争的具体实践,研究今天的中国和世界,是进一步了,研究中国历史也有某些开始。所有这些,都是很好的现象。

二

但是我们还是有缺点的,而且还有很大的缺点。据我看来,如果不纠正这类缺点,就无法使我们的工作更进一步,就无法使我们在将马克思列宁主义的普遍真理和中国革命的具体实践互相结合的伟大事业中更进一步。

首先来说研究现状。像我党这样一个大政党,虽则对于国内和国际的现状的研究有了某些成绩,但是对于国内和国际的各方面,对于国内和国际的政治、军事、经济、文化的任何一方面,我们所收集的材料还是零碎的,我们的研究工作还是没有系统的。二十年来,一般地说,我们并没有对于上述各方面作过系统的周密的收集材料加以研究的工作,缺乏调查研究客观实际状况的浓厚空气。"闭塞眼睛捉麻雀","瞎子摸鱼",粗枝大叶,夸夸其谈,满足于一知半解,这种极坏的作风,这种完全违反马克思列宁主义基本精神的作风,还在我党许多同志中继续存在着。马克思、恩格斯、列宁、斯大林教导我们认真地研究情况,从客观的真实的情况出发,而不是从主观的愿望出发;我们的许多同志却直接违反这一真理。

其次来说研究历史。虽则有少数党员和少数党的同情者曾经进行了这一工作,但是不曾有组织地进行过。不论是近百年的和古代的中国史,在许多党员的心目中还是漆黑一团。许多马克思列宁主义的学者也是言必称希腊[2],对于自己的祖宗,则对不住,忘记了。认真地研究现状的空气是不浓厚的,认真地研究历史的空气也是不浓厚的。

其次说到学习国际的革命经验,学习马克思列宁主义的普遍真理。许多同志的学习马克思列宁主义似乎并不是为了革命实践的需要,而是为了单纯的学习。所以虽然读了,但是消化不了。只会片面地引用马克思、恩格斯、列宁、斯大林的个别词句,而不会运用他们的立场、观点和方法,来具体地研究中国的现状和中国的历史,具体地分析中国革命问题和解决中国革命问题。这种对待马克思列宁主义的态度是非常有害的,特别是对于中级以上的干部,害处更大。

上面我说了三方面的情形:不注重研究现状,不注重研究历史,不注重马克思列宁主义的应用。这些都是极坏的作风。这种作风传播出去,害了我们的许多同志。

确实的,现在我们队伍中确有许多同志被这种作风带坏了。对于国内外、省内外、县内外、区内外的具体情况,不愿作系统的周密的调查和研究,仅仅根据一知半解,根据"想当然",就在那里发号施令,这种主观主义的作风,不是还在许多同志中间存在着吗?

对于自己的历史一点不懂,或懂得甚少,不以为耻,反以为荣。特别重要的中国共产党的历史和鸦片战争以来的中国近百年史,真正懂得的很少。近百年的经济史,近百年的政治史,近百年的军事史,近百年的文化史,简直还没有人认真动手去研究。有些人对于自己的东西既无知识,于是剩下了希腊和外国故事,也是可怜得很,从外国故纸堆中零星地检[3]来的。

几十年来,很多留学生都犯过这种毛病。他们从欧美日本回来,只知生吞活剥[4]地谈外国。他们起了留声机的作用,忘记了自己认识新鲜事物和创造新鲜事物的责任。这种毛病,也传染给了共产党。

我们学的是马克思主义,但是我们中的许多人,他们学马克思主义的方法是直接违反马克思主义的。这就是说,他们违背了马克思、恩格斯、列宁、斯大林所谆谆告诫人们的一条基本原则:理论和实际统一。他们既然违背了这条原则,于是就自己造出了一条相反的原则:理论和实际分离。在学校的教育中,在在职干部的教育中,教哲学的不引导学生研究中国革命的逻辑,教经济学的不引导学生研究中国经济的特点,教政治学的不引导学生研究中国革命的策略,教军事学的不引导学生研究适合中国特点的战略和战术,诸如此类。其结果,谬种流传,误人不浅。在延安学了,到富县[5]就不能应用。经济学教授不能解释边币和法币[6],当然学生也不能解释。这样一来,就在许多学生中造成了一种反常的心理,对中国问题反而无兴趣,对党的指示反而不重视,他们一心向往的,就是从先生那里学来的据说是万古不变的教条。

当然,上面我所说的是我们党里的极坏的典型,不是说普遍如此。但是确实存在着这种典型,而且为数相当地多,为害相当地大,不可等闲视之的。

三

为了反复地说明这个意思,我想将两种互相对立的态度对照地讲一下。

第一种:主观主义的态度。

在这种态度下,就是对周围环境不作系统的周密的研究,单凭主观热情去工作,对于中国今天的面目若明若暗。在这种态度下,就是割断历史,只懂得希腊,不懂得中国,对于中国昨天和前天的面目漆黑一团。在这种态度下,就是抽象地无目的地去研究马克思列宁主义的理论。不是为了要解决中国革命的理论问题、策略问题而到马克思、恩格斯、列宁、斯大林那里找立场,找观点,找方法,而是为了单纯地学理论而去学理论。不是有的放矢,而是无的放矢。马克思、恩格斯、列宁、斯大林教导我们说:应当从客观存在着的实际事物出发,从其中引出规律,作为我们行动的向导。为此目的,就要像马克思所说的详细地占有材料,加以科学的分析和综合的研究[7]。我们的许多人却是相反,不去这样做。其中许多人是做研究工作的,但是他们对于研究今天的中国和昨天的中国一概无兴趣,只把兴趣放在脱离实际的空洞的"理论"研究上。许多人是做实际工作的,他们也不注意客观情况的研究,往往单凭热情,把感想当政策。这两种人都凭主观,忽视客观实际事物的存在。或作讲演,则甲乙丙丁、一二三四的一大串;或作文章,则夸夸其谈的一大篇。无实事求是之意,有哗众取宠[8]之心。华而不实,脆而不坚。自以为是,老子天下第一,"钦差大臣[9]"满天飞。这就是我们队伍中若干同志的作风。这种作风,拿了律己,则害了自己;拿了教人,则害了别人;拿了指导革命,则害了革命。总之,这种反科学的反马克思列宁主义的主观主义的方法,是共产党的大敌,是工人阶级的大敌,是人民的大敌,是民族的大敌,是党性不纯的一种表现。大敌当前,我们有打倒它的必要。只有打倒了主观主义,马克思列宁主义的真理才会抬头,党性才会巩固,革命才会胜利。我们应当说,没有科学的态度,即没有马克思列宁主义的理论和实践统一的态度,就叫做没有党性,或叫做党性不完全。

有一副对子,是替这种人画像的。那对子说:

墙上芦苇,头重脚轻根底浅;

山间竹笋,嘴尖皮厚腹中空。

对于没有科学态度的人,对于只知背诵马克思、恩格斯、列宁、斯大林著作中的若干词句的人,对于徒有虚名并无实学的人,你们看,像不像?如果有人真正想诊治自己的毛病的话,我劝他把这副对子记下来;或者再勇敢一点,把它贴在自己房子里的墙壁上。马克思列宁主义是科学,科学是老老实实的学问,任何一点调皮[10]都是不行的。我们还是老实一点吧!

第二种:马克思列宁主义的态度。

在这种态度下,就是应用马克思列宁主义的理论和方法,对周围环境作系统的周密的调查和研究。不是单凭热情去工作,而是如同斯大林所说的那样:把革命气概和实际精神结合起来[11]。在这种态度下,就是不要割断历史。不单是懂得希腊就行了,还要懂得中国;不但要懂得外国革命史,还要懂得中国革命史;不但要懂得中国的今天,还要懂得中国的昨天和前天。在这种态度下,就是要有目的地去研究马克思列宁主义的理论,要使马克思列宁主义的理论和中国革命的实际运动结合起来,是为着解决中国革命的理论问题和策略问题而去从它找立场,找观点,找方法的。这种态度,就是有的放矢的态度。"的"就是中国革命,"矢"就是马克思列宁主义。我们中国共产党人所以要找这根"矢",就是为了要射中国革命和东方革命这个"的"的。这种态度,就是实事求是的态度。"实事"就是客观存在着的一切事物,"是"就是客观事物的内部联系,即规律性,"求"就是我们去研究。我们要从国内外、省内外、县内外、区内外的实际情况出发,从其中引出其固有的而不是臆造的规律性,即找出周围事变的内部联系,作为我们行动的向导。而要这样做,就须不凭主观想象,不凭一时的热情,不凭死的书本,而凭客观存在的事实,详细地占有材料,在马克思列宁主义一般原理的指导下,从这些材料中引出正确的结论。这种结论,不是甲乙丙丁的现象罗列,也不是夸夸其谈的滥调文章,而是科学的结论。这种态度,有实事求是之意,无哗众取宠之心。这种态度,就是党性的表现,就是理论和实际统一的马克思列宁主义的作风。这是一个共产党员起码应该具备的态度。如果有了这种态度,那就既不是"头重脚轻根底浅",也不是"嘴尖皮厚腹中空"了。

四

依据上述意见,我有下列提议:

(一)向全党提出系统地周密地研究周围环境的任务。依据马克思列宁主义的理论和方法,对敌友我三方的经济、财政、政治、军事、文化、党务各方面的动态进行详细的调查和研究的工作,然后引出应有的和必要的结论。为此目的,就要引导同志们的眼光向着这种实际事物的调查和研究。就要使同志们懂得,共产党领导机关的基本任务,就在于了解情况和掌握政策两件大事,前一件事就是所谓认识世界,后一件事就是所谓改造世界。就要使同志们懂得,没有调查就没有发言权,夸夸其谈地乱说一顿和一二三四的现象罗列,都是无用的。例如关于宣传工作,如果不了解敌友我三方的宣传状况,我们就无法正确地决定我们的宣传政策。任何一个部门的工作,都必须先有情况的了解,然后才会有好的处理。在全党推行调查研究的计划,是转变党的作风的基础一环。

(二)对于近百年的中国史,应聚集人材,分工合作地去做,克服无组织的状态。应先作经济史、政治史、军事史、文化史几个部门的分析的研究,然后才有可能作综合的研究。

(三)对于在职干部的教育和干部学校的教育,应确立以研究中国革命实际问题为中心,以马克思列宁主义基本原则为指导的方针,废除静止地孤立地研究马克思列宁主义的方法。研究马克思列宁主义,又应以《苏联共产党(布)历史简明教程》为中心的材料。《苏联共产党(布)历史简明教程》是一百年来全世界共产主义运动的最高的综合和总结,是理论和实际结合的典型,在全世界还只有这一个完全的典型。我们看列宁、斯大林他们是如何把马克思主义的普遍真理和苏联革命的具体实践互相结合又从而发展马克思主义的,就可以知道我们在中国是应该如何地工作了。

我们走过了许多弯路。但是错误常常是正确的先导。在如此生动丰富的中国革命环境和世界革命环境中,我们在学习问题上的这一改造,我相信一定会有好的结果。

[注释]

[1] 选自《毛泽东选集》第3卷(人民出版社1991年版)。这是毛泽东在延安干部会上所作的报告。这篇报告和《整顿党的作风》《反对党八股》,是毛泽东关于整风运动的基本著作。在这些文章里,毛泽东进一步地从思想上总结了过去中国共产党内路线的分歧,分析了广泛存在于党内的非马克思列宁主义思想作风,主要是主观主义的倾向,宗派主义的倾向和作为这两种倾向的表现形式的党

八股。毛泽东号召开展全党范围的马克思列宁主义的教育运动,即按照马克思列宁主义的思想原则整顿作风的运动。毛泽东的这个号召,很快地在中国共产党内和党外引起了怎样以从实际出发的观点而不是以教条主义的观点来对待马克思列宁主义原理,怎样使马克思列宁主义的基本原理和中国革命的实际相结合,以及怎样对待1931年年初至1934年年底这段时期党内两条路线的斗争这样一些重大问题的大讨论,巩固了马克思列宁主义思想在党内外的阵地,使广大干部在思想上大大地提高了一步,使中国共产党达到了空前的团结。

[2] 言必称希腊:指有些研究革命理论的人生搬硬套外来的东西,而不重视研究本国的历史和现状的教条主义倾向。希腊,欧洲南部巴尔干半岛上的一个国家。古代希腊的文化对后来欧洲各国的文化发展有很大的影响。"言必称希腊"是"言必称尧舜"(见《孟子》)的仿用。

[3] 捡:这里通"拣"。

[4] 生吞活剥:比喻生硬地接受或机械地搬用(别人的理论、经验、方法等)。

[5] 富县:在延安南面约八十公里。

[6] 边币和法币:边币是1941年陕甘宁边区银行所发行的纸币。法币是1935年以后国民党官僚资本四大银行(中央、中国、交通、中国农民)依靠英美帝国主义支持所发行的纸币。毛泽东在本文中所说的,是指当时边币和法币之间所发生的兑换比价变化问题。

[7] 详细地占有材料,加以科学的分析和综合的研究:参见马克思《资本论》第一卷第二版"跋"。马克思在这篇"跋"中说:"研究必须充分地占有材料,分析材料的各种发展形态,探寻这些形式的内在联系。不先完成这种工作,则对于现实的运动,必不能有适当的叙述。"

[8] 哗众取宠:用浮夸的言辞博取群众的喜欢。

[9] 钦差大臣:原指封建时代受帝王派遣出外办理重大事务的官员。这里用以讽刺那些由上级派来、不了解情况、随意发号施令的人。

[10] 调皮:指不老实的态度。

[11] 把革命气概和实际精神结合起来:见斯大林《论列宁主义基础》第九部分《工作作风》(《斯大林选集》上卷,人民出版社1979年版,第272~275页)。

[思考练习]

一、课文第二部分最后指出:"上面我所说的是我们党里的极坏的典型。"文章举了哪几方面"极坏的典型"?他们的具体表现各是什么?这属于什么论证方法?

二、议论文的论证结构通常是提出问题、分析问题、解决问题三个部分,试按这个思路划分课文层次。

三、课文中各种修辞手法以及俗语的运用,大大丰富了语言的表现力,增强了论证效果。试从课文中各找两个运用排比、对偶、俗语的例子。

2.

谈自制力[1]

诸 晓

[阅读提示]

"每个人都是他自己的支配者。一个人应该节制和做自己的主人,控制他自己的喜怒哀乐。"一位古希腊的哲人这样说过。当然,对于年轻人来说,要做到控制自己的思想感情和举止行为,并不是一件容易的事。本文从诠释自制力的概念入手,提出人应当驾驭自己,征服放任,从日常生活的一点一滴做起,磨炼意志。

本文论证的每一部分都以列举事例为基础,并以分析说理揭示事例的含义,举例充分,分析透辟。

阅读本文时要概括三个部分的主要意思,并体会课文引用事实作论据时,这些记叙是怎样为阐述、证明论点服务的。

一

什么是自制力呢?

所谓自制力,就是一个人控制自己思想感情和举止行动的能力。人区别于动物的根本点之一,就在于人是有思想的,因而可以按照一定的目的,理智地控制自己的感情和行动。

有一本专门描写打猎的书,其中写到有一只红狐狸,它为了捕获野鸭子,常常可以连续几天潜伏在冰天雪地的沼泽地,它是那样顽强而有耐心,慢慢地毫无声息地贴在地上接近野鸭子。当鸭子无意中游开了,红狐狸就用舌头舔一下嘴唇,失望地退回原处等候着。为了填饱饥饿的肚子,红狐狸可以这样往返几十次,连续好几天,直到野鸭子由于一时疏忽,终于被它逮住为止。这只红狐狸不是很善于控制自己的行为吗?实际上,这只是狐狸在漫长的进化过程中逐步形成的一种猎获食物的本能。

如果说,连动物有时候为了达到某种目的都能控制自己,对于有思想感情的人来说不更应该善于驾驭自己吗?

二

自制的反面是放任。

我们看一个淘气的孩子,在父母长辈的宠爱下,有时会说一些没大没小的话,做一些颠三倒四的事。家有客人,他更是调皮捣蛋,无一刻安宁,这就是所谓的发"人来疯"。

当然,儿童的自制力本来就较弱,发一点"人来疯"是情有可原的。但是,为什么有的青年,到了已经懂事的年龄,还不能约束自己的言行举止呢?重要原因之一,就在放任自己。

比如抽烟,在开始不过是抽抽玩玩的,但有的人却从来不去认真想一想为什么要抽烟,而只是盲目地听凭自己抽下去。于是一根两根,一包两包,直至成为嗜好,积习难改。这不是从放任自己开始的吗?

如果说,盲目纵欲是自制力的腐蚀剂,那么,反过来自制力又是征服放任的有效武器。一个有名的例子,就是《钢铁是怎样炼成的》一书中描写的保尔·柯察金戒烟的故事。有一次,青年们就习惯能不能改掉这个问题发生了争论。有人说:习惯比人厉害,养成了就改不掉,抽烟就是一例。保尔不同意这种看法,他认为:人应该支配习惯,而决不能让习惯支配人,不然的话,岂不要得出十分荒唐的结论吗?这时,有人挖苦保尔,说他吹牛皮,因为他明知抽烟不好但并没有戒掉。保尔沉默了一会儿,从嘴角拿下烟卷,把它揉碎,斩钉截铁地说:"我决不再抽烟了,要是一个人不能改掉坏习惯,那他就毫无价值。"从此,保尔果然不抽烟了。每一个不想使自己变得"毫无价值"的青年,都应该像保尔一样,下决心依靠自制力跟自己的坏习惯作斗争。

三

自制力属于意志的范畴。

自制力强的人,往往意志比较坚强。控制自己需要意志。意志和思想一样,不是与生俱来的,而是在社会实践中逐步培养和锻炼出来的。要增强自己的自制力,就要从日常生活的一点一滴做起,加强磨练。美国物理学家富兰克林青年时代曾经下决心"克服一切坏的自然倾向、习惯或伙伴的诱惑"。他给自己制定了一项包括十三个名目在内的道德计划,逐条实行。比如,为了矫正空谈和说笑话的习惯,他列了"沉默"一条要求自己做到:"除非于人于己有利之言谈,避免琐屑的谈话。"后来有一位朋友说他常常显露骄傲,于是他又把"谦逊"加入表中。他晚年撰写自传时,曾经谈起青年时代锻炼自制力的计划,认为他的成绩应归功于节制。

[注释]

[1] 选自1980年10月《中国青年报》,有改动。

[思考练习]

一、概括课文三个部分的主要意思。

二、课文论证时,引用大量事实做论据,试举例分析。

3.

尚俭戒奢谈[1]

毛书征

[阅读提示]

提倡节俭,力戒奢靡,这是人们熟悉的一个话题。作者联系国情展开议论,把中华民族的这一传统美德赋予富有时代特色的内容,给人以新的启迪。

课文首先运用了举例论证的方法,以"布衣将军"和"布衣元帅"这两个事例引出中心论点,再从一反一正两个方面举艺术典型和历史事例加以论证,然后议及论题的现实意义。

阅读本文,应领会在社会主义现代化建设中,艰苦奋斗还是必需的这个重大命题,进而体会作者围绕我国国情展开论述的写作特色和举例论证的议论方法。

"布衣将军"冯玉祥,是以主张勤俭治国、朴素为人著称的。1941年,周恩来同志在《寿冯焕章先生六十大庆》一文中,称赞这位布衣将军:"一向习于勤俭朴素,有人以为过,我以为果能人人如此,官场中何至如今日之奢靡不振?"

无独有偶,"布衣元帅"彭德怀,更是艰苦奋斗、勤俭朴素的光辉楷模。他不仅经常鞭策自己尚俭戒奢、杜绝腐化,而且一贯倡导艰苦创业、勤俭建国,不论在顺境或逆境中,总是身体力行,率先垂范[2],始终如一。

历史和现实均已证明,这种尚俭戒奢、艰苦奋斗的精神绝不能丢,应该予以弘扬光大。最近看到的电视连续剧《红楼梦》,写尽了封建官僚四大家族的富贵荣华、穷奢极欲,结局却是树倒猢狲散,宁荣二府分崩离析,一败涂地。飞扬跋扈[3]一时的凤辣子死后一张破席卷出门去,其独生女儿寄食在刘姥姥家。这固然是典型化的艺术描写,却真实而深刻地反映了奢靡无度足以败家亡国的历史事实。对此,不仅历代先哲高士深知其关系重大,就连那些头脑清醒的明君贤臣也懂得必须引以为戒。唐太宗李世民从隋朝败亡的教训中,深知"治安则骄奢易生,骄奢则危亡立至[4]",他以隋亡为镜,在治国创业中坚持尚俭戒奢,有名的贞观之治与此举关系甚大。

勤能补拙,俭以养廉。勤劳节俭,是我们中华民族的传统美德。艰苦奋斗,是我们革命队伍的传家宝。再说,当前我们国家尚处在初富仍穷、乍[5]好还难的开拓发展之时,需要经过几代人的共同奋斗,才能建成高度发达的现代化的社会主义强国。如果一味追求"翠盖鸣涛,富丽堂皇","珍馐佳肴,花天酒地",摆高档华宴,修殿堂庙宇,我想不仅预期的目标达不到,而且会把崇高理想、雄心壮志、党的宗旨、公仆本色、高风亮节等等一股脑儿抛掉。所以说,艰苦奋斗、勤俭朴素,作为社会主义精神文明建设的一个重要内容,应当贯穿于修身、创业、改革、开放等治国治家的一切领域之中。这是振兴中华、富民强国的长远大计,绝非权宜之计,切不可掉以轻心,等闲视之。

"历览前贤国与家,成由勤俭败由奢。"诗人李商隐这一脍炙人口的千古名句,所以能传诵至今,正是因为它揭示了一条不容忽视和背离的警世真理。

[注释]

[1] 选自1987年4月5日《光明日报》,有改动。
[2] 垂范:给下级或晚辈示范,做榜样。
[3] 飞扬跋扈(hù):原指意气举动越出常轨,不受约束。现多指蛮横放肆,目中无人。飞扬,放纵。跋扈,蛮横。
[4] 治安则骄奢易生,骄奢则危亡立至:意思是国家安定了,统治阶级就容易滋生骄奢;养成了骄奢风气,那么亡国的危险立刻就到身边了。
[5] 乍:刚刚,才。

[思考练习]

一、课文的写作特色是什么?
二、作者举了哪些事例进行论证?
三、除了举例论证外,课文还运用了什么论证方法?

4.

富有的是精神[1]

谢　冕

[阅读提示]

　　本文对刚刚考入北京大学的青年学生提出,"只有人做好了,学问才能有好的发挥",指出北京大学在精神方面是富有的,"北大的这种富有,足以抵抗那物质的贫乏而引以自豪"。

　　本文论证逻辑严密,从进北大学习机会宝贵,责任重大,讲到了"做人第一,做学问第二";从学习的重要意义,讲到要杜绝"小聪明",争取"大智慧"。文章还举李大钊、鲁迅等前辈为例,使证明更有说服力。本文是一篇演讲词,语言通达流畅;使用第二人称,读来感到亲切。阅读时,要注意揣摩课文证明的方法特点,体会做人和做学问的辩证统一关系,从作者对莘莘学子的谆谆教诲中汲取进取的动力。

　　热烈祝贺你们来到北大。你们将在这里度过20世纪仅剩的最后几年。在这几年中,你们无疑将接受本世纪全部伟大的精神财富,以及这一世纪无边无际的民族忧患的洗礼。你们将以此为营养,充实并塑造自己,并以你们的聪明才智在这里迎接21世纪的第一线曙光。你们是名副其实的跨世纪的一代人。你们要珍惜这百年不遇的机会。

　　发生在距今九十九年前的戊戌变法[2]是失败了,但京师大学堂[3]却奇迹般地被保留了下来,成为那次失败的变法仅存的成果。你们正是在这个流产的变法失败一百年、也是京师大学堂成立一百年的前夕来到这里的。当你们来到这到处都在建筑和整修的学校时,百年的沧桑,百年的奋斗,百年的期待,一下子也都拥到了你们的面前,我设想此时此刻的你们,一定是在巨大的欢欣之中感到了某种沉重。

　　你们是未来世纪中国的建设者。你们将在未来的岁月中作出平凡的或是杰出的贡献,你们中有的人可能还会成为未来世纪非常出色的人物。但无论如何,1997年9月的今天,对于你们中的每一个人,都是决定自己一生命运的、不可替代的、非常重要的日子。那就是因为你们的名字和这所伟大的学校产生了联系。中国有12亿人,你们的同龄人也应该以千万为单位来计算,但只有极少数的人有幸能把自己的名字与这所学校联系起来。同学们,请以负重感来代替你们高考胜利的欢欣吧!

　　你们从各地来到北大,从现在开始,你们已结束了中学学习的阶段,开始了大学学习的阶段,在人的一生中,这是非常重要的时刻。虽然都是学习,中学只是普通教育,大学则是专业教育,这才是真正打基础的阶段,你们将来为社会服务的许多本事,是在这个阶段学到的。

　　去年也是这个时候,我在欢迎本系博士生和硕士生的迎新会上,也发表过一个讲话。那时我讲北大是做学问的地方,但是就重要性讲,还是做人第一、做学问第二。做人的问题很复杂,但也很简单,就是在人的质量和品德方面有高的标准和要求。只有人做好了,学问才能有好的发挥。

北大这所学校出过许多学者,也出过许多革命者。这些学者中的出色的人物,往往是人的品行高洁,而学问也是前瞻和开创的。如李大钊,他最早把马克思主义引到中国来,他呼唤并参与了中国青春的创造;又如鲁迅——北大校徽的设计者,他在这里的身份只是讲师,却是中国文化的伟人。不论是李大钊,还是鲁迅,他们都是伟大的爱国者。所以,在这里,我想强调的是,做人和做学问的统一,爱国和敬业精神的统一。

一个人成就有大小,水平有高低,决定这一切的因素很多,但最根本的,是学习。学习是不能偷巧的,一靠积累,二靠思考,综合起来,才有了创造。但是第一步是积累。积累说白了,就是抓紧时间读书,一边读书,一边思考,让自己的大脑活跃起来。用前人的经验来充实自己,先学习前人,而后发展前人,而后才有自己的发现和创造。

但无论怎么说,首先是学习,抓紧一切时间学习。我的经验是,不要抱怨,更不要拒绝老师提供的那一串长长的书单,那里边有的道理,你们现在并不理解,但是要接受它,按照那个参考书目或必读书目,一本一本地读,古今中外都读,分门别类地读。有的书要反复读,细读;有的书可以走马观花,快读;但是一定要读。这叫机不可失,时不再来。

我想告诉大家,我现在从事的工作,应付着方方面面工作的,不论是写文章、说话、论证、做判断,靠的就是北大本科几年的读书的积累。那时还有很多的政治运动,用到学习上的时间并不多,但也就是那些有限的时间里读到的那些中国文学、外国文学、历史、哲学、语言学等方面的积累,支撑着我现时的繁重的工作。虽然时感知识不足,所知者少,但使我有能力去应付那千万头绪的局面的,还是北大当学生那几年打下的基础。

事实上,人一旦走上了工作岗位,现在这样专注的、系统的、全力以赴的学习机会也就随之失去了。等到工作临头,你发现罗曼·罗兰[4]没有读过,高尔基没有读过,《离骚》没有读过,《故事新编》没有读过,但丁[5]和普希金[6]也没有读过,那时工作逼着你发言,你只好手忙脚乱地临时乱翻。那是应急,不是学习。匆忙中谁能把《约翰·克利斯朵夫》一口吞了下来?即使吞了下来,你又能发表出什么意见呢?离开了大学,可以说,你基本上失去了大学学习的条件,那时想起那一串长长的书单,你真是悔之莫及了。

所以,你们到北大来,我第一要劝你们的是做书呆子。只有先做"呆子",然后才能做聪明人。一开始就想做聪明人,什么基础都没有,而要装天才,做神童,那才是真正的呆子。聪明绝顶,目空一切,这是北大学生最容易犯的毛病。我们要杜绝这种小聪明,争取将来的大智慧。

此外,要学好语言。不仅本国语言要学好,外国语也要学好。那种认为中文系学生不必学好外语的观念,是一种短见,是很浅薄的。现在国门开放,不是闭关锁国的时代了,中国要了解世界,世界也要了解中国,要靠语言这座桥梁。

学好本国语,也并不简单。现代汉语要掌握好,写文章要语法正确,不要写错别字,文字要漂亮。更重要的,是要掌握好古代汉语,中文系学生不会直接阅读古文,是耻辱。不要读白话《史记》或《论语》今译之类的书,不是那些书不好,而是中文系学生应当掌握好古汉语,直接和庄子和李白用他们当年的语言对话。还有,也许已超出了教学大纲的范围了,但是我还要讲,那就是中文系学生应当学毛笔字,还要识别繁体字。以上所说,对别人可能是苛求,而对中文系学生而言,则是必要的和起码的。

因为文学是你们的专业,所以我还要谈谈文学,在我的心目中,文学是非常神圣的。

我们讲敬业,就是要对文学怀有敬畏之心。文学,有人说起源于劳动,有人说起源于游戏。在文学的功能中,是有游戏的成分,有让人愉快让人轻松的作用。但文学从根本上说不能等同于游戏,因此,我们不能游戏文学。

文学中的优秀部分,最有价值的部分,是人类崇高精神的诗化。文学是一种让人变得高雅、变得充实、变得聪明、变得有情趣的精神劳作。我们学习文学,是要把文学当做事业去创造、去发展、去发扬光大,而不是把它当作手中的玩物。我讲这些话不是无的放矢,而是有感于当前文学的某种缺陷和某种失落。

号称全国最高学府的北大,物质条件很差,有的方面如学生宿舍则是超乎寻常的差。物质的贫乏并不等于精神的贫乏。在精神方面,北大是富有的,是强者,北大的这种富有,足以抵挡那物质的贫乏而引以自豪。走在我们前面的,有我们一代又一代的老师,他们一介布衣,终生清贫,却是我们永远敬重的精神的强者。

[注释]

[1] 选自1997年11月5日《光明日报》。
[2] 戊戌变法:指1898年(农历戊戌年)以康有为为首的改良主义者通过光绪皇帝所进行的资产阶级政治改革。主要内容是学习西方,提倡科学文化,改革政治,发展农、工、商业等。这次运动遭到以慈禧太后为首的守旧派的强烈反对。这年九月,慈禧太后等发动政变,光绪被囚,维新派遭捕杀或逃往国外。历时103天的变法终于失败。也叫戊戌维新、百日维新。
[3] 京师大学堂:戊戌变法运动中成立的中国第一所由政府兴办的西式高等学校,是北京大学的前身。
[4] 罗曼·罗兰(1866—1944年):法国作家,小说代表作有《约翰·克利斯朵夫》等。
[5] 但丁(1265—1321年):意大利诗人,代表作《神曲》。
[6] 普希金(1799—1837年):俄国诗人,代表作有《叶甫盖尼·奥涅金》。

[思考练习]

一、本文在结构上有什么特点?
二、举例说明本文的语言特点。

5.

思考的威力[1]

牛守贤

[阅读提示]

课文是一篇思想评论。作者以生动的事例、有力的论证告诉人们,认真思考是发明创造的一个极其重要的决定性因素,青年人"一定要克服盲目性,努力养成思考的习惯,不断培养和发展自己的思考能力"。

这篇课文充分体现了议论文提出问题(引论)—分析问题(本论)—解决问题(结论)的

论证结构。引论部分从几个青年聊天时提出的问题写起,援引卢瑟福与助手的对话提出论点。本论部分首先以瓦特和毕昇的发明为事实论据,以马克思、毛泽东和其他名人的有关言论为理论依据论述思考的重要性,再从五个方面具体分析如何才能发挥思考的威力。结论部分以大脑用进废退的道理鼓励青年人要勤于思考,善于思考。在论证中,作者综合运用了议论、记叙和描写的表达方式。课文层次清楚,论据充分,给人以深刻的启迪和教益。

闲聊天,几个青年提出了这样的问题:

"人们常说,一切发明创造都来自劳动,来自实践。可是,为什么有不少人辛辛苦苦地从事某种工作十几年,甚至几十年,却一直没有什么发明创造呢?"

"为什么瓦特[2]看见了水蒸气冲开壶盖就发明了蒸汽机,鲁班[3]被带齿的野草叶子划破了手就发明了锯?"

在解答这个问题之前,我先摘引一个科学家与他的助手的一段对话。

最早完成原子核裂变实验的英国物理学家卢瑟福[4],有一天晚上走进他的实验室,时间已经很晚了,实验室里有一个学生仍然俯身在工作台上。

"这么晚了,你还在做什么?"卢瑟福问道。

"我在工作。"学生随即回答说。

"那你白天做什么了?"

"我也工作。"

"那么你早晨也工作吗?"

"是的,教授,早上我也工作。"学生带着谦恭的表情承认了,并等待着这位著名学者的赞许。

卢瑟福稍微沉吟了一下,随即简短地问道:"可是,这样一来你用什么时间来思考呢?"

这段简短的对话,道出了一个真理:对于每一个人来说,有没有发明创造,除了社会条件和劳动态度以外,还有一个极其重要的决定性的因素,这就是能不能开动脑筋,认真思考。

我们拉开历史的帷幕就会发现,古今中外凡是有重大发明创造的人,都是勤于思考、善于分析的典范。

就拿瓦特来说吧,他发明蒸汽机的过程就是他专心致志地多想深思、刻苦钻研的过程。瓦特小的时候,有一天晚上默默地望着壁炉里通红的火焰,感到惊异,想问个究竟。

"奶奶,是什么东西把炉子烧旺的?"他脱口问道。不久,另一种奇异的现象又引起小瓦特的深思:火炉上茶壶的盖子被水蒸气冲开了,壶盖吧嗒吧嗒地抖动着。小瓦特又问:"奶奶,茶壶里有什么东西?"

"水,孩子,除了水什么都没有。"

"我看水里头有东西嘛,所以才把盖子弄得吧嗒吧嗒的。"

祖母笑着说:"哦,那只是水蒸气。"

思想敏锐的小瓦特揭开盖子,看着翻滚的开水寻思着:"好怪!掀得动这么沉的铁盖子,那水蒸气肯定很厉害吧……能不能用来掀动更重的东西?能不能用来转动车轮呢?"

就这样,这个发明的幼芽伴随着"思考"的雨露,在他心灵里扎下了根。后来,瓦特在英国格拉斯哥大学工作时发现,已有的蒸汽机有很大的缺点,于是他年年月月地观察着、思索着、实验着,终于在1782年创造出了万能蒸汽机。

多想出智慧,深思能创新。毕昇是我国北宋时一个优秀的刻字工人,他的手艺很精巧,刻的木板印出来的书很受欢迎。但是,他在长期的艰辛劳动中深深感到雕版印刷有很多缺点,经常苦苦思索要设法改进它。有一次,他看见孩子用黏土做成骰子[5],放在炉火上烤干,就可以拿去玩了。他触景生情,反复思索,心想:假如把印书用的字,也刻得像骰子一样一个一个的,该多方便!他经过长久的细心钻研,终于发明了活字印刷术。这是我国古代科学四大发明之一。

从这里我们可以看出,"思考"是何等的重要。可以说,"思考"是人类向科学进军的先导,是探索大自然秘密的侦察兵,是孕育发明之花的阳光雨露,是攀登科学高峰的阶梯。

无产阶级革命导师和那些有重大发明创造的科学家、文学家、艺术家,都十分重视思考的作用,而且都是最善于思考的人。

保尔·拉法格[6]在《忆马克思》中说:马克思有"非凡的思考力","思考是他无上的乐事,他的整个身体都为头脑牺牲了","他的头脑就像停在军港里升火待发的一艘军舰,准备一接到通知就开向任何思想的海洋"。毛泽东同志多次教导我们要"多思"、"多想"。他说:"多想出智慧","必须提倡思索"。周恩来同志在上中学的时候曾经说过:"思之思之,神鬼通之。"强调要开动脑筋思索问题。著名数学家华罗庚同志说:"'人'之可贵在于能创造性地思维。"唐代著名的文学家韩愈在《进学解》一文中说"行成于思,毁于随[7]"。

马克思主义认为,人的认识就是头脑对客观世界的反映。人脑好比一个加工厂,它的原材料来自客观世界,思想认识就是客观材料在人脑这个加工厂中进行加工后的产品。人脑这个加工厂还具有特殊的性能,这就是:在劳动和实践中不仅能反映客观世界的表面现象,而且能深入地、正确地反映客观世界的内在本质和它的规律性。人脑加工思想产品,依靠思考的作用。所谓创造性的劳动,就是劳动加上思考,也就是在从事体力劳动或科学实验等劳动的同时,进行艰苦的复杂的脑力劳动。那些不肯开动脑筋的思想懒汉,是谈不上有创造性的劳动,更谈不上做出什么发明创造的。有志于献身"四化"的青年朋友,在劳动、工作、学习中,一定要克服盲目性,努力养成思考的习惯,不断培养和发展自己的思考能力。

那么,应当怎样思考、怎样发挥思考的威力呢?

首先,要有强烈的志趣。对某个问题的强烈志趣,来源于对革命事业的强烈的责任心。农民科学家吴吉昌,为了实现周总理的嘱托,解决棉花脱蕾落桃问题,不顾林彪、"四人帮"的残酷迫害,以高度的革命责任感和强烈的志趣,日日夜夜苦苦思索。他在瓜园里偶然发现,当地菜农给甜瓜苗打顶是在甜瓜苗刚长出两片真叶时就着手的。这样打顶后,在甜瓜苗两片真叶的腋心里就会很快长出两根蔓来,坐瓜早,瓜又多,又不脱落。吴吉昌由甜瓜苗打顶联想到棉花,心想:若用这个办法让棉苗长出两个杆,早现蕾,多挂铃,不就能增产了吗?一种按捺不住的强烈愿望,促使他不顾一切束缚地去进行试验。他选了两株刚长出两片真叶的棉苗,打了顶。过了几天,这两株棉苗果真长出两根杆来。可见,强烈的志趣是发展思考能力的动力。

其次，要有雄厚的文化基础知识。思考，不是凭空的臆想[8]，它要建立在丰富的劳动实践经验和广博的知识基础上。离开了这个基础，思考就成为无本之木、无源之水。这个基础越雄厚，越坚实，就越是能够广开思路，触类旁通，举一反三，就越容易达到发明创造的境地。苏联著名的科学家巴甫洛夫在《给青年们的一封信》中说："鸟的翅膀无论怎样完善，但若不借空气支持，是不能使鸟体上升的。知识就是科学家的空气。没有知识，你们永远也飞腾不起来。"

其三，要有明确的目标。思考，不是漫无边际的胡思乱想。只有经常集中在一个目标上认真地思考，才能具有对这个问题的特有的思想敏锐性，才能随时随地注意到与之相关的一切事物。被后人尊为"木工祖师"的鲁班，因为常常在思索如何才能省劲地截断木头这个问题，所以当他被带齿的野草叶子划破手指时，就能由联想而生智慧，产生发明锯的念头。

其四，要有入迷的精神。所谓入迷，就是高度集中的注意力在大脑皮层中引起的极大兴奋性，使自己全神贯注于某一事物，而把其他一切都置之度外。这就像普希金所说的"我忘记了世界"，柴可夫斯基所说的"忘掉了一切"。英国著名科学家牛顿在研究万有引力定律的过程中，全部身心都投入了忘我的入迷的劳动之中。有一次他请了一位朋友到家吃饭，菜在桌子上已经摆了好久，可是他忙于在室内计算月球的轨道，把吃饭的事早已抛到九霄云外。于是客人自己吃掉了桌上的鸡，把骨头留在盘子里就走了。当牛顿计算完毕出来看见盘中的骨头时，"恍然大悟"地说："我以为我还没有吃饭呢，原来已经吃过了。"他入迷到了这种废寝忘食的地步。

其五，要有科学的方法。这就是毛泽东同志在《实践论》中所说的去粗取精、去伪存真、由此及彼、由表及里的方法。他说："要完全地反映整个的事物，反映事物的本质，反映事物内部规律性，就必须经过思考作用，将丰富的感觉材料加以去粗取精、去伪存真、由此及彼、由表及里的改造制作工夫，造成概念和理论的系统，就必须从感性认识跃进到理性认识。"这样，就把思考建筑在辩证唯物论的基础上，使自己在思考认识的过程中，能抓住事物的本质，认识事物的规律性，避免事务主义和经验主义。

大脑是人的思想器官，这个器官和其他人体器官一样，愈用愈发达，不用则退化。我们要"开动机器"，勤于思考，善于思考，在四化建设中，充分发挥思考的威力。

[注释]

[1] 选自《生命的价值》（福建教育出版社 1990 年版），有改动。
[2] 瓦特（1736—1819 年）：英国发明家。他对原始的蒸汽机作了一系列重大改进，使之成为工业上可用的发动机。
[3] 鲁班：我国古代著名工匠。姓公输，名般，鲁国人，后世称鲁班。
[4] 卢瑟福（1871—1937 年）：英国物理学家。在研究原子结构和放射性现象方面有重要成就。1908 年获诺贝尔化学奖。
[5] 骰（tóu）子：也叫"色（shǎi）子"，一种赌具或游戏用具。
[6] 保尔·拉法格（1842—1911 年）：法国工人运动活动家，马克思的学生和女婿。
[7] 行成于思，毁于随：人的品行因为思考而养成，因为随波逐流而毁坏。随，跟着，沿着，意思是随波逐流。

[8] 臆想：凭主观猜想。

[思考练习]

一、理性思维是科研工作者重要的思维方式，是发明创造的一个极其重要的因素。课文用瓦特和毕昇的例子为了证明什么观点？引用保尔·拉法格、毛泽东、周恩来等人的话是为了证明什么观点？这些观点是不是课文的中心论点？

二、议论文是以议论为主要表达方式的文体，这篇课文却有不少具体的记叙和生动的描写。阅读下面的例子，然后从课文中找出其他记叙和描写的文字，认真研读，说说它们对论证文章观点所起的作用。

有一次，他看见孩子用黏土做成骰子，放在炉火上烤干，就可以拿去玩了。他触景生情，反复思索，心想：假如把印书用的字，也刻得像骰子一样一个一个的，该多方便！他经过长久的细心钻研，终于发明了活字印刷术。

三、课文在论述"思考"这一话题时使用了不少比喻句，如："'思考'是人类向科学进军的先导，是探索大自然秘密的侦察兵，是孕育发明之花的阳光雨露，是攀登科学高峰的阶梯。"试从课文中找出几个比喻句，体会其表达效果。

四、课文从志趣、基础、目标、精神、方法等方面论述了如何才能发挥思考的威力。在你的经历中是否曾经感受到思考产生的威力？对照课文提出的五个方面，说一说你的优势和不足。

写作训练（四）

议论文写作

写作范围

写一篇议论文，正面阐述、论证自己的观点。

写作指导

在不少同学眼里，议论文就等于论点加论据。然而我们经常会碰到这样的情况：有了一些很好的材料，也有了自己的观点，可把它们写成一篇像样的文章却不那么容易。有时即使勉强写出来了，别人也会觉得没有说服力。

为什么会有这种情况？这是因为论点和论据是静态的，对我们来说比较容易把握；而用论据论证自己观点的过程则是动态的，不太容易把握。这就需要我们掌握论证的方法，使材料和观点有机地结合在一起，写出有说服力和感染力的文章。

议论文有三个要素：论点、论据和论证。论点是作者对所论述问题提出的观点、见解和主张。论据是用来证明论点的根据和理由。论证则是运用论据证明论点的过程。

写议论文，首先要确立文章的论点。论点可以出现在文章的任何地方，可以是文章的题目，也可以体现为文章中的一句话。一般说来，一篇文章只提出一个论点。比较复杂的议论文，可以有几个论点，但只有一个是主要论点或中心论点，其他的是分论点。

有了正确、鲜明、新颖的论点,还必须有论据来支撑。确凿的事实和科学的理论,都可以用来充当论据,证明论点。

接下来就是论证了。论证时揭示论点与论据、观点与材料、论点与论点之间的逻辑关系,并由此导出结论的重要环节,是议论文写作中非常重要的一步。

论证可以分为立论和驳论。从正面阐述自己的观点和主张的叫作立论;通过驳斥他人的观点,证明其错误,从而证明自己观点正确的叫作驳论。

立论的方法,主要有以下几种:

1. 归纳法。归纳论证是从个别到一般的论证方法。即从许多个别的事例归纳出它们的共同的特性,从而得出一般性的结论。

2. 演绎法。演绎论证是从一般到个别的论证方法。它是由一般原理出发推导出关于个别情况的结论。我们在数学、物理等课程中,通过公式、定理等证明具体问题,运用的就是演绎法。

3. 比较法。比较论证是从个别到个别的论证方法。比较法有两种:一种是类比法;一种是对比法。类比法是将性质、特点相同或相近的事物加以比较从而得出结论的方法。对比法是将性质、特点相反或对立的事物放在一起加以比较来证明论点的方法。

4. 比喻法。比喻论证是通过讲故事、打比方来进行论证的方法。比喻者和被比喻者之间必须是类相近而理相通的。类相近,才能进行比喻;理相通,才能进行推理。

驳论主要有三种方法,即反驳论点、反驳论据和反驳论证。

例文

谈 成 功

什么叫成功?顺手拿过来一本《现代汉语词典》,上面写道:"成功,获得预期的结果。"言简意赅,明白之至。

但是谈到"预期",则错综复杂,纷纭混乱。人人每时每刻每日每月都有大大小小不同的预期,有的成功,有的失败,总之既无法界定,也无法分类,我们不去谈它。我在这里只谈成功,特别是成功之道。这又是一个极大的题目,我却只是小做。积七八十年之经验,我得到了下面这个公式:

天资+勤奋+机遇=成功

"天资",我本来想用"天才",但天才是个稀见现象,其中不少是"偏才",所以我弃而不用,改用"天资",大家一看就明白。这个公式实在是过分简单化了,但其中的含义是清楚的。搞得太烦琐,反而不容易说清楚。

谈到天资,首先必须承认,人与人之间天资是不相同的,这是一个事实,谁也否定不掉。"十年浩劫"中,自命天才的人居然大肆批判天才,葫芦里卖的是什么药,至今不解。到了今天,学术界和文艺界自命天才的人颇不稀见,我除了羡慕这些人"自我感觉过分良好"外,不敢赞一词。对于自己的天资,我看,还是客观一点好,实事求是一点好。

至于勤奋,一向为古人所赞扬。韩愈的"焚膏油以继晷,恒兀兀以穷年",更为读书人所向往。如果不勤奋,则天资再高也毫无用处。事理至明,无待饶舌。

谈到机遇,往往为人所忽视。它其实是存在的,而且有时候影响极大。就以我自己为例,如果清华不派我到德国去留学,则我的一生完全不会像现在这个样子。

把成功的三个条件拿来分析一下,天资是由"天"来决定的,我们无能为力。机遇是不期而来的,我们也无能为力。只有勤奋一项完全是我们自己决定的,我们必须在这一项上狠下功夫。在这里,古人的教导也多得很。还是先举韩愈。他说:"业精于勤,荒于嬉;行成于思,毁于随。"这两句话是大家都熟悉的。

王国维在《人间词话》中说:"古之成大事业、大学问者,必须过三种之境界:'昨夜西风凋碧树。独上高楼,望尽天涯路。'此第一境也。'衣带渐宽终不悔,为伊消得人憔悴。'此第二境也。'众里寻他千百度。蓦然回首,那人却在,灯火阑珊处。'此第三境也。"王国维第一境写的是预期;第二境写的是勤奋;第三境写的是成功。其中没有写天资和机遇。我不敢说是他的疏漏,因为写的角度不同。但是,我认为,补上天资与机遇,似更为全面。我希望,大家都能拿出"衣带渐宽终不悔"的精神来做学问或干事业,这是成功的必由之路。

[简评]

这是一篇以立论为主的议论文。文章谈的是一个非常严肃的人生命题——成功,但又特别限定为"成功之道"。作者以自己丰厚的人生阅历总结出一个成功的公式"天资＋勤奋＋机遇＝成功",并进一步说明"天资"和"机遇"是我们"无能为力"的,"只有勤奋一项完全是我们自己决定的,我们必须在这一项上狠下功夫",以此来勉励年轻人"都能拿出'衣带渐宽终不悔'的精神来做学问或干事业"。论证的材料,有事实,是自己的,显得特别亲切;有理论,是韩愈和王国维的,都是大家,令人信服。论证的过程,由浅入深,逐步揭示主题。论证的方法主要是演绎法,先提出自己的"成功"公式,再一步步去分析论证,环环相扣,入情入理,很有说服力。

参考题目

1. 滴水穿石的启示
2. 千里之行,始于足下
3. 书山有路勤为径
4. 学会宽容
5. 勿以善小而不为,勿以恶小而为之

知识拓展(三)

议论文的阅读与写作

议论文是以议论为主要表达方式的一种文体。它通过列举事实材料和运用逻辑推理,表明对问题的观点和态度,阐发对事物的理解与认识。各行各业的人们为了接受和表达思想,都需要经常阅读与写作这种文体。

一篇议论文,通常包含论点、论据、论证三要素。论点是议论文中阐明的思想观点;论据是议论文中用来确定论点的根据;论证是议论文中论点与论据之间逻辑联系的揭示。

这三者关系紧密，构成了一篇议论文的主体。

一、论点

阅读一篇议论文，首要任务就是寻找、提取和理解作者所表达的论点。一篇议论文提出的论点可以是一个或几个。如果论点不止一个，那就需要明确中心论点，把握中心论点与其他论点的相互关系。

论点可以根据行文的需要，安排在议论文中的任何地方。有的安排在文章的开头；有的安排在文章的中间；有的则放在结尾。这几种情况说明，论点、论据与论证过程在文章中可以灵活调度，可以先立论再证明，也可以由论据、论证最后推导出结论。论点有时直接出现在文章的题名中，有时体现为文章中的一句原话。但有的论点则需要读者从文章中的几层意思或几句话中提取、概括。

写作议论文时，论点的确立与提出要注意以下几点。首先是论点的正确性，这和观察、研究问题的立场、方法相关，也与事实、理论依据的积累相联系，要努力提高这两方面的修养。其次是论点的鲜明性，必须要明确提出什么问题、要解决什么问题、各论点之间是什么关系、如何展开论述等，论点鲜明是逻辑思维清晰的表征。再次是论点的新颖性，也就是说要有自己的独到见解，要有思想上的新意，不要只重复别人已经讲过的话、已经证明了的观点，这样文章才有价值。

二、论据

阅读议论文，在明确和理解了作者所提出的论点后，接着应该找出作者为证实论点所采用的那些论据，辨识论据的类别。论据可以分成两类：一类是事实的材料；另一类是理论的材料。事实，既可以是统计数字，也可以是亲身经历、感受。理论材料则是事实材料的概括形态，往往已经过实践的检验和证明。它包括前人的经典著作和至理名言，民间的谚语和俗语，科学上的公理和定律等等。

在选择和使用论据上，要以其是否具有说服力为标准。首先要注意论据的确凿性。事实材料必须是已经发生的和真实存在的，不能道听途说、查无实据；理论材料的引用必须严肃谨密，不能删改原文或曲解其义。其次要注意事实材料的典型性，引用的具体事例应该具有广泛的代表性，代表这一类事物的普遍特点和一般性质，而不能是其中的特例、反例。再次要注意论据与论点的统一性，两者应联系紧密、内在一致，而不是互相背离或错位，材料直接指证观点应是易于理解和显而易见的。此外，事实材料与理论材料的结合使用，可以使论据显得更加充分有力。

三、论证

阅读议论文，在明白了文章的论点与论据后，还应该了解作者是怎样论证的。论证一般可分为立论与驳论两大类型：立论是以充足的论据正面证明作者自己论点正确的议论方式；驳论是以有力的论据反驳别人错误论点的议论形式。立论与驳论都是证明，区别在于立论是证明某一观点是正确的，驳论是证明某一个观点是错误的。

任何证明都需要运用一定的论证方法，基本的论证方法有以下几种：

① 归纳法。归纳论证是一种由个别到一般的论证方法。它通过许多"个别"的事例或分论点，然后归纳出它们所共有的特性，从而得出一个一般性的结论。一般来说，归纳法中的"归纳"是不完全的，即"个别"之和总要小于"整体"，即不可能或不必要举尽所有的

个别性事例。但也有完全归纳的例子,这是一种先分解后综合的方法,它是由论证对象的特殊性(有限的易分解的书面文字而不是相反性质的事物)所决定的,这种方法运用得较少。归纳论证可以先列举事例再归纳结论,也可以先提出结论再举例证明,后者又被称为"例证法"。

② 演绎法。演绎论证是一种由一般到个别的论证方法。它由一般原理出发推导出关于个别情况的结论,其前提和结论之间的联系是必然的,是一种确实性推理,但结论的正确性则依赖于前提。演绎法有三段论、假言推理、选言推理等多种形式,但最重要的是三段论。三段论是由一个共同概念联系着的两个前提推出结论的演绎推理,由大前提、小前提和结论三部分组成。如大前提"凡金属都能导电",小前提"铁是金属",结论便是"所以铁能导电"。实际运用时,大前提或小前提有时可以省略一项。

③ 比较法。比较论证是一种由个别到个别的论证方法。通常将它分为两类,一类是类比法;另一类是对比法。类比法是将性质、特点在某些方面相同或相近的不同事物加以比较,从而引出结论的方法。对比法是通过性质、特点在某些方面相反或对立的不同事物之间的比较来证明论点的方法。

以上几种常用的论证方法,在一篇议论文中可能只侧重使用其中的一种方法,也可能几种方法结合起来运用。选择什么论证方法,要根据论证的实际需要来决定。

驳论有三种方式,即反驳论点、反驳论据、反驳论证。由于议论文是由论点、论据、论证三部分有机构成的,因此驳倒了论据或论证,也就否定了论点,与直接反驳论点具有同样的效果。一篇驳论文可以几种反驳方式结合起来使用,以加强反驳的力量和说服力。

反驳论点,即直接反驳对方论点本身的片面、虚假或谬误,这是驳论中最常用的方法。

反驳论据,即揭示对方论据的错误,以达到推倒对方论点的目的;因为错误的论据必然引出错误的论点。

反驳论证,即揭露对方在论证过程中的逻辑错误,如大前提、小前提与结论的矛盾,对方各论点之间的矛盾,论点与论据之间的矛盾等。例如著名的"自相矛盾"的寓言故事:"楚人有鬻盾与矛者,誉之曰:'吾盾之坚,物莫能陷也。'又誉其矛曰:'吾矛之利,于物无不陷也。'或曰:'以子之矛,陷子之盾,何如?'其人弗能应也。"卖盾与矛者的两个论点是不能并存的,必定一对一错,责难者指出其论点间的逻辑矛盾和错误,从而轻易驳倒了对方。

学习和运用各种论证方法、反驳方法,其实是一个逻辑思维问题。我们只有加强这方面的训练,掌握正确的逻辑方法,才能写好议论文。

第五单元

词达乾坤

到了宋代,词这种文学样式发展并繁荣起来,并且达到了最高峰。宋词成为与唐诗、元曲、明清小说并列的重要的文学形式,它成为了我们每一个炎黄子孙永远的骄傲和自豪。词又有豪放和婉约之分,像北宋的苏轼和南宋的辛弃疾,他们以豪迈的语言,或抒发时光的流逝、人生的感慨,或感叹大业的未竟、壮志的难酬,我们称之为豪放派;像北宋的柳永和南宋的女词人李清照,他们或低吟儿女的情长,或浅唱国破家亡的哀愁,我们称之为婉约派。

本单元所选的都是脍炙人口、令人经久传诵不衰的名篇。苏轼、柳永、李清照、辛弃疾、陆游都是文学史上的巨人,他们熠熠生辉的名字,照亮了中国文学的灿烂星空。

让我们读着这美丽的华章,去和他们倾心交谈吧,从中你收获的一定是我们中华民族最美的精华,你会体会到作为一名中华儿女,我们为什么是那么骄傲和自豪。

1.

水调歌头[1]

苏 轼

[阅读提示]

"月到中秋分外明",词人饮酒赏月,写下了这首极负盛誉的中秋咏月词,表达了他对人间生活的热爱,对弟弟苏辙的怀念,对经受离别之苦的人们的安慰和祝愿。

词以问月开端:明月什么时候就有了?天上宫阙现今是何年?这是惊叹造物之奇,赞赏高挂空中的皎洁圆月,而且流露出向往之情。于是想到乘风飞往月宫去。当时苏轼因为反对王安石变法才离开京城到地方任职,内心有失意之感,因此产生了这种虚妄的出世思想。但苏轼并非真要归隐,积极入世的思想始终占上风,所以接下来用"高处不胜寒"作转折,认为天上不如地上快乐,表示仍愿留在人间。这就在内心矛盾中显出积极的人生态度。

上片以"何似在人间"作结,下片便转入人间描写,但仍然处处不离天上的月光。先是写在月影移动中自己与亲人别离后的彻夜无眠。接着是以月亮的变化,表达对离人的同情与抚慰。月有阴晴圆缺,人有悲欢离合,凡事凡物不可能完美无缺,应该乐观地对待生活。诗人的安慰具有哲理意味。最后是用月光的远照,表示对离人的美好祝愿。只要健康长寿,人们总会团圆相会;即使人分两地,共享圆满的月光,让月光传递思念之情,也是一种幸福。

全词以月贯串,上片从问月赞月,向往月宫,写到月下起舞;下片从月影移动,月亮圆缺变化,写到月光远照。构思缜密,情意深长。

丙辰[2]中秋,欢饮达旦[3],大醉,作此篇兼怀子由[4]。

明月几时有?把酒问青天[5]。不知天上宫阙[6],今夕是何年?我欲乘风归去[7],又恐琼楼玉宇[8],高处不胜[9]寒。起舞弄清影,何似在人间[10]!

转朱阁,低绮户,照无眠[11]。不应有恨,何事长向别时圆[12]?人有悲欢离合,月有阴晴圆缺,此事[13]古难全。但愿人长久,千里共婵娟[14]。

[注释]

[1] 这首词是宋神宗熙宁九年(1076)中秋,苏轼在密州(今山东诸城)任知州时作。水调歌头,词牌名。苏轼(1037—1101年),字子瞻,自称东坡居士,眉山(今属四川)人,北宋杰出的文学家。他一生遭遇曲折坎坷。因不同意王安石变法的措施,主动到地方任职,以作诗诽谤朝廷罪被捕入狱,贬为黄州(今湖北黄冈)团练副使。后保守派复起,又因反对司马光等尽废新法而再度外调。新党上台,仍遭贬逐,更远赴海南岛儋县。苏轼兼精散文、诗、书法、绘画。他的诗歌多反映现实,同情人民,新鲜活泼,富有理趣。他的散文,将写景、抒情、说理融为一体,生动自然,有创造性,为"唐宋八大家"之一。他的词,突破了晚唐、五代以来专写男女相思的樊篱,扩展题材,用以怀古、感旧、说理、记游、抒写身世之感,清新劲健,达到"无意不可入,无事不可言"的境地,风格豪放,与辛弃疾并称"苏辛"。
[2] 丙辰:即熙宁九年(1076)。
[3] 达旦:到天亮。
[4] 子由:苏轼的弟弟苏辙,字子由,"唐宋八大家"之一,当时在济南任职。
[5] 明月几时有?把酒问青天:李白《把酒问月》:"青天有月来几时?我今停杯一问之。"这两句由此化出。把酒:端起酒杯。
[6] 宫阙:宫殿。
[7] 乘风归去:驾风回到天上。
[8] 琼楼玉宇:指月中宫殿。《酉阳杂俎·前集》卷二:"翟天师名乾祐,峡中人。……曾于江岸,与弟子数十翫月。或曰:'此中竟何有?'翟笑曰:'可随吾指观'。弟子中两人见月规半天,琼楼金阙满焉。数息间,不复见。"
[9] 不胜(shèng):禁受不住。
[10] 起舞弄清影,何似在人间:月下跳舞,清影随人,天上怎能像人间生活这般幸福。一说"何似在人间",仿佛不像在人间了。
[11] 转朱阁,低绮(qǐ)户,照无眠:写月光移动照射。朱阁,朱红色的楼阁。绮户,雕花的门窗。无眠,这里心事重重、未能入睡的人。
[12] 不应有恨,何事长向别时圆:月亮跟人们该无怨无恨吧,为什么总是在人们离别时圆呢?
[13] 此事:指人的悲欢离合与月的阴晴圆缺。
[14] 婵(chán)娟:形态美好,这里指月亮。

[思考练习]

一、这首词是怎样以月为贯串线索的?

二、"起舞弄清影,何似在人间"表达了作者怎样的人生态度?

三、"但愿人长久,千里共婵娟"表达了作者怎样的思想感情?

四、背诵这首词。

2.

永遇乐　京口北固亭怀古[1]

辛弃疾

[阅读提示]

《永遇乐　京口北固亭怀古》作于宋宁宗开禧元年(1205),作者时年65岁,任镇江知府。词的上片借孙权和刘裕的英雄业绩,表达自己抗金救国的迫切心情;下片借刘义隆意气用兵的失败,来讽喻韩侂胄草率北伐的冒险。全词集怀古、讽今、言志、抒怀于一体,体现出老当益壮的战斗意志。本词风格悲壮,用典巧妙,阅读时要注意思考用典对于表达主题的作用。

千古江山,英雄无觅,孙仲谋处[2]。舞榭歌台[3],风流总被,雨打风吹去。斜阳草树,寻常巷陌[4],人道寄奴[5]曾住。想当年[6]:金戈铁马,气吞万里如虎[7]。

元嘉草草,封狼居胥,赢得仓皇北顾[8]。四十三年[9],望中犹记,烽火扬州路[10]。可堪回首,佛狸祠下,一片神鸦社鼓[11]。凭谁问:廉颇老矣,尚能饭否?[12]

[注释]

[1] 选自《稼轩词编年笺注》(中华书局1962年版)。辛弃疾(1140—1207年),字幼安,号稼轩,历城(今山东济南)人。南宋词人。他二十多岁便投身抗金。南渡后曾任建康通判、浙东安抚使、镇江知府等官职。他一生主张收复中原,但壮志未酬,一腔忠烈之气化为慷慨豪放的诗词。有《稼轩长短句》。其词抒写力图恢复国家统一的爱国热情,倾诉壮志难酬的悲愤,对南宋上层统治集团的屈辱投降进行揭露和批判。艺术风格多样,多以豪放为主,慷慨悲壮,笔力雄厚,与苏轼并称为"苏辛"。京口,江苏镇江市因临京岘山、长江口而得名。北固亭,在京口(今江苏镇江)东北的北固山上,北临长江,又称北顾亭。

[2] 英雄无觅,孙仲谋处:无处寻找英雄孙仲谋那样的人物了。仲谋,孙权的字。他曾在京口建立吴都,并曾击退曹操军队的南侵。

[3] 舞榭(xiè)歌台:歌舞的台榭。榭,台上的房屋。

[4] 寻常巷陌:普通的街道。巷、陌,都指街道。

[5] 寄奴:南朝宋武帝刘裕的小名。刘裕的祖先由北方移居京口,刘裕在京口起兵,最后建立政权。

[6] 想当年:指遥想刘裕为了恢复中原大举北伐的时候。

[7] 气吞万里如虎:这是说刘裕当年出兵灭南燕、后秦,收复洛阳、长安以及淮北大片土地,有吞灭强敌的气势。

[8] 元嘉草草,封狼居胥,赢得仓皇北顾:元嘉二十七年(450),宋文帝刘义隆(刘裕的儿子)草率出师北伐,想要建立像古人封狼居胥山那样的功绩,结果落得北望敌军而仓皇失措。封狼居胥,《史

记·卫将军骠骑列传》载,汉朝霍去病追击匈奴至狼居胥山(今内蒙古自治区西北部),封山(筑土为坛以祭山神,纪念胜利)而还。王玄谟向宋文帝陈说北伐的策略。文帝说:"闻王玄谟陈说,使人有封狼居胥意。"作者借此事咏叹近事即宋孝宗隆兴元年(1163)张浚北伐,在符离(今安徽宿州符离集)兵败的事。

[9] 四十三年:作者于宋高宗绍兴三十二年(1162)从北方抗金南归,至写这首词时,已过四十三年。

[10] 烽火扬州路:指当年整个扬州路都有金兵劫掠。辛弃疾南归前一年,金主完颜亮率兵大举南犯,在采石矶遭到宋军痛击,又转攻扬州。此时辛弃疾正在山东抗金。这几句是作者回顾自己的抗金生活。路,宋代行政区划名。扬州路指淮南东路,辖境在今江苏北部、安徽东部,治所在扬州。

[11] 佛狸祠下,一片神鸦社鼓:佛狸祠下,一片神鸦的叫声和社日的鼓声!佛狸,北魏太武帝拓跋焘的小名。他击败王玄谟军队后,追击至瓜步山(今江苏南京境内),在山上建立行宫,即后来的佛狸祠。神鸦,这里指在庙里吃祭品的乌鸦。社鼓,社日(古时祭祀土神的日子)祭神所鸣奏的鼓乐。

[12] "凭谁问:廉颇老矣,尚能饭否?":有谁来问:廉颇老了,饭量还好吗?作者以廉颇自况,抒发自己老当益壮,仍不忘为国效力的壮志。《史记·廉颇蔺相如列传》载,廉颇免职后,去魏国。赵王想再次起用他,派人观察他的身体情况,"廉颇之仇郭开多与使者金,令毁之。赵使者既见廉颇,廉颇为之一饭斗米、肉十斤,被(同'披')甲上马,以示尚可用。赵使还报王曰:'廉将军虽老,尚善饭,然与臣坐,顷之三遗失(同'屎')矣。'赵王以为老,遂不召"。

[思考练习]

一、妙用典故、借古喻今是《永遇乐 京口北固亭怀古》的突出特点。熟读本词,思考并回答下列问题。

1. "凭谁问:廉颇老矣,尚能饭否?"结句点题,联系全词内容,谈谈你对这首词主题的理解。

2. 找出词中的历史典故,说说作者借这些典故表达了怎样的感情。

二、这首词是作者即景生情、因事起意而创作的千古名篇,找出词中你喜欢的精彩语句,体会其妙处。

三、声情并茂地朗读背诵这首词,不仅可以更好地理解诗词的思想内涵,还可充分享受它的节奏感和韵律美,接受艺术美的熏陶。选择与词作风格一致的乐曲,举办一次诗歌配乐朗诵活动。

3.

望 海 潮[1]

柳 永

[阅读提示]

这首词用铺叙手法,写杭州风貌,上片写城市繁荣景象,下片写西湖秀丽景色。

词的开端点明杭州历史悠久,"自古繁华";位置优越,"东南形胜"。接着从"形胜"和

"繁华"两方面一一描绘。房屋鳞次栉比，街巷河桥相连，帘幕摇曳，人口稠密；市场繁荣，百姓富庶，生活豪华。这便是杭州的"繁华"。钱塘江绕杭州城流过，江面宽阔，天然屏障，江涛滚滚，蔚为壮观。这便是杭州的"形胜"。当然，杭州最有名的"形胜"之处是西湖。因此，词的下片专写西湖。

下片以"重湖叠巘清嘉"领起，铺叙西湖美景。水光山色，清秀美丽，夏有荷花，秋有桂子，白天乐声阵阵，夜晚菱歌不断，"黄发垂髫，并怡然自乐"。不仅有山水之美，而且有游赏之乐。词的结尾是歌颂"千骑拥高牙"的地方长官，赞他"乘醉听萧鼓，吟赏烟霞"的风雅，祝他归去凤池，当朝执政，升官晋爵。

这首词以"形胜"、"繁华"、"清嘉"领起，铺叙景物，层次分明。取眼前之景，纯用白描，一一展现，自然入妙。

东南形胜[2]，三吴[3]都会，钱塘[4]自古繁华。烟柳画桥[5]，风帘翠幕[6]，参差十万人家[7]。云树[8]绕堤[9]沙。怒涛卷霜雪，天堑[10]无涯。市列珠玑[11]，户盈罗绮，竞豪奢。

重湖[12]叠巘[13]清嘉[14]，有三秋桂子[15]，十里荷花。羌管弄晴[16]，菱歌泛夜[17]，嬉嬉钓叟莲娃[18]。千骑拥高牙[19]，乘醉听萧鼓，吟赏烟霞。异日[20]图[21]将[22]好景，归去凤池夸[23]。

[注释]

[1] 这首词大约作于宋真宗景德元年（1004），柳永从崇安到达杭州时。望海潮，词牌名。柳永（987？—1053？），初名三变，字耆卿，排行第七，人称"柳七"，崇安（今属福建）人，北宋著名词人。他屡试不第，五十岁才中进士。曾官屯田员外郎，故又称"柳屯田"。因仕途失意，从追求功名转为流连坊曲，为乐工歌女填词，在"偎红倚翠"、"浅斟低唱"中寻找寄托。柳永的词反映当时都市生活，描写羁旅行役、离情别绪，表现怀才不遇的苦闷，题材较为宽广。他精通音律，创作了大量适合歌唱的慢词，善于运用俚俗语言和铺叙手法，将写景、抒情融为一体，对词的发展起了积极的作用。
[2] 形胜：形势重要，湖山优美的地方。
[3] 三吴：吴兴郡、吴郡和会稽郡，称"三吴"。钱塘旧属吴郡。
[4] 钱塘：指杭州。
[5] 烟柳画桥：浓密的柳树，彩绘的桥梁。
[6] 风帘翠幕：挡风的帘子，翠绿的帷幕。
[7] 参差十万人家：将近十万人家。参差（cēncī），大约、将近。一说形容房屋高低不齐。
[8] 云树：指树多而高。
[9] 堤：指钱塘江大堤。
[10] 天堑（qiàn）：天然的壕沟，这里指钱塘江。
[11] 珠玑：这里泛指珍宝等珍贵商品。
[12] 重湖：西湖分外湖、里湖，故称重湖。
[13] 叠巘（yǎn）：重重叠叠的山峰。
[14] 清嘉：清秀美丽。
[15] 三秋桂子：秋天盛开的桂花。三秋，秋季三个月。
[16] 羌管弄晴：晴日奏乐。羌管，羌笛，这里泛指乐器。
[17] 菱歌泛夜：夜晚传出阵阵采菱姑娘的歌声。
[18] 莲娃：采莲姑娘。

[19] 千骑(jì)拥高牙：许多卫护和随从簇拥着官员。高牙,将军的牙旗,这里借指地方长官。
[20] 异日：他日。
[21] 图：描绘。
[22] 将：助词。
[23] 归去凤池夸：意思是这里的地方官奉调回京时可以向人夸赞杭州美景。凤池,凤凰池,本是皇帝禁苑中的池沼,后来作为最高行政机关中书省的代称。这里指朝廷。

[思考练习]

一、"东南形胜,三吴都会,钱塘自古繁华",作为开端,有什么作用？

二、"异日图将好景,归来凤池夸"的含意是什么？

三、背诵这首词。

4.

虞美人[1]·春花秋月何时了

李　煜

[阅读提示]

《虞美人》是一首抒写故国之思、亡国之痛的词。作者用通俗明白的词语概括出丰富的内容,真切而充分地表达出内心的情感。词中几乎句句写景,又句句抒情。特别是结尾句,词人把抽象的愁绪,比作具体可感的江水,形象贴切,极富表现力和艺术感染力,成为千古名句。

春花秋月何时了[2],往事知[3]多少！小楼[4]昨夜又东风[5],故国[6]不堪回首月明中。雕栏玉砌[7]应犹在,只是朱颜改[8]。问君[9]能有几多愁？恰似一江春水向东流。

[注释]

[1] 选自《中国历代文学作品选》(上海古籍出版社 1980 年版)。虞美人,原为唐教坊曲名,后用为词牌。李煜(937—978 年),五代时南唐的最后一个君主,世称李后主,著名词人。
[2] 春花秋月何时了：春花开,秋月圆,年复一年,什么时候才能完结。春花秋月本来是美好的事物,可是,作者内心痛苦,希望早一点结束。了,终了,完结。
[3] 知：了解,明白。
[4] 小楼：指词人被俘到汴京后的住所。
[5] 东风：春风。
[6] 故国：这里指故国的往事。
[7] 雕栏玉砌：雕花的栏杆,玉石砌成的台阶。这里借指南唐的宫殿。
[8] 只是朱颜改：只是宫女们都老了。朱颜,红颜,少女的代称。这里指南唐旧日的宫女。
[9] 君：指作者自己。

[思考与练习]

一、诵读本词,理解作者在词中抒发的思想感情。

二、声情并茂地背诵演唱这首词,不仅可以更好地理解诗词的思想内涵,还可充分享受它的节奏感和韵律美,接受艺术美的熏陶。选择与词作风格一致的乐曲,举办一次诗词配乐演唱会。

5.

武 陵 春[1]

李清照

[阅读提示]

李清照在靖康之难中,经历国破家亡的惨痛遭遇。宋高宗绍兴四年(1134)十月,金人又兴兵南犯,她避乱至金华,环顾四周,回忆往事,写下了这首词,表达了她当时孤苦凄凉、愁绪满怀的心情。

上片主要通过描绘人物的举止情态来抒情。"日晚倦梳头",表现她内心的抑郁苦闷,无情无绪,百无聊赖。"欲语泪先流",话还没有说出口,眼泪已经簌簌落下,说明她满腹忧伤无法控制。为什么如此愁苦?一是由于"风住尘香花已尽",为春天已去、百花凋零而忧伤,也包含着过去的一切美好事物和幸福都已经失去的寓意。二是由于"物是人非事事休"。物是,指一年一度的春光依旧,丈夫赵明诚的遗著《金石录》还在,夫妇两人悉心收集的金石文物尚存一二,旧时的生活用品也未散尽等。人非,指丈夫已经故去,自己流离失所,国事家事,都已和过去完全不能相比。睹物思人,感到万事皆休。

下片侧重描述人物的内心活动。毕竟是春光明媚、游人如织的季节,金华双溪又是著名的风景区,春花已尽,春光"尚好"。因此,"也拟泛轻舟"。然而,无限哀愁毕竟无法排遣,再也引不起游玩的兴趣。"只恐双溪舴艋舟,载不动许多愁",实际并无游玩的心情,并非真的顾虑船小。说"愁"重得船也载不动,构思新颖,生动美妙。后来,董解元《西厢记诸宫调》中有"休问离愁轻重,向个马儿上驮也驮不动"之句,王实甫《西厢记》中也说:"遍人间烦恼填胸臆,量这些大小车儿如何载得起",都是由此发展变化而来。

风住尘香[2]花已尽,日晚倦梳头。物是人非[3]事事休[4],欲语泪先流。

闻说双溪[5]春尚好,也拟泛轻舟。只恐双溪舴艋舟[6],载不动、许多愁。

[注释]

[1] 这首词是作者于宋高宗绍兴五年(1135)避乱金华时所作。武陵春,词牌名。李清照(1084—约1151年),号易安居士,济南(今属山东)人,宋代杰出女词人。她生活在一个学术文艺气息非常浓厚的家庭中,父亲李格非是著名学者,丈夫赵明诚对金石学深有研究。金兵南下,北宋灭亡,赵明诚病死,她就孤苦地漂泊于绍兴、杭州、金华一带,晚境凄凉。李清照的词作,以1126年靖康之变

为界,前期多闺情相思之作,后期大多抒写个人身世的哀痛和河山破碎的感慨。她善于塑造鲜明的形象,语言清丽动人,富有创造性。有《漱玉词》。

[2] 尘香:落花化为尘土而芳香犹存。

[3] 物是人非:风物依旧,人事已大大不同于前。

[4] 事事休:一切事情都完了。

[5] 双溪:在今浙江金华。本来是两条河,一为东港,一为南港,至金华合流的一段称婺港,又名双溪。

[6] 舴艋(zéměng)舟:像蚱蜢似的小船。

[思考练习]

一、词中哪些地方是通过描绘人物举止情态来抒情?哪些地方是描述心理?各表现了词人怎样的心情?

二、"只恐双溪舴艋舟,载不动、许多愁",为何能千古传诵?谈谈自己的体会。

三、背诵这首词。

6.

天净沙[1]·秋思

马致远

[阅读提示]

这首小令仅5句28字,语言极为凝练却容量巨大,寥寥数笔就勾画出一幅悲绪四溢的"游子思归图",淋漓尽致地传达出漂泊羁旅的游子心。

这幅图画由两部分构成:一、由精心选取的几组能代表萧秋的景物组成一幅暮色苍茫的秋野图景;二、抒写内心深处无尽伤痛而独行寒秋的天涯游子剪影。

第一幅画共18个字9个名词,其间无一虚词,却自然流畅而涵蕴丰富,作者以其娴熟的艺术技巧,让9种不同的景物沐于夕阳的清辉之下,像电影镜头一样以"蒙太奇"的笔法在我们面前依次呈现,一下子就把读者带入深秋时节:几根枯藤缠绕着几棵凋零了黄叶的秃树,在秋风萧萧中瑟瑟地颤抖,天空中点点寒鸦,声声哀鸣……写出了一片萧飒悲凉的秋景,造成一种凄清衰颓的氛围,烘托出作者内心的悲戚。我们可以想象,昏鸦尚能有老树可归,而游子却漂泊无着,有家难归,其间该是何等的悲苦与无奈啊!接下来,眼前呈现一座小桥,潺潺的流水,还有依稀袅起炊烟的农家小院。这种有人家安居其间的田园小景是那样幽静而甜蜜,安逸而闲致。这一切,不能不令浪迹天涯的游子想起自己家乡的小桥、流水和亲人。在这里,以乐景写哀情,令人倍感凄凉,烘托出沦落他乡的游子那内心彷徨无助的客子之悲。

第二幅画里,我们可以看到,在萧瑟的秋风中,在寂寞的古道上,饱尝乡愁的游子却骑着一匹延滞归期的瘦马,在沉沉的暮色中向着远方踽踽而行。此时,夕阳正西沉,洒下凄冷的斜晖,本是鸟禽回巢、羊牛回圈、人儿归家的团圆时刻,而游子却仍是"断肠人在天涯",此时此刻、此情此景,漂泊他乡的游子面对如此萧瑟凄凉的景象,怎能不悲从中来,怎能不撕心裂肺,怎能不柔肠寸断!一颗漂泊羁旅的游子心在秋风中鲜血淋淋……一支极为简短的小曲,表达了难以尽述的内蕴,形象地描绘出天涯游子凄楚、悲怆的内心世界,给人以震撼人心的艺术感受。让人读之而倍感其苦,咏之而更感其心。读此曲而不泪下者不明其意也。

枯藤老树昏鸦[2],小桥流水人家,古道西风瘦马[3]。夕阳西下,断肠人[4]在天涯[5]。

[注释]

[1] 天净沙:曲牌名。元代散曲有小令和套数之分,小令只有一支曲子,套数由同一宫词中两支以上的曲子组成。这首《天净沙》是小令。马致远(约1251—1321年以后)元代杂剧作家。号东篱,大都人,曾任江浙行省务官,生平事迹不详。从他的散曲作品中,约略可以知道,他年轻时热衷功名,有"佐国心、拿云手"的政治抱负,但一直没能实现,在经过了"二十年漂泊生涯"之后,他参透了人生的宠辱,遂有退隐林泉的念头,晚年过着"林间友"、"世外客"的闲适生活。马致远早年即参加了杂剧创作,加入过"书会",与文士王伯成、李时中,艺人花李郎、红字李二都有交往。著有杂剧15种,今存《汉宫秋》《青衫泪》《荐福碑》《陈抟高卧》《岳阳楼》《任风子》6种,以及与李时中等人合写的《黄粱梦》1种,另《误入桃源》存有佚曲。
[2] 昏鸦:黄昏时归巢的乌鸦。
[3] 瘦马:瘦的马。马因长途跋涉而累瘦。
[4] 断肠人:悲哀、伤心极度者。
[5] 天涯:天边。涯,边际。

[思考练习]

一、概括本小令的主旨。
二、本小令表现了作者怎样的思想感情?
三、简析本小令的艺术特色。
四、背诵这首小令。

7.

钗头凤[1]

陆 游

[阅读提示]

陆游的《钗头凤》词,是一篇"风流千古"的佳作,它描述了一个动人的爱情悲剧。据《历代诗馀》载,陆游年轻时娶表妹唐婉为妻,感情深厚。但因陆母不喜欢唐婉,威逼二人各自另行嫁娶。十年之后的一天,陆游沈园春游,与唐婉不期而遇。此情此景,陆游"怅然久之,为赋《钗头凤》一词,题园壁间"。这便是这首词的来历。

《钗头凤》词调是根据五代无名氏《撷芳词》改易而成。因《撷芳词》中原有"都如梦,何曾共,可怜孤似钗头凤"之句,故取名《钗头凤》。陆游用"钗头凤"这一调名大约有两方面含义:一是指自与唐氏仳离之后"可怜孤似钗头凤";二是指仳离之前的往事"都如梦"一样地倏然而逝,未能共首偕老。

这首词分上下两阕,上阕是男子口吻,自然是陆游在追叙今昔之异。昔日的欢情,有如强劲的东风把枝头繁花一扫成空。别后数年心境索漠,满怀愁绪未尝稍释,而此恨既已铸成事实,已无可挽回。下阕改拟女子口吻,自然是写唐氏泣诉别后相思之情。眼前风光依稀如旧,而人事已改。为思君消瘦憔悴,终日以泪洗面,任花开花落,已无意兴再临池阁之胜。当年山盟海誓都成空愿,虽欲托书通情,无奈碍于再嫁的处境,也只好犹疑而罢。此词口吻之逼真,情感之挚婉,都不类拟想之作。如果没有生活原型作为依据,只凭虚构是不会写得如此真切感人的。

前人评论陆游《钗头凤》词说"无一字不天成"。所谓"天成"是指自然流露毫不矫饰。陆游本人就说过:"文章本天成,妙手偶得之。"正因为词人亲身经历了这千古伤心之事,所以才有这千古绝唱之词。

红酥[2]手,黄藤酒,满城春色宫墙柳。东风恶,欢情薄[3]。一怀愁绪,几年离索。错!错!错!

春如旧,人空瘦,泪痕红浥鲛绡透[4]。桃花落,闲池阁。山盟虽在,锦书难托[5]。莫!莫!莫!

[注释]

[1] 钗头凤:词牌名,又称词调名。陆游(1125—1210年),字务观,号放翁,越州山阴(今浙江省绍兴市)人,南宋爱国诗人。他一生创作了大量作品,今存诗将近万首,题材广泛,内容丰富。有《渭南文集》《剑南诗稿》《南唐书》《老学庵笔记》等传世。此词大约是陆游30岁时的作品,据《齐东野语》记载,词中描绘的是陆游与唐婉的一段爱情悲剧。

[2] "红酥":言其细腻而红润。李清照《玉楼春》(红梅)词:"红酥肯放琼苞碎,探看南枝开遍末?"词中以"红酥"形容红梅蓓蕾之色,是个令人陶醉的字眼儿。陆游用"红酥"来形容肤色,其中便寓有爱怜之意。

[3] 东风恶,欢情薄:是借春风吹落繁花来比喻好景不常,欢情难再。

[4] 泪痕红浥鲛绡透:正是数年来终日以泪洗面的真实写照。

[5] 山盟虽在,锦书难托:用前秦苏蕙织锦回文诗赠其丈夫故事,直将改嫁后终日所思和盘托出。

[思考练习]

一、背诵这首词。

二、"东风恶,欢情薄"暗示什么?

三、陆游的《钗头凤》与唐婉互有应和,可查资料,找出另两首加以欣赏。

口语交际（二）

主　　持

生活情境

情境一：

为欢送应届毕业生离校，学校要举行一次大型晚会。在晚会主持人选拔活动中，王丹和林燕被双双选中。欣喜之余，两人也不免有些担心，主持全校性的大型晚会，她们还是第一次。为了不负众望，她们一边找老师辅导，一边广泛地搜集主持方面的知识和可供晚会使用的资料。

情境二：

"五一"放假期间，中职学生张帅到一家公司打工，老板见他形象和语言表达都不错，便让他做产品促销会的主持。几天下来，张帅感觉收获很大，并对主持产生了浓厚的兴趣，他想，为什么就不能向这方面发展一下呢？

情境三：

暑假期间，林华参加中学生夏令营，由旅行社组织到外地旅游。途中，男同学因饭的数量和质量问题与导游发生了争执，一时间，三十多人你一句我一句，乱哄哄的场面有些失控。这时，林华站出来说道："我建议导游暂时回避一下，由我来主持开一个临时会议，形成决议之后，再告知导游，让她与就餐饭店或旅行社协商。大家同意吗？"

……

随着经济的发展和时代的进步，各行各业的开放性活动日益增多，主持不再仅仅是专业人员才能从事的口语交际活动。现实生活中，每个人都可能有做主持的机会，比如一次家庭会议的主持、一次宿舍活动的主持、一个朋友聚会的主持、一个主题班会的主持，等等。

主持相关知识

在举行某种有特定观众和听众的活动时，为使活动顺利进行，常常需要对活动的内容加以介绍、简评，对活动的进程加以控制并适时推进，这种口语交际形式就是主持。

主持的类型很多，主要可分为社会活动和文艺活动两大类。社会活动类包括会议、辩论、典礼等；文艺活动类包括联欢会、晚会、综艺节目等。

主持的基本要求：

1. 紧扣主题，认真准备

要做好主持，主持人首先要明确即将主持的活动的主题，在此基础上，围绕主题认真准备，精心策划。只有胸有成竹，主持时才可能镇定自信，游刃有余。

2. 衔接自然，从容推进

主持过程往往包括很多环节，文艺类活动通常又由许多节目组成，作为主持，最关键的任务就是如何使各个环节或节目之间巧妙衔接，过渡自然，这样才可能使活动从容地、顺利地向前推进。因此，串联词的组织就显得格外重要。

3. 随机应变，灵活机智

尽管已经做了精心的准备，但在主持过程中，还是常常会有意料之外的事情发生。在这种情况下，要求主持人随机应变，因势利导，灵活自如地控制局面，避免冷场，保证活动顺利进行。

4. 语言清晰，表达流畅

作为一场活动的灵魂人物，主持人在说话时要发音准确，语气、语速适当，语言清晰，表达流畅，避免出现口头禅，这样才会使观（听）众听起来悦耳，才能更好地与观（听）众沟通。

示例简析

示例一

2006中国电视主持人盛典

2006年9月3日晚，为纪念中国主持人走过的25年历程，"2006中国电视主持人盛典"在上海隆重举行。25位来自全国各地的"主持人之星"奖获得者一起共赴盛会。下面是其中的一个片段。

女主持　接下来请出（的）几位主持人，他们的工作（彼此）不挨边，但是和我们老百姓都挨边。我们通过大屏幕看看他们是谁。

女主持　让我们有请陈铎、元元、李兵、鞠萍、张斌。

［第三批获奖者陈铎、元元、李兵、鞠萍、张斌上场］

男主持　他们五个人的节目离老百姓的生活很近，颁奖也要反映特色，我们给每位都安排了一位特别的（颁奖）嘉宾，颁完（奖）之后，（获奖者）就可以到话筒跟前发表感言。

［陈铎上前颁奖］

女主持　［面向陈铎］为您颁奖的是（被称作）中国电视人第一人的中国电视播音员沈力大姐。沈力大姐年轻的时候就很庄重，年纪大了又很年轻。陈铎老师在《话说长江》的时候就是这样，现在还是这样，有什么秘密吗？

陈　铎　25年一瞬间就过去了，25年是我电视经历时长的一半……如果还有可能，我想再干25年甚至于更长时间的电视，有大家的关心支持，我想我还能够干！

女主持　谢谢陈铎老师。

［元元上场］

男主持　接下来谁为北京姑娘元元颁奖呢？北京姑娘心直嘴快，为老百姓解气。接下来请李志媛大姐，她有一个绰号"金牌杀手、金牌卧底、小脚杀手"。

［北京市民李志媛上场］

女主持　有请我们的颁奖嘉宾。请这位市民送元元一句话。

李志媛　大家先看看我的脚小不小，当年我获得了一个三星DV大赛的奖，元元为我颁奖，今天我为元元颁奖，她叫元元，我叫李志媛，我们俩很有缘分。

元　元　……我非常感谢上海的朋友，我几次在这里得奖，我爱这个城市，爱大家。

女主持　世界上像鞠萍这样的人不能太多,(因为多了)容易引起混乱。我当时叫她是鞠萍姐姐,我儿子还是叫她鞠萍姐姐。

男主持　鞠萍姐姐的儿子不知道是叫她姐姐还是妈妈?

[鞠萍上场]

女主持　接下来请演唱《茉莉花》的傅心洁小朋友为鞠萍姐姐颁奖。

傅心洁　鞠萍姐姐,我很高兴为你颁奖,你永远做我的姐姐吧,祝贺你。

女主持　小朋友的口齿非常伶俐。

鞠　萍　……如果现在还有人喜欢看我的节目,那么我愿意一直做下去,一直到像陈铎老师这样,一直做下去。

男主持　接下来为李兵颁奖。[李兵上场]他是我们主持人很尊敬的同行,他经常跑农村,一年有三分之二在外面跑。谁为他颁奖呢?有一个叫周戒烟的人,他为很多农民戒烟,而且还为袁隆平戒了烟。

[周戒烟上场]

周戒烟　我不会多说,只会说一句话:李兵,你帮我们农民讲了很多心里话,谢谢你,祝福你。

女主持　您说得很好。

周戒烟　各位朋友,要戒烟找我。

李　兵　非常激动,一位农民兄弟为我颁奖,我获了很多奖,这次颁奖是我最激动的一次……感谢各位朋友。

[张斌上场]

女主持　张斌,你说谁为你颁奖好呢?[面向观众]他主持了很多的足球节目,今天(的颁奖者)一定是和足球有关的人。我们经常听到铿锵玫瑰,对女足的这一称呼,最早是张斌提出来的。今天为他颁奖的就是中国女足的教练——马良行教练。

马良行　我带队参加的比赛,凡是张斌解说的,我们就赢,现在张斌小比赛不解说了,我拜托他明年世界杯、2008年的奥运会一定要解说。

张　斌　献一个祝福给马指导和女足……在过去的13年,我和黄健翔等人一起成长。今天我领奖,我刚才在星光大道上说我是代表他们来领奖的,感谢我的同事,感谢我的家人,感谢大家,我要再干25年。

女主持　感谢大家。

【简析】"电视主持人盛典"是电视主持人的节日,主持节目的是主持人,得奖的还是主持人。从该主持片段中,我们领略了央视主持人的主持风采。首先,他们的语言极富亲和力,这种亲和力既容易消除领奖者的紧张情绪,又拉近了与观众的距离。其次,语言上下串联,衔接自然。本片段中,领奖者和颁奖者共10人,10个环节上承下接,男女主持人用恰当的语言自然过渡,整个过程浑然一体,丝毫不给人生硬、断层之感。再次,语言风趣幽默。鞠萍出场一节,充分说明了这一点。另外,在主持过程中,主持人既没有抢着说话,也没有少说话,恰如其分地把握了说话的火候。整个主持过程张弛有度,主持人穿针引线,亦庄亦谐,将晚会从容向前推进。

主持人主持时由于即兴发挥的内容较多,在现场临时组织的语言中,不免出现一些不很完整的句子。文中小括号里的字,是对原话的补充。

示例二

一位婚礼主持人正在主持一场婚礼。突然,礼堂断电了,主持人手中的话筒没有了声音,现场出现了尴尬的局面。这时,主持人灵机一动,大声说:"请大家休息一下,广告之后马上回来。"

台下响起了一阵笑声,气氛缓和了,两位新人的脸上也多云转晴。不一会儿,电闸修好了,婚礼继续进行。但几分钟后,电闸又耍起了脾气,礼堂再次停电。为了缓解来宾们有些厌烦的情绪,主持人又机智地说:"今天真的是个好日子,连电闸也高兴得跳个不停。"

一句话,逗乐了所有的来宾,不少人还鼓起了掌。

【简析】这段主持最成功的地方在于主持人处乱不惊,能从容镇定、机智灵活地应对现场的突发事件。左右逢源又不失诙谐的语言,既化解了现场的尴尬,又为婚礼增添了喜庆气氛。

练习实践

一、体会下列情境,如果你是王大海,你将准备一段什么样的开场白?

王大海小学毕业已五年,寒假期间他跟几个同学组织了一次小学同学的聚会,王大海担任主持。

二、体会下列情境,任选其中的一个,设计主持词。(提示:先考虑这段主持由几个环节组成,再考虑每个环节的主持词是什么,最后考虑用什么话将各个环节的主持词串联起来。)

1. 中秋节这天,恰逢李方的爷爷过生日,在几千里地之外做生意的叔叔赶了回来,在部队当兵的姑姑也赶了回来。晚宴开始,喜上眉梢的爷爷决定让18岁的长孙李方主持宴会。

2. 财会5班的同学周一下午要开一个以"节制上网,维护身心健康"为主题的班会,班主任老师让颜朋做主持。

三、元旦快到了,班里决定组织一台新年晚会,节目有歌舞、相声、朗诵、游戏等。假如你是本次晚会的主持,你将如何组织串联词?(提示:可以先定好节目的名称和表演者,然后编制串联词。)

知识拓展(四)

词的基本知识

词其实也是诗,是诗的别体。它起源于民间。隋唐时已有许多曲子词,就是词的雏形。后来经文人整理、发展、创作,晚唐、五代时基本定型。李白的《菩萨蛮》《忆秦娥》被认为是词的鼻祖,到宋代词的创作形成了一个高峰,与诗并存发展。沈谦在《填词杂说》中说"承诗启曲者词也,上不可似诗,下不可似曲"。所谓承诗就是继承了诗的许多特点,又冲破了某些束缚;所谓启曲是指曲在词的基础上,又有了新的发展,比词更自由了。

词还有其他一些称谓:如"诗余"、"乐府"、"长短句"、"曲子词"、"歌曲"、"琴趣"、"乐章"、"语业"等等。但都不能概括它的特点和摆正它的位置,还是"承诗启曲"这句话道出了它的本质。

词本来是按一定乐谱演奏的歌词,是文学与音乐的结合。宋代以后,乐谱逐渐失传,词就变成一种长短句的新体诗。

(一) 词调、词牌

什么是词调?就是每一首词都有与其相配合的乐调,相当于我们现在每支歌中与歌词相配合的曲谱。有些曲谱很流行,后人就利用这个曲谱填制新的文词,这就叫"按谱填词",这个词调就成为一种格式。传下来的词调格式很多,清代的《钦定词谱》共收 826 调,2306 体。今人姚普的《新编规范词谱》收了 400 调,480 体。这么多词调,为了使用方便,得给它们起个名字,这些名字就是"词牌"。

词牌是词调的名称,也是词的格式的名称。一般来说,一个词调有一个词牌,但不少词调(格式)也有几个词牌的,这是由于各家叫法不同,叫做"同体异名"。如《十六字令》又名《归字谣》《苍梧谣》;《念奴娇》又名《大江东去》《百字令》;《相见欢》又名《上西楼》《乌夜啼》《秋夜月》。反过来,一个词牌一般是代表一个词调(格式)的,但有时一个词牌也有几种格式,叫做"同名异体"。如《南乡子》五代时 27 字,二平韵三仄韵,到了南唐,变成了 56 字,上下两片各四平韵。在《唐宋词格律》和《新编规范词谱》中,还列举了一个词牌有好几种变格的。

(二) 词调分类

第一种分类是按字数多少分为小令、中调、长调三类。清人毛先舒把 58 字以内的词划为小令;59~90 字的词划为中调;90 字以上的词划为长调。

第二种分类是按分片划类,词与诗不同,诗一般不分段,词就有分段的问题,一个词牌,限用几段是有规定的,可划分单调、双调、三叠、四叠四类。"单调"就是全词只有一段,大都属于小令,字数最少的只有 16 字(十六字令)。"双调"就是全词分两段,术语称上下片或上下阕,双调词占词的大多数,字数最少的 34 字,字数最多的达 140 字,所以有的是小令,有的是中调或长调。"三叠"指的是全词分三段,其中也有两种形式,一种叫"双拽头",即前两段字数、句式平仄相同,第三段不相同,且字数较多,前两段像两个"头",第三长段像个"身",如《瑞龙吟》。另一种叫"非拽头",三段长短差不多,但句式、平仄、押韵位置各不相同,如《兰陵王》。"四叠"就是全词分四段。这类词很少,词律以吴文英的《莺啼序》作为定格。还有一种"四叠"是把双调词依照原格式再填一遍,叫"叠韵",填制的人也不多。

(三) 词的句式

律诗和绝句只有五言、七言之分,而词则除了极少数,如《生查子》、《浣溪沙》、《玉楼春》等句式整齐外,其他则从一字句到十一字句不等。一字、二字、三字句,统称为短句;八字以上的句称为长句。

《一七令》这个词牌,从一个字一句到七个字一句的句式都有。

"诗。绮美,瑰奇。明月夜,落花时。能助欢笑,亦伤别离。

调清金石怨,吟苦鬼神悲。天下只应我爱,世间谁有君知,自从都尉别苏句,便到司空送白辞。"(白居易)

(1) 一字句:多用于开头或叠句,如张孝祥的《十六字令》"归!猎猎西风卷绣旗";陆游的《钗头凤》"山盟虽在,锦书难托,莫、莫、莫"。

(2) 一字逗:(或称一字领)这是词中的"领"字,一般不用标点,读时略作停顿,成为一个节奏。一字领多为虚词,习惯上用去声,它能使词上下连贯。如:李清照的《念奴娇》"又斜风细雨,重门须闭";辛弃疾的《贺新郎》"更长门翠辇辞金阙";司马光的《锦堂春慢》"叹孤零宦路,荏苒年华"。

(3) 二字句:一般用于起头,或下片起头,也有用于句中的。用于起头的如韦应物的《调笑令》"胡马、胡马,远放燕支山下"。用于下片起头的如秦观的《满庭芳》"销魂!当此际,香囊暗解,罗带轻分"。用于句中的如赵佶的《宴山亭》"愁苦!问院落凄凉,几番春暮"。二字句也有二字领的如:试问、好是、正是、却是、却又、恰似……

(4) 三字句:一般为二一式或一二式,还有常用"三字逗"。

如毛泽东的《十六字令》"惊回首"、"奔腾急",前句为一二式,后句为二一式。

"三字逗"常见的有:又岂料、空留得、枉教人、到如今、更哪堪、君知否、君不见、当此际、待从头、似这般、都付与……

(5) 四字句:是词的基本句法之一,常为七言律句前四字格式。一般是二二式,也有一三式或三一式的。

二二式的如:陆游的《钗头凤》"一怀愁绪,几年离索",毛泽东的《沁园春》"北国风光,千里冰封"。

一三式的如辛弃疾《水龙吟》"揾英雄泪"。

三一式的如辛弃疾的《永遇乐》"尚能饭否"。

(6) 五字句:一般为五言律句。

如欧阳修的《蝶恋花》"帘幕无重数"。

也有一些是非律句的,如姜夔的《暗香》"算几番照我";再如王沂孙的《眉妩》"渐新痕悬柳"。

(7) 六字句:有二二二式、二四式、四二式、三三式几种。

二二二式如辛弃疾的《西江月》"明月别枝惊鹊,清风半夜鸣蝉"。

二四式的如苏轼的《水调歌头》"月有阴晴圆缺"。

四二式的如陈亮的《水龙吟》"闹花深处层楼"。

三三式的如司马光的《锦堂春慢》"怎不教人易老"。

但常见为两个三字句,如温庭筠的《酒泉子》"芳草歇、柳花红"。

(8) 七字句:多为七言律句。但有少数非律句的如刘过的《二郎神》"便欲访骑马山翁"(此为三四式,也有四三式或二五式的)。

(9) 八字以上的句子在词中较少见。

八字句往往是两个四字句或三五字二句合成,如毛泽东的《沁园春》"千里冰封,万里雪飘";贺铸的《天香》"赖明月,曾知旧游处"。

(10) 九字句：多由四五字二句，二七字二句，六三字二句合成。
　　五四式的如李煜的《一斛珠》"一曲清歌暂引樱桃破"。
　　二七式的如吕本中的《南歌子》"不道中原归思转凄凉"。
　　六三式的如李煜的《相见欢》"别是一般滋味在心头"。
(11) 十字句：一般由四六字二句或三七字二句组成。
　　四六式如李清照的《念奴娇》"日高烟敛，更看今日晴未"。
　　三七式如辛弃疾的《摸鱼儿》"君不见、玉环飞燕皆尘土"。
(12) 十一字句有的书有提到，有的不列入，一般也是上六下五或上四下七的复合句。

（四）词的押韵

　　古人填词最初就用诗韵。但填词用韵时常有通押，后来便有人把诗韵的某些韵部合并，另编词韵。清代的戈载取各家之长编成一部《词林正韵》（见附录），成为通行的韵书。再后来出现了《诗韵新编》又有不少人按《诗韵新编》来填词。

　　词的押韵虽比诗宽（平水韵 30 个平韵，词林正韵平、上、去声为一部只有十九部，另入声五部），但押韵比较复杂，不像诗那样有固定的押韵位置。词是一个词牌一个押韵位置、一种押韵方式。

　　(1) 有押平声韵一韵到底的，如《江城子》《长相思》《望海潮》等；
　　(2) 有押仄韵一韵到底的，如《天仙子》《渔家傲》《青玉案》等；
　　(3) 有中途换韵的叫"平仄韵转换格"，如《更漏子》《南乡子》《菩萨蛮》等，《更漏子》四次换韵，都不在一个韵部中。例：温庭筠的《更漏子》"玉炉香，红蜡泪，偏照画堂秋思，眉翠薄，鬓云残，夜长衾枕寒。梧桐树，三更雨，不道离情正苦，一叶叶，一声声，空阶滴到明"。
　　(4) 有一同韵部中平仄换韵的，叫同部异声，又叫平仄韵通押格。如《西江月》《醉翁操》《渡江云》等。例如：张孝祥的《西江月》"问讯湖边春色，重来又是三年。东风吹我过湖船，杨柳丝丝拂面。世路而今已惯，此心到处悠然。寒光亭下水连天，飞起沙鸥一片"。
　　(5) 有平仄韵错押的。即开始押平声韵中间换押仄韵（不同韵部），而后又押平声韵，后面这个平韵必须与前面的平韵一个韵部。如《定风波》《相见欢》《诉衷情》等。例：苏轼的《定风波》"莫听穿林打叶声，何妨吟啸且徐行。竹杖芒鞋轻胜马，谁怕，一蓑烟雨任平生"。（下阕略）
　　(6) 词的押韵在仄声韵中，上声和去声可以通押。但入声独立性强，不与上、去声通押。例如《念奴娇》《满江红》等。词的押韵还有一点与诗不同的是可以重韵，也可以叠韵，如白居易的《长相思》、陆游的《钗头凤》等。

（五）词的平仄

　　词的平仄规律基本上是继承了律诗的规律，语言上也是以一个双音词或一个双音词组为一个节奏单位。尤其是五言、七言句子的平仄与律诗平仄基本相似。但句与句之间没有律诗那样严格的"粘"、"对"要求。除了"二、四、六"分明外，"一、三、五"在有些词谱里注明平仄，这一点填词时务必注意，不可想当然任意填写。最好是买一本词谱（白香词谱，唐宋词格律，或姚普的实用规范词谱），学写时，左谱右词，对着填写，词谱不要用太宽太多。平韵的，仄韵的，平仄转韵的，平仄韵通押的，平仄韵错押的，每种掌握几个词牌就够

了。(见附录)

(六) 词的对仗

词的对仗与诗的对仗有几点不同:

(1) 平仄不同:诗的对仗必须在平仄相对的基础上进行,词则不一定。凡两句字数相同者一般皆可对仗,有时是平对平、仄对仄。如苏轼的《江城子》"左牵黄,右擎苍"。诗的对仗一联中,其上句末字必仄,下句末字必平。而词则不然,一联中上下句末字有同平同仄的。如:秦观的《浣溪沙》"锦帐重重卷暮霞,屏风曲曲半红牙","霞"、"牙"都是平声。当然词的对仗也有律句式的。

(2) 位置不同:诗有固定的对仗位置(颔联,颈联),词是一个词牌一个位置,有的要求对仗,有的不要求对仗。同一个词家,在同一词牌里,这首对了,另一首不一定对。但应明确,词谱里规定要对仗的地方还必须对仗。如《浣溪沙》下阕首二句应对仗,《西江月》上下阕首二句也应对仗。

(3) 不避重字:诗的对仗要避免重字,词则允许。如苏轼《水调歌头》"人有悲欢离合,月有阴晴圆缺";蒋捷的《一剪梅》"红了樱桃,绿了芭蕉"。

第六单元

借你慧眼

　　生活中并非缺少美,而是缺少发现。借你一双慧眼,看到这个世界的美好,看到人性的善良,看到爱与真诚,看到生活中许多被人忽略的美好的东西。

　　本单元的小说我们要在整体感知情节的前提下,了解小说的写作背景,进而把握人物的性格特征。作者运用各种艺术手法,进行肖像、语言、行动、心理、细节等描写,这一切都是为了刻画、塑造鲜明而独特的人物形象。

　　《林黛玉进贾府》主要写贾府人物的出场,作者着墨不多,却将几个人物的性格栩栩如生地展现了出来,尤其是宝玉和黛玉。《苦恼》揭示出19世纪沙皇统治下的社会下层小人物悲惨无援的处境和苦恼孤寂的心态。通过姚纳的遭遇,反映了俄罗斯底层劳动人民的悲惨命运,控诉了沙皇统治下俄国社会人与人之间的冷漠无情。《一碗清汤荞麦面》中的母子三人,在巨大的不幸降临时没有退缩,他们在艰难困苦中相互关心,相互鼓励,相互支持,最终战胜困难,走出逆境。同时,小说还描写了以店主夫妇为代表的社会成员对母子三人的同情、尊重和关爱,充分展示了人性中美好的一面。《群英会蒋干中计》中周瑜的形象富有丰神异彩。在曹操、蒋干的映衬之下,显得雅量高致,足智多谋。周瑜不畏强敌,不受劝降,不顾风险,亲临前沿侦察,谨慎备战。他遏止蒋干的劝降,将计就计,玩蒋干于股掌之间。他设计除掉了曹操手下两员大将,一场智斗,取得完全胜利。蒲松龄则给我们塑造了一个嗜花爱笑,天真无邪,像山花一样烂漫,山泉一样纯净,丝毫没有受到封建礼教、世俗人情的摧残、污染的婴宁,带给我们美的享受。

　　通过阅读小说,掌握分析人物形象,学会欣赏小说,练就一双"慧眼",我们不仅会发现小说之美,也会更多地发现生活之美。

1.

林黛玉进贾府[1]

曹雪芹

[阅读提示]

　　《红楼梦》第三回安排林黛玉进贾府,拉开了这个封建贵族之家的帷幕。贾府人物络绎登场,性格特征逐步显露,黛玉的形象也在众人的关照之下,逐步清晰地显现出来。随黛玉的行踪、借黛玉的眼睛观察贾府,封建贵族的排场礼仪、衣食住行都历历在目。

这回书主要写贾府人物的出场,出场顺序的安排极具匠心,不是大呼隆一起上,而是有先有后,把王熙凤安排在贾母等人之后,把贾宝玉又安排在最后,让一个重要人物,一个主要人物,先后在聚光灯下一展风采。三个会见的热闹场面一个胜似一个,波澜迭起。在王熙凤与贾宝玉出场之间,又借黛玉去拜母舅之机,转手去写环境,并为宝玉的出场大事铺垫。蓄势既足,才写宝黛之会,使两个主人公感情历程的起点闪耀出夺目的异彩。阅读时要通观全局,领会作者安排情节之妙。

　　作者写人物出场安排巧妙,笔墨轻重也各有不同。虽人物众多,但"虚写"与"实写"结合,详略得当,井然有序。如贾母的登场气派、奢华;王熙凤则"未见其人先闻其声",声势非凡;"宝黛相会"更是浓墨重彩,着意刻画,人物栩栩如生。人物描写精彩,既有工笔雕琢,如写贾母、王熙凤、宝玉;又有虚笔写意,如迎春三姊妹。浓妆淡抹,各得其妙。真可谓"三寸柔毫,鬼斧神工"。

　　阅读时要领会情节安排之巧妙,揣摩作者是如何抓住人物的主要性格特征进行刻画的,更要品味小说人物描写上生动传神的语言艺术。

　　且说黛玉自那日弃舟登岸时,便有荣国府打发了轿子并拉行李的车辆久候了。这林黛玉常听得母亲说过,他[2]外祖母家与别家不同。他近日所见的这几个三等仆妇,吃穿用度,已是不凡了,何况今至其家。因此步步留心,时时在意,不肯轻易多说一句话,多行一步路,惟恐被人耻笑了他去。

　　自上了轿,进入城中,从纱窗向外瞧了一瞧,其街市之繁华,人烟之阜盛[3],自与别处不同。又行了半日,忽见街北蹲着两个大石狮子,三间兽头大门[4],门前列坐着十来个华冠丽服之人。正门却不开,只有东西两角门有人出入。正门之上有一匾,匾上大书"敕造[5]宁国府"五个大字。黛玉想道:"这必是外祖之长房了。"想着,又往西行,不多远,照样也是三间大门,方是荣国府了。却不进正门,只进了西边角门。那轿夫抬进去,走了一射之地[6],将转弯时,便歇下退出去了。后面的婆子们已都下了轿,赶上前来。另换了三四个衣帽周全十七八岁的小厮[7]上来,复抬起轿子。众婆子步下围随至一垂花门[8]前落下。众小厮退出,众婆子上来打起轿帘,扶黛玉下轿。林黛玉扶着婆子的手,进了垂花门,两边是抄手游廊[9],当中是穿堂[10],当地放着一个紫檀架子大理石的大插屏[11]。转过插屏,小小的三间厅,厅后就是后面的正房大院。正面五间上房,皆雕梁画栋,两边穿山游廊[12]厢房,挂着各色鹦鹉、画眉等鸟雀。台矶之上,坐着几个穿红着绿的丫头,一见他们来了,便忙都笑迎上来,说:"刚才老太太还念呢,可巧就来了。"于是三四人争着打起帘笼,一面听得人回话:"林姑娘到了。"

　　黛玉方进入房时,只见两个人搀着一位鬓发如银的老母迎上来,黛玉便知是他外祖母。方欲拜见时,早被他外祖母一把搂入怀中,心肝儿肉叫着大哭起来。当下地下侍立之人,无不掩面涕泣,黛玉也哭个不住。一时众人慢慢解劝住了,黛玉方拜见了外祖母。——此即冷子兴[13]所云之史氏太君,贾赦贾政之母也。当下贾母一一指与黛玉:"这是你大舅母;这是你二舅母;这是你先珠大哥[14]的媳妇珠大嫂子。"黛玉一一拜见过。贾母又说:"请姑娘们来。今日远客才来,可以不必上学去了。"众人答应了一声,便去了两个。

　　不一时,只见三个奶嬷嬷[15]并五六个丫鬟,簇拥着三个姊妹来了。第一个肌肤微丰,合中身材,腮凝新荔,鼻腻鹅脂,温柔沉默,观之可亲。第二个削肩细腰,长挑身材,鸭蛋脸面,俊眼修眉,顾盼神飞,文彩精华,见之忘俗。第三个身量未足,形容[16]尚小。其钗环裙袄,三人皆是一样的妆饰。黛玉忙起身迎上来见礼,互相厮认[17]过,大家归了坐。丫鬟们斟上茶来。不过说些黛玉之母如何得病,如何请医服药,如何送死发丧。不免贾母又伤感起来,因说:"我这些儿女,所疼者独有你母,今日一旦先舍我而去,连面也不能一见,今见了你,我怎不伤心!"说着,搂了黛玉在怀,又呜咽起来。众人忙都宽慰解释,方略略止住。

众人见黛玉年貌[18]虽小,其举止言谈不俗,身体面庞虽怯弱[19]不胜,却有一段自然的风流[20]态度[21],便知他有不足之症[22]。因问:"常服何药,如何不急为疗治?"黛玉道:"我自来是如此,从会吃饮食时便吃药,到今日未断,请了多少名医修方配药,皆不见效。那一年我三岁时,听得说来了一个癞头和尚,说要化[23]我去出家,我父母固是不从。他又说:'既舍不得他,只怕他的病一生也不能好的了。若要好时,除非从此以后总不许见哭声;除父母之外,凡有外姓亲友之人,一概不见,方可平安了此一世。'疯疯癫癫,说了这些不经之谈[24],也没人理他。如今还是吃人参养荣丸。"贾母道:"正好,我这里正配丸药呢。叫他们多配一料就是了。"

一语未了,只听后院中有人笑声,说:"我来迟了,不曾迎接远客!"黛玉纳罕道:"这些人个个皆敛声屏气,恭肃严整如此,这来者系谁,这样放诞[25]无礼?"心下想时,只见一群媳妇丫鬟围拥着一个人从后房门进来。这个人打扮与众姑娘不同:彩绣辉煌,恍若神妃仙子。头上戴着金丝八宝攒珠髻[26],绾着朝阳五凤挂珠钗[27];项上带着赤金盘螭璎珞圈[28];裙边系着豆绿宫绦[29],双衡比目玫瑰佩[30];身上穿着缕金百蝶穿花大红洋缎窄裉袄[31],外罩五彩刻丝石青银鼠褂[32];下着翡翠撒花洋绉裙[33]。一双丹凤三角眼[34],两弯柳叶吊梢眉[35],身量苗条,体格风骚[36]。粉面含春[37]威不露,丹唇未启笑先闻。黛玉连忙起身接见。贾母笑道:"你不认得他,他是我们这里有名的一个泼皮破落户儿[38],南省[39]俗谓作'辣子[40]',你只叫他'凤辣子'就是了。"

黛玉正不知以何称呼,只见众姊妹都忙告诉他道:"这是琏嫂子。"黛玉虽不识,也曾听见母亲说过,大舅贾赦之子贾琏,娶的就是二舅母王氏之内侄女,自幼假充男儿教养的,学名王熙凤。黛玉忙陪笑见礼,以"嫂"呼之。

这熙凤携着黛玉的手,上下细细打谅[41]了一回,仍送至贾母身边坐下,因笑道:"天下真有这样标致的人物,我今儿才算见了!况且这通身的气派,竟不像老祖宗的外孙女儿,竟是个嫡亲的孙女,怨不得老祖宗天天口头心头一时不忘。只可怜我这妹妹这样命苦,怎么姑妈偏就去世了!"说着,便用帕拭泪。贾母笑道:"我才好了,你倒来招我。你妹妹远路才来,身子又弱,也才劝住了,快再休提前话。"这熙凤听了,忙转悲为喜道:"正是呢!我一见了妹妹,一心都在他身上了,又是喜欢,又是伤心,竟忘记了老祖宗。该打,该打!"又忙携黛玉之手,问:"妹妹几岁了?可也上过学?现吃什么药?在这里不要想家,想要什么吃的、什么玩的,只管告诉我;丫头老婆们不好了,也只管告诉我。"一面又问婆子们:"林姑娘的行李东西可搬进来了?带了几个人来?你们赶早打扫两间下房[42],让他们去歇歇。"

说话时,已摆了茶果上来。熙凤亲为捧茶捧果。又见二舅母问他:"月钱[43]放过了不曾?"熙凤道:"月钱已放完了。才刚带着人到后楼上找缎子,找了这半日,也并没有见昨日太太说的那样的,想是太太记错了?"王夫人道:"有没有,什么要紧。"因又说道:"该随手拿出两个来给你这妹妹去裁衣裳的,等晚上想着叫人再去拿罢,可别忘了。"熙凤道:"这倒是我先料着了,知道妹妹不过这两日到的,我已预备下了,等太太回去过了目好送来。"王夫人一笑,点头不语。

　　当下茶果已撤,贾母命两个老嬷嬷带了黛玉去见两个母舅。时贾赦之妻邢氏忙亦起身,笑回道:"我带了外甥女过去,倒也便宜[44]。"贾母笑道:"正是呢,你也去罢,不必过来了。"邢夫人答应了一声"是"字,遂带了黛玉与王夫人作辞。大家送至穿堂前。

　　出了垂花门,早有众小厮们拉过一辆翠幄青绸车[45],邢夫人携了黛玉,坐在上面,众婆子们放下车帘,方命小厮们抬起,拉至宽处,方驾上驯骡,亦出了西角门,往东过荣府正门,便入一黑油大门中,至仪门[46]前方下来。众小厮退出,方打起车帘,邢夫人搀着黛玉的手,进入院中。黛玉度其房屋院宇,必是荣府中花园隔断过来的。进入三层仪门,果见正房厢庑游廊,悉皆小巧别致,不似方才那边轩峻壮丽;且院中随处之树木山石皆在。一时进入正室,早有许多盛妆丽服之姬妾丫鬟迎着,邢夫人让黛玉坐了,一面命人到外面书房去请贾赦。一时人来回话说:"老爷说了:'连日身上不好,见了姑娘彼此倒伤心,暂且不忍相见。劝姑娘不要伤心想家,跟着老太太和舅母,即同家里一样。姊妹们虽拙,大家一处伴着,亦可以解些烦闷。或有委屈之处,只管说得,不要外道才是。"黛玉忙站起来,一一听了。再坐一刻,便告辞。

　　邢夫人苦留吃过晚饭去,黛玉笑回道:"舅母爱惜赐饭,原不应辞,只是还要过去拜见二舅舅,恐领了赐去不恭,异日再领,未为不可。望舅母容谅。"邢夫人听说,笑道:"这倒是了。"遂令两三个嬷嬷用方才的车好生送了姑娘过去。于是黛玉告辞。邢夫人送至仪门前,又嘱咐了众人几句,眼看着车去了方回来。

　　一时黛玉进了荣府,下了车。众嬷嬷引着,便往东转弯,穿过一个东西的穿堂,向南大厅之后,仪门内大院落,上面五间大正房,两边厢房鹿顶耳房钻山[47],四通八达,轩昂壮丽,比贾母处不同。黛玉便知这方是正经正内室,一条大甬路[48],直接出大门的。进入堂屋中,抬头迎面先看见一个赤金九龙青地大匾,匾上写着斗大的三个大字,是"荣禧堂",后有一行小字:"某年月日,书赐荣国公贾源",又有"万几宸翰之宝[49]"。大紫檀雕螭案上,设着三尺来高青绿古铜鼎,悬着待漏随朝墨龙大画[50],一边是金蜼彝[51],一边是玻璃盒[52]。地下两溜十六张楠木交椅,又有一副对联,乃乌木联牌,镶着錾银[53]的字迹,道是:

　　座上珠玑昭日月,堂前黼黻焕烟霞[54]。

　　下面一行小字,道是:"同乡世教弟勋袭东安郡王穆莳拜手书。"

　　原来王夫人时常居坐宴息[55],亦不在这正室,只在这正室东边的三间耳房内。于是老嬷嬷引黛玉进东房门来。临窗大炕上铺着猩红洋罽[56],正面设着大红金钱蟒靠背,石青金钱蟒引枕[57],秋香色[58]金钱蟒大条褥[59]。两边设一对梅花式洋漆小几。左边几上文王鼎匙箸香盒[60];右边几上汝窑美人觚[61]——觚内插着时鲜花卉,并茗碗[62]痰盒等物。地下面西一溜四张椅上,都搭着银红撒花椅搭[63],底下四副脚踏。椅之两边,也有一对高几,几上茗碗瓶花俱备。其余陈设,自不必细说。

　　老嬷嬷们让黛玉炕上坐,炕沿上却有两个锦褥对设,黛玉度其位次,便不上炕,只向东边椅子上坐了。本房内的丫鬟忙捧上茶来。黛玉一面吃茶,一面打谅这些丫鬟们,妆饰衣裙,举止行动,果亦与别家不同。茶未吃了,只见一个穿红绫袄青缎掐牙[64]背心的丫鬟走来笑说道:"太太说,请林姑娘到那边坐罢。"老嬷嬷听了,于是又引黛玉出来,到了东廊三间小正房内。

正房炕上横设一张炕桌,桌上磊[65]着书籍茶具,靠东壁面西设着半旧的青缎靠背引枕。王夫人却坐在西边下首,亦是半旧的青缎靠背坐褥。见黛玉来了,便往东让。黛玉心中料定这是贾政之位。因见挨炕一溜三张椅子上,也搭着半旧的弹墨椅袱[66],黛玉便向椅上坐了。王夫人再四携他上炕,他方挨王夫人坐了。王夫人因说:"你舅舅今日斋戒去了,再见罢。只是有一句话嘱咐你:你三个姊妹倒都极好,以后一处念书认字学针线,或是偶一顽笑[67],都有尽让的。但我不放心的最是一件:我有一个孽根祸胎[68],是家里的'混世魔王',今日因庙里还愿去了,尚未回来,晚间你看见便知了。你只以后不要睬他,你这些姊妹都不敢沾惹他的。"

黛玉亦常听得母亲说过,二舅母生的有个表兄,乃衔玉而诞,顽劣异常,极恶读书,最喜在内帏[69]厮混[70];外祖母又极溺爱,无人敢管。今见王夫人如此说,便知说的是这表兄了。因陪笑道:"舅母说的,可是衔玉所生的这位哥哥?在家时亦曾听见母亲常说,这位哥哥比我大一岁,小名就唤宝玉,虽极憨顽[71],说在姊妹情中极好的。况我来了,自然只和姊妹同处,兄弟们自是别院另室的,岂得去沾惹之理?"王夫人笑道:"你不知道原故:他与别人不同,自幼因老太太疼爱,原系同姊妹们一处娇养惯了的。若姊妹们有日不理他,他倒还安静些,纵然他没趣,不过出了二门,背地里拿着他两个小幺(yāo)儿[72]出气,咕唧一会子就完了。若这一日姊妹们和他多说一句话,他心里一乐,便生出多少事来。所以嘱咐你别睬他。他嘴里一时甜言蜜语,一时有天无日,一时又疯疯傻傻,只休信他。"

黛玉一一的都答应着。只见一个丫鬟来回:"老太太那里传晚饭了。"王夫人忙携黛玉从后房门由后廊往西,出了角门,是一条南北宽夹道。南边是倒座[73]三间小小的抱厦厅[74],北边立着一个粉油大影壁[75],后有一半大门,小小一所房室。王夫人笑指向黛玉道:"这是你凤姐姐的屋子,回来你好往这里找他来,少什么东西,你只管和他说就是了。"这院门上也有四五个才总角[76]的小厮,都垂手侍立。王夫人遂携黛玉穿过一个东西穿堂,便是贾母的后院了。

于是,进入后房门,已有多人在此伺候,见王夫人来了,方安设桌椅。贾珠之妻李氏捧饭,熙凤安箸,王夫人进羹。贾母正面榻上独坐,两边四张空椅,熙凤忙拉了黛玉在左边第一张椅上坐了,黛玉十分推让。贾母笑道:"你舅母你嫂子们不在这里吃饭。你是客,原应如此坐的。"黛玉方告了座[77],坐了。贾母命王夫人坐了。迎春姊妹三个告了座方上来。迎春便坐右手第一,探春左第二,惜春右第二。旁边丫鬟执着拂尘[78]、漱盂、巾帕。李、凤二人立于案旁布让[79]。外间伺候之媳妇丫鬟虽多,却连一声咳嗽不闻。

寂然饭毕,各有丫鬟用小茶盘捧上茶来。当日林如海教女以惜福[80]养身,云饭后务待饭粒咽尽,过一时再吃茶,方不伤脾胃。今黛玉见了这里许多事情不合家中之式,不得不随的,少不得一一改过来,因而接了茶。早见人又捧过漱盂来,黛玉也照样漱了口。盥手毕,又捧上茶来,这方是吃的茶。贾母便说:"你们去罢,让我们自在说话儿。"王夫人听了,忙起身,又说了两句闲话,方引凤、李二人去了。贾母因问黛玉念何书。黛玉道:"只刚念了《四书》[81]。"黛玉又问姊妹们读何书。贾母道:"读的是什么书,不过是认得两个字,不是睁眼的瞎子罢了!"

一语未了,只听外面一阵脚步响,丫鬟进来笑道:"宝玉来了!"黛玉心中正疑惑着:"这个宝玉,不知是怎生个惫懒[82]人物,懵懂[83]顽童?"——倒不见那蠢物也罢了。心中想着,忽见丫鬟话未报完,已进来了一位年轻的公子:

头上戴着束发嵌宝紫金冠[84],齐眉勒着二龙抢珠金抹额[85];穿一件二色金百蝶穿花大红箭袖[86],束着五彩丝攒花结长穗宫绦[87],外罩石青起花八团倭缎排穗褂[88];登着青缎粉底小朝靴[89]。面若中秋之月,色如春晓之花,鬓若刀裁,眉如墨画,面如桃瓣,目若秋波。虽怒时而若笑,即瞋视而有情。项上金螭璎珞,又有一根五色丝绦,系着一块美玉。

黛玉一见,便吃一大惊,心下想道:"好生奇怪,倒像在那里见过一般,何等眼熟到如此!"只见这宝玉向贾母请了安[90],贾母便命:"去见你娘来。"宝玉即转身去了。一时回来,再看已换了冠带:头上周围一转的短发,都结成小辫,红丝结束[91],共攒至顶中胎发,总编一根大辫,黑亮如漆,从顶至梢,一串四颗大珠,用金八宝坠角[92];身上穿着银红撒花半旧大袄,仍旧带着项圈、宝玉、寄名锁[93]、护身符[94]等物;下面半露松花撒花绫裤腿,锦边弹墨袜,厚底大红鞋。越显得面如敷粉,唇若施脂;转盼多情,语言常笑。天然一段风骚[95],全在眉梢;平生万种情思,悉堆眼角。看其外貌最是极好,却难知其底细。后人有《西江月》二词,批宝玉极恰,其词曰:

无故寻愁觅恨,有时似傻如狂。纵然生得好皮囊[96],腹内原来草莽[97]。潦倒[98]不通世务,愚顽怕读文章。行为偏僻性乖张[99],那管世人诽谤!

富贵不知乐业,贫穷难耐凄凉。可怜辜负好韶光[100],于国于家无望。天下无能第一,古今不肖无双。寄言纨袴与膏粱:莫效此儿形状[101]!

贾母因笑道:"外客未见,就脱了衣裳,还不去见你妹妹!"宝玉早已看见多了一个姊妹,便料定是林姑妈之女,忙来作揖。厮见毕归坐,细看形容,与众各别:

两弯似蹙非蹙罥烟眉[102],一双似喜非喜含情目。态生两靥之愁,娇袭一身之病[103]。泪光点点,娇喘微微。闲静时如姣花照水,行动处似弱柳扶风。心较比干多一窍,病如西子胜三分[104]。

宝玉看罢,因笑道:"这个妹妹我曾见过的。"贾母笑道:"可又是胡说,你又何曾见过他?"宝玉笑道:"虽然未曾见过他,然我看着面善,心里就算是旧相识,今日只作远别重逢,亦未为不可。"贾母笑道:"更好,更好,若如此,更相和睦了。"宝玉便走近黛玉身边坐下,又细细打量一番,因问:"妹妹可曾读书?"黛玉道:"不曾读,只上了一年学,些须[105]认得几个字。"宝玉又道:"妹妹尊名是那两个字?"黛玉便说了名。宝玉又问表字[106]。黛玉道:"无字。"宝玉笑道:"我送妹妹一妙字,莫若'颦颦'二字极妙。"探春便问何出。宝玉道:"《古今人物通考》[107]上说:'西方有石名黛,可代画眉之墨。'况这林妹妹眉尖若蹙,用取这两个字,岂不两妙!"探春笑道:"只恐又是你的杜撰。"宝玉笑道:"除《四书》外,杜撰的太多,偏只我是杜撰不成?"又问黛玉:"可也有玉没有?"众人不解其语,黛玉便忖度[108]着因他有玉,故问我有也无,因答道:"我没有那个。想来那玉是一件罕物,岂能人人有的。"

宝玉听了,登时发作起痴狂病来,摘下那玉,就狠命摔去,骂道:"什么罕物,连人之高低不择,还说'通灵[109]'不'通灵'呢!我也不要这劳什子[110]了!"吓的众人一拥争去拾玉。贾母急的搂了宝玉道:"孽障[111]!你生气,要打骂人容易,何苦摔那命根子!"宝玉满面泪痕泣道："家里姐姐妹妹都没有，单我有，我说没趣；如今来了这们[112]一个神仙似的妹妹也没有，可知这不是个好东西。"贾母忙哄他道："你这妹妹原有这个来的，因你姑妈去世时，舍不得你妹妹，无法处，遂将他的玉带了去了：一则全殉葬之礼，尽你妹妹之孝心；二则你姑妈之灵，亦可权作见了女儿之意。因此他只说没有这个，不便自己夸张之意。你如今怎比得他？还不好生慎重带上，仔细你娘知道了。"说着，便向丫鬟手中接来，亲与他带上。宝玉听如此说，想一想大有情理，也就不生别论了。

　　当下，奶娘来请问黛玉之房舍。贾母说："今将宝玉挪出来，同我在套间暖阁儿[113]里，把你林姑娘暂安置碧纱橱[114]里。等过了残冬，春天再与他们收拾房屋，另作一番安置罢。"宝玉道："好祖宗，我就在碧纱厨外的床上很妥当，何必又出来闹的老祖宗不得安静。"贾母想了一想说："也罢了。"每人一个奶娘并一个丫头照管，余者在外间上夜听唤。一面早有熙凤命人送了一顶藕合色花帐，并几件锦被缎褥之类。

　　黛玉只带了两个人来：一个是自幼奶娘王嬷嬷，一个是十岁的小丫头，亦是自幼随身的，名唤作雪雁。贾母见雪雁甚小，一团孩气，王嬷嬷又极老，料黛玉皆不遂心省力，便将自己身边的一个二等丫头，名唤鹦哥者与了黛玉。外亦如迎春等例，每人除自幼乳母外，另有四个教引嬷嬷[115]，除贴身掌管钗钏盥沐两个丫鬟外，另有五六个洒扫房屋来往使役的小丫鬟。当下，王嬷嬷与鹦哥陪侍黛玉在碧纱橱内。宝玉之乳母李嬷嬷，并大丫鬟名唤袭人者，陪侍在外面大床上。

[注释]

[1]　节选自《红楼梦》(人民文学出版社1996年版)第三回"贾雨村夤(yín)缘复旧职，林黛玉抛父入京都"，题目是编者加的。曹雪芹(约1715—1763或1764年)，名霑，字梦阮，号雪芹。清代小说家。

[2]　他：作品创作时，女性第三人称也写作"他"。

[3]　阜(fù)盛：兴旺，繁盛。阜，多。

[4]　兽头大门：装有兽头门环的大门。

[5]　敕(chì)造：奉皇帝的诏令建造。敕，古时自上告下之词。南北朝以后特指皇帝的诏书。

[6]　一射之地：一箭射出所能到的距离，相当于120～150步。

[7]　小厮：年轻男仆。

[8]　垂花门：旧时富家住宅在二门上建有屋顶样式的盖，四角有下垂的短柱，柱的顶端雕花彩绘，所以称垂花门。也叫"垂花二门"。

[9]　抄手游廊：自二门向两旁延伸到正房的走廊。抄手，左右环抱。

[10]　穿堂：前后有门能穿行的厅堂。

[11]　插屏：一种摆设。下面有座架，上面插着有图画的镜框或镶有木框的大理石板、彩绘瓷板等。小插屏放在几案上。大插屏放在厅堂上，除装饰作用外，还可以遮蔽视线，以免进入穿堂就直见正房。

[12]　穿山游廊：穿过山墙的游廊(山墙开有门洞)。山，指山墙，人字形屋顶的房屋两侧的墙壁。

[13]　冷子兴：第二回中的一个人物，曾在京都古董行做生意。他对贾雨村"演说荣国府"，说起过贾母："自荣公死后，长子贾代善袭了官，娶的也是金陵世勋史侯家的小姐为妻，生了两个儿子，长子贾赦，次子贾政。"

[14]　先珠大哥：即贾珠。他已经去世，所以在名字"珠"前面加一个"先"字。

[15]　奶嬷嬷(mómo)：这里指乳母。

[16] 形容：这里指外貌、模样。
[17] 厮认：相互认识。
[18] 年貌：年龄容貌。
[19] 怯弱：原指胆小软弱，这里形容体质虚弱。
[20] 风流：风韵美好动人。
[21] 态度：举止神情。
[22] 不足之症：中医指由身体虚弱引起的病症。如脾胃虚弱，叫中气不足；气血虚弱，叫正气不足。
[23] 化：（僧道）向人求布施。这里是领去的意思。
[24] 不经之谈：荒诞的、没有根据的话。经，正常。
[25] 放诞：放纵不羁。
[26] 金丝八宝攒珠髻：用金线穿绕珍珠和镶嵌八宝（玛瑙、碧玉之类）制成的珠花的发髻。攒，凑聚。用金丝或银丝穿扭成各种花样叫"攒珠花"。
[27] 朝阳五凤挂珠钗：一种长钗。一支钗上分出五股，每股一支凤形饰物，呈五凤朝阳，凤口衔挂一串珍珠。
[28] 赤金盘螭(chī)璎珞(yīngluò)圈：盘有赤金的无角龙、前面又有珠宝穿成的装饰物的项圈。螭，古代传说的无角龙。璎珞，用珠玉穿成的装饰物。
[29] 宫绦(tāo)：宫中特制成或仿照宫样所制的丝带。
[30] 双衡比目玫瑰珮：比目玫瑰珮，玫瑰色玉片雕琢的一对比目鱼形的玉珮。比目，比目鱼，旧说这种鱼只有一只眼睛，要两条鱼并行才能游。珮，古人佩挂的玉制装饰品。衡，通"珩"，玉珮上部的横杠。
[31] 缕金百蝶穿花大红洋缎窄褃(kèn)袄：大红洋缎面料，用金丝线绣成百蝶穿花图案的紧身袄。褃，上衣靠腋下的接线部分，俗称挂肩或腰身。
[32] 五彩刻丝石青银鼠褂：衣面是石青色底五彩刻丝、衣里是银鼠皮的褂子。刻丝，即缂丝，我国特有的一种手工艺丝织物。
[33] 翡翠撒花洋绉裙：翡翠，翠绿色。撒花，以错落的花朵为装饰的图案。洋绉，一种丝绸织品，极薄而软，微带自然皱纹。
[34] 丹凤三角眼：眼角上翘的一种眼型，像丹凤的眼睛，所以称丹凤眼。
[35] 柳叶吊梢眉：眉毛像柳叶一样，眉梢朝上。
[36] 风骚：体态俊俏美好。
[37] 含春：带着笑容。
[38] 泼皮破落户儿：原指无正当生活来源的无赖。这里形容凤姐泼辣，是戏谑的说法。
[39] 南省：指南方。
[40] 辣子：方言，指泼辣厉害的人。
[41] 打谅：同"打量"，观察（人的衣着、外貌）。
[42] 下房：厢房，偏屋。与上房相对。
[43] 月钱：旧时富户大家每月按等级发给家中人的零用钱。
[44] 便(biàn)宜：方便，便利。
[45] 翠幄(wò)青䌷(chóu)车：翠幄，翠色的帐幔。青䌷，这里指青色的绸缎做的车帘。䌷，同"绸"。
[46] 仪门：明清官署、邸宅大门内的第二、三重正门。
[47] 两边厢房鹿顶耳房钻山：两边厢房用钻山的方式与鹿顶耳房相连通。鹿顶，指东西房和南北房连接转角的地方。耳房，正房或厢房两侧连着的小房间。钻山，打通山墙，与相邻的房子或游廊相连。

[48] 甬路：院落中用砖石铺成的路。
[49] 万几宸(chén)翰之宝：这是皇帝印章上的文字。万几，帝王日常处理的纷繁的政务，这里指皇帝日理万机。几，同"机"。宸翰，帝王的墨迹。宸，北极星所居之处，借指帝王所居的地方，引申为王位或帝王的代称。宝，宝玺，皇帝的印玺。
[50] 待漏随朝墨龙大画：待漏，百官清晨入朝，等待朝拜天子。漏，古代计时器。随朝，随班朝见。墨龙大画，巨龙在云雾海潮中隐现的大幅水墨画。
[51] 金蜼(wèi)彝：一种有蜼形图案的青铜祭器，后作贵重的陈设品。蜼，一种长尾猿。彝，古代宗庙常用礼器的通称。
[52] 盦(hǎi)：盛酒器。
[53] 錾(zàn)银：一种银雕工艺。錾，凿刻。
[54] 座上珠玑昭日月，堂前黼黻(fǔfú)焕烟霞：形容座中人、堂上客服饰的华贵。佩带的珠宝如日月般光彩照人，衣服上华美的花纹如烟霞般绚丽夺目。珠玑，珠宝、珠玉。黼黻，绣有华美花纹的礼服。
[55] 宴息：休息。
[56] 罽(jì)：毛织的毯子。
[57] 引枕：坐时搭放胳膊的一种圆墩形的倚枕。
[58] 秋香色：淡黄绿色。
[59] 条褥：长褥子。
[60] 文王鼎匙箸香盒：文王鼎，指周朝的传国国鼎，这里指小型仿古香炉。匙箸，拨弄香灰的用具。香盒，装香料的盒子。
[61] 汝窑美人觚(gū)：汝窑，这里指汝窑所产的瓷器。汝窑是北宋著名的瓷窑之一，窑址在汝州（现在河南临汝境内）。觚，古代酒器。
[62] 茗碗：茶碗。
[63] 椅搭：搭在椅子上的一种长方形装饰织物。
[64] 掐牙：锦缎等叠成细条，嵌在衣服的夹边缝内，仅露少许，作为装饰，叫掐牙。
[65] 磊：叠放。
[66] 弹墨椅袱：弹墨，嵌有墨线；像木工弹的墨线一样，所以叫弹墨。椅袱，用锦、缎之类做成的椅套。
[67] 顽笑：玩笑。顽，通"玩"。
[68] 孽根祸胎：都是祸根的意思。
[69] 内帏：内室，女子居处。帏，同"帷"，帷帐。
[70] 厮混：嬉戏相闹。
[71] 憨顽：顽皮。
[72] 小幺(yāo)儿：身边使唤的小仆人。幺，小。
[73] 倒座：四合院中与正房相对的房屋。
[74] 抱厦厅：围绕厅堂、正屋后面的房屋，叫抱厦。可作会客或书房用的叫抱厦厅。
[75] 影壁：大门内或屏门内用作屏蔽的墙壁。也有木制的，下有底座，可以移动。又称照壁，照墙。
[76] 总角：古时儿童16岁束发为两髻，向上分开，形状像角，所以称总角。
[77] 告了座：谢了坐。
[78] 拂尘：形如马尾，后有持柄，用于掸拭灰尘、驱赶蚊蝇的器具。
[79] 布让：将菜肴、茶点等分送到客人面前，请其进食。
[80] 惜福：珍惜福泽。
[81] 《四书》：指《大学》《中庸》《论语》《孟子》四种书，是儒家的主要经典。

[82] 急懒：无赖，顽皮。也作"急赖"。
[83] 懵懂：糊涂，迷糊。
[84] 束发嵌宝紫金冠：把头发扎在顶部的一种髻冠，上面插戴各种饰物或镶嵌珠宝。
[85] 二龙抢珠金抹额：抹额，束在额上的头饰，用以压发束额。二龙抢珠，抹额上的图案。
[86] 二色金百蝶穿花大红箭袖：两色金丝线绣成的百蝶穿花图案大红箭袖衣。箭袖，原为便于射箭穿的一种紧袖服装，这里指类似的一种服式。
[87] 五彩丝攒花结长穗宫绦：五彩丝攒花结，用五彩丝攒聚成花朵的结子。长穗，丝带的穗子长长的。
[88] 石青起花八团倭缎排穗褂：起花，提花。团，圆形装饰纹样。倭缎，日本生产的一种缎子。排穗，排缀在衣服下边边缘的彩穗。
[89] 青缎粉底小朝靴：青缎，黑色缎面。粉底，白色鞋底。朝靴，上朝穿的靴子。
[90] 请了安：请安，清代的问安礼节之一。男子打千，即右手下垂，左腿向前屈膝，右腿略弯曲；女子双手扶左膝，右腿微屈，往下蹲身口称"请某人安"。
[91] 结束：扎缚。
[92] 坠角：垂挂在辫梢。
[93] 寄名锁：旧时怕小孩夭亡，让孩子在寺院或道观当"寄名"弟子，并在孩子项下系一锁形饰物，称为"寄名锁"。这是一种迷信习俗。
[94] 护身符：道士或巫师所画的符或被念过咒语的物件。据说带在身上可以辟邪消灾。是迷信习俗。
[95] 风骚：这里指风情。
[96] 皮囊：借喻人的躯体。
[97] 草莽：草木丛生的荒原，比喻平庸无知。
[98] 潦倒：这里指举止散漫，不自检束。
[99] 乖张：性情执拗、怪癖。
[100] 可怜辜负好韶光：可惜辜负了大好的青春岁月。可怜，可惜。韶光，美好的时光。比喻青少年时期。
[101] "寄言纨袴与膏粱：莫效此儿形状"：寄语富贵人家的子弟：不要学这孩子的样子。寄言，寄语，带信。纨袴，今作"纨绔"，细绢做的裤，古代贵族子弟所穿，借指富贵人家子弟。膏粱，肥美的食物，借指富贵人家子弟。形状，样子、情形。
[102] 罥(juàn)烟眉：萦绕着淡淡烟雾似的眉毛。罥，缠绕。
[103] 态生两靥(yè)之愁，娇袭一身之病：意思是妩媚的风韵生于含愁的面容，娇怯的情态出于孱弱的病体。态，情态。靥，面颊上的酒窝，这里指面颊。袭，承继，由……而来。
[104] 心较比干多一窍，病如西子胜三分：意思是林黛玉聪明颖悟胜过比干，病弱娇美胜过西施。比干，商纣王的叔父，因为屡次劝谏纣王，被剖心而死。《史记·殷本纪》："纣怒曰：'吾闻圣人心有七窍。'剖比干，观其心。"古人认为心窍越多越有智慧。
[105] 些须：少许，一点儿。须，稍许、稍微。
[106] 表字：古代成人男子在本名外所取的与本名有意义关系的另一名字，如诸葛亮，表字孔明。
[107] 《古今人物通考》：从下文看，出于宝玉的杜撰。
[108] 忖度：推测。
[109] 通灵：通于神灵。《红楼梦》第二回说贾宝玉"一落胎胞，嘴里便衔下一块五彩晶莹的玉来，上面还有许多字迹。"家人把这块玉称为通灵宝玉。
[110] 劳什子：令人讨厌的东西。

[111] 孽障：同上文所说的"孽根"，都是对子女的昵称。
[112] 这们：这么。
[113] 暖阁儿：套间内再隔断为小房间，可以设炉取暖，称"暖阁"。
[114] 碧纱橱：清代建筑内隔断的一种，也称隔扇门、格门。用以隔断房间，中间两扇可以开关。格心多灯笼框式样，上面常糊纸，纸上画花或题字；宫殿或富贵人家常在格心处安装玻璃或糊各色纱，故叫"碧纱橱"。这里的"碧纱橱里"，是指以碧纱橱隔开的里间。
[115] 教引嬷嬷：清代皇子一落生，即有保母、乳母各八人；断乳后，增"谙达"（满语，伙伴、朋友的意思，这里指陪伴并负有教导责任的人），"凡饮食、言语、行步、礼节皆教之"（见《清稗类钞》）。贵族家庭的"教引嬷嬷"，其职务与皇宫的"谙达"近似。

[思考练习]

一、本文的中心事件是什么？通过黛玉的眼睛，可以看出贾府是个怎样的大家庭？

二、同为小说的主要人物，王熙凤和贾宝玉的出场有什么不同？作者介绍这两个人物各用了什么艺术表现手法？

三、品味下列人物的语言，分析他们的不同身份和性格。

王熙凤：

1. 我来迟了，不曾迎接远客！

2. 天下真有这样标致的人物，我今儿才算见了！况且这通身的气派，竟不像老祖宗的外孙女儿，竟是个嫡亲的孙女，怨不得老祖宗天天口头心头一时不忘。

3. 这倒是我先料着了，知道妹妹不过这两日到的，我已预备下了，等太太回去过了目好送来。

贾宝玉：

1. 这个妹妹我曾见过的。

2. 除《四书》外，杜撰的太多，偏只我是杜撰不成？

3. 什么罕物，连人之高低不择，还说"通灵"不"通灵"呢！我也不要这劳什子了！

林黛玉：

1. 只刚念了《四书》。

2. 不曾读，只上了一年学，些须认得几个字。

2.

苦　恼[1]

——我向谁去诉说我的悲伤[2]……

契诃夫

[阅读提示]

这篇小说描述了一个死了儿子的老马夫姚纳想向别人倾诉心中的痛苦，然而那么大的一个彼得堡竟找不到一个能听他说话的人,最后他只好对着自己的小母马诉说。作者以冷峻的笔触,揭示出19世纪沙皇统治下的社会下层小人物悲惨无援的处境和苦恼孤寂的心态。通过姚纳的遭遇,反映了俄罗斯底层劳动人民的悲惨命运,控诉了沙皇统治下俄国社会人与人之间的冷漠无情。

小说的中心线索是紧紧围绕着车夫姚纳因死了儿子想跟人家倾吐一下内心的愁苦这个可怜的心愿和欲望展开的,情节按照时间顺序铺排,作者将"人与人"的关系与"人与马"的关系进行对比。文中姚纳先后四次想向军人、三个青年、扫院子的仆人与年轻马夫诉说苦恼,但这些人对他都漠不关心。最后他来到小母马跟前,小母马不仅听着"他的倾诉",而且还"闻闻主人的手"。马有情而人无情,形成了一个鲜明的对比。这一对比,更能引起读者对主人公悲惨命运的同情,对世态炎凉的战栗,对黑暗现实的憎恶。

小说的对话描写精当简练,能反映出人物在特定环境、场合中的性格特征与心理活动。姚纳与军人及三个寻欢作乐的青年的对话,不仅深刻揭示了军人与三个青年的自私自利、麻木不仁,而且也反映了姚纳内心深处极度苦闷的情绪。

小说的细节描写匠心独运,静态的肖像描写逼真传神,语言朴实无华。作品虽然没有曲折的情节和惊人的事变,但能以小见大,于平淡中发人深思,在简单的情节中反映出重大的社会问题,体现了契诃夫短篇小说的独特风格。

暮色昏暗。大片的湿雪绕着刚点亮的街灯懒洋洋地飘飞,落在房顶、马背、肩膀、帽子上,积成又软又薄的一层。车夫姚纳·波达波夫周身雪白,像是一个幽灵。他在赶车座位上坐着,一动也不动,身子往前伛着,伛到了活人的身子所能伛到的最大限度。即使有一个大雪堆倒在他的身上,仿佛他也会觉得不必把身上的雪抖掉似的。……他那匹小马也是一身白,也是一动都不动。它那呆呆不动的姿态、它那瘦骨棱棱的身架、它那棍子般直挺挺的腿,使它活像那种花一个戈比就能买到的马形蜜糖饼干。它多半在想心思。不论是谁,只要被人从犁头上硬拉开,从熟悉的灰色景致里硬拉开,硬给丢到这儿来,丢到这个充满古怪的亮光、不停的喧嚣、熙攘的行人的旋涡当中来,那他就不会不想心事。……

姚纳和他的瘦马已经有很久停在那个地方没动了。他们还在午饭以前就从大车店里出来,至今还没拉到一趟生意。可是现在傍晚的暗影已经笼罩全城。街灯的黯淡的光已经变得明亮生动,街上也变得热闹起来了。

"赶车的,到维堡区[3]去!"姚纳听见了喊声。"赶车的!"

姚纳猛的哆嗦一下,从粘着雪花的睫毛里望出去,看见一个军人,穿一件带风帽的军大衣。

"到维堡区去!"军人又喊了一遍。"你睡着了还是怎么的?到维堡区去!"

为了表示同意,姚纳就抖动一下缰绳,于是从马背上和他肩膀上就有大片的雪撒下来。……那个军人坐上了雪橇。车夫吧哒着嘴唇叫马往前走,然后像天鹅似的伸长了脖子,微微欠起身子,与其说是由于必要,不如说是出于习惯地挥动一下鞭子。那匹瘦马也伸长脖子,弯起它那像棍子一样的腿,迟疑地离开原地走动起来了。……

"你往哪儿闯,鬼东西!"姚纳立刻听见那一团团川流不息的黑影当中发出了喊叫声。"鬼把你支使到哪儿去啊?靠右走!"

"你连赶车都不会!靠右走!"军人生气地说。

一个赶轿式马车的车夫破口大骂。一个行人恶狠狠地瞪他一眼,抖掉自己衣袖上的雪,行人刚刚穿过马路,肩膀撞在那匹瘦马的脸上。姚纳在赶车座位上局促不安,象是坐在针尖上似的,往两旁撑开胳膊肘,不住转动眼珠,就跟有鬼附了体一样,仿佛他不明白自己是在什么地方,也不知道为什么在那儿似的。

"这些家伙真是混蛋!"那个军人打趣地说。"他们简直是故意来撞你,或者故意要扑到马蹄底下去。他们这是互相串通好的。"

姚纳回过头去瞧着乘客,努动他的嘴唇。……他分明想要说话,然而从他的喉咙里却没有吐出一个字来,只发出哑哑的声音。

"什么?"军人问。

姚纳撇着嘴苦笑一下,嗓子眼用一下劲,这才沙哑地说出口:

"老爷,那个,我的儿子……这个星期死了。"

"哦!……他是害什么病死的?"

姚纳掉转整个身子朝着乘客说:

"谁知道呢!多半是得了热病吧。……他在医院里躺了三天就死了。……这是上帝的旨意哟。"

"你拐弯啊,魔鬼!"黑地里发出了喊叫声。"你瞎了眼还是怎么的,老狗!用眼睛瞧着!"

"赶你的车吧,赶你的车吧,……"乘客说。"照这样走下去,明天也到不了。快点走!"

车夫就又伸长脖子,微微欠起身子,用一种稳重的优雅姿势挥动他的鞭子。后来他有好几次回过头去看他的乘客,可是乘客闭上眼睛,分明不愿意再听了。他把乘客拉到维堡区以后,就把雪橇赶到一家饭馆旁边停下来,坐在赶车座位上伛下腰,又不动了。……湿雪又把他和他的瘦马涂得满身是白。一个钟头过去,又一个钟头过去了。……

人行道上有三个年轻人路过,把套靴踩得很响,互相诟骂,其中两个人又高又瘦,第三个却矮而驼背。

"赶车的,到警察桥去!"那个驼子用破锣般的声音说。"一共三个人。……二十戈比[4]!"

姚纳抖动缰绳,吧哒嘴唇。二十戈比的价钱是不公道的,然而他顾不上讲价了。……一个卢布也罢,五戈比也罢,如今在他都是一样,只要有乘客就行。……那几个青年人就互相推搡着,嘴里骂声不绝,走到雪橇跟前,三个人一齐抢到座位上去。这就有一个问题需要解决:该哪两个坐着,哪一个站着呢?经过长久的吵骂、变卦、责难以后,他们总算做出了决定:应该让驼子站着,因为他最矮。

"好,走吧!"驼子站在那儿,用破锣般的嗓音说,对着姚纳的后脑壳喷气。"快点跑!嘿,老兄,瞧瞧你的这顶帽子!全彼得堡也找不出比这更糟的了。……"

"嘻嘻,……嘻嘻,……"姚纳笑着说。"凑合着戴吧。……"

"喂,你少废话,赶车!莫非你要照这样走一路?是吗?要给你一个脖儿拐吗?……"

"我的脑袋痛得要炸开了,……"一个高个子说,"昨天在杜克玛索夫家里,我跟瓦斯卡一块儿喝了四瓶白兰地。"

"我不明白,你何必胡说呢?"另一个高个子愤愤地说,"他胡说八道,就跟畜生似的。"

"要是我说了假话,就叫上帝惩罚我!我说的是实情。……"

"要说这是实情,那末,虱子能咳嗽也是实情了。"

"嘻嘻!"姚纳笑道,"这些老爷真快活!"

"呸,见你的鬼!……"驼子愤慨地说。"你到底赶不赶车,老不死的?难道就这样赶车?你抽它一鞭子!唷,魔鬼!唷!使劲抽它!"

姚纳感到他背后驼子的扭动的身子和颤动的声音。他听见那些骂他的话,看到这几个人,孤单的感觉就逐渐从他的胸中消散了。驼子骂个不停,诌出一长串稀奇古怪的骂人话,直骂得透不过气来,连连咳嗽。那两个高个子讲起一个叫娜杰日达·彼得罗芙娜的女人。姚纳不住地回过头去看他们。正好他们的谈话短暂地停顿一下,他就再次回过头去,嘟嘟哝哝说:

"我的……那个……我的儿子这个星期死了!"

"大家都要死的,……"驼子咳了一阵,擦擦嘴唇,叹口气说。"得了,你赶车吧,你赶车吧!诸位先生,照这样的走法我再也受不住了!他什么时候才会把我们拉到呢?"

"那你就稍微鼓励他一下,……给他一个脖儿拐!"

"老不死的,你听见没有?真的,我要揍你的脖子了!……跟你们这班人讲客气,那还不如索性走路的好!……你听见没有,老龙[5]?莫非你根本就不把我们的话放在心上?"

姚纳与其说是感到,不如说是听到他的后脑勺上啪的一响。

"嘻嘻,……"他笑道。"这些快活的老爷,……愿上帝保佑你们!"

"赶车的,你有老婆吗?"高个子问。

"我?嘻嘻,……这些快活的老爷!我的老婆现在成了烂泥地罗。……哈哈哈!……在坟墓里!……现在我的儿子也死了,可我还活着。……这真是怪事,死神认错门了。……它原本应该来找我,却去找了我的儿子。……"

姚纳回转身,想讲一讲他儿子是怎样死的,可是这时候驼子轻松地呼出一口气,声明说,谢天谢地,他们终于到了。姚纳收下二十戈比以后,久久地看着那几个游荡的人的背影,后来他们走进一个黑暗的大门口,不见了。他又孤身一人,寂静又向他侵袭过来。……他的苦恼刚淡忘了不久,如今重又出现,更有力地撕扯他的胸膛。姚纳的眼睛不安而痛苦地打量街道两旁川流不息的人群:在这成千上万的人当中有没有一个人愿意听他倾诉衷曲呢?然而人群奔走不停,谁都没有注意到他,更没有注意到他的苦恼。……那种苦恼是广大无垠的。如果姚纳的胸膛裂开,那种苦恼滚滚地涌出来,那它仿佛就会淹没全世界,可是话虽如此,它却是人们看不见的。这种苦恼竟包藏在这么一个渺小的躯壳里,就连白天打着火把也看不见。……

姚纳瞧见一个扫院子的仆人拿着一个小蒲包,就决定跟他攀谈一下。

"老哥,现在几点钟了?"他问。

"九点多钟。……你停在这儿干什么?把你的雪橇赶开!"

姚纳把雪橇赶到几步以外去,伛下腰,听凭苦恼来折磨他。……他觉得向别人诉说也没有用了。……可是五分钟还没过完,他就挺直身子,摇着头,仿佛感到一阵剧烈的疼痛似的;他拉了拉缰绳。……他受不住了。

"回大车店去,"他想。"回大车店去!"

那匹瘦马仿佛领会了他的想法，就小跑起来。大约过了一个半钟头，姚纳已经在一个肮脏的大火炉旁边坐着了。炉台上，地板上，长凳上，人们鼾声四起。空气又臭又闷。姚纳瞧着那些睡熟的人，搔了搔自己的身子，后悔不该这么早就回来。……

"连买燕麦[6]的钱都还没挣到呢，"他想。"这就是我会这么苦恼的缘故了。一个人要是会料理自己的事，……让自己吃得饱饱的，自己的马也吃得饱饱的，那他就会永远心平气和。……"

墙角上有一个年轻的车夫站起来，带着睡意嗽一嗽喉咙，往水桶那边走去。

"你是想喝水吧？"姚纳问。

"是啊，想喝水！"

"那就痛痛快快地喝吧。……我呢，老弟，我的儿子死了。……你听说了吗？这个星期在医院里死掉的。……竟有这样的事！"

姚纳看一下他的话产生了什么影响，可是一点影响也没看见。那个青年人已经盖好被子，连头蒙上，睡着了。老人就叹气，搔他的身子。……如同那个青年人渴望喝水一样，他渴望说话。他的儿子去世快满一个星期了，他却至今还没有跟任何人好好地谈一下这件事。……应当有条有理，详详细细地讲一讲才是。……应当讲一讲他的儿子怎样生病，怎样痛苦，临终说过些什么话，怎样死掉。……应当描摹一下怎样下葬，后来他怎样到医院里去取死人的衣服。他有个女儿阿尼霞住在乡下。……关于她也得讲一讲。……是啊，他现在可以讲的还会少吗？听的人应当惊叫，叹息，掉泪。……要是能跟娘们儿谈一谈，那就更好。她们虽然都是蠢货，可是听不上两句就会哭起来。

"去看一看马吧，"姚纳想。"要睡觉，有的是时间。……不用担心，总能睡够的。"

他穿上衣服，走到马房里，他的马就站在那儿。他想起燕麦、草料、天气。……关于他的儿子，他独自一人的时候是不能想的。……跟别人谈一谈倒还可以，至于想他，描摹他的模样，那太可怕，他受不了。……

"你在吃草吗？"姚纳问他的马说，看见了它的发亮的眼睛。"好，吃吧，吃吧。……既然买燕麦的钱没有挣到，那咱们就吃草好了。……是啊。……我已经太老，不能赶车了。……该由我的儿子来赶车才对，我不行了。……他才是个地道的马车夫。……只要他活着就好了。……"

姚纳沉默了一忽儿，继续说：

"就是这样嘛，我的小母马。……库兹玛·姚内奇不在了。……他下世了。……他无缘无故死了。……比方说，你现在有个小驹子，你就是这个小驹子的亲娘。……忽然，比方说，这个小驹子下世了。……你不是要伤心吗？"

那匹瘦马嚼着草料，听着，向它主人的手上呵气。

姚纳讲得入了迷，就把他心里的话统统对它讲了。……

[注释]

[1] 选自《契诃夫短篇小说集》。契诃夫，俄国小说家、戏剧家。出身于破产的商人家庭，毕业于莫斯科大学医药系。早期以"契洪特"的笔名写过两百多篇短小作品，质量参差不齐。有为适应当时资产阶级报纸和市民趣味的读者而写的平庸之作，也有暴露黑暗、针砭时弊的佳作，如《一个小官员之

死》《变色龙》《苦恼》等。1886年后,他思想巨变,作品中的批判因素增强,创作风格日趋成熟。这个时期他又写了一百余篇中短篇小说,较有名的有《草原》《第六病室》《带阁楼的房子》《新娘》等。契科夫的小说简练冷峻,风格独特。他的戏剧创作在戏剧史上也有重要地位,剧作有《万尼亚舅舅》《三姊妹》《樱桃园》等。

[2] 我向谁去诉说我的悲伤:引自宗教诗《约瑟夫的哭泣和往事》。

[3] 维堡区:彼得堡一个区的名字。

[4] 戈比:俄国货币单位,一百戈比为一卢布。

[5] 老龙:原文是"高雷内奇龙",俄国神话中的一条怪龙名。在此用做骂人的话。

[6] 燕麦:马的饲料。

[思考练习]

一、马车夫姚纳为什么再三对别人、甚至对小母马叙说他儿子死了的事?

二、小说是怎样将"人与人"的关系与"人与马"的关系作对比的?这样对比有何作用?

三、本文的人物对话描写有什么特色?对塑造人物起了什么作用?

四、举例说明本文中的细节描写对刻画人物性格、表现人物心理活动所起的作用。

3.

一碗清汤荞麦面[1]

栗良平

[阅读提示]

这是一篇在日本社会引起强烈共鸣,产生深刻影响的当代小说。

小说中的母子三人,在巨大的不幸降临时没有退缩,他们在艰难困苦中相互关心,相互鼓励,相互支持,最终战胜困难,走出逆境。同时,小说还描写了以店主夫妇为代表的社会成员对母子三人的同情、尊重和关爱,充分展示了人性中美好的一面。捧读这篇小说,我们每个人都在激动过后都会得到心灵的洗礼,情感的升华。作为职业学校的学生,我们还可以从店主夫妇身上领悟到,什么是高尚的职业道德和职业精神。

小说以"一碗清汤荞麦面"为线索,以北海亭面馆为背景,以母子三人四次在除夕夜到面馆吃面为主要情节,以十分洗练的笔墨完成了故事的交代和人物的刻画。小说文字浅显易懂,情节结构简单明了,但在写人叙事上却取得了很高的艺术成就。阅读时要仔细地揣摩。

对于面馆来说,最忙的时候,要算是大年夜了。北海亭面馆的这一天,也是从早就忙得不亦乐乎。

平时直到深夜十二点还很热闹的大街,大年夜晚上一过十点,就很宁静了。北海亭面馆的顾客,此时也像是突然都失踪了似的。

就在最后一位顾客出了门,店门要说关门打烊[2]的时候,店门被咯吱咯吱地拉开了。

一个女人带着两个孩子走了进来。六岁和十岁左右的两个男孩子,一身崭新的运动服。女人却穿着不合时令的斜格子的短大衣。

"欢迎光临,"老板娘迎上前去招呼着。

"……唔……清汤荞麦面……一碗……可以吗?"那女人怯生生地问。

那两个小男孩躲在妈妈的身后,也怯生生地望着老板娘。

"行啊,请,请这边坐,"老板娘说着,领他们母子三人坐到靠近暖气的二号桌,一边向柜台里面喊着,"清汤荞麦面一碗——"

听到喊声的老板,抬头瞥了他们三人一眼,应声道,"好——咧!清汤荞麦面一碗——"

案板上早就准备好的,堆成一座座小山似的面条,一堆是一人份,老板抓起一堆面,继而又加了半堆,一起放到锅里。老板娘立刻领悟到,这是丈夫特意多给这母子三人的。

热腾腾香喷喷的清汤荞麦面放到桌上,母子三人立即围着这碗面,头碰头地吃了起来。

"真好吃啊!"哥哥说。

"妈妈也吃呀。"弟弟夹了一筷面,送到妈妈的口中。

不一会儿,面吃完了,付了一百五十元钱。

"承蒙款待。"母子三人一齐点头谢过,出了店门。

"谢谢,祝你们过个好年!"老板和老板娘应声回答着。

过了新年的北海亭面馆,每天照样忙忙碌碌。一年很快过去了。转眼又是大年夜了。

和以前的大年夜一样,忙得不亦乐乎的这一天就要结束了。过了晚上十点,正想关门打烊的时候,店门又被拉开了。一个女人带着两个男孩走了进来。

老板娘看到那女人身上那件不合时令的斜格子短大衣,就想起了去年大年夜的那三位最后的顾客。

"……唔……一碗清汤荞麦面……可以吗?"

"请,请里边坐,"老板娘将他们带到去年同样的二号桌,"清汤荞麦面一碗——"

"好——咧!清汤荞麦面一碗——"老板应声回答着,并将已经熄灭的炉火重又点燃起来。

"喂,孩子他爹,给他们下三碗,好吗?"

老板娘在老板耳边轻声说道。

"不行,如果这样做,他们也许会尴尬的。"

老板说着,抓了一人半份的面下了锅。

桌上放着一碗清汤荞麦面。母子三人边吃边谈着,柜台里的老板娘能听到他们的声音。

"真好吃……"

"今年又能吃到北海亭面馆的清汤荞麦面了。"

"明年还能来吃就好了……"

吃完后,付了一百五十元钱。老板娘对着他们的背影说:"谢谢,祝你们过个好年!"

这一天,被这句说过几十遍乃至几百遍的话送走了。

随着北海亭面馆的生意兴隆,又迎来了第三年的大年夜的晚上。

从九点半开始,老板和老板娘虽然谁都没说什么,但都显得有点心神不定。十点刚过,雇工们下班走后,老板和老板娘立刻就把墙上挂着的各种面的价格牌,一一翻了过来。赶紧写好"清汤荞麦面一百五十元。"其实,从今年夏天起,随着物价的上涨,清汤荞麦面的价格已经是二百元一碗了。

二号桌上,在三十分钟以前,老板娘就已经摆好了"预约席"的牌子。

到十点半,店里已经没有客人了。但老板和老板娘还在等待着母子三人的到来。

他们来了。哥哥穿着中学生的制服,弟弟穿着去年哥哥穿的那件略有些大的旧衣服,弟兄俩都长大了,有点认不出来了。母亲还是穿着那件不合时令的有些褪色的短大衣。

"欢迎光临。"老板娘笑着迎上前去。

"……唔……清汤荞麦面两碗……可以吗?"女人怯生生地问。

"行,请,请里边坐。"

老板娘把他们领到二号桌,若无其事地将桌上的那块"预约席"的牌子藏了起来,对柜台喊着:

"清汤荞麦面两碗!"

"好——咧!清汤荞麦面两碗——"

老板应声答着,把三碗面的份量放进了锅里。

母子三人吃着两碗清汤荞麦面,说着,笑着。

"大儿,淳儿,今天,我做母亲的想要向你们道谢。"

"道谢?向我们……为什么?"

"实在是,因为你们的父亲死于交通事故,生前欠下了八个人的钱。我把抚恤金[3]全部还了债。还不够的部分,就每月五万元分期偿还。"

"这些我们都知道呀。"

老板和老板娘在柜里,一动不动,凝神听着。

"剩下的债,到明年三月就可以还清了。可实际上,今天就可全部还清。"

"啊,真的?妈妈。"

"是真的。大儿每天送报纸赚钱支持我,淳儿每天买菜烧饭帮助我,所以我能够安心工作。因为我努力工作,得到了公司的特别津贴,所以现在能够全部还清债款。"

"好啊!妈妈,哥哥,从现在起,每天烧饭的事还是包给我了。"

"我也继续送报。弟弟,我们一起努力吧!"

"谢谢!真是谢……谢……"

"我和弟弟也有一件事瞒着妈妈,今天可以说了。这是在十一月的星期天,我到弟弟学校去参加家长会。这时,弟弟已经藏了一封老师给妈妈的信……弟弟写的作文如果被选为北海道的代表,就能参加全国的作文比赛。正因为这样,家长会的那天,老师要弟弟自己朗读这篇作文。老师的信如果给妈妈看了,妈妈一定会向公司请假,去听弟弟朗读作文。于是,弟弟就没有把这封信交给妈妈。这事我还是从弟弟的朋友那里听来的。所以,家长会那天,是我去了。"

"哦,原来是这样……那后来呢?"

"老师出的作文题目是,'你将来想成为怎样的人',全体学生都写了。弟弟的作文题目是'一碗清汤荞麦面'。一听题目,我就知道是写的北海亭面馆的事。弟弟这家伙,怎么把这种难为情的事写出来,我这么想着。"

"作文写的是,父亲死于交通事故,留下了一大笔债。母亲每天从早到晚拼命工作,我去送早报和晚报……弟弟全都写了出来。接着又写,十二月三十一日的晚上,母子三人吃一碗清汤荞麦面,非常好吃……三个人只买了一碗清汤荞麦面,可面馆的叔叔阿姨还是很热情地接待了我们,谢谢我们,还祝我们过个好年。听到这声音,弟弟的心中不由地喊着,'不能失败!要努力!要好好活着!'因此,弟弟长大成人后,想开一家日本第一的面馆,也要对顾客说,'努力吧,祝你幸福,谢谢。'弟弟大声地朗读着作文……"

此刻,柜台里竖着耳朵,全神贯注地听着母子三人说话的老板和老板娘不见了。在柜台的深处,只见他们两人面对面地蹲着,一条手巾,各执一端,在擦着那不断夺眶而出的泪水。

"作文读完后,老师说,'今天淳君的哥哥代替他母亲来参加我们的家长会,现在我们请他来说几句话……'"

"这时哥哥为什么……"弟弟疑惑地望着哥哥。

"因为突然被叫上去说话,一开始,我什么也说不出……'诸君一直和我弟弟很要好,在此,我谢谢大家。弟弟每天做晚饭,放弃了俱乐部的活动,中途回家。我做哥哥的,感到很难为情。方才,弟弟的《一碗清汤荞麦面》刚开始读时,我感到很丢脸。但是,当我看到弟弟激动地大声朗读时,我心里更感到羞愧。这时我想,决不能忘记母亲买一碗清汤荞麦面的勇气。兄弟们,齐心合力,为保护我们的母亲而努力吧!从今以后,请大家更好地和我弟弟结成朋友。'我就说了这些……"

母子三人,静静地,互相握着手,良久。继而又欢快地笑了起来。和去年相比,像是完全变了模样。

作为年夜饭的清汤荞麦面吃完了,付了三百元。

"承蒙款待。"母子三人深深地低头道谢后,走出了店门。

"谢谢,祝你们过个好年!"

老板和老板娘大声地向他们祝福着,目送着他们远去……

又是一年的大年夜降临了。北海亭面馆里,晚上九点一过,二号桌上又摆上了"预约席"的牌子,等待着母子三人的到来。可是,没看到那三人的身影。

一年,又是一年,二号桌始终默默地等待着。可母子三人还是没有出现。

北海亭面馆因为生意越来越兴隆,店内重又进行了装修。桌子、椅子都换了新的。可二号桌却仍然如故。老板夫妇不但没感到不协调,反而把二号桌放在店堂中央。

"为什么把这张旧桌子放在店堂中央?"有的顾客感到奇怪。

于是,老板夫妇就把"一碗清汤荞麦面"的事告诉他们。并说,看到这张桌子,就是对自己的激励。而且说不定哪天那母子三人还会来,这个时候,想用这张桌子来迎接他们。

就这样,关于二号桌的故事,使二号桌成了"幸福的桌子"。顾客们到处传诵着。有人特意从远方赶来。有女学生,也有年轻的情侣,都要到二号桌上吃一碗清汤荞麦面。二号桌也因此而名声大振。

时光流逝,年复一年。这一年的大年夜又来到了。

这时,北海亭面馆已经是同一条街的商店会的主要成员。在大年夜这天,亲如家人的朋友、近邻、同行,结束了一天的工作后,都来到了北海亭。在北海亭吃了过年面,听着除夕夜的钟声,然后亲朋好友聚集起来,一起到附近的神社去烧香磕头,以求神明保佑在新的一年里万事如意,厄除运开。这种情形,已经有五六年的历史了。

今年的大年夜当然也不例外。九点半一过,以鱼店老板夫妇双手捧着装满生鱼片的大盆子进来为信号,平时亲如家人的朋友们大约三十多人,也都带着酒菜,陆陆续续地会集到北海亭。店里的气氛,一下子热闹起来。

知道二号桌由来的朋友们,嘴里虽然没说什么,可心里都在想着,今年二号桌也许又要空等了吧。那块"预约席"的牌子,早已悄悄地站在二号桌上。

狭窄的座席之间,客人们一点一点地移动着身子坐下,有人还招呼着迟到的朋友。吃着面,喝着酒,互相夹着菜。有人到柜台里去帮忙,有人随意拉开冰箱拿东西。什么廉价出售的生意啦,海水浴的艳闻轶事啦,什么添了孙子的事啦。十点半时,北海亭里的热闹气氛到达了顶点。

就在这时,店门被咯吱咯吱地拉开了。人们都向门口望去,屋子里突然静了下来。

两位西装笔挺,手臂上搭着大衣的青年走了进来。这时,大伙都松了口气,随着轻轻的叹息声,店里又恢复了刚才的热闹。

"真不凑巧,店里已经坐满了。"老板娘面带着歉意说。

就在她拒绝两位青年的时候,一位身穿和服的妇人,深深低着头走了进来,站在二位青年中间。

店里的人们,一下子都屏住了呼吸,耳朵也竖起来了。

"唔……三碗清汤荞麦面,可以吗?"穿和服的妇人平静地说。

听了这话,老板娘的脸色一下子变了。十几年前留在脑海中的母子三人的印象,和眼前这三人的形象重叠起来了。

老板娘指着三位来客,目光和正在柜台里找韭菜的丈夫的目光撞在一处。

"啊!啊……孩子他爹!"

面对不知所措的老板娘,青年中的一位开口了。

"我们就是十四年前的大年夜,母子三人共吃一碗清汤荞麦面的顾客。那时,就是这一碗清汤荞麦面的鼓励,使我们三人同心合力,度过了艰难的岁月。这以后,我们搬到母亲的亲家滋贺县去了。"

"我今年通过了医生的国家考试,现在京都的大学医院里当实习医生。明年四月,我将到札幌的综合医院工作。还没有开面馆的弟弟,现在京都银行里工作。我和弟弟商谈,计划了这生平第一次的奢侈的行动。就这样,今天我们母子三人,特意来拜访,想要麻烦你们烧三碗清汤荞麦面。"

边听边点头的老板夫妇,泪珠一串串地掉下来。

坐在靠近门口桌上的蔬菜店老板,嘴里含着一口面听着,直到这时,才把面咽下去,站起身来。

"喂喂!老板娘,你呆站着干什么!这十年的每一个大年夜,你都为等待他们的到来而准备着,这十年后的预约席不是吗?快!请他们入座,快!"

被蔬菜店老板用肩一撞,老板娘这才清醒过来。

"欢……欢迎,请,请坐……孩子他爹,二号桌清汤荞麦面三碗——"

"好咧——清汤荞麦面三碗——"可泪流满面的丈夫却应不出来。

店里,突然爆发出一阵欢呼声和鼓掌声。店外,刚才还在纷纷扬扬的飘着的雪,此刻也停了。皑皑白雪映着明净的窗子,那写着"北海亭"的布帘子,在正月的清风中,摇曳着,飘着……

1989年5月20日于东京千石

[注释]

[1] 选自《电视·电影·文学》1990年第1期。栗良平,本名伊藤贡,日本作家。
[2] 打烊(yàng):商店晚上关门停止营业。
[3] 抚恤金:国家或组织发给因公牺牲、致残或受伤人员及其家属的补偿费用。

[思考练习]

一、这篇课文用一个感人至深的故事告诉我们如何正确对待生活的挫折、命运的不幸。请结合课文的具体内容,谈谈母子三人在身处逆境时表现出了怎样的精神,他们是靠什么战胜了生活的不幸。

二、根据课文内容回答下列问题。

1. 母子三人三次到店中吃面,店主夫妇都是多给面、少收钱,却始终不让他们觉察出来。这是为什么?

2. 店主夫妇将母子三人坐过的二号桌定为"预约席",并让它出了名,成为"幸福的桌子",这说明了什么?结尾关于"雪""窗子""布帘子"的描写有什么作用?

三、阅读下列句子,分析这些描写表现了人物怎样的内心世界。

1. 一个女人带着两个孩子走了进来。六岁和十岁左右的两个男孩子,一身崭新的运动服。女人却穿着不合时令的斜格子的短大衣。

2. 在柜台的深处,只见他们两人面对面地蹲着,一条手巾,各执一端,在擦着那不断夺眶而出的泪水。

3. 母子三人,静静地,互相握着手,良久。继而又欢快地笑了起来。和去年相比,像是完全变了模样。

四、有人说,一碗清汤荞麦面不仅仅使遭遇困境的母子三人,而且使许许多多的人受惠,你同意这样的说法吗?说说你的理由。

4.

群英会蒋干中计[1]

罗贯中

[阅读提示]

《三国演义》这一回中,周瑜的形象富有丰神异彩。在曹操、蒋干的映衬之下,显得雅量高致,足智多谋。论力量对比,双方强弱悬殊。然而周瑜不畏强敌,不受劝降,不顾风险,亲临前沿侦察,谨慎备战。他逼止蒋干劝降,将计就计,玩蒋干于股掌之间。他设计除掉了曹操手下两员大将,一场智斗,取得完全胜利。

故事情节极富戏剧性。作者先让读者知道周瑜是在用计,读者急于知道周瑜怎样用计,作者却宕开一笔,去写群英会,写周瑜怎样挫败蒋干的劝降阴谋,使蒋干开口不得。群英会之后,计谋才一步一步实施,一边是用计反装糊涂;一边是中计反以为得手,场面惊心动魄,扣人心弦。

周瑜设计,关键是要使曹操信以为真,盛怒之下立斩蔡、张。要蒙骗曹操并非易事,故事情节围绕蔡瑁、张允的信,布置严密,要留心欣赏。周瑜的醉态,在非醉非醒之间,写得出神入化,极有特色。

却说周瑜送了玄德,回至寨[2]中,……忽报曹操遣使送书至,瑜唤入。使者呈上书看时,封面上判云[3]:"汉大丞相付周都督开拆。"瑜大怒,更不开看,将书扯碎,掷于地上,喝斩来使。肃曰:"两国相争,不斩来使。"瑜曰:"斩使以示威!"遂斩使者,将首级付从人持回。随令甘宁[4]为先锋,韩当为左翼,蒋钦为右翼,瑜自部领[5]诸将接应,来日四更造饭,五更开船,鸣鼓呐喊而进。

却说曹操知周瑜毁书斩使,大怒,便唤蔡瑁、张允[6]等一班荆州降将为前部,操自为后军,催督战船,到三江口[7]。早见东吴船只,蔽江[8]而来。为首一员大将,坐在船头上大呼曰:"吾乃甘宁也!谁敢来与我决战?"蔡瑁令弟蔡壎前进。两船将近,甘宁拈弓搭箭,望蔡壎射来,应弦而倒[9]。宁遂驱船大进,万弩齐发。曹军不能抵当。右边蒋钦,左边韩当,直冲入曹军队中。曹军大半是青、徐之兵,素不习水战,大江面上,战船一摆,早立脚不住。甘宁等三路战船,纵横水面。周瑜又催船助战。曹军中箭着炮者,不计其数。从巳时[10]直杀到未时[11],周瑜虽得利,只恐寡不敌众,遂下令鸣金[12],收住船只。曹军败回。操登旱寨,再整军士,唤蔡瑁、张允责之曰:"东吴兵少,反为所败,是汝等不用心耳!"蔡瑁曰:"荆州水军,久不操练;青、徐之军,又素不习水战,故尔致败。今当先立水寨,令青、徐[13]军在中,荆州军在外,每日教习精熟,方可用之。"操曰:"汝既为水军都督,可以便宜从事[14],何必禀我!"于是张、蔡二人自去训练水军。沿江一带分二十四座水门[15],以大船居于外为城郭,小船居于内,可通往来。至晚点上灯火,照得天心水面通红。旱寨三百余里,烟火不绝。

却说周瑜得胜回寨,犒赏三军,一面差人到吴侯[16]处报捷。当夜瑜登高观望,只见西边火光接天。左右告曰:"此皆北军灯火之光也。"瑜亦心惊。次日,瑜欲亲往探看曹军水寨,乃命收拾楼船一只,带着鼓乐,随行健将数员,各带强弓硬弩,一齐上船迤逦前进。至操寨边,瑜命下了碇石,楼船上鼓乐齐奏。瑜暗窥他水寨,大惊曰:"此深得水军之妙也!"问:"水军都督是谁?"左右曰:"蔡瑁、张允。"瑜思曰:"二人久居江东[17],谙习[18]水战,吾必设计先除此二人,然后可以破曹。"正窥看间,早有曹军飞报曹操说:"周瑜偷看吾寨。"操命纵船擒捉。瑜见水寨中旗号动,急叫收起碇石,两边四下一齐轮转橹棹,望江面上如飞而去。比及曹寨中船出时,周瑜的楼船已离了十数里远,追之不及,回报曹操。

操问众将曰:"昨日输了一阵,挫动[19]锐气,今又被他深窥吾寨,吾当作何计破之?"言未毕,忽帐下一人出曰:"某自幼与周郎同窗交契[20],愿凭三寸不烂之舌,往江东说此人来降。"曹操大喜,视之,乃九江人,姓蒋,名干,字子翼,见[21]为帐下幕宾[22]。操问曰:"子翼与周公瑾相厚乎?"干曰:"丞相放心,干到江左[23],必要成功。"操问:"要将何物去?"干曰:"只消一童随往,二仆驾舟,其余不用。"操甚喜,置酒与蒋干送行。干葛[24]巾布袍,驾一只小舟,径到周瑜寨中,命传报:"故人蒋干相访。"周瑜正在帐中议事,闻干至,笑谓诸将曰:"说客至矣!"遂与众将附耳低言,如此如此。众将应命而去。

瑜整衣冠,引从者数百,皆锦衣花帽,前后簇拥而出。蒋干引一青衣小童,昂然而来。瑜拜迎之。干曰:"公瑾别来无恙?"瑜曰:"子翼良苦:远涉江湖,为曹氏作说客耶?"干愕然曰:"吾久别足下,特来叙旧,奈何疑我作说客也?"瑜笑曰:"吾虽不及师旷之聪[25],闻弦歌而知雅意[26]。"干曰:"足下待故人如此,便请告退!"瑜笑而挽其臂曰:"吾但恐兄为曹氏作说客耳。既无此心,何速去也?"遂同入帐。叙礼[27]毕,坐定,即传令悉召江左英杰与子翼相见。

须臾,文官武将,各穿锦衣,帐下偏裨将校,都披银铠,分两行而入。瑜都教相见毕,就列于两傍而坐。大张筵席,奏军中得胜之乐,轮换行酒[28]。瑜告众官曰:"此吾同窗契友也。虽从江北到此,却不是曹家说客,公等勿疑。"遂解佩剑付太史慈[29]曰:"公可佩我剑作监酒,今日宴饮,但叙朋友交情,如有提起曹操与东吴军旅之事者,即斩之!"太史慈应诺,按剑[30]坐于席上。蒋干惊愕,不敢多言。周瑜曰:"吾自领军以来,滴酒不饮;今日见了故人,又无疑忌,当饮一醉。"说罢,大笑畅饮。座上觥筹交错[31]。饮至半酣,瑜携干手,同步出帐外。左右军士,皆全装贯带[32],持戈执戟而立。瑜曰:"吾之军士,颇雄壮否?"干曰:"真熊虎之士也!"瑜又引干到帐后一望,粮草堆如山积。瑜曰:"吾之粮草,颇足备否?"干曰:"兵精粮足,名不虚传。"瑜佯醉大笑曰:"想周瑜与子翼同学业时,不曾望有今日。"干曰:"以吾兄高才,实不为过。"瑜执干手曰:"大丈夫处世,遇知己之主,外托君臣之义,内结骨肉之恩[33],言必行,计必从,祸福共之。假使苏秦、张仪、陆贾、郦生[34]复出,口似悬河,舌如利刃,安能动我心哉?"言罢大笑。蒋干面如土色。瑜复携干入帐,会诸将再饮,因指诸将曰:"此皆江东之英杰。今日此会,可名'群英会'。"饮至天晚,点上灯烛,瑜自起舞剑作歌。歌曰:

丈夫处世兮立功名;立功名兮慰平生。
慰平生兮吾将醉;吾将醉兮发狂吟[35]!

歌罢,满座欢笑。至夜深,干辞曰:"不胜酒力矣。"瑜命撤席,诸将辞出。瑜曰:"久不与子翼同榻,今宵抵足而眠。"于是佯作大醉之状,携干入帐共寝。瑜和衣卧倒,呕吐狼藉。蒋干如何睡得着?伏枕听时,军中鼓打二更。起视,残灯尚明。看周瑜时,鼻息如雷。干见帐内桌上,堆着一卷文书,乃起床偷视之,却都是往来书信。内有一封,上写"蔡瑁张允谨封"。干大惊,暗读之。书略曰:

某等降曹,非图仕禄,迫于势耳。今已赚[36]北军困于寨中,但得其便,即将操贼之首,献于麾下。早晚人到,便有关报[37]。幸勿见疑!先此敬复。

干思曰:"原来蔡瑁、张允结连东吴!"遂将书暗藏于衣内。再欲检看他书时,床上周瑜翻身,干急灭灯就寝。瑜口内含糊曰:"子翼,我数日之内,教你看操贼之首!"干勉强应之。瑜又曰:"子翼,且住!……教你看操贼之首!……"及干问之,瑜又睡着。干伏于床上,将近四更,只听得有人入帐唤曰:"都督醒否?"周瑜梦中做忽觉之状,故问那人曰:"床上睡着何人?"答曰:"都督请子翼同寝,何故忘却?"瑜懊悔曰:"吾平日未尝饮醉;昨日醉后失事,不知可曾说甚言语?"那人曰:"江北有人到此。"瑜喝:"低声!"便唤:"子翼。"蒋干只妆[38]睡着。瑜潜出帐。干窃听之,只闻有人在外曰:"张、蔡二都督道:'急切不得下手,……'"后面言语颇低,听不真实。少顷,瑜入帐,又唤"子翼。"蒋干只是不应,蒙头假睡。瑜亦解衣就寝。干寻思:"周瑜是个精细人,天明寻书不见,必然害我。"睡至五更,干起唤周瑜,瑜却睡着。干戴上巾帻[39],潜步出帐,唤了小童,径出辕门[40]。军士问:"先生那里去?"干曰:"吾在此恐误都督事,权且告别。"军士亦不阻当。

干下船,飞棹回见曹操。操问:"子翼干事若何?"干曰:"周瑜雅量高致,非言词所能动也。"操怒曰:"事又不济[41],反为所笑!"干曰:"虽不能说周瑜,却与丞相打听得一件事。乞退左右。"干取出书信,将上项事逐一说与曹操。操大怒曰:"二贼如此无礼耶!"即便唤蔡瑁、张允到帐下。操曰:"我欲使汝二人进兵。"瑁曰:"军尚未曾练熟,不可轻进。"操怒曰:"军若练熟,吾首级献于周郎矣!"蔡、张二人不知其意,惊慌不能回答。操喝武士推出斩之。须臾,献头帐下,操方省悟曰:"吾中计矣!"后人有诗叹曰:

　　　　曹操奸雄不可当,一时诡计中周郎。
　　　　蔡张卖主求生计,谁料今朝剑下亡。

众将见杀了张、蔡二人,入问其故。操虽心知中计,却不肯认错,乃谓众将曰:"二人怠慢军法,吾故斩之。"众皆嗟呀不已。操于众将内选毛玠[42]、于禁为水军都督,以代蔡、张二人之职。

细作[43]探知,报过江东。周瑜大喜曰:"吾所患者,此二人耳,今既剿除,吾无忧矣!"肃曰:"都督用兵如此,何愁曹贼不破乎!"

[注释]

[1]　节选自《三国演义》(人民文学出版社 1990 年版)第四十五回。群英会,英雄豪杰们的聚会。
[2]　寨:军营。
[3]　判云:以命令的口吻写道。
[4]　甘宁:和下文的韩当、蒋钦,都是东吴的将领。
[5]　部领:统率。
[6]　蔡瑁、张允:原来都是荆州刺史(汉代的地方行政长官)刘表的部下,后来投降曹操。
[7]　三江口:在现在湖北黄冈西。
[8]　蔽江:遮蔽了江面(形容船只多)。
[9]　应弦而倒:随着弓弦的响声(被射中了)倒在地上。
[10]　巳时:指上午 9 点到 11 点。
[11]　未时:指下午 1 点到 3 点。
[12]　鸣金:敲锣,古代作战时收兵的信号。
[13]　青、徐:青州和徐州,在现在山东和江苏一带。
[14]　便(biàn)宜从事:经过特许,可以根据实际情况或临时变化酌情处理,不必请示。
[15]　水门:用战船在水上布置了作战的阵地,从阵地通向外面的门。
[16]　吴侯:指东吴的最高统治者孙权。
[17]　江东:长江在芜湖、南京间作西南偏南、东北偏北流向,隋、唐以前,是南北往来主要渡口的所在地,习惯上称从这里以下的长江南岸地区为江东。三国时,江东是孙吴的根据地,所以当时又称孙吴统治下的全部地区为江东。这里指的是前面一种说法,下文的"江东"指的是后面一种说法。
[18]　谙(ān)习:熟习。

[19] 挫动：挫折。
[20] 交契：交情深厚。契，情意相投。
[21] 见：同"现"。
[22] 幕宾：这里指军队里的参谋。
[23] 江左：古人以东为左，以西为右，所以江东又称江左。
[24] 葛：一种植物，纤维可以织布。
[25] 师旷之聪：师旷那样耳朵灵。师旷，春秋时代晋国的乐师，善于辨别乐音。
[26] 雅意：高雅的含义。
[27] 叙礼：行礼。
[28] 行酒：敬酒。
[29] 太史慈：东吴的将领。
[30] 按剑：用手抚剑。
[31] 觥筹交错：酒杯和酒筹交互错杂。筹，酒筹，行酒令（用游戏方法决定饮酒的次序）用的竹签。
[32] 全装贯带：全副武装，束着腰带。
[33] 外托君臣之义，内结骨肉之恩：意思是，表面上是君臣关系，实际上彼此有骨肉一样的恩情。
[34] 陆贾、郦生：汉代有名的辩士。陆贾，楚人，汉初曾随高祖定天下，常出使诸侯做说客。郦生，就是郦食其(lì yì jī)，秦汉之际多次给刘邦献计，后说齐王田广归汉。
[35] 发狂吟：唱出放荡不羁的歌。
[36] 赚：诱骗。
[37] 关报：报告。
[38] 妆：装。
[39] 巾帻(zé)：头巾。
[40] 辕门：军营的门。也指衙署的外门。
[41] 不济：不成功。
[42] 玠：念 jiè。
[43] 细作：侦探。

[思考练习]

一、选文情节相对完整，有开端、发展、高潮和结局，在情节发展过程中刻画人物形象。周瑜定计、用计，蒋干中计，曹操也一时上了当，三个人物的不同性格特征都在矛盾冲突中得到栩栩如生的表现。简略概括三人的性格特征。

二、想一想，蒋干为什么会中计？

5.

婴　宁

蒲松龄[1]

[阅读提示]

蒲松龄在《聊斋志异·婴宁》篇中塑造了一个理想形象——婴宁。她嗜花爱笑，天真无邪,像山花一样烂漫,山泉一样纯净,丝毫没有受到封建礼教、世俗人情的摧残、污染。作者着力刻画的是女主角的外貌美和爱花、爱笑以及纯真得近乎痴憨的性格特点。婴宁一登场,作者就以十分传神的笔法,勾勒出她不同凡俗的形象。通过极力渲染王子服的相思之情,一方面是为以后情节的发展(王子服到西南山中寻找婴宁)"蓄势";另一方面也是对婴宁的虚写,字里行间都能让读者感觉到婴宁的存在。在王子服与婴宁相见的场面里,作者又对婴宁性格的另一侧面——爱笑,作了淋漓尽致的描写,这一系列关于笑的描写,声态并作,使婴宁爱笑的性格得到了最为集中的表现。

蒲松龄着重刻画的是婴宁作为一个少女的纯真性格及其变化,但也同时表现她作为狐精的神异特点。为表现这种神异性,作者不仅在小说结尾处设计了婴宁幻化出枯木巨蝎惩治西邻之子的奇幻情节,而且在情节的纵向安排上也作了匠心经营。婴宁这一形象的构成是比较复杂的,从整体上说,她是人和狐的复合;如果单从她作为人的方面看,又是两种个性的复合。

王子服,莒[2]之罗店人,早孤[3]。绝慧,十四入泮[4]。母最爱之,寻常不令游郊野。聘萧氏,未嫁而夭,故求凰[5]未就也。

会上元[6],有舅氏子吴生,邀同眺瞩[7],方至村外,舅家有仆来,招吴去。生见游女如云,乘兴独游。有女郎携婢,捻梅花一枝,容华绝代,笑容可掬。生注目不移,竟忘顾忌。女过去数武[8],顾婢子笑曰:"个儿郎[9]目灼灼似贼!"遗花地上,笑语自去。生拾花怅然,神魂丧失,怏怏遂返。

至家,藏花枕底,垂头而睡,不语亦不食。母忧之,醮禳[10]益剧,肌革[11]锐减。医师诊视,投剂发表[12],忽忽若迷。母抚问所由,默然不答。适吴生来,嘱密诘[13]之。吴至榻前,生见之泪下。吴就榻慰解,渐致研[14]诘。生具吐其实,且求谋画。吴笑曰:"君意亦复痴!此愿有何难遂?当代访之。徒步于野,必非世家[15]。如其未字[16],事固谐[17]矣;不然,拚以重赂,计必允遂[18]。但得痊瘳[19],成事在我。"生闻之,不觉解颐[20]。吴出告母,物色女子居里,而探访既穷,并无踪绪。母大忧,无所为计。然自吴去后,颜顿开,食亦略进。

数日,吴复来。生问所谋。吴绐[21]之曰:"已得之矣。我以为谁何人,乃我姑之女,即君姨妹行,今尚待聘。虽内戚有婚姻之嫌,实告之,无不谐者。"生喜溢眉宇,问:"居何里?"吴诡曰:"西南山中,去此可三十余里。"生又付嘱[22]再四,吴锐身自任而去。生由饮食渐加,日就平复。探视枕底,花虽枯,未便雕落。凝思把玩,如见其人。怪吴不至,折柬招之。吴支托不肯赴招。生恚怒,悒悒不欢。母虑其复病,急为议姻;略与商榷,辄摇首不愿,惟日盼吴。

吴迄无耗,益怨恨之。转思三十里非遥,何必仰息他人?怀梅袖中,负气自往,而家人不知也。伶仃独步,无可问程,但望南山行去。约三十余里,乱山合沓,空翠爽肌,寂无人行,止有鸟道。遥望谷底,丛花乱树中,隐隐有小里落。下山入村,见舍宇无多,皆茅屋,而意甚修雅。北向一家,门前皆丝柳,墙内桃杏尤繁,间以修竹;野鸟格磔其中。意其园亭,不敢遽入。回顾对户,有巨石滑洁,因坐少憩。

俄[23]闻墙内有女子,长呼"小荣",其声娇细。方伫[24]听间,一女郎由东而西,执杏花一朵,俯首自簪[25]。举头见生,遂不复簪,含笑捻花而入。审视之,即上元途中所遇也。心骤喜。但念无以阶进[26],欲呼姨氏,顾从无还往,惧有讹误。门内无人可问。坐卧徘徊,自朝至于日昃[27],盈盈望断,并忘饥渴。时见女子露半面来窥,似讶其不去者。忽一老媪扶杖出,顾生曰:"何处郎君,闻自辰刻[28]便来,以至于今。意将何为?得勿饥耶?"生急起揖之,答云:"将以探亲。"媪聋聩不闻。又大言之。乃问:"贵戚何姓?"生不能答。媪笑曰:"奇哉!姓名尚自不知,何亲可探?我视郎君,亦书痴耳。不如从我来,啖[29]以粗粝,家有短榻可卧。待明朝归,询知姓氏,再来探访,不晚也。"生方腹馁思啖,又从此渐近丽人,大喜。从媪入,见门内白石砌路,夹道红花,片片坠阶上;曲折而西,又启一关,豆棚花架满庭中。肃客入舍,粉壁光如明镜;窗外海棠枝朵,探入室中;裀藉[30]几榻,罔不洁泽。甫坐,即有人自窗外隐约相窥。媪唤:"小荣!可速作黍。"外有婢子嗷声[31]而应。坐次,具展宗阀[32]。媪曰:"郎君外祖,莫姓吴否?"曰:"然。"媪惊曰:"是吾甥也!尊堂,我妹子。年来以家窭[33]贫,又无三尺男,遂至音问[34]梗塞。甥长成如许,尚不相识。"生曰:"此来即为姨也,匆遽遂忘姓氏。"媪曰:"老身秦姓,并无诞育;弱息仅存,亦为庶产。渠母改醮[35],遗我鞠养。颇亦不钝,但少教训,嬉不知愁。少顷,使来拜识。"

未几,婢子具饭,雏尾盈握[36]。媪劝餐已,婢来敛具。媪曰:"唤宁姑来。"婢应去。良久,闻户外隐有笑声。媪又唤曰:"婴宁,汝姨兄在此。"户外嗤嗤笑不已。婢推之以入,犹掩其口,笑不可遏。媪嗔目[37]曰:"有客在,咤咤叱叱,是何景象?"女忍笑而立,生揖之。媪曰:"此王郎,汝姨子。一家尚不相识,可笑人也。"生问:"妹子年几何矣?"媪未能解。生又言之。女复笑,不可仰视。媪谓生曰:"我言少教诲,此可见矣。年已十六,呆痴裁[38]如婴儿。"生曰:"小于甥一岁。"曰:"阿甥已十七矣,得非[39]庚午[40]属马者耶?"生首[41]应之。又问:"甥妇阿谁?"答云:"无之。"曰:"如甥才貌,何十七岁犹未聘?婴宁亦无姑家,极相匹敌;惜有内亲之嫌。"生无语,目注婴宁,不遑他瞬[42]。婢向女小语云:"目灼灼,贼腔未改!"女又大笑,顾婢曰:"视碧桃开未?"遽起,以袖掩口,细碎连步而出。至门外,笑声始纵。媪亦起,唤婢襆被[43],为生安置。曰:"阿甥来不易,宜留三五日,迟迟送汝归。如嫌幽闷,舍后有小园,可供消遣;有书可读。"

次日,至舍后,果有园半亩,细草铺毡,杨花糁[44]径;有草舍三楹[45],花木四合其所。穿花小步,闻树头苏苏有声,仰视,则婴宁在上。见生来,狂笑欲堕。生曰:"勿尔,堕矣!"女且下且笑,不能自止。方将及地,失手而堕,笑乃止。生扶之,阴捘[46]其腕。女笑又作,倚树不能行,良久乃罢。生俟[47]其笑歇,乃出袖中花示之。女接之,曰:"枯矣。何留之?"曰:"此上元妹子所遗,故存之。"问:"存之何意?"曰:"以示相爱不忘也。自上元相遇,凝思成病,自分[48]化为异物[49];不图得见颜色,幸垂怜悯。"女曰:"此大细事。至戚何所靳[50]惜?待郎行时,园中花,当唤老奴来,折一巨捆负送之。"生曰:"妹子痴耶?"女曰:"何便是痴?"生曰:"我非爱花,爱拈花之人耳。"女曰:"葭莩[51]之情,爱何待言。"生曰:"我所谓爱,非瓜葛[52]之爱,乃夫妻之爱。"女曰:"有以异乎?"曰:"夜共枕席耳。"女俯思良久,曰:"我不惯与生人睡。"语未已,婢潜至,生惶恐遁去。

少时,会母所。母问:"何往?"女答以园中共话。媪曰:"饭熟已久,有何长言,周遮[53]乃尔[54]。"女曰:"大哥欲我共寝。"言未已,生大窘,急目瞪之。女微笑而止。幸媪不闻,犹絮絮究诘。生急以他词掩之,因小语责女。女曰:"适此语不应说耶?"生曰:"此背人语。"女曰："背他人，岂得背老母。且寝处亦常事，何讳之？"生恨其痴，无术可以悟之。食方竟，家中人捉双卫[55]来寻生。先是，母待生久不归，始疑；村中搜觅几遍，竟无踪兆。因往询吴。吴忆曩[56]言，因教于西南山村行觅。凡历数村，始至于此。生出门，适相值[57]，便入告媪，且请偕女同归。媪喜曰："我有志，匪伊朝夕[58]。但残躯不能远涉，得甥携妹子去，识认阿姨，大好！"呼婴宁。宁笑至。媪曰："有何喜，笑辄不辍？若不笑，当为全人。"因怒之以目。乃曰："大哥欲同汝去，可便装束。"又饷家人酒食，始送之出曰："姨家田产丰裕，能养冗人[59]。到彼且勿归，小学诗礼，亦好事翁姑。即烦阿姨，为汝择一良匹。"二人遂发。至山坳[60]，回顾，犹依稀见媪倚门北望也。

抵家，母睹姝丽，惊问为谁。生以姨女对。母曰："前吴郎与儿言者，诈也。我未有姊，何以得甥？"问女，女曰："我非母出。父为秦氏，没时，儿在襁中，不能记忆。"母曰："我一姊适[61]秦氏，良确；然殂谢[62]已久，那得复存？"因审诘面庞、志赘[63]，一一符合。又疑曰："是矣。然亡已多年，何得复存？"疑虑间，吴生至，女避入室。吴询得故，悯然久之。忽曰："此女名婴宁耶？"生然之。吴亟称怪事。问所自知，吴曰："秦家姑去世后，姑丈鳏居，祟[64]于狐，病瘠[65]死。狐生女名婴宁，绷卧床上，家人皆见之。姑丈殁，狐犹时来；后求天师符[66]粘壁上，狐遂携女去。将勿此耶？"彼此疑参。但闻室中吃吃皆婴宁笑声。母曰："此女亦太憨生。"吴生请面之。母入室，女犹浓笑不顾。母促令出，始极力忍笑，又面壁移时，方出。才一展拜，翻然遽入，放声大笑。满室妇女，为之粲然[67]。

吴请往觇[68]其异，就便执柯[69]。寻至村所，庐舍全无，山花零落而已。吴忆姑葬处，仿佛不远；然坟垄湮没，莫可辨识，诧叹而返。母疑其为鬼。入告吴言，女略无骇意；又吊[70]其无家，亦殊无悲意，孜孜憨笑而已。众莫之测[71]。母令与少女同寝止。昧爽[72]即来省问，操女红[73]精巧绝伦。但善笑，禁之亦不可止；然笑处嫣然，狂而不损其媚，人皆乐之。邻女少妇，争承迎之。母择吉将为合卺[74]，而终恐为鬼物。窃于日中窥之[75]，形影殊无少异。至日，使华装行新妇礼；女笑极不能俯仰，遂罢。生以憨痴，恐漏泄房中隐事；而女殊密秘，不肯道一语。每值母忧怒，女至，一笑即解。奴婢小过，恐遭鞭楚，辄求诣母共话；罪婢投见，恒得免。而爱花成癖，物色遍戚党；窃典金钗，购佳种，数月，阶砌藩溷，无非花者。

庭后有木香一架，故邻西家。女每攀登其上，摘供簪玩[76]。母时遇见，辄诃[77]之。女卒不改。一日，西人子见之，凝注倾倒。女不避而笑。西人子谓女意已属[78]，心益荡。女指墙底笑而下，西人子谓示约处，大悦。及昏而往，女果在焉。就而淫之，则阴[79]如锥刺，痛彻于心，大号而蹱[80]。细视非女，则一枯木卧墙边，所接乃水淋窍[81]也。邻父闻声，急奔研问，呻而不言。妻来，始以实告。爇火[82]烛窍，见中有巨蝎，如小蟹然。翁碎木捉杀之。负子至家，半夜寻卒。邻人讼生，讦发[83]婴宁妖异。邑宰[84]素仰生才，稔知[85]其笃行士[86]，谓邻翁讼诬，将杖责之。生为乞免，遂释而出。母谓女曰："憨狂尔尔，早知过喜而伏忧也。邑令神明，幸不牵累；设鹘突[87]官宰，必逮妇女质公堂，我儿何颜见戚里？"女正色，矢不复笑。母曰："人罔不笑，但须有时。"而女由是竟不复笑，虽故逗，亦终不笑；然竟日未尝有戚容。

一夕，对生零涕。异之，女哽咽曰："曩以相从日浅，言之恐致骇怪。今日察姑[88]及郎，皆过爱无有异心，直告或无妨乎？妾本狐产。母临去，以妾托鬼母，相依十余年，始有今日。妾又无兄弟,所恃者惟君。老母岑寂山阿[89],无人怜而合厝[90]之,九泉辄为悼恨。君倘不惜烦费,使地下人消此怨恫,庶养女者不忍溺弃。"生诺之,然虑坟冢迷于荒草。女言无虑。刻日,夫妻舆櫬[91]而往。女于荒烟错楚中,指示墓处,果得媪尸,肤革犹存。女抚哭哀痛。舁[92]归,寻秦氏墓合葬焉。是夜,生梦媪来称谢,寤而述之。女曰:"妾夜见之,嘱勿惊郎君耳。"生恨不邀留。女曰:"彼鬼也。生人多,阳气胜,何能久居?"生问小荣,曰:"是亦狐,最黠。狐母留以视妾,每摄饵相哺,故德之常不去心。昨问母,云已嫁之。"由是岁值寒食,夫妻登秦墓,拜扫无缺。

女逾年,生一子。在怀抱中,不畏生人,见人辄笑,亦大有母风云。

异史氏曰:"观其孜孜[93]憨笑,似全无心肝者;而墙下恶作剧,其黠孰甚焉。至凄恋鬼母,反笑为哭,我婴宁殆隐于笑者矣。窃闻山中有草,名'笑矣乎'。嗅之,则笑不止。房中植此一种,则合欢[94]、忘忧[95],并无颜色矣。若解语花[96],正嫌其作态耳。"

[注释]

[1] 蒲松龄(1640—1715年),字留仙,一字剑臣,别号柳泉居士。山东淄川(今山东淄博市淄川区)。世称"聊斋先生",更有"世界短篇小说之王"的美誉。他早年热衷功名,但是多次参加科举不中,在家乡做了四十年的教书先生。坎坷的遭遇,贫困的生活,使蒲松龄同劳动人民有着密切的联系,他把长期积累和搜集的民间传说,经过精心地创作,写出了文言短篇小说集《聊斋志异》。《聊斋志异》所收作品将近500篇,借谈鬼说狐,曲折地批判社会,表达理想,是中国古代文言短篇小说的顶峰之作。
[2] 莒(jǔ):莒县(今属山东)。
[3] 孤:孤儿,成为孤儿。本文指死去父亲。
[4] 入泮(pàn):古代学校有泮池,故称学童入学为入泮。
[5] 求凰:犹言求妻,相传西汉时著名辞赋家司马相如曾以"凤求凰"琴向卓文君求婚。
[6] 上元:节日名,即元宵节。中国古代从北魏开始以正月十五为上元节,七月十七为中元节,十月十五为下元节,源于道教。
[7] 眺瞩:居高远望。本文指游览。
[8] 武:半步。
[9] 个儿郎:这个小伙。个,这个。儿郎,小伙子。
[10] 醮禳(jiàoráng):设醮禳解。醮,道士设坛祈祷。禳,除去邪恶与灾祸。
[11] 肌革:肌肤。
[12] 投剂发表:吃药把体内的邪火发散出来。剂,药。发表,中医的一种治疗方法,即通过让患者出汗使其体内邪毒发散出来。
[13] 诘(jié):盘问。
[14] 研:细磨。此处指仔细。
[15] 世家:世代门庭显赫的家族。
[16] 未字:女子还没有订婚。如"待字闺中"之说。古代称女子成年待嫁为"待字"。《仪礼·士昏礼》:"女子许嫁,笄而醴之,称字。"古代贵族女子十五许嫁时举行笄礼,然后命字。笄(jī),古代束发用的簪子,借指一种束发仪式。醴,甜酒。指喝酒。
[17] 谐:办成,成功。
[18] 允遂:因答应而办成事情。遂,成功。如"遂愿",如愿以偿。

[19] 瘳瘳(chōu)：痊愈，病好了。瘳，痊愈。瘳，病好了。
[20] 解颐：露出笑容。颐，面颊。
[21] 绐(dài)：欺骗。
[22] 付嘱：嘱咐。
[23] 俄：时间很短。
[24] 伫：站。
[25] 簪：戴花。往头发上插花。
[26] 阶进：进身的缘由。阶，缘由，因由。
[27] 日昃(zé)：太阳偏西。
[28] 辰刻：旧式计时法，指上午七点至九点。
[29] 啖：吃或给别人吃。
[30] 裀(yìn)藉：席垫。裀，同"茵"，垫子。如"绿草如茵"。
[31] 嗷声：高声。
[32] 宗阀：宗族门阀。阀，本指在某方面具有支配势力的人或家族。如"军阀"、"财阀"。
[33] 窭：贫穷。
[34] 音问：音讯。
[35] 改醮：改嫁。醮，古代婚礼的一种仪式，后多指女子出嫁。
[36] 雏尾盈握：肥嫩的雏鸡。雏，指小鸡。盈握，刚满一把。指用手一握，小鸡尾部刚满一把。指肥。
[37] 嗔目：怒目。嗔，怒。
[38] 裁：同"才"。
[39] 得非：莫非。
[40] 庚午：庚午年生人。午，十二生肖中的马，称"午"。
[41] 首：点头。
[42] 不遑他瞬：没有闲工夫看别的。遑，闲暇。他瞬，看别的。瞬，眼珠一动，一眨眼。本处是指看的意思。
[43] 襆被：包起被子。襆，包袱，此处是动词"包起来"。
[44] 糁：粉粒。
[45] 楹：一间房屋叫一楹。
[46] 捘(zūn)：用手指捏、按。
[47] 俟：等待。
[48] 自分：自认为。
[49] 异物：指死掉。
[50] 靳：砍。
[51] 葭莩(jiāfú)：芦苇内壁的薄膜，比喻指疏远的亲戚。
[52] 瓜葛：亲戚。
[53] 周遮：言语的烦琐。
[54] 乃尔：这样，如此。
[55] 捉双卫：牵着两头驴。卫，驴的别称。据传，春秋时期晋国的卫玠喜欢乘驴，后人就以"卫"称"驴"。
[56] 曩：先前。读"曩"的第二声，即扬声。
[57] 相值：相遇，碰到。
[58] 匪伊朝夕：不止一天。匪，不。伊，句中词，没有实际意义。朝夕，从早到晚，指一天时间。

[59] 冗人：闲人，多余的人。冗，多余的。
[60] 坳：山间平地。
[61] 适：嫁人。
[62] 殂谢：死亡。
[63] 志赘：痣和瘊子。志，通"痣"。赘，瘊子，赘疣。
[64] 祟：作祟。
[65] 瘠：瘦弱。
[66] 天师符：张天师的符。天师，东汉时期道教创始人张道陵，徒众尊其为天师，世人称之为张天师。
[67] 粲然：笑时露出牙的样子。
[68] 睨：窥视，偷看。
[69] 执柯：做媒。
[70] 吊：怜悯。
[71] 众莫之测：众人都摸不透她的意思。实际上是"众莫测之"，但文言文否定句中宾语如果是代名词就提到动词前。又如"不患人之不己知，患不知人也"，前半句的本意是"不患人之不知己"，但因动词"患"的宾语是人称代词"己"，因此提到"患"之前。意思是说不怕人不了解自己，怕的是不了解别人。
[72] 昧爽：黎明。
[73] 女红(gōng)：女子该做的活计，如纺织、刺绣、缝纫等。
[74] 合卺(jǐn)：成婚。"卺"，葫芦。把一个葫芦劈成两半为两只瓢。夫妻二人各拿一只饮酒。这是古代婚礼的一种仪式。
[75] 窃于日中窥之：偷偷地在太阳下面看。传说鬼在日光下没有影子，因此用这种办法来检验婴宁是否是鬼。
[76] 簪玩：女子把花摘下来，或者像发簪那样插在头上，或者拿在手中把玩。簪指前者，玩指后者。各选一字，二者合一，便成此词。
[77] 诃：呵斥，斥责。
[78] 已属：已经属于。意思是已经属于他，即看上他了。
[79] 阴：阴部，下体。
[80] 踣(bó)：跌倒。
[81] 窍：窟窿。
[82] 爇(ruò)火：点燃灯火。
[83] 讦发：揭发。
[84] 邑宰：县官。
[85] 稔(rěn)知：熟知。
[86] 笃行士：品行忠厚的读书人。
[87] 鹘突：糊涂。鹘，天鹅。
[88] 姑：婆婆。
[89] 山阿：山间平地。
[90] 合厝(cuò)：合葬。厝，安葬。
[91] 舆榇(chèn)：以车运棺。舆，车。榇，棺材。
[92] 舁(yú)：共同抬。
[93] 孜孜：不停。
[94] 合欢：花名，俗称夜合花，因羽状复叶夜间合闭而得名；又因形状像绒球，故而得名"绒花"；又因

酷似马鞭上的红缨,故而得名"马缨花"。

[95] 忘忧:忘忧草,萱草的别名。

[96] 解语花:典出《开元天宝遗事·解语花》:唐明皇与杨贵妃在太液池赏花之际,有人赞美池花之美,而明皇立即指着贵妃说:"争如我解语花?"(如我的解语花美吗?)

[思考练习]

一、《婴宁》是一部爱情婚姻小说吗?

二、作品中对婴宁"笑"的音容姿态是怎样描写的?

三、作品中是怎样描写鲜花的?这些笔墨的艺术效果如何?

四、美人一般以鲜花为喻,蒲松龄以什么比喻婴宁?

6.

红 高 粱[1]

莫 言

[阅读提示]

　　《红高粱》是中国当代作家莫言的成名作。发表于1986年。作品描写了抗日战争期间,"我"的祖先在高密东北乡轰轰烈烈、英勇悲壮的人生故事。《红高粱》曾荣获第4届全国中篇小说奖,被译成近二十种文字在全世界发行。据此改编的电影《红高粱》获第38届柏林电影节金熊奖。

　　《红高粱》的叙述沿两条线展开,主线是土匪头子"我爷爷"余占鳌率领的武装伏击日本汽车队,辅线是在这次战争发生之前发生在余占鳌与"我奶奶"戴凤莲之间的爱情故事。

　　《红高粱》对题材的处理体现出对传统小说叙事的叛逆,是以追忆的姿态讲述故事。在莫言的艺术世界里,蕴含着中国农民的生命观、历史观,乃至时空观。

　　《红高粱》的叙事策略和语言方式追求强烈的陌生化效果,小说的展开是由感觉引导,情绪推动。

　　小说在叙事人称上,第一人称和第三人称叠合在一起。在语言运用上,《红高粱》追求一种富有力度的表达,一切都服从主题的自由创造和审美快感。重视感觉,大胆运用丰富的比喻、夸张、通感,还有对于语言色彩的选择和气势的营造。

　　节选部分描写了"我爷爷"带领一支民间抗日武装伏击日本人汽车队的战斗场景,展现了战斗的激烈、战士们的英勇和悲壮,很好地将"我爷爷"的英勇豪放的英雄气概展现了出来。

　　汽车顶上的机枪持续不断地扫射着,汽车轮子转动着,爬上了坚固的大石桥。枪弹压住了爷爷和爷爷的队伍。有几个不慎把脑袋露出堤面的队员已经死在了堤下。爷爷怒火填胸。汽车全部上了桥,机枪子弹已飞得很高。爷爷说:"弟兄们,打吧!"爷爷啪啪啪连放三枪,两个日本兵趴到了汽车顶棚上,黑血涂在了车头上。随着爷爷的枪声,道路东西两边的河堤后,响起了几十响破烂不堪的枪声,又有七八个日本兵倒下了。有两个日本兵栽到车外,腿和胳膊挣扎着,直扎进桥两边的黑水里。方家兄弟的大抬杠怒吼一声,喷出一道宽广的火舌,吓人地在河道上一闪,铁砂子、铁蛋子全打在第二辆汽车上载着的白口袋上,烟火升腾之后,从无数的破洞里,哗哗啦啦地流出了雪白的大米。我父亲从高粱地里,蛇行到河堤边,急着要对爷爷讲话,爷爷紧急地往自来得手枪里压着子弹。鬼子的第一辆汽车加足马力冲上桥头,前轮子扎在朝天的耙齿上。车轮破了,咻咻地泄着气。汽车轰轰地怪叫着,连环铁耙被推得卡嗒卡嗒后退,父亲觉得汽车像一条吞食了刺猬的大蛇,在痛苦地甩动着脖颈。第一辆汽车上的鬼子纷纷跳下。爷爷说:"老刘,吹号!"刘大号吹起大喇叭,声音凄厉恐怖。爷爷喊:"冲。"爷爷抡着手枪跳起,他根本不瞄准,一个个日本兵在他的枪口前弯腰俯背。西边的队员们也冲到了车前,队员们跟鬼子兵搅和在一起,后边车上的鬼子把子弹都射到天上去。汽车上还有两个鬼子,爷爷看到哑巴一纵身飞上汽车,两个鬼子兵端着刺刀迎上去,哑巴用刀背一磕,格开了一柄刺刀,刀势一顺,一颗戴着钢盔的鬼子头颅平滑地飞出,在空中拖着悠长的嚎叫,噗通落地之后,嘴里还吐出半句响亮的鸣叫。父亲想哑巴的腰刀真快。父亲看到鬼子头上凝着脱离脖颈前那种惊愕的表情,它腮上的肉还在颤抖,他的鼻孔还在抽动,好象要打喷嚏。哑巴又削掉了一颗鬼子头,那具尸体倚在车栏上,脖颈上的皮肤突然褪下去一截,血水咕嘟咕嘟往外冒。这时,后边那辆车上的鬼子把机枪压低,打出了不知多少发子弹,爷爷的队员像木桩一样倒在鬼子的尸体上,哑巴一屁股坐在汽车顶棚上,胸膛上有几股血蹿出来。

父亲和爷爷伏在地上,爬回高粱地,从河堤上慢慢伸出头。最后边那辆汽车吭吭吭吭地倒退着,爷爷喊:"方六,开炮!打那个狗娘养的!"方家兄弟把装好火药的大抬杠顺上河堤,方六弓腰去点引火绳,肚子上中了一弹,一根青绿的肠子,滋溜溜地钻出来。

方六叫了一声娘,捂着肚子滚进了高粱地。汽车眼见着就要退出桥,爷爷着急地喊:"放炮!"方七拿着火绒,哆哆嗦嗦地往引火绳上触,却怎么也点不着。爷爷扑过去,夺过火绒,放在嘴边一吹,火绒一亮,爷爷把火绒触到引火绳上,引火绳滋滋地响着,冒着白烟消逝了。大抬杠沉默地蹲踞着,像睡着一样。父亲想它是不会响了。鬼子的汽车已经退出桥头,第二辆第三辆汽车也在后退。车上的大米哗哗啦啦地流着,流到桥上,流到水里,把水面打出了那么多的斑点。几具鬼子尸体慢慢向东漂,尸体散着血,成群结队的白鳝在血水中转动。大抬杠沉默片刻之后,呼隆一声响了。钢铁枪身在河堤上跳起老高,一道宽广的火焰,正中了那辆还在流大米的汽车。车下部,刮刺刺地着起了火。

那辆退出大桥的汽车停住了,车上的鬼子乱纷纷跳下,趴到对面河堤上,架起机枪,对着这边猛打。方六的脸上中了一弹,鼻梁被打得四分五裂,他的血溅了父亲一脸。

起火汽车上的两个鬼子,推开车门跳出来,慌慌张张蹦到河里。中间那辆流大米的汽车,进不得退不得,在桥上吭吭怪叫,车轮子团团旋转。大米像雨水一样哗哗流。

对面鬼子的机枪突然停了,只剩下几只盖子枪在叭勾叭勾响。十几个鬼子,抱着枪,弯着腰,贴着着火汽车的两边往北冲。爷爷喊一声打,响应者寥寥。父亲回头看到堤下堤上躺着队员们的尸体,受伤的队员们在高粱地里呻吟喊叫。爷爷连开几枪,把几个鬼子打下桥。路西边也稀疏地响了几枪,打倒几个鬼子。鬼子退了回去。河南堤飞起一颗枪弹,打中了爷爷的右臂,爷爷的胳膊一蜷,手枪落下,悬在脖子上。爷爷退到高粱地里,叫着:

"豆官,帮帮我。"爷爷撕开袖子,让父亲抽出他腰里那条白布,帮他捆扎在伤口上。父亲趁着机会,说:"爹,俺娘想你。"爷爷说:"好儿子!先跟爹去把那些狗娘养的杀光!"爷爷从腰里拔出父亲扔掉的勃郎宁手枪,递给父亲。刘大号拖着一条血腿,从河堤边爬过来,他问:"司令吹号吗?"

"吹吧!"爷爷说。

刘大号一条腿跪着,一条腿拖着,举起大喇叭,仰天吹起来,喇叭口里飘出暗红色的声音。

"冲啊,弟兄们!"爷爷高喊着。

路西边高粱地里有几个声音跟着喊。爷爷左手举着枪,刚刚跳起,就有几颗子弹擦着他的腮边飞过,爷爷就地一滚,回到了高粱地。路西边河堤上响起一声惨叫。父亲知道,又一个队员中了枪弹。

刘大号对着天空吹喇叭,暗红色的声音碰得高粱棵子索索打抖。

爷爷抓住父亲的手,说:"儿子,跟着爹,到路西边与弟兄们会合去吧。"

桥上的汽车浓烟滚滚,在哔哔叭叭的火焰里,大米像冰雹一样满河飞动。爷爷牵着父亲,飞步跨过公路,子弹追着他们,把路面打得噗噗作响。两个满面焦糊、皮肤开裂的队员见到爷爷和父亲,嘴咧了咧,哭着说:"司令,咱们完了!"

爷爷颓丧地坐在高粱地里,好久都没抬起头来,河对岸的鬼子也不开枪了。桥上响着汽车燃烧的爆裂声,路东响着刘大号的喇叭声。

父亲已经不感到害怕,他沿着河堤,往西出溜了一段,从一蓬枯黄的衰草后,他悄悄伸出头。父亲看到从第二辆尚未燃烧的汽车棚里,跳出一个日本兵,日本兵又从车厢里拖出了一个老鬼子。老鬼子异常干瘦,手上套着雪白的手套,腔上挂着一柄长刀,黑色皮马靴装到膝盖。他们沿着汽车边,把着桥墩,哧溜哧溜往下爬。父亲举起勃郎宁手枪,他的手抖个不停,那个老鬼子干瘦的屁股在父亲枪口前跳来跳去。父亲咬牙闭眼开了一枪,勃郎宁嗡地一声响,子弹打着呼哨钻到水里,把一条白鳝鱼打翻了肚皮。鬼子官跌到水中。父亲高叫着:"爹,一个大官!"

父亲的脑后一声枪响,老鬼子的脑袋炸裂了,一团血在水里噗啦啦散开了。另一个鬼子手脚并用,钻到桥墩背后。

鬼子的枪弹又压过来,父亲被爷爷按住。子弹在高粱地里唧唧咕咕乱叫。爷爷说:"好样的,是我的种!"

父亲和爷爷不知道,他们打死的老鬼子,就是有名的中岗尼高少将。

刘大号的喇叭声不断,天上的太阳,被汽车的火焰烤得红绿间杂,萎萎缩缩。

[注释]

[1] 节选自《中国作家》1985年第二期。莫言(1955年2月17日—),原名管谟业,生于山东高密县,中国当代著名作家。香港公开大学荣誉文学博士,青岛科技大学客座教授。20世纪80年代中以乡土作品崛起,充满着"怀乡"以及"怨乡"的复杂情感,被归类为"寻根文学"作家。作品深受魔幻现实主义影响。莫言在小说中构造独特的主观感觉世界,天马行空的叙述,陌生化的处理,塑造神秘超验的对象世界,带有明显的"先锋"色彩。2011年8月,莫言凭长篇小说《蛙》获第八届茅盾文

学奖。2012年10月11日,莫言因其"用魔幻现实主义将民间故事、历史和现代融为一体"获得2012年诺贝尔文学奖。处女作:《春夜雨霏霏》;成名作:《红高粱家族》;代表作:《红高粱》《檀香刑》《丰乳肥臀》《酒国》《生死疲劳》《蛙》。

[思考练习]

一、课文对"我爷爷"的描写展现了他什么性格特征?

二、课文描写了一场战斗,联系你在电视剧中看到的战斗场景,说说你的感受。

写作训练(五)

记叙文写作

写作范围

综合运用多种表达方式写一篇比较复杂的记叙文。

写作指导

比较复杂的记叙文所记叙的内容通常都是十分丰富的,要准确生动地反映出千姿百态的社会生活,就要学会综合运用多种表达方式。

记叙和描写是记叙文的基本表达方式。记叙的主要任务是对人物和事件进行陈述。写作时要做到头绪清楚,脉络分明,有关要素交代明白,主次详略处理得当。要放得开,收得拢,给人以丰富而实在的感受。描写是对人物、事件和环境的状貌,作具体的描摹、刻画。写作时要善于捕捉对象的特征,突出能反映个性特征的细节,描写要细腻逼真,笔力集中,让读者获得具体鲜明的印象。记叙和描写常常结合在一起,两者相得益彰。记叙让读者对人物或事物有一个综合的概括认识,描写则给人以身临其境的感觉。如果只有记叙而没有描写,文章就变成了干巴巴的故事梗概了。

记叙文中的议论同议论文中的议论不同。议论文中议论,要求进行周密的论证,用论据证明论点,把深刻的道理说出来。记叙文中的议论,是作者对所记叙的内容或直接表明见解,或作出判断,或就个别事物点出它的普遍意义。记叙文中的议论要在文章关键的地方出现,可以先叙后议,可以先议后叙,也可以在叙述的中间穿插相关的议论,起到画龙点睛的作用。当然记叙文中的议论不能太多,以免喧宾夺主。

记叙文中的抒情可以通过叙述来进行,把强烈的感情同记人、叙事、写景、状物融合在一起而自然流露出来;也可以借助议论来进行,寓情于"理",用精神的力量去打动人心;还可以直接抒发感情,以增强文章的感染力。一般来说,抒情没有固定的位置,有的在开头,有的在结尾,更多的是在文章的中间。抒情要"真",只有真情实感才能感动人。

在以记叙为主的文章中,也往往使用说明文字,这种说明不同于一般的说明文;说明文以传授知识为目的,而记叙文中的说明是为了把事物讲得更清楚。

表达方式的运用与文章的主题和全篇的气氛应该是统一的,写作时要根据文章内容的需要和作者的思想感情发展的需要,紧密围绕中心,选择最恰当的表达方式。记叙文中的议论、抒情和说明必须以叙述和描写为基础,并与之结合,千万不能在叙事不够充分、感情和认识还没有达到一定程度时,去空洞地说教或矫揉造作地抒情。反之,当事实的叙述和形象的描绘已经十分感人,观点已经明显地得到表现时,就不要再硬加上抒情和议论,否则就会画蛇添足。

参考题目

1. 祖辈
2. 故乡的秋天
3. 值得回味的日子
4. 悬念

知识拓展(五)

我国古代小说的产生与发展

中国古代小说,经过漫长的道路,直到唐代才真正地具备了小说要素。

先秦两汉——古代小说的萌芽时期。这一时期的神话、寓言、史传、"野史"传说、宗教故事等都孕育着小说的艺术因素,为小说的形成准备了条件,同时也显露出小说童年时期形成"志人"、"志怪"两大类的端倪。

神话如《精卫填海》、《女娲补天》、《夸父逐日》等。神话有简单的故事情节和一定个性的人物形象,这正是萌芽时期的小说艺术要素。

寓言故事是一种短小精悍而又富于讽刺力量的文学样式,其特点是通过假托的故事,说明一个抽象的道理。先秦寓言,它敢于联系现实生活,有助于中国古代小说现实主义传统的形成,它的讽刺艺术,直接为后世小说继承和借鉴。后世的讽刺小说中的讽刺艺术,无不受到寓言的积极影响;它是最早的叙事文学之一,又开创了自觉地虚构故事的先河,在叙事、写人、拟人、状物、夸张等多方面的艺术经验,为小说家所汲取。

《史记》开创了我国纪传体史学,它改变了以往以编年体或国别体记叙史事的传统,以人物为中心,通过人物的历史性的活动来说明历史。就对小说的影响而论,除现实主义的创作方法外,还在于曲折细致地描写妙趣横生的故事场面,惟妙惟肖地表现人物的身份、性格。故事生动、人物逼真,富于戏剧性和小说意味,不仅为后来的小说提供了丰富的题材,更重要的是为小说文体的形成直接提供了编写故事情节和塑造人物形象的艺术经验。

魏晋南北朝——古代小说的童年期。此时出现了"志人"、"志怪"小说,合称笔记小说。这一时期,我国小说初具规模,刘义庆《世说新语》(志人),干宝《搜神记》(志怪),这些小说在艺术上还不够成熟,只是"粗陈梗概":描写人物不能写出一个完整的形象,所写故事大多是实录性质,缺乏艺术上的虚构,作者们只是搜奇记铁,而不是有意识地进行小说创作,但它对后世小说、戏剧的影响是巨大的。

唐代——古代小说的成熟期。唐代出现了唐传奇。唐代传奇的出现标志着我国古典小说的成熟。较之童年期的作品,唐人小说有长足的进步:有意识地作小说,从鬼神灵异、奇闻逸事走向现实生活，在艺术上有了很大的创造和提高。著名的唐传奇有：蒋防《霍小玉传》、元稹《莺莺传》、李朝威《柳毅传》、白行简《李娃传》。

宋代——话本产生。宋代出现了白话小说——话本，也称"话本小说"。从此以文言短篇小说为主流的小说史，逐渐转为以白话小说为主流的小说史。同时，文言小说依然存在，至此，才以小说作为故事性文体的专称。话本的出现是"小说史上的一大变迁"；从文言到白话，既增强了小说的表现力，又扩大了读者面，提高了小说的社会功能；作品描写的对象由封建士子转向平民，作品的思想观点、美学情趣发生了变化；奠定了白话短篇和长篇的基础。代表作有《错斩崔宁》、《三国志平话》。

明代——白话小说蓬勃发展。明代出现了"拟话本"。即明代文人模仿话本体制、形式创作的小说。如《玉堂春落难寻夫》、《杜十娘怒沉百宝箱》等。明代是白话小说蓬勃发展的时代。著名的作家作品：洪楩《清平山堂话本》、冯梦龙"三言"（《喻世明言》、《警世通言》、《醒世恒言》）、凌濛初的"二拍"（《初刻拍案惊奇》、《二刻拍案惊奇》）。

明清出现了"章回体小说"。其特点是分回标目，常取一个或两个中心事件为一回，每回篇幅大致相等，情节前后衔接，开头、结尾常用"话说"、"且听下回分解"等口头语，中间穿插诗词韵文，结尾故设悬念吸引读者。这一时期，我国古代小说发展到顶峰，产生了一大批不朽的名著。明初，《三国演义》（罗贯中）和《水浒传》（施耐庵）的相继问世，标志着中国小说史进入了一个新的阶段。从此，中国小说以短篇小说为主转入以长篇小说为主。"四大奇书"在所属的各类题材的小说中独占鳌头：《三国演义》是小说史上的第一部长篇小说，也是历史小说的典范；《水浒传》既是第一部描写农民起义的作品，也是一部英雄传奇的典范；《西游记》（吴承恩）既是第一部长篇神魔小说，也是一部神魔小说的典范；《金瓶梅》既是第一部描写世情的小说，也是第一部由文人独力创作的小说。

清代——长篇小说创作的高潮。清代的《儒林外史》（吴敬梓）和《红楼梦》（曹雪芹）的问世，把长篇小说的创作再一次推向高潮。此时著名的文言短篇小说有蒲松龄的《聊斋志异》。

《红楼梦》之后，由于时代的原因，小说创作成低谷状态，至晚清才又繁荣起来，晚清长篇小说有一千种以上，著名的有"晚清四大小说家"李伯元《官场现形记》、吴沃尧《二十年目睹之怪现状》、刘鹗《老残游记》、曾朴《孽海花》。

综上所述，中国古代小说发展的历史大体是：宋代以前，是文言短篇小说单线发展；宋元时代，文言、白话两种短篇小说双线发展；明代开始，文言、白话、长篇、短篇多线发展，呈现出多姿多彩的状态。

我国古代小说的特点：注意人物行动、语言和细节的描写，在矛盾冲突中展示人物形象；情节曲折，故事完整；语言准确简练，生动流畅，富于个性；叙事方式明显地带有说书人的印记。

第七单元

辩 证 思 维

"横看成岭侧成峰,远近高低各不同",看景色如此,看问题也是如此。同一个问题,换个角度去看、去思考,看法就会改变。成功的领导者大多都是从多视角去观察、分析和思考。多视角思考问题,更容易照顾各方面的利益,更容易使问题得到圆满的解决。

本单元是驳论文单元。驳论可以是鲜明地反驳一个错误的观点,也可以是就别人论述的一个问题发表不同的看法,或提出质疑、进行商榷。可以针锋相对,也可以平心而论。论点总是运用适当的论据,通过适当的论证而得出的。因此,反驳对方的论点,也往往从论据和论证方法上找问题,进行反驳。如本单元所选的三篇课文中,《中国人失掉自信力了吗》是通过指出对方"以偏概全"的逻辑错误来反驳对方论点的;《不求甚解》是通过指出对方认识过程中的逻辑错误证明其观点之误的;《论骄傲》则是从揭示对方论据的虚妄入手展开反驳的。另外两篇文章,也都因反驳内容和对象不同而采取了恰当的反驳方法。

反驳对方的论点,要注重分析,把理讲透,使人信服,不能只扣大帽子。《中国人失掉自信力了吗》指出反动统治者不但失掉了自信力,而且失掉了他信力,发展着自欺力,然而从古至今都有并不失掉自信力的中国人在,他们才是中国的筋骨和脊梁,从而否定了"中国人失掉自信力了"的谬论。《不求甚解》和《论骄傲》两课也都能透过现象看本质,分析错误观点产生的原因、实质以及危害,使读者受到教益。

学习本单元,有助于我们学会正确地、辩证地思考问题,了解和掌握更多的思考方法,这是我们学习成功与快乐的根本。

1.

中国人失掉自信力了吗[1]

鲁 迅

[阅读提示]

"九一八"事变之后,国民党反动统治者充满着深重的悲观情绪。为驳斥他们的亡国论调,鼓舞人民大众的抗日热情,增强民族自信心,鲁迅先生写了这篇文章。

课文批驳的论点是"中国人失掉自信力了",对方的论据是先前信"地大物博"和"国联",现在则求神拜佛,怀古伤今。作者批驳时,没有指责对方的论据,因为那确是事实;而是先指出，根据对方的论据，这些人失掉的不是自信力，而是他信力，并且发展着自欺力。接着通过证明"有并不失掉自信力的中国人在"来反驳对方的论点，揭示出对方以反动统治阶级代替全体中国人的逻辑错误，指出失掉自信力的只是反动统治阶级这"一部分"中国人，"倘若加于全体，那简直是诬蔑"。最后明确地指出，要论中国人，必须"看看他的筋骨和脊梁"；自信力的有无，"状元宰相的文章是不足为据的，要自己去看地底下"。

　　从公开的文字上看起来：两年以前，我们总自夸着"地大物博"，是事实；不久就不再自夸了，只希望着国联[2]，也是事实；现在是既不夸自己，也不信国联，改为一味求神拜佛[3]，怀古伤今了——却也是事实。

　　于是有人慨叹曰：中国人失掉自信力了[4]。

　　如果单据这一点现象而论，自信其实是早就失掉了的。先前信"地"，信"物"，后来信"国联"，都没有相信过"自己"。假使这也算一种"信"，那也只能说中国人曾经有过"他信力"，自从对国联失望之后，便把这他信力都失掉了。

　　失掉了他信力，就会疑，一个转身，也许能够只相信了自己，倒是一条新生路，但不幸的是逐渐玄虚起来了。信"地"和"物"，还是切实的东西，国联就渺茫，不过这还可以令人不久就省悟到依赖它的不可靠。一到求神拜佛，可就玄虚之至了，有益或是有害，一时就找不出分明的结果来，它可以令人更长久的麻醉着自己。

　　中国人现在是在发展着"自欺力"。

　　"自欺"也并非现在的新东西，现在只不过日见其明显，笼罩了一切罢了。然而，在这笼罩之下，我们有并不失掉自信力的中国人在。

　　我们从古以来，就有埋头苦干的人，有拼命硬干的人，有为民请命[5]的人，有舍身求法的人，……虽是等于为帝王将相作家谱的所谓"正史"[6]，也往往掩不住他们的光耀，这就是中国的脊梁。

　　这一类的人们，就是现在也何尝少呢？他们有确信，不自欺；他们在前仆后继的战斗，不过一面总在被摧残，被抹杀，消灭于黑暗中，不能为大家所知道罢了。说中国人失掉了自信力，用以指一部分人则可，倘若加于全体，那简直是诬蔑。

　　要论中国人，必须不被搽在表面的自欺欺人的脂粉所诓骗，却看看他的筋骨和脊梁。自信力的有无，状元宰相的文章是不足为据的，要自己去看地底下。

九月二十五日

[注释]

[1] 选自《且介亭杂文》(《鲁迅全集》第6卷，人民文学出版社1981年版)。本篇最初发表于1934年10月20日《太白》半月刊第1卷第3期，署名公汗。

[2] 国联："国际联盟"的简称，第一次世界大战后于1920年成立的国际政府间组织。它标榜以"促进国际合作，维持国际和平与安全"为宗旨，实际上是英法等帝国主义国家控制别国并为其侵略政策服务的工具。1946年4月正式宣告解散。"九一八"事变后，蒋介石即在南京发表讲话，声称"暂取逆来顺受态度，以待国联公理之判决"。国民党政府多次向国联申诉，要求制止日本帝国主义的侵略，但国联采取了袒护日本的立场。它派出的调查团到我国东北调查后，在发表的《国联调查团报告书》中，竟认为日本在中国的东北有特殊地位，说它对中国的侵略是"正当而合法"的。

[3] 求神拜佛：当时一些国民党官僚和"社会名流"，以祈祷"解救国难"为名，多次在一些大城市举办"时轮金刚法会"、"仁王护国法会"等。

[4] 中国人失掉自信力了：当时舆论界曾有过这类论调，如1934年8月27日《大公报》社评《孔子诞辰纪念》中说："民族的自尊心与自信力，既已荡焉无存，不待外侮之来，国家固早已濒于精神幻灭之域。"

[5] 为民请命：替老百姓说话。

[6] "正史"：清高宗（乾隆）诏定从《史记》到《明史》共24部纪传体史书为正史，即二十四史。梁启超在《中国史界革命案》中说："二十四史非史也，二十四姓之家谱而已。"

[思考练习]

一、根据课文，按要求做题。

1. 填空：

信"地"信"物"信"国联"，只能算＿＿＿＿＿力，不能算＿＿＿＿＿力，可见＿＿＿＿＿力是早就失掉了。不再信"地"信"物"信"国联"，而去求神拜佛，是发展着＿＿＿＿＿力，把＿＿＿＿＿力也失掉了。

2. 作者的上述意思，是由一些分析得出的，找出课文中的这些分析语句并画线标示。

二、"说中国人失掉了自信力，用以指一部分人则可，倘若加于全体，那简直是诬蔑。"这句话对驳斥对方论点起到什么作用？

三、谈谈你对"要论中国人，必须不被搽在表面的自欺欺人的脂粉所诓骗，却看看他的筋骨和脊梁"这句话的理解。

四、找出课文中的过渡句和相互呼应的词语。

五、说出下面词语在课文中的喻指意义。

脂粉　　筋骨和脊梁　　状元宰相　　地底下

六、列出课文批驳对方论点的基本思路。

2.

不求甚解[1]

邓 拓

[阅读提示]

读书可以不求甚解，这与一些人的理解恰恰相反。本文所反驳的观点是"对任何问题不求甚解都是不好的"，指出这是对"不求甚解"的一种误解。作者追根溯源，从对陶渊明"不求甚解"的原意的分析谈起，阐述了自己对不求甚解的理解，指出了对方观点的偏失。

课文的论证注重分析说理，选例典型，论说周到，逻辑严密，既有对事例的引申分析，又有正误态度的对照区别。作者针对人们以为理所当然的观点提出质疑，层层剖析，使读者增智受益，心悦诚服。

学习本文，要体会作者怎样质疑对方的观点，怎样把一个道理讲透；同时体会一下本文与《中国人失掉自信力了吗》语言风格的不同,想想其原因。

　　一般人常常以为,对任何问题不求甚解都是不好的。其实也不尽然。我们虽然不必提倡不求甚解的态度,但是,盲目地反对不求甚解的态度同样没有充分的理由。

　　不求甚解这句话最早是陶渊明说的。他在《五柳先生传》[2]这篇短文中写道:"好[3]读书,不求甚解;每有会意,便欣然忘食。"人们往往只抓住他说的前一句话,而丢了他说的后一句话,因此,就对陶渊明的读书态度很不满意,这是何苦来呢?他说的前后两句话紧紧相连,交互阐明,意思非常清楚。这是古人读书的正确态度,我们应该虚心学习,完全不应该对他滥加粗暴的不讲道理的非议。

　　应该承认,好读书这个习惯的养成是很重要的。如果根本不读书或者不喜欢读书,那末,无论说什么求甚解或不求甚解就都毫无意义了。因为不读书就不了解什么知识,不喜欢读也就不能用心去了解书中的道理。一定要好读书,这才有起码的发言权。真正把书读进去了,越读越有兴趣,自然就会慢慢了解书中的道理。一下子想完全读懂所有的书,特别是完全读懂重要的经典著作,那除了狂妄自大的人以外,谁也不敢这样自信。而读书的要诀,全在于会意。对于这一点,陶渊明尤其有独到的见解。所以,他每每遇到真正会意的时候,就高兴得连饭都忘记吃了。

　　这样说来,陶渊明主张读书要会意,而真正的会意又很不容易,所以只好说不求甚解了。可见这不求甚解四字的含义,有两层:一是表示虚心,目的在于劝戒学者不要骄傲自负,以为什么书一读就懂,实际上不一定真正体会得了书中的真意,还是老老实实承认自己只是不求甚解为好。二是说明读书的方法,不要固执一点,咬文嚼字,而要前后贯通,了解大意。这两层意思都很重要,值得我们好好体会。

　　列宁就曾经多次批评普列汉诺夫[4],说他自以为熟读马克思的著作,而实际上对马克思的著作却做了许多曲解[5]。我们今天对于马克思列宁主义的经典著作,也应该抱虚心的态度,切不可以为都读得懂,其实不懂的地方还多得很哩!要想把经典著作读透,懂得其中的真理,并且正确地用来指导我们的工作,还必须不断努力学习。要学习得好,就不能死读,而必须活读,就是说,不能只记住经典著作的一些字句,而必须理解经典著作的精神实质。

　　在这一方面,古人的确有许多成功的经验。诸葛亮就是这样读书的。据王粲的《英雄记钞》[6]说,诸葛亮与徐庶、石广元、孟公威等人一道游学读书,"三人务于精熟,而亮独观其大略[7]"。看来诸葛亮比徐庶等人确实要高明得多,因为观其大略的人,往往知识更广泛,了解问题更全面。

　　当然,这也不是说,读书可以马马虎虎,很不认真。绝对不应该这样。观其大略同样需要认真读书,只是不死抠一字一句,不因小失大,不为某一局部而放弃了整体。

　　宋代理学家陆象山的语录中说:"读书且平平读,未晓处且放过,不必太滞[8]。"这也是不因小失大的意思。所谓未晓处且放过,与不求甚解的提法很相似。放过是暂时的,最后仍然会了解它的意思。

　　经验证明,有许多书看一遍两遍还不懂得,读三遍四遍就懂得了;或者一本书读了前面有许多不懂的地方,读到后面才豁然贯通;有的书昨天看不懂,过些日子再看才懂得;也有的似乎已经看懂了,其实不大懂,后来有了一些实际知识,才真正懂得它的意思。因此,重要的书必须常常反复阅读,每读一次都会觉得开卷有益。

[注释]

[1] 选自《燕山夜话》(北京出版社 1979 年版)。
[2] 《五柳先生传》:这是陶渊明托名五柳先生而作的一篇自传。因宅边有五株柳树,陶渊明自号为"五柳先生"。
[3] 好(hào):爱好,喜好。
[4] 普列汉诺夫(1856—1918 年):俄国最早的马克思主义传播者,后成为修正主义者,孟什维克领袖之一。
[5] 曲解:这里指不合原意的理解。
[6] 王粲的《英雄记钞》:王粲(177—217 年),东汉末文学家,字仲宣,山阳高平(今山东邹县东南)人。史书无王粲作《英雄记钞》的记载。本文所引《英雄记钞》中的话,与《三国志》裴松之注所引鱼豢《魏略》中的话是一致的。
[7] 观其大略:只看书上大概的意思。
[8] 滞(zhì):不流通,这里是读书死板的意思。

[思考练习]

一、说说课文就什么观点提出了质疑,是怎样质疑的?

二、作者是怎样具体分析"不求甚解"的含义的,你是怎样理解这个问题的?

三、用现代汉语解释下面文言语句的意思。

好读书,不求甚解;每有会意,便欣然忘食。

四、课文反驳时选例典型,试结合课文加以说明。

五、本文和《中国人失掉自信力了吗》在语言风格上有什么不同?想想为什么会有这些不同。

六、课文主要论述了读书可以采用不求甚解的态度和方法,但是结尾却说:"因此,重要的书必须常常反复阅读,每读一次都会觉得开卷有益。"这样结尾是否和全文论述的中心不一致?谈谈你对这个问题的理解。

3.

论 骄 傲[1]

平伦元

[阅读提示]

在改革年代,许多崭新的观念应运而生。本文对"骄傲"的辨析,就体现着浓烈的时代气息。

本文批评的是用"骄傲"这顶帽子对青年人横加指责的现象。骄傲是有害的,这个大家都知道。以"骄傲"来指责、压制青年人的革新创造精神更是有害,这一点人们未必都知道,所以要"论"。课文立足于社会主义现代化建设需要锐意求新这个现实的论题,从辨析骄傲的内涵和外延入手,批驳了把锐意求新看作骄傲的陈腐观念,阐明了二者的根本区别,并揭示出这种陈腐观念的危害和根源。课文列举了一些社会现象,指出它们并不是骄傲,揭露了对方论据的虚妄。课文表现了两种思想观念的碰撞,但作者没有以帽子压人,而是把握恰当的分寸,层层剖析,有严肃的批评,更有中肯的分析,廓清正误,辨明是非。

学习本文,要领会文章揭示对方论据的虚妄,从而驳倒错误观点的批驳方法。本文词语丰富,阅读时要注意体会并积累。

在改革洪流中,活跃着千千万万时代的"弄潮儿",一大批锐意改革求新的青年人已经崭露头角。然而,在一些地方和单位,这些崭露头角的青年却遭到一种莫名其妙的责难,"罪名"便是骄傲。这顶帽子,使得奋然前行的青年们步履艰难,压力重重,聪明才智难以发挥和施展。

所谓骄傲,不外是指人们对自己缺乏正确的认识,过高地估计自己的能力和作用,狂妄自大。毫无疑问,骄傲自大于人于己都是非常有害的,是应该时时警惕和克服的。因此,无论在什么时候,我们都应该牢记"虚心使人进步,骄傲使人落后"这个颠扑不破的真理。

但是,骄傲自大这个词的本身,有着严格的和科学的规定性。如果不加分析,随意扩大其外延[2],把本来属于正常的事情甚至是优点说成是骄傲自大,并加以指摘,这无论如何也不是正确的态度。

比如,有的青年看到本单位生产上不去,主动请缨[3],要求承包,并敢于立下军令状。这种可贵的责任心和自信心,便招致一些人的指斥:"瞧,他不知天高地厚,傲得没边儿了!"

又如,有些青年在改革中敢于打破旧框框,提出新见解,甚至敢于向权威提出挑战。这可贵的创新精神,便又会招致一些人的讥笑:"太狂了!"

还如,有些青年在工作中取得了成绩,面带喜色,目露欢欣,这也属于人之常情,然而却招致一些人的挑剔:"他翘尾巴啦,骄傲自满!"

再如,有些青年性格直率,快人快语,直来直去,那么,他就很难摆脱这样的指责:"骄傲!"

如此等等,不一而足。

那么,照一些同志的看法,怎样做才算不骄傲呢? 就是青年们都应该俯首低眉,唯唯诺诺,即使自己能够办到的事情,也只能说"试试看吧"。最好唯命是从,不要有独立见解,更不要锐意创新,跟在别人后面亦步亦趋[4]就是了。取得了成绩,或是拿了世界冠军,也得笑不露齿。逢事须毕恭毕敬,做个谦谦君子。想表达一种意见,只能旁敲侧击,九曲十八弯,不能单刀直入。然而,这无疑是让青年变得世故、虚伪、圆滑,是对青年乐于进取、勇于创新这种最可宝贵的精神的压抑和扼杀,是束缚青年的"紧箍咒"[5]。

其实,青年们在工作中自信心强,是非常宝贵的。体操运动员李宁在奥运会体操大赛之前曾接受外国记者采访,记者问道,"你是否能拿到金牌?"李宁毫不含糊:"能! 相信自己的实力。"如果李宁缺乏自信,未上场就畏首畏尾,瑟瑟发抖,怎么能赛出水平? 青年人对一些世俗之见,不轻易苟同[6],甚至敢于向权威挑战,更是弥足珍贵[7]的勇气。举凡那些能够取得成就的青年,没有一个是规行矩步的"宁馨儿[8]"。相反,倒是那些有独立见解并坚持自己正确意见的青年,往往最有出息。因为创新就意味着不苟同。至于取得了成绩而欢欣鼓舞,那更是无可厚非的。那欢欣鼓舞是一股锐气和士气,是激励青少年走向新胜利的强大力量。总之,这种自信心、创新精神和为胜利而欢欣鼓舞,与骄傲自大是不同的两码事,不仅不应受到责难,倒是应该大大鼓励的。

  我们中国历来有崇奉"中庸之道[9]"的习惯。正像鲁迅所说,只要有谁显得稍微特殊一点,便会有人去把他削平。而那削平的口实之一,就是"骄傲"。一个人不求进取,庸庸碌碌,很少会有人说他骄傲。而如果有人敢于创新,做出成绩,并冒了尖,便很难逃脱"骄傲"的罪名。这实在是一种陈腐的观念。面对蓬勃发展的改革事业,需要青年一代具有充满自信的勇气和开拓创新精神,如果说这也算是"骄傲",老实说吧,这正是时代的需要,人民的需要。因此,廓清思想,明辨是非,为那些被种种毫无根据的责难而压抑的青年张目[10],是每个关心四化大业和青年未来的同志义不容辞的责任。

[注释]

[1] 选自1984年8月21日《中国青年报》。
[2] 外延:概念所涉及的范围,是概念所反映的一类事物的个体的总和。
[3] 请缨(yīng):出自《汉书·终军传》,意思是请求交给任务。
[4] 亦步亦趋:人家慢走,跟着慢走;人家快走,跟着快走。出自《庄子·田子方》:"夫子步亦步,夫子趋亦趋。"比喻自己没有主张,或为了讨好,而事事模仿,一味追随别人。趋,快走。
[5] "紧箍(gū)咒":《西游记》里唐僧用来制服孙悟空的咒语,能使孙悟空头上套的金箍变紧,使他头痛。这里比喻束缚人的东西。
[6] 苟同:随便地同意。苟,随便。
[7] 弥足珍贵:十分珍贵,非常珍贵。弥,满。
[8] "宁馨(xīn)儿":出自《晋书·王衍传》,晋宋时俗语,就像今天说"这样的孩子"。这里是一味顺从的乖孩子的意思。
[9] "中庸之道":出自《论语·雍也》,是儒家伦理思想,指处理事情采取不偏不倚、调和折中的态度。
[10] 张目:助长声势。

[思考练习]

  一、解释下列词语。
  苟同 中庸之道 谦谦君子 廓清
  二、课文对"骄傲"这个概念是怎样阐述其内涵和外延的?
  三、有些人把哪些正常的社会现象指责为骄傲?试做简单概括。
  四、课文所揭露的陈腐观念的现象、本质、危害各是什么?
  五、课文第9段最后说"然而,这无疑是让青年变得世故、虚伪、圆滑,是对青年乐于进取、勇于创新这种最可宝贵的精神的压抑与扼杀,是束缚青年的'紧箍咒'。"这句话在论证中的作用是什么?
  六、学习了本课以后,说说你对"骄傲"的理解。

4.

毛遂不避嫌疑[1]

赵金禾

[阅读提示]

本文反驳的不是一个明显错误的观点,而是一个似是而非的说法。怎样澄清是非,辨明曲直?必须依靠让人心悦诚服的分析:一方面,指出对方说法中的不合理因素;另一方面,要证明作者自己主张的合理性。课文就是紧紧围绕这一目标层层剖析,充分说理,通过辩驳使自己的主张得到有力证明。

课文分析的思路是:1. 毛遂"表现自己"的做法究竟该怎样评价;2. "不表现自己"究竟是不是一种美德;3. "表现自己"和"不表现自己"各表明了怎样的事业心与精神状态;4. "表现自己"需要怎样的思想基础。作者在指出传统观念弊端的同时,大胆肯定、高度赞扬毛遂敢于自荐之举,态度十分鲜明。

学习本文,要体会文章注重分析、逻辑严密的特点,学习尖锐泼辣又恰如其分的语言。

前些天,我参加了一个人才问题的讨论会。有人私下给毛遂提了条意见:"好表现自己。"

我大吃一惊。这不是冤枉好人吗?仔细一想,毛遂也是在表现自己。倘不表现自己,怎么能自荐呢!

原来,毛遂自荐并不避嫌疑。他本来就认为:有才能的人,就像放在布袋里的锥子,一定会冒出尖来。不冒尖,你怎么晓得他有才!千里马之所以能被伯乐发现,还不是因为千里马长啸一声地表现自己吗?

我们赞扬毛遂,说到底,就是赞扬毛遂敢于表现自己。这点,是过去所有赞扬毛遂的文章不曾点穿的。我敢说。

近些年来,自荐之风盛行。这是改革之举。然而,"好表现自己"的帽子,还畅销于市场。要不,怎么会把这顶帽子戴在毛遂头上?

跟"好表现自己"相反,"不表现自己",从来都是作为一种谦逊的美德加以肯定的。众目睽睽[2]之下,谁能说不要这种美德?

于是乎,明明是错误不能顶,明明是好事不能做,明明有意见不能提,明明有主意不能讲。怕啊,怕背"好表现自己"之名啊。

"不表现自己"的"美德"误了多少事?如果有可能作个统计,误事的总数,平均分配到每个中国人头上,怕是谁都不会有一张笑脸的。

"不表现自己",不是美德。

"表现自己",是表现自己的才能,表现自己的智慧,表现自己的价值,表现自己对人类的贡献。试想,每个中国人都这样去"好表现自己",人人都成了毛遂,我们国家不就堪称"毛遂之国"了吗!

"表现自己",是要有气魄的。

在某些人的眼里,"表现自己"跟"野心""风头主义"是同义语,犹如洪水猛兽般的吓人。有志于干事业的人,全然不考虑这些。他们像毛遂一样不避嫌疑。他们明智地感到自己的社会责任。"世事我曾抗争,成败不必在我。""表现自己",表现的就是做人的那么一点精神。

改革的今天,应当受到指责的,倒不是"好表现自己"的人,而是那种害怕困难,得过且过,唯唯诺诺[3],互相推诿[4]的人,不负责任,不求有功,但求无过——不敢表现自己的人。

不敢表现自己,就不会有民族的朝气,事业的创造,历史的开拓。

"不表现自己",是表现了自己的落后。

"表现自己",是表现了自己的进取。

"风头主义"、"野心",跟"表现自己"无缘。优秀运动员李宁,把在奥运会上"表现自己"夺得的三枚金牌,都送给了他的老师、教练和保健医生,自己只留下了银牌。他说,银牌才能说明自己的不足。这是"表现"中的不表现,或者说,是"表现"中的另一种表现:在荣誉面前的表现。

我们能不为表现者的表现喝彩么?

[注释]

[1] 选自《人民文学》1985年第4期。
[2] 众目睽睽(kuíkuí):大家的眼睛都注视着。睽睽,形容注视。
[3] 唯唯(wěiwěi)诺诺:形容一味顺从别人的意见。唯和诺,都是表示同意的答话声。
[4] 推诿(wěi):把责任推给别人。

[思考练习]

一、说说课文分析的思路。

二、本文反驳的不是一个明显错误的观点,而是一个似是而非的说法,那么,是一种什么说法呢?

三、熟读课文,品味课文尖锐泼辣、恰如其分的语言。

5.

"苹果落地"的传闻可靠吗[1]

杜晓庄

[阅读提示]

本文的标题提出了一个质疑。答案是什么?显然,必须把传闻推究一番,才能得出结论。文章运用科技史的考证,以事实说话,将考证内容分成三个方面,层层深入地揭示传闻与事实的出入。首先说明"苹果落地"的传闻发生在1665年或1666年,然后根据科学史料推断牛顿推出向心力公式当在1673年之后。尔后,又以牛顿与胡克的一场辩论以及此后牛顿的研究进程证明万有引力的发现当在1679年以后,而正式公布万有引力定律则是在1687年,从而证明传闻的荒唐无稽。

阅读时,应学习课文注重分析事实,从事实中做出判断,反驳无稽之谈的特点,学习作者大胆质疑和实事求是的科学态度。

关于牛顿发现万有引力定律的历史,目前众说纷纭。其中,对人们影响较大的,是所谓牛顿看到苹果落地而发现万有引力定律的故事。这个故事,最早出现在牛顿晚年的密友斯多克雷的回忆录和法国大百科全书学派伏尔泰[2]的笔下。二百多年来,这个故事辗转流传,至今还经常出现在一些科普小品、科学家传记文学、电视节目和某些科技史的专著中,使相当多的读者信以为真。其结果,在许多人特别是广大青少年读者的心目中,造成一种误解:似乎科学家的创造发明,全是靠科学家的偶然机遇和天赋灵感。"苹果落地"的故事流传太久、影响太广了,迫使我们不得不来细细考证[3]一番,看看这个故事究竟是真是假。

科技史的考证不同于人文[4]史的考证,虽然两者都要注重发掘、整理第一手资料,但是科技史的考证更加注重从方法论上探本溯源[5],看一看科学家在当时的历史环境下是以什么样的思路来获得突破的。

众所周知,牛顿发现万有引力定律,是在开普勒行星运动三大定律的基础上,运用牛顿三大定律和微积分的数学工具,才最终推导出来的。在逻辑方法上,牛顿从地球吸引重物推广到地球吸引月球、太阳吸引行星,进而推广到整个宇宙的所有天体之间,这是应用演绎[6]与归纳[7]相结合的逻辑推理的光辉典范。可以说,假如没有透辟理解开普勒行星运动三大定律、牛顿三大运动定律和微积分,假如没有娴熟掌握演绎与归纳相结合的逻辑推理方法,即使牛顿在苹果树下冥思苦索[8]一百年,也是不可能发现万有引力定律的。

据斯多克雷的回忆录和伏尔泰转述牛顿的继侄女儿的回忆文章,"苹果落地"的故事发生在1665年或1666年。当时,牛顿还是二十三四岁的青年人,正在家乡躲避瘟疫。诚然,牛顿在年轻时就已显露才华。他在这时已经发明了微积分,掌握了开普勒行星运动三大定律。但是,说牛顿在当时已发现了万有引力定律,那是言过其实的。

这样说有什么依据呢?

第一,苹果落地是地球对苹果的引力所致,这在牛顿之前的哥白尼、伽利略、笛卡儿[9]等人早已知道,在牛顿时代已成为人们的常识。发现万有引力定律的关键不在这里,关键在于把地球上的重力与天体间的引力统一起来,统一到物体距离平方成反比的向心力上。考查牛顿在1714年亲笔写下的《备忘录》,前后自相矛盾。他既说迫使行星与月球作向心运动的力同物体距离的平方成反比的公式,在1665年与1666年之间已经推出,可是,他又同时承认:"惠更斯[10]先生后来发表的离心力的理论我相信是在我之前的。"惠更斯通过对单摆实验的研究得出向心加速度公式,是在1673年。据此,牛顿推出行星绕太阳运动、月球绕地球运动的向心力公式,当在1673年之后。

第二,牛顿后来在1679年同胡克之间的争论,暴露了牛顿的错误。这充分证明,在那时,牛顿还远未真正发现万有引力定律。当时,胡克写信给牛顿,要牛顿回答地球自转与重物下落轨迹的关系问题。牛顿的答案是错误的。牛顿认为:地球静止时,重物垂直下落;地球自转时,重物沿螺线轨迹下落。胡克抓住牛顿的错误大做文章,尽情嘲弄牛顿。

胡克正确指出:重物偏离质心[11]连线运动的轨迹,应是一个椭圆。牛顿受此刺激,被迫搁下手头的其他课题,发愤专攻动力学,遂总结出牛顿三大运动定律,然后,他利用这一成果,正确地推导出万有引力定律。牛顿发表《自然哲学的数学原理》,正式公布万有引力定律,是在 1687 年。

第三,在牛顿正式公布万有引力定律之前,法国天文学家布里阿德奥于 1645 年,意大利物理学家玻列利于 1666 年,荷兰的惠更斯于 1673 年,英国的哈雷、伦恩于 1679 年,胡克于 1680 年 1 月 6 日,都从不同角度指出重力或天体引力同物体距离的平方成反比。这些成果,都对牛顿有所启迪。解决这一重要问题,还不等于解决全部问题。接着,牛顿遇到了又一个棘手问题,就是因为当时地球的半径、月地间与日地间的距离尚未测准,因而使牛顿的计算值同实测不符,演绎与归纳推理从地球上的重物推广到太阳系就遇到了"拦路虎",进一步推广到太阳系之外的万物之间也就发生了困难。直到 1675 年英国皇家学会[12]获悉法国天文学家皮卡尔在 1671 年测定地球半径的准确值之后,牛顿才于 1682 年推证自己的公式是正确的。牛顿继续前进,他从太阳系的天体引力进一步推广到宇宙间的天体引力,然后,又用这条有普遍性的规律来解释天体间的潮汐摩擦、章动[13]与岁差[14]、地球的扁圆球形状,获得了极大的成功。牛顿发现万有引力定律的过程,决不是灵机一动、一蹴而就的。借用他自己的话来说,他是"站在巨人们的肩膀上",经过长期的探索,拾取了知识"大海"里的一个晶莹美丽的"贝壳"。这便是牛顿直到 1687 年才迟迟公布万有引力定律的缘由。

根据以上几点考证,我们完全可以断言:所谓牛顿看到"苹果落地"发现万有引力定律,纯属无稽之谈[15]。

从考证牛顿如何发现万有引力定律的史实,我不禁想到,研究科技史也要注重考证。轻视考证工作,必然使科技史变成"旧闻钞"[16]。人云亦云,以讹传讹[17],谬种流传,对读者尤其是青少年的危害是很大的。实际上,即使在资本主义国家里,一些治史严谨的科技史研究工作者,也是颇为注重考证的。读最近出版的英国、日本的大百科全书里的"牛顿"条目,撰稿人也都在不同程度上纠正了"苹果落地"的传闻,比较客观地叙述了牛顿发现万有引力定律的历史过程。第十五版《大英百科全书详编》就根本否定这个传闻。如果我们还津津乐道这个传闻,试问我们的科技史的研究工作,还有什么出息呢?

[注释]

[1] 选自 1980 年 3 月 17 日《光明日报》,有改动。
[2] 伏尔泰(1694—1778 年):法国启蒙思想家、作家、哲学家。他的著作很多,关于牛顿,著有《牛顿哲学原理》。
[3] 考证:研究文献或历史问题时,根据资料来考核、证实和说明。
[4] 人文:指人类社会的各种文化现象。
[5] 探本溯源:探求根本,追溯源头。溯,由下游往上游走。
[6] 演绎:一种逻辑推理方法,是由一般原理推导出关于特殊情况下的结论。
[7] 归纳:与演绎相对的推理方法,是由一系列具体的事实概括出一般原理。
[8] 冥思苦索:绞尽脑汁,苦思冥想。冥,深沉。
[9] 笛卡儿(1596—1650 年):法国哲学家、物理学家、数学家、生理学家。主要著作有《方法论》《形而

上学的沉思》《哲学原理》《论世界》等。

[10] 惠更斯(1629—1695年)：荷兰物理学家、数学家、天文学家。

[11] 质心："质量中心"的简称。

[12] 英国皇家学会：英国最高学术研究机构，成立于1660年。

[13] 章动：转动物体发生岁差时，它的自转轴绕另一轴线(进动轴)旋转，自转轴和进动轴之间的夹角会发生变化，这种角度变化的现象称为"章动"。

[14] 岁差：由于太阳和月亮的引力对地球赤道的作用，使地球在黄道轴的周围作圆锥形的运动，慢慢向西移动，约2.6万年环绕一周，同时使春分点以每年50.2角秒的速度向西移行，这种现象叫作"岁差"。

[15] 无稽之谈：无据可考的说法，指毫无事实根据的说法。稽，查考。

[16] "旧闻钞"：把社会上过去的传闻记下来的文章。钞，同抄。

[17] 以讹(é)传讹：把本来就不正确的话又错误地传出去。讹，错误。

[思考练习]

一、本文作者批驳的观点是什么？

二、作者在批驳过程中列举了大量历史事实，请结合课文展开分析，找出作者运用的事实论据。

三、理解课文内容，回答牛顿是怎样发现万有引力定律的？

写作训练（六）

议论文写作

——驳论

写作范围

写一篇简单的驳论文。

写作指导

驳论，就是反驳别人的观点并提出自己的正确意见。写驳论文，要把对方观点错在哪里，为什么错论述清楚，有的还可以揭示问题的根源以及给人们的启示等。反驳对方的观点，也就是证明与之相对立的自己的意见正确，因此要重在说理。

初学写驳论文，要注意避免两种情况：一是面面俱到，全面出击，结果淹没了重点，影响了效果。应当在下笔之前认真分析，抓住对方的要害加以反驳。切入准，才能重点突出，批驳深入。二是缺乏分析，只给对方下结论，扣大帽子，以为结论越可怕，批驳就越深刻。殊不知离开透辟的分析，读者是难以认同你的观点的。所以，一定要在分析上下功夫，尽量从多个方面多个角度充分说理。

参考题目

1. 讲诚信并不吃亏

2. 驳"环境保护靠我一个人没用"
3. 考上大学才有前途吗
4. 根据以下内容,自拟题目,写一篇反驳性议论文

学校倡导艰苦奋斗精神,可是有的同学认为,过去条件差,是应当艰苦奋斗。现在生活好了,提倡艰苦奋斗没有意义了。

例文

敢为天下先

老子说:"我恒有三宝:一曰慈,二曰俭,三曰不敢为天下先。"虽然这古训备受推崇,但实际不过是一张"护身符"。"不敢为天下先",就是不敢勇挑大梁,不敢锐意创新。我以为,在这腾飞的时代,人人要敢为天下先!

辩证唯物主义深刻阐明:认识一个事物,要经过实践、认识、再实践、再认识,要经过多次反复。正因为认识需要一个反复过程,我们对复杂事物的认识,就不可能一次正确,错误是难免的。我们不能因此而谨小慎微,抱残守缺;而要以敢为天下先的精神,勇于创新,锐意进取。也就是要"不断地总结经验,有所发现,有所发明,有所创造,有所前进"。

科学告诉我们:新事物必然战胜旧事物。

中国历史上,敢为天下先者比比皆是。神农氏冒生命危险,尝遍百草,创亘古未有之事,使后世子孙享福延寿;苏轼不拘前人,创立了遒劲的"豪放派"词风,使宋词大放异彩;欧阳修曾效仿白居易的散文,又有创见,终于独成一家;相反,他的诗虽有白诗的韵味,却少自己的风格,只能"泯然众人矣"。可见,"新"赋予一切事物以生命力;只有创新,才能顺应时代,顺应规律。

虽然我们提倡创新,但为什么"不敢为天下先"却觅到了很多知音?老子之"宝"说得明白:不求有功,但求无过。是的,"先"、"险"相倚,敢"先"就要冒险。不是吗?王安石罢官归隐,商鞅车裂而死、六君子戊戌喋血。但是,君不见李悝相魏变法泽被后世,孝文帝改革功彪青史?他们都是敢"先"的勇士,不管改革成功与否,那勇于创新的精神始终为人民所乐道。虽然"先"中有"险",但"险"中孕育着成功的胚胎;"后"中有"安",但安中笼罩着失败的阴影。

今天,改革大业首战告捷,创新、改革势在必行,这是一项崭新的事业,失误是难免的。但我们不能消沉、畏缩,要有"敢为天下先"的胆略,做前人未做过的事,创前人未开创的大业,于无路处辟新路,于绝境中寻蹊径。时移世易,人世沧桑,但创新大势锐不可当。还是扔掉父辈的拐杖吧,去自己闯出新路,去摄取无畏开拓的胆魄。可贵!变革之中,安徽凤阳农民秘密承包土地,他们把希望和生命,用粗大的手指,按在合同书上。是他们,为农村经济的复苏描绘了蓝图。可喜!北京大学生赵耘,选择了被人鄙夷的家庭服务行业,率先和旧观念彻底决裂。可贺!女总经理张静,50元起家建起了英利时装公司,以她的行动,显示了新的观念:女人啊,你的名字不是怯懦!

是的,创新精神是社会变革的一种动力。勇于实践,大胆创新,是青年人的本质。没有第一个吃螃蟹的人,就没有今天的佳肴;没有无畏的开拓者,人类就无法生存。我们赞美"第一",就是赞美创新者的勇气。开拓,前进,是我们时代的最强音!为什么不能标新

立异?为什么不能大胆质疑?为什么一切都要合于"正统",恪守先祖列宗的"遗训"?为什么要做墨守成规、唯命是从的"孝子"?扔掉吧!两千年害人的封建正统。去突破框框,去为天下先,去做改革浪尖上的弄潮儿!

长江后浪推前浪,这就是我们的雄心;青出于蓝胜于蓝,这就是我们的豪情!

时代需要我们——勇于开拓的年轻人,我们更需要敢为天下先的气概!只有开拓,只有创造,只有敢为天下先,我们才能前不负古人,后无愧于来者!

(王力南)

课外练笔参考题

1. 身体健康的人不需要锻炼吗?
2. 评"船到桥头自然直"
3. 驳"雷锋精神过时了"
4. "学习好"不是评价学生的惟一标准

口语交际(三)

演 讲

生活情境

情境一:

春回大地,万象更新。以"青春放歌"为主题的学校艺术节即将开幕,作为本次艺术节重要组成部分的"青春讲坛",将举行12场演讲比赛。12个引人入胜的题目激发同学们去释放激情,展示才情。张玉和她的同学们按捺不住内心的激动,积极报名,准备通过比赛锻炼自己的口语表达能力。

情境二:

经过几轮的角逐,参加应聘的应届毕业生周嘉过五关斩六将,终于"杀入"最后的面试。与前几个面试者遇到的问题不同,考官让周嘉以"我是最好的吗"为题,作2分钟的即兴演讲。1分钟的准备之后,周嘉自信地站在了主考官面前。

情境三:

郑力要出席市学生联合会组织的一个会议,老师告诉她做好在会上演讲的准备。"演讲什么?"郑力问老师。老师说:"以'择业与理想'为主题的。""可以拿着稿子读吗?"郑力又问。老师郑重地对郑力说:"不可以,要脱稿。所以你要好好准备。"

……

演讲水平的高低是衡量一个人口语交际能力强弱的重要标准。在我们的生活和工作中,越来越多的场合需要演讲,演讲已成为现代社会人与人之间沟通感情、交流思想的一种重要方式。

相关知识

演讲,又称讲演、演说,是指对听众讲述有关某一事物的知识或对某一问题阐述见解的口语交际形式。

演讲的特点：

针对性。演讲要有鲜明的主题，这个主题往往是针对现实生活中的某一事件、某一现象、某一问题的，是被人们广泛关注、引人深思、发人深省的一些问题。

鼓动性。演讲的主要目的是通过阐述个人见解与听众交流认识，沟通思想，产生情感上的共鸣，从而让听众心悦诚服地接受演讲者的观点。好的演讲常常能够影响听众的情绪，听众的喜怒哀乐都受到演讲者的感染。

艺术性。演讲是一种比较高级的口语交际形式，综合了演讲者的文化底蕴、知识结构、语言表述、情感表达、心理调适、肢体语言、仪表礼仪等多方面的素质。要使演讲具有强烈的感染力，常常需要借助一些艺术的表现手段，如富有文学色彩的语言、有声有色的口头表达能力、丰富的表情、恰如其分的动作，等等。演讲深刻的思想性是通过艺术的形式来表达的。

演讲的基本要求：

1. 主题明确，内容充实

演讲者往往针对现实问题，提出自己的观点，这个观点是集中的、明确的，演讲者的态度是鲜明的、坚定的，否则就不足以鼓动人、说服人。要想感染听众，演讲的内容就要贴近听众，要充实、有新意，切忌口号连篇，说假话、空话、大话、套话。

2. 感情充沛，张弛有度

要使演讲富有生命力，演讲者就要有真情实感，要想感动别人，首先要感动自己。演讲者传达给听众的应该是真挚、热忱的感人之情。同时，演讲者要适时地调整自己的状态，对自己感情的控制收放自如、有节有度。

3. 神情自信，仪表端庄

没有一个听众会信服一个不自信的演讲者。自信，既是对自身的充分肯定，也是征服听众的有力武器。演讲者不仅要表现出自信的神情，还要用自信的目光不断与听众交流。端庄的仪表是参加公众活动所必须的，这既是对他人的一种尊重，也会让自己给他人留下良好的印象。

4. 语言丰富，表达流利

演讲要充分利用丰富多样的语言表述形式。比如，用口语化的词句增强演讲的亲和力；用比喻句提高语言的生动性和形象性；用排比句增强语势；通过引用名言警句起到画龙点睛、升华主题的作用等。流利的语言表达是实现演讲目的的基本保证，演讲者的语言表达要自然流畅，文气贯通。

示例简析

示例一

在葛底斯堡国家公墓的演说

林 肯　　　　　1863年11月9日

87年前，我们的先辈们在这个大陆上创立了一个新国家，它孕育于自由之中，奉行一切人生来平等的原则。

现在我们正从事一场伟大的内战,以考验这个国家,或者任何一个孕育于自由和奉行上述原则的国家是否能够长久存在下去。我们今天在这场战争中的一个伟大战场上集会。烈士们为使这个国家能够生存下去而贡献出了自己的生命,我们来到这里,是要把这个战场的一部分奉献给他们作为最后安息之所。我们这么做完全应该而且是非常恰当的。

我们在这里所说的话,全世界不大会注意,也不会长久地记住,但勇士们在这里所做过的事,全世界却永远不会忘记。毋宁说,倒是我们这些还活着的人,应该在这里把自己奉献于勇士们已经如此崇高地向前推进但尚未完成的事业。我们要在这里下定决心,不让这些死者白白牺牲,我们要使国家在上帝的福佑下得到自由的新生,要使这个民有、民治、民享的政府永世长存。

【简析】这是一次被视为经典并在世界上广为传诵的演讲。本篇开宗明义,直指"自由""民主"的主题。尽管全文只有几百字,但感情充沛,字字掷地有声,文思如行云流水,一气呵成。时至今日,仍可以感觉到它如虹的气势和强烈的感召力。

示例二

竞选体育委员演讲词

孙海琴

各位同学:

你们好!

有幸走上讲台参加竞选,我激动、感动而不会冲动。瞧我一头简洁的运动短发,一身宽松的运动服,一双高弹力运动鞋,不折不扣的干净利索吧。这模样当班长太风风火火,做学习委员嫌冒冒失失,任文娱委员又恐缺少内涵……但是当你脑海中闪过"体育委员"四字时,不觉得眼睛为之一亮,胸襟为之一阔吗?咱这"造型"绝对的"标准",不,简直就是"经典"!

什么,对我的性别不满意?很遗憾,那是爹妈给的,也是我唯一无能为力的地方。但人由自然"制造",也可在某种意义上超越自然。何况,体育委员一职并非"须眉"的专利,"巾帼"同样能撑起半边天嘛!大家平时不是戏称我为"假小子"吗?不难看出我有一股男生的冲劲、闯劲,有一身男生的豪侠之气。至于运动会上为班级争了多少光,秃子头上的虱子——明摆在那儿,用不着我再重复。好"汉"不提当年勇,且看今后勇更强。当然,具有男孩性格的同时,我也不乏女孩子的细致。如果我有幸出任体育委员,谁的脚扭伤了需要照顾,谁因故不能上体育课需要别人代向老师请假,谁想找异性同学帮助自己训练而又羞于启齿……我将会及时体察"民情",热情周到地为你排忧解难。凡是粗心的"大男子"难以想到做到的,"小女子"能为你想到做到!

当好体育委员需要有较强的组织能力,这方面我自忖与任何人相比都不逊色,上届运动会上担任女领队的战绩,想必大家还记忆犹新吧。然而,除此之外,我还知道同学们最需要什么。你想知道世界杯始于何时吗?你想知道第一届世界杯赛的东道主吗?你想知道世界杯哪一年才有正式比赛吉祥物的吗?你想及时了解最新的体坛动态吗?我是班报编辑,如果我当选为体育委员,将"利用职权"为大家开辟一个"体育大观园"专栏,让你对体育知识常常"温故而知新"。同学们是否觉得我们的学习生活太单调了呢?"必须增加活动!"我听到了大家的心声。如果我当上体育委员,一定为大家向学校争取更多的活动机会,经常开展各种形式、各个层级的球类、棋类等比赛,丰富我们的生活,强健我们的体魄,增益我们的心智。

咱班的体育竞技水平目前处于中游偏下的地位。如果我有幸当上体育委员,将努力使我们跻身于"体育强班"的行列。我将引进当代先进的方法来培训班级的体育明星,组建我们自己的"马家军"。在校运动会期间,我将提出"班级就是祖国"的口号,以激励士气,增强凝聚力。并且集思广益,在充分研究对手的前提下科学地排兵布阵,巧夺智取。当我们班以"黑马"的矫健雄姿出现在下届校运会上时,请诸君献我一束"勿忘我",但前提是这次竞选在我的名字下投上你庄严的一票!

我的演讲完了,谢谢大家!

【简析】这是一篇竞选班级体育委员的演讲。全文内容充实,从自身特点、优势,到当选后的"施政计划",都作了"响当当"的介绍。尤其是生动、形象、俏皮的语言,极富感染力,一个热情奔放、自信勇敢、风风火火、具有较强组织能力和领导能力的"假小子"形象跃然而出。整篇演讲感情充沛,具有很强的鼓动性和说服力。

练习实践

一、人们常说"好的开头是成功的一半",演讲也是这样。有人喜欢提问式的开头,有人喜欢幽默式的开头,也有人喜欢用事例开头。以"我的资本是年轻"为题,考虑一下,你将怎样构思这一演讲的开头。

二、如果你是"情境二"中的周嘉,你准备怎样完成这次演讲?列出内容提纲,并在班上进行交流。

三、选择一个你感兴趣的话题,认真准备演讲内容,在班内组织一次演讲活动,最后评出优秀选手。

1. 我的幸福观
2. 我挑战,我精彩
3. 文凭与水平
4. 从食堂垃圾桶里的馒头所想到的
5. 二十年以后我将成为一名……
6. 老师,您听我说
7. 妈妈的愿望
8. 对所学专业的思考

第八单元

花木寄情

　　自古文人多傲骨,那禀性笃恕、勤勉放达的圣人贤士动辄琴啸于诗词间,静则寄情于花木中,植一株树,陶一种情,寓一类意,一时间倡引得乌伤邑人侍花弄草、营林贾木成性。于是乎那经历了数百上千年风雨的粉墙黛瓦间,见证了文人骚客恃才放旷的水口亭榭处,到处为后人留下了茂林修竹、郁郁葱葱,也留下了千古诗篇。

　　朱自清的《荷塘月色》运用清丽典雅的语言将情与景巧妙地融合在一起,淡淡的月光中流露出作者淡淡的喜悦和淡淡的忧愁。郁达夫的《故都的秋》以自然细腻的笔触,在对清静秋色的眷爱和流连中夹杂了其悲凉落寞的暗影。俞平伯在《陶然亭的雪》中叙述了自己一次雪中游陶然亭的经历,表达出与自然相亲和、相依恋的感情。余光中的《听听那冷雨》充满着浓郁的传统意识和乡土观念,抒发出浓浓的去国怀乡之感、强烈的思乡思亲之情。日本作家东山魁夷则借一片树叶的枯荣,启发我们去领悟热爱自然、热爱生活、珍爱生命的人生真谛。

　　当你厌倦了城市的喧嚣,当你厌倦了整天在钢筋水泥的都市里来回穿梭的生活,不如走出疲倦、走出喧嚣,置身山水花木之间,感受文化与自然,让大自然带给您宁静与舒适!

1.

荷塘月色[1]

朱自清

[阅读提示]

　　这是一篇优美的抒情散文。

　　文章写于1927年7月,当时黑暗笼罩全国,作者的"心里是一团乱麻,也可以说是一团火"。为了排遣胸中的郁闷和哀愁,作者来到了荷塘,欣赏美丽的荷塘月色。

　　文章的意境很美。首先,作者有高超的写景本领。他笔下的淡淡的月光、田田的荷叶、脉脉的流水、袅娜的荷花、飘浮的青雾……笔墨不多,而光、影、声、色俱在眼前,绘出了一幅空灵的荷塘月色图。其次,作者善于融情于景。那圣洁无比的荷花、冰清玉洁的月色是作者心目中的一片"绿阴",于是作者将内心的情感寄托于荷塘月色之中,创造出一种宁静、清幽而又诗情荡漾的意境,超凡脱俗而又耐人寻味。

　　文章的语言很美。作者采用比喻、拟人等修辞方法,运用联想、想象、烘托、渲染等艺术手法,引导读者从视觉、听觉、触觉去感受荷塘、月色的可爱可掬,笔触细腻而富神韵,语言清新而秀丽。

阅读课文要体会文中所描绘的独特的氛围,理解作者的感受和思绪,欣赏文章所营造的幽美的意境,反复诵读,品味文章语言表达的特色。

这几天心里颇不宁静。今晚在院子里坐着乘凉,忽然想起日日走过的荷塘,在这满月[2]的光里,总该另有一番样子吧。月亮渐渐地升高了,墙外马路上孩子们的欢笑,已经听不见了;妻在屋里拍着闰儿[3],迷迷糊糊地哼着眠歌。我悄悄地披了大衫,带上门出去。

沿着荷塘,是一条曲折的小煤屑路。这是一条幽僻的路;白天也少人走,夜晚更加寂寞。荷塘四面,长着许多树,蓊蓊郁郁[4]的。路的一旁,是些杨柳,和一些不知道名字的树。没有月光的晚上,这路上阴森森的,有些怕人。今晚却很好,虽然月光也还是淡淡的。

路上只我一个人,背着手踱着。这一片天地好像是我的;我也像超出了平常的自己,到了另一世界里。我爱热闹,也爱冷静;爱群居,也爱独处。像今晚上,一个人在这苍茫的月下,什么都可以想,什么都可以不想,便觉是个自由的人。白天里一定要做的事,一定要说的话,现在都可不理。这是独处的妙处;我且受用这无边的荷香月色好了。

曲曲折折的荷塘上面,弥望[5]的是田田[6]的叶子。叶子出水很高,像亭亭[7]的舞女的裙。层层的叶子中间,零星地点缀着些白花,有袅娜[8]地开着的,有羞涩地打着朵儿的;正如一粒粒的明珠,又如碧天里的星星,又如刚出浴的美人。微风过处,送来缕缕清香,仿佛远处高楼上渺茫的歌声似的。这时候叶子与花也有一丝的颤动,像闪电般,霎时传过荷塘的那边去了。叶子本是肩并肩密密地挨着,这便宛然有了一道凝碧的波痕。叶子底下是脉脉[9]的流水,遮住了,不能见一些颜色;而叶子却更见风致[10]了。

月光如流水一般,静静地泻在这一片叶子和花上。薄薄的青雾浮起在荷塘里。叶子和花仿佛在牛乳中洗过一样;又像笼着轻纱的梦。虽然是满月,天上却有一层淡淡的云,所以不能朗照;但我以为这恰是到了好处——酣眠固不可少,小睡也别有风味的。月光是隔了树照过来的,高处丛生的灌木,落下参差的斑驳[11]的黑影,峭楞楞如鬼一般;弯弯的杨柳的稀疏的倩影[12],却又像是画在荷叶上。塘中的月色并不均匀;但光与影有着和谐的旋律[13],如梵婀玲[14]上奏着的名曲。

荷塘的四面,远远近近,高高低低都是树,而杨柳最多。这些树将一片荷塘重重围住;只在小路一旁,漏着几段空隙,像是特为月光留下的。树色一例[15]是阴阴的,乍看像一团烟雾;但杨柳的丰姿[16],便在烟雾里也辨得出。树梢上隐隐约约的是一带远山,只有些大意罢了。树缝里也漏着一两点路灯光,没精打采的,是渴睡人的眼。这时候最热闹的,要数树上的蝉声与水里的蛙声;但热闹是它们的,我什么也没有。

忽然想起采莲的事情来了。采莲是江南的旧俗,似乎很早就有,而六朝[17]时为盛;从诗歌里可以约略知道。采莲的是少年的女子,她们是荡着小船,唱着艳歌[18]去的。采莲人不用说很多,还有看采莲的人。那是一个热闹的季节,也是一个风流[19]的季节。梁元帝[20]《采莲赋》里说得好:

于是妖童媛女,荡舟心许[21];鹢首徐回,兼传羽杯[22];棹将移而藻挂,船欲动而萍开[23]。尔其纤腰束素,迁延顾步[24];夏始春余,叶嫩花初,恐沾裳而浅笑,畏倾船而敛裾[25]。

可见当时嬉游的光景了。这真是有趣的事，可惜我们现在早已无福消受[26]了。

于是又记起《西洲曲》[27]里的句子：

采莲南塘秋，莲花过人头；低头弄莲子，莲子青如水。

今晚若有采莲人，这儿的莲花也算得"过人头"了；只不见一些流水的影子，是不行的。这令我到底惦着江南了。——这样想着，猛一抬头，不觉已是自己的门前；轻轻地推门进去，什么声息也没有，妻已睡熟好久了。

1927 年 7 月，北京清华园

[注释]

[1] 选自《朱自清散文全集》上集（江苏教育出版社 1996 年版）。朱自清（1898—1948 年），原名自华，字佩弦，号秋实，我国现代著名散文家、诗人、学者和民主战士。

[2] 满月：圆月。

[3] 闰儿：作者的次子朱闰生。

[4] 蓊蓊（wěngwěng）郁郁：草木茂盛的样子。

[5] 弥望：满眼。弥，满。

[6] 田田：形容荷叶层层相连的样子。古乐府《江南曲》中有"莲叶何田田"的句子。

[7] 亭亭：形容美女身材修长或花木形体挺拔。这里形容舞女的身材。

[8] 袅娜（niǎonuó）：柔美的样子。

[9] 脉脉（mòmò）：这里形容流水没有声音，好像深含感情的样子。

[10] 风致：美的姿态。

[11] 斑驳：原指一种颜色中杂有别的颜色，这里有深浅不一的意思。

[12] 倩（qiàn）影：美丽的影子。倩，美丽。

[13] 旋律：也称曲调，指若干高低、强弱、长短不同的乐音有节奏的、和谐的运动。

[14] 梵婀（ē）玲：英语"violin"的译音，即小提琴。

[15] 一例：一概，一律。

[16] 丰姿：风度仪态，一般指美好的姿态。也写做"风姿"。

[17] 六朝：吴、东晋、宋、齐、梁、陈，先后以建康（现在江苏省南京市）为都城，合称六朝。

[18] 艳歌：专门描写男女爱情的歌曲。

[19] 风流：这里的意思是年轻男女不拘礼法地表露自己的爱情。

[20] 梁元帝：南北朝时梁朝的皇帝萧绎，写有《采莲赋》。

[21] 妖童媛（yuàn）女，荡舟心许：艳丽的少男和美貌的少女，摇着小船互相默默地传情。妖，艳丽。媛，美女。许，默认。

[22] 鹢（yì）首徐回，兼传羽杯：船慢慢地来回摇荡着，双方传递着酒杯。鹢首，古时画鹢于船头，所以把船头叫鹢首。鹢，水鸟。徐，慢慢地。回，转。兼，指双方。羽杯，酒器。

[23] 棹（zhào）将移而藻挂，船欲动而萍开：桨要移动就被水草挂着，船要划动，浮萍就要分开了。棹，划船的一种工具，形状和桨相似。

[24] 尔其纤腰束素，迁延顾步：那细细的腰肢，裹着洁白的绸子，走走退退，不住地回视自己的动作。尔其，那。迁延顾步，形容走走退退不住地回视自己动作的样子。顾，眷顾，多情的样子。

[25] 敛裾（jū）：这里是提一提衣裳的意思。裾，衣襟。

[26] 消受：享受。多用于否定。

[27]《西洲曲》：南朝乐府中的诗。

[思考练习]

一、找出课文中直接表达作者感情的句子，说说这种感情是怎样寄寓在景物描写之中的？

二、课文将荷塘和月色的描写巧妙地结合起来，突出了景物的特点，试举例说明。

三、认真诵读第四段，说说这一段依次写了哪些景物，是按照怎样的顺序来写的？

四、课文中不少地方运用了比喻的修辞方法，举几个例子，说说它们的表达效果。

五、作者精心选用了许多动词和叠词，试从课文中找出几例，说说它们的表达效果。

六、背诵第四、五段。

2.

故 都 的 秋[1]

郁达夫

[阅读提示]

从1921年9月到1933年3月，郁达夫曾用相当大的精力参加左翼文艺活动和进行创作。由于国民党白色恐怖的威胁等原因，他从1933年4月由上海迁居到杭州，居住近三年，这段时间里，过的是一种闲散安逸的生活，并花了许多时间到处游山玩水，写下许多的游记散文。1934年7月，郁达夫"不远千里"从杭州经青岛去北平，再次饱尝了故都的"秋味"，并写下了本文。

这是一首秋的咏叹调。作者怀着深厚的情感，赞美故都的秋色、秋景、秋姿、秋意。那牵牛花的蓝朵、槐树的落蕊、秋蝉的残声及秋风秋雨，汇成故都之秋"清"、"静"、淡淡的"悲凉"的意境，抒发了作者向往、眷恋故都之秋的真情，流露了淡淡的忧思和孤独感。与之对照的是南方的秋，尽管也有它的特异之处，但"色彩不浓，回味不永"。所以作者要不远千里，赶回故都饱尝一番令人陶醉的秋"味"。阅读课文要了解作者当时的处境，结合自己对秋的观察和体验，领悟文章的意蕴。

课文结构精巧而又疏密有致，感情浓烈而又不着痕迹，语言精到细腻而又朴素自然。阅读时要反复诵读，细细品味。

秋天，无论在什么地方的秋天，总是好的；可是啊，北国的秋，却特别地来得清，来得静，来得悲凉。我的不远千里，要从杭州赶上青岛，更要从青岛赶上北平来的理由，也不过想饱尝一尝这"秋"，这故都的秋味。

江南，秋当然也是有的；但草木凋得慢，空气来得润，天的颜色显得淡，并且又时常多雨而少风；一个人夹在苏州上海杭州，或厦门香港广州的市民中间，浑浑沌沌地过去，只能感到一点点清凉，秋的味，秋的色，秋的意境与姿态，总看不饱，尝不透，赏玩不到十足。秋并不是名花，也并不是美酒，那一种半开半醉的状态，在领略秋的过程上，是不合式的。

不逢北国之秋,已将近十余年了。在南方每年到了秋天,总要想起陶然亭[2]的芦花,钓鱼台[3]的柳影,西山的虫唱,玉泉的夜月[4],潭柘寺[5]的钟声。在北平即使不出门去吧,就是在皇城人海之中,租人家一椽破屋来住着,早晨起来,泡一碗浓茶,向院子一坐,你也能看得到很高很高的碧绿的天色,听得到青天下驯鸽的飞声。从槐树叶底,朝东细数着一丝一丝漏下来的日光,或在破壁腰中,静对着像喇叭似的牵牛花(朝荣)的蓝朵,自然而然地也能够感觉到十分的秋意。说到了牵牛花,我以为以蓝色或白色者为佳,紫黑色次之,淡红者最下。最好,还要在牵牛花底,叫长着几根疏疏落落的尖细且长的秋草,使作陪衬。

北国的槐树,也是一种能使人联想起秋来的点缀。像花而又不是花的那一种落蕊,早晨起来,会铺得满地。脚踏上去,声音也没有,气味也没有,只能感出一点点极微细极柔软的触觉。扫街的在树影下一阵扫后,灰土上留下来的一条条扫帚的丝纹,看起来既觉得细腻,又觉得清闲,潜意识下并且还觉得有点儿落寞,古人所说的梧桐一叶而天下知秋[6]的遥想,大约也就在这些深沉的地方。

秋蝉的衰弱的残声,更是北国的特产;因为北平处处全长着树,屋子又低,所以无论在什么地方,都听得见它们的啼唱。在南方是非要上郊外或山上去才听得到的。这秋蝉的嘶叫,在北方可和蟋蟀耗子一样,简直像是家家户户都养在家里的家虫。

还有秋雨哩,北方的秋雨,也似乎比南方下得奇,下得有味,下得更像样。

在灰沉沉的天底下,忽而来一阵凉风,便息列索落的下起雨来了。一层雨过,云渐渐地卷向了西去,天又晴了,太阳又露出脸来了;著[7]着很厚的青布单衣或夹袄的都市闲人,咬着烟管,在雨后的斜桥影里,上桥头树底去一立,遇见熟人,便会用了缓慢悠闲的声调,微叹着互答着的说:

"唉,天可真凉了——"(这了字念得很高,拖得很长。)

"可不是么?一层秋雨一层凉啦!"

北方人念阵字,总老像是层字,平平仄仄起来[8],这念错的歧韵,倒来得正好。

北方的果树,到秋来,也是一种奇景。第一是枣子树;屋角,墙头,茅房边上,灶房门口,它都会一株株地长大起来。像橄榄又像鸽蛋似的这枣子颗儿,在小椭圆形的细叶中间,显出淡绿微黄的颜色的时候,正是秋的全盛时期,等枣树叶落,枣子红完,西北风就要起来了,北方便是尘沙灰土的世界,只有这枣子,柿子,葡萄,成熟到八九分的七八月之交,是北国的清秋的佳日,是一年之中最好也没有的 Golden Days[9]。

有些批评家说,中国的文人学士,尤其是诗人,都带着很浓厚的颓废色彩,所以中国的诗文里,赞颂秋的文字特别的多。但外国的诗人,又何尝不然?我虽则外国诗文念得不多,也不想开出帐来,做一篇秋的诗歌散文钞,但你若去一翻英德法意等诗人的集子,或各国的诗文的 Anthology[10] 来,总能够看到许多关于秋的歌颂和悲啼。各著名的大诗人的长篇田园诗或四季诗里,也总以关于秋的部分,写得最出色而最有味。足见有感觉的动物,有情趣的人类,对于秋,总是一样的特别能引起深沉,幽远,严厉,萧索的感触来的。不单是诗人,就是被关闭在牢狱里的囚犯,到了秋天,我想也一定会感到一种不能自已的深情;秋之于人,何尝有国别,更何尝有人种阶级的区别呢?不过在中国,文字里有一个"秋士"[11]的成语,读本里又有着很普遍的欧阳子的秋声[12]与苏东坡的赤壁赋等,就觉得中国的文人,与秋的关系特别深了。可是这秋的深味,尤其是中国的秋的深味,非要在北方,才感受得到底。

南国之秋,当然也是有它的特异的地方的,譬如廿四桥的明月[13],钱塘江的秋潮,普陀山的凉雾,荔枝湾的残荷等等,可是色彩不浓,回味不永。比起北国的秋来,正像是黄酒之与白干,稀饭之与馍馍,鲈鱼之与大蟹,黄犬之与骆驼。

秋天,这北国的秋天,若留得住的话,我愿意把寿命的三分之二折去,换得一个三分之一的零头。

一九三四年八月,在北平

[注释]

[1] 选自《郁达夫文集》(花城出版社、生活·读书·新知三联书店香港分店1982年版)。郁达夫(1896—1945年),原名郁文,浙江省富阳县人,现代著名小说家、散文家。主要作品有《沉沦》《春风沉醉的晚上》等。

[2] 陶然亭:北京一个公园的名称。陶然亭的名字取于白居易"更待菊黄家酿熟,共君一醉一陶然"的诗句。那里原有江南水乡风味,解放前成了芦草丛生的水塘。

[3] 钓鱼台:北京旧时一处皇家园林,现为国宾馆所在地。那里环境清幽,"台下有泉涌出,汇成池,其水至冬不竭"(《明一统志》)

[4] 西山的虫唱,玉泉的夜月:西山、玉泉,都在北京西郊。玉泉,山名。

[5] 潭柘(zhè)寺:在西山的潭柘山腰,距城40千米,相传"寺址本在青龙潭上,有古柘千株,寺以此得名"。

[6] 梧桐一叶而天下知秋:《淮南子·说山》:"以小明大,见叶落而知岁之将暮。"《太平御览》卷二十四引作"一叶落而知天下秋"。

[7] 著:同"着"(zhuó),穿(衣)。

[8] 平平仄仄起来:意即推敲起字的韵律来。平仄是古代格律诗词所要遵循的声调规则。

[9] Golden Days:英语"黄金般的日子"。

[10] Anthology:英语"(诗、文、曲、画等的)选集"。

[11] 秋士:古时指到了暮年仍不得志的知识分子。《淮南子·缪称》:"春女思,秋士悲。"注云:"春女感阳则思,秋士见阴而悲"。

[12] 欧阳子的秋声:指欧阳修的《秋声赋》。

[13] 廿四桥的明月:杜牧《寄扬州韩绰判官》诗:"青山隐隐水迢迢,秋尽江南草未凋。二十四桥明月夜,玉人何处教吹箫?""廿四桥"借指扬州。传说扬州城里原有二十四座桥;一说"廿四桥"即扬州吴家砖桥,因古时有二十四位美人吹箫于桥上而得名。

[思考练习]

一、课文紧扣"清""静""悲凉",通过不同景物,从不同的侧面写故都的秋,流露出作者怎样的感情?

二、课文通过哪些富有特征的景物,来表现故都之秋的特点?

三、课文是从哪几个方面写秋雨的,写出了秋雨的什么特点?

四、课文写故都之秋的"静",为什么要写驯鸽的飞声、秋蝉衰弱的残声以及雨声和人声?

五、熟读课文开头两段、结尾两段,领会作者采用对比写法的表达效果。

3.

陶然亭的雪[1]

俞平伯

[阅读提示]

现代作家郁达夫在《故都的秋》中说,他心甘情愿拿出生命的三分之二来交换"陶然亭的芦花,钓鱼台的柳影,西山的虫唱,玉泉的夜月,潭柘寺的钟声"。本文作者写的不是陶然亭的芦花,而是雪。叙述了自己一次雪中游陶然亭的经历,表达出与自然相亲和、相依恋的感情。

俞平伯的散文得益于晚明张岱、王思任等名士派的小品,但不是着意去模仿和沿袭,主要是两者间一种异代同声的感应共鸣。其成因在于各自所处的时代、家庭环境的影响,作为名士在心理特征、生活趣味和行为方式上的相近,以及文化传统的铸造,庄谐杂出、充满清高绝俗的静雅闲适之趣,是他们散文创作共同的审美情趣和文化品格。

文章由回忆导入,表现出作者对年前一次观雪经历的深刻记忆,蕴含着作者对自然美的向往和怀念之情。然后,文章记述了具体的游历过程,在简单自然中体现出平淡的琐细,其中有游历中的小见闻和小感触,也有对陶然亭雪景的精细描述。结尾又回到现实中,在怀念往事的怅惘中再次深化怀念自然、亲近自然的主题。

俞平伯受传统思想的浸染,对人生又持有浮生若梦的见解,将朦胧和梦幻当做是艺术美来追求,把惆怅感伤当做是珍贵的趣味来抚摩赏玩,他爱写梦,写月,写夜,喜欢自寻烦恼自伤情的重温旧梦,乐于在文章里议论如梦人生和生死之道。这些构成了他的散文,特别是抒情散文的艺术特色。

漫步俞平伯散文之间,禅宗哲学那种"我心是佛—我心清静—依心行动—适意自然"的宇宙观、时空观、生活情趣,点点滴滴从先生笔下渗出,自成一片满蕴着人间气息的洒脱自如之境。行进其间,我们当看到身处中国多事之秋的俞平伯是如何努力以平常心对待人生种种变故:"近来时序的迁流,无非逼我换了几回衣裳;把夹衣叠起,把棉衣抖开,这就是秋尽冬来的唯一大事。至于秋之为秋,我之为我,一切之为一切,固依然自若,并无可叹可悲可怜可喜的意味,而且连那些意味的残痕也觉无从觅哩。千条万派活跃的流泉似全然消释于无何有之乡土,剩下'漠然'这么一味来相伴了。"仔细品嚼,其间不乏苦涩,但更多不为物喜、不为己悲,随缘即应的淡然出世之心。

小 引

悄然的北风,黯然的同云[2],炉火不温了,灯还没有上呢。这又是一年的冬天。在海滨草草营巢,暂止飘零的我,似乎不必再学黄叶们故意沙沙的作成那繁响了。老实说,近来时序的迁流,无非逼我换了几回衣裳;把夹衣叠起,把棉衣抖开,这就是秋尽冬来的惟一大事。至于秋之为秋,冬之为冬,我之为我,一切之为一切,固依然自若,并无可叹可悲可怜可喜的意味,而且连那些意味的残痕也觉无从觅哩。千条万派活跃的流泉似全然消释于无何有之乡土,剩下"漠然"这么一味来相伴了。看看窗外酿雪的同云,倒活画出我那潦倒的影儿一个。像这样喑哑无声的蠢然一物,除血脉呼吸的轻颤以外,安息在冬天的晚上,真真再好没有了。有人说,这不是静止——静止是没有的——是均衡的动,如两匹马以同速同向去跑着,即不异于比肩站着的石马。但这些问题虽另有人耐烦去想,而我则岂其人呢。所以于我顶顶合式,莫如学那冬晚的停云。(你听见它说过话吗?)无如编辑《星海》的朋友们逼我饶舌。我将怎样呢?——有了!在:"悄然的北风,黯然的同云,炉火不温了,灯还没有上呢"这个光景下,令我追忆昔年北京陶然亭之雪。

我虽生长于江南,而自曾北去以后,对于第二故乡的北京也真不能无所恋恋了。尤其是在那样一个冬晚,有银花纸糊裱的顶棚和新衣裳一样绵绦[3]的纸窗,一半已烬一半还红着,可以照人须眉的泥炉火,还有墙外边三两声的担子吆喝。因房这样矮而洁,窗这样低而明,越显出天上的同云格外的沉凝欲堕,酿雪的意思格外浓鲜而成熟了。我房中照例上灯独迟些,对面或侧面的火光常浅浅耀在我的窗纸上,似比月色还多了些静穆,还多了些凄清。当我听见廊落的院子里有脚步声,一会儿必要跟着"砰"关风门了,或者"矻搭[4]"下帘子了。我便料到必有寒紧的风在走道的人颈傍拂着,所以他要那样匆匆的走。如此,类乎此的黯淡的寒姿,在我忆中至少可以匹敌江南春与秋的姝丽了,至少也可以使惯住江南的朋友们了解一点名说苦寒的北方,也有足以系人思念的冬之黄昏啊。有人说,"这岂不将勾惹我们的迟暮之感?"真的!——可是,咱们谁又是专喝蜜水的人呢。

总是冬天罢,(谁要你说?)年月日是忘怀了。读者们想决不屑介意于此琐琐的,所以忘怀倒也没要紧。那天是雪后的下午。我其时住在东华门侧一条曲折的小胡同里,而G君所居更偏东些。我们雇了两辆"胶皮",向着陶然亭去,但车只雇到前门外大外郎营。(从东城至陶然亭路很远,冒雪雇车很不便。)车轮咯咯吱吱的切碾着白雪,留下凹纹的平行线,我们遂由南池子而天安门东,渐逼近车马纷填[5],兀然在目的前门了。街衢上已是一半儿泥泞,一半儿雪了。幸而北风还时时吹下一阵雪珠,蒙络那一切,正如疏朗冥濛的银雾。亦幸而雪在北京,似乎是白面捏的,又似乎是白泥塑的。(往往到初春时,人家庭院里还堆着与土同色的雪,结果是成筐的挑了出去完事。)若移在江南,檐漏的滴嗒,不终朝而消尽了。

言归正传。我们下了车,踏着雪,穿粉房琉璃街而南,炫眼的雪光愈白,栉比的人家渐寥落了。不久就远远望见清旷莹明的原野,这正是在城圈里耽腻了的我们所期待的。累累的荒冢,白着头的,地名叫做窑台。我不禁连想那"会向瑶台月下逢"[6]的所谓瑶台。这本是比拟不伦,但我总不住的那么想。

那时江亭之北似尚未有通衢。我们踽踽于白氅衣广覆着的田野之间,望望这里,望望那里,都很像江亭似的。商量着,偏西南方较高大的屋,或者就是了。但为什么不见一个亭子呢?藏在里边罢?

到拾级而登时,已确信所测不误了。然踏穿了内外竟不见有什么亭子。幸而上面挂着的一方匾;否则那天到的是不是陶然亭,若至今还是疑问,岂非是个笑话。江亭无亭[7],这样的名实乖违,总使我们怅然若失。我来时是这样预期的,一座四望极目的危亭,无碍无遮,在雪海中沐浴而嬉,宛如回旋的灯塔在银涛万沸之中,浅礁之上,亭矗立一般。而今竟只见拙钝的几间老屋,为城圈之中所习见而不一见的,则已往的名流觞咏[8],想起来真不免黯然寡色了。

然其时雪又纷纷扬扬而下来,跳舞在灰空里的雪羽,任意地飞集到我们的粗呢氅衣上。趁它们未及融为明珠的时候,我即用手那么一拍,大半掉在地上,小半已渗进衣襟去。"下马先寻题壁字[9]",来来回回的循墙而走,咱们也大有古人之风呢。看看咱们能拾得什么?至少也当有如"白丁香折玉亭亭[10]"一样的句子被传诵着罢。然而竟终于不见!可证"一蟹不如一蟹[11]"这句老话真是有一点意思的。后来幸而觅得略可解嘲的断句,所谓"卅年戎马尽秋尘"者,从此就在咱们嘴里咕噜着了。

在曲折廊落的游廊间,当北风卷雪渺无片响的时分,忽近处递来琅琅的书声。谛听,分明得很,是小孩子的。它对于我们十分亲密,因为和从前我们在书房里所唱出的正是一个样子的。这尽可以使我重温热久未曾尝的儿时的甜酒,使我俯拾眠歌声里的温馨梦痕;并可以减轻北风的尖冷,抚慰素雪的飘零。换一句干脆点的话,就是在清冷双绝的况味中,它恰好给喝了一点热热酽酽的东西,使一切已凝的,一切凝着的,一切将凝的,都软洋洋瘅[12]着腰肢不自支持了。

书声还正琅琅然呢。我们寻诗的闲趣被窥人的热念给岔开了。从回廊下踅过去,两明一暗的三间屋,玻璃窗上帷子亦未下。天色其时尚未近黄昏;惟云天密吻,酿雪意的浓酣,阡陌朦胧,积雪痕的寒皎,似乎全与迟暮合缘,催着黄昏快些来罢。至屋内的陈设,人物的须眉,已尽随年月日时的迁移,送进茫茫昧昧的乡土,在此也只好从缺。几个较鲜明的印象,尚可片片掇拾以告诸君的,是厚的棉门帘一个;肥短的旱烟袋一支;老黄色的《孟子》一册,上有银硃[13]圈点,正翻到《离娄》篇首;照例还有白灰泥炉一个,高高的火苗窜着;以外……"算了罢,你不要在这儿写帐哟!"

游览必终之以大嚼,是我们的惯例,这里边好像有鬼催着似的。我曾和我姊姊说过,"咱们以后不用说逛什么地方,老实说吃什么地方好了。"她虽付之一笑,却不斥我为胡闹,可见中非无故了。我且曾以之问过吾师。吾师说得尤妙,"好吃是文人的天性,"这更令我不便追问下去。因为既曰天性,已是第一因了。还要求它的因,似乎不很知趣。如理化学家说到电子,心理学家说到本能,生机哲学者说到什么"隐得而希[14]"……

闲言少表。天性既不许有例外,谈到白雪,自然会归到一条条的白面上去。不过这种说法是很辱没胜地的,且有点文不对题。所以在江亭中吃的素面,只好割爱不谈。我只记得青汪汪的一炉火,温煦最先散在人的双颊上。那户外的尖风呜呜的独自去响。倚着北窗,恰好鸟瞰那南郊的旷莽积雪。玻璃上偶沾了几片鹅毛碎雪,更显得它的莹明不淬。雪固白得可爱,但它干净得尤好。酿雪的云,融雪的泥,各有各的意思;但总不如一半留着的雪痕,一半飘着的雪华,上上下下,迷眩难分的尤为美满。脚步声听不到,门帘也不动,屋里没有第三个人。我们手都插在衣袋里,悄对着那排向北的窗。窗外有几方妙绝的素雪装成的册页。累累的坟,弯弯的路,枝枝桠桠的树,高高低低的屋顶,都秃着白头,耸着白肩膀,危立在卷雪的北风之中。上边不见一只鸟儿展着翅,下边不见一条虫儿蠢然的动(或者要归功于我的近视眼),不用提路上的行人,更不用提马足车尘了。惟有背后已热的瓶笙吱吱的响,是为静之独一异品;然依昔人所谓"蝉噪林逾静[15]"的静这种诠释,它虽努力思与岑寂绝缘终久是失败的哟。死样的寂每每促生胎动的潜能,惟万寂之中留下一分两分的喧哗,使就烬的赤灰不致以内炎而重生烟焰;故未全枯寂的外缘正能孕育着止水一泓似的心境。这也无烦高谈妙谛,只当咱们清眠不熟的时光便可以稍稍体验这番悬谈了。闲闲的意想,乍生乍灭,如行云流水一般的不关痛痒,比强制吾心,一念不着的滋味如何?这想必有人能辨别的。

炉火使我们的颊热,素面使我们的胃饱,飘零的暮雪使我们的心越过越黯淡。我们到底不得不出去一走,到底不得不面迎着雪,脚踹着雪,齐向北怏怏的走。离亭数十步外有一土坡,上开着一家油厂;厂右有小小的断坟并立。从坟头的小碣,知道一个葬的是鹦鹉;一个名为香冢,想又是美人黄土那类把戏了。只是一件,油厂有狗,喜拦门乱吠。G君是怕狗的;因怕它咬,并怕那未必就咬的吠,并怕那未必就吠的狗。而我又是怯登土坡的,雪覆着的坡子滑滑的难走,更有点望之生畏。故我们商量商量,还是别去为妙。

我们绕坡北去时,G君抬头而望(我记得其时狗没有吠)对我说,来年春归时,种些红杜鹃花在上面。我点点头。路上还商量着买杜鹃花的价钱。……现在呢,然而现在呢?我惆怅着夙愿的虚设。区区的愿原不妨孤负;然区区的愿亦未免孤负,则以外的岂不又可知了。——北京冬间早又见了三两寸的雪,而上海至今只是黯然的同云,说是酿雪,说是酿雪,而终于不来。这令我由不得追忆那年江亭玩雪的故事。

一九二四,一,十二

[注释]

[1] 本文最初收于作者的散文集《杂拌儿》(1928年初版)。陶然亭:清康熙三十四年(公元1695年),工部郎中江藻所建,取意于白居易诗"更待菊黄家酿熟,与君一醉一陶然"。1952年改为陶然亭公园,是北京名胜。俞平伯是我国著名的诗人、散文家、研究古典文学的学者。原籍是浙江省德清县,生长在苏州。

[2] 同云:即"彤云",阴云。

[3] 縩縩(cuìcài):走路时衣服摩擦发出的声音。

[4] 矻(kū)搭:帘子放下发出的声音。

[5] 纷填:杂乱而大声。填,形容声音大。

[6] 会向瑶台月下逢:唐李白《清平调》中的诗句。瑶台,传说中神仙聚会的地方。

[7] 江亭无亭:陶然亭初建时是三间敞厅,供行人临时停集休息之用,"亭"与"停"同,习惯上又依建亭人之姓,称作"江亭"。

[8] 名流觞咏：本指晋王羲之等名流在会稽（今浙江绍兴）兰亭修禊曲水流觞的故事，这里指文人聚会。

[9] 下马先寻题壁字：宋代词人周邦彦《浣溪沙》（日薄尘飞官平路）一词中的句子。据说唐代诗人王绩经过酒肆，喜欢在壁上题诗，供人讽咏。

[10] 白丁香折玉亭亭：作者原注："我父亲从前在陶然亭见的雪珊女史的题壁诗：'柳色随山上鬓青，白丁香折玉亭亭。天涯写遍题墙字，只怕流莺不解听。'"

[11] 一蟹不如一蟹：宋胡仔《苕溪渔隐丛话》："王直方又爱和靖'池水倒窥疏影动，屋檐斜入一枝低'，以谓此句为前所称，真可处伯仲之间。余观此句略无佳处，直方何为喜之，真所谓'一蟹不如一蟹'也。"

[12] 軃（duǒ）：下垂

[13] 银硃：一种红色颜料，古人用来校点书籍文字。

[14] 隐得而希：希腊语 entelecheia 的音译，古希腊哲学家亚里士多德的用语，意为"现实"。后世的哲学家用来指非生物质的存在如灵魂等。

[15] 蝉噪林逾静：南朝梁王籍《入若耶溪》诗："蝉噪林逾静，鸟鸣山更幽。"又宋辛弃疾《稼轩词》中《祝英台近》序中也有这一段故事。

[思考练习]

一、根据课文内容填空：

文章由回忆导入，表现出作者对年前一次_____经历的深刻记忆，蕴含着作者对_____的向往和怀念之情。然后，文章记述了具体的游历过程，在简单自然中体现出平淡的琐细，其中有游历中的小见闻和小感触，也有对_____的精细描述。结尾又回到现实中，在怀念往事的怅惘中再次深化_____的主题。

二、俞平伯先生兼诗人、散文家和学者于一身，他的散文也兼有诗人、散文家和学者的长处，在本文中，既有诗的韵致，又有散文的冲淡恬美，同时还兼有学者的理性与绵密。请从文中找一两例，细细品味。

三、按照作者浏览陶然亭的游踪，理清全文的记叙脉络。

四、与俞平伯同时代的作家张恨水也写过陶然亭，请对比两文，谈谈对张恨水文章的看法。

乱苇隐寒塘

张恨水

在三十年前的京华游记上，十有七八，必会提到陶然亭。没到过北平的人，总以为这里是一所了不起的名胜。就以我而论，在做小孩子的时候，就在小说上看到了陶然亭，把它当了西湖一般的心向往之。及至我到了故都，不满一星期，我就去拜访陶然亭，才大为失望。这倒也不是说那里毫无可取，只是盛名之下，其实难符罢了。

然则陶然亭何以享有这大的盛名？这有点原故：第一，在帝制时代，北京的一切伟大建筑，宫殿园林，全未开放，供给墨客骚人欣赏的地方，可以说等于没有，只有二闸、什刹海、菱角坑、陶然亭，两三处有天然风景的地方，聊可一顾，而陶然亭是更好一点。第二，名胜的流传，始终赖于我们这支笔的夸大，这是我们值得自傲的。北京的南镇，是当年上京求名的举子麇集之处,他们很容易走向那里,所以天南地北的举子,把这个名字带到八方。第三,我看过一百多年前的一张《江亭览胜图》,上面所写的陶然亭,水土萧疏实在也不坏。古人赏鉴着,后人跟着起哄,陶然亭虽非故我,那盛名是不朽的。

那么,现在的陶然亭怎么样呢?这里,我应当有个较简明的介绍。它在内城宣武门外,外城永定门内,南下洼子以南。那里没有人家,只是旷野上,一片苇塘子,有几堆野坟而已。长芦苇的低地,不问有水无水,北人叫着苇塘子。春天是草,夏天像高粱地,秋天来了,芦苇变成了赭黄色。芦苇叶子上,伸出杆子,上面有成球的花。花被风一吹,像鸭绒,也像雪花,满空乱飞。苇丛中间,有一条人行土路,车马通行,我们若是秋天去,就可以在这悄无人声漫天晴雪的环境里前往。

陶然亭不是一个亭子,是一座庙宇,立在高土坡上。石板砌着土坡上去。门口有块匾,写了"陶然亭"三个字。是什么庙?至今我还莫名其妙,为什么又叫江亭呢?据说这是一个姓江的人盖的,故云,并非江边之亭也。三十年前,庙里还有些干净的轩树,可以歇足。和尚泡一壶茶末,坐在高坡栏杆边,看万株黄芦之中,三三两两,伸了几棵老柳。缺口处,有那浅水野塘,露着几块白影。在红尘十丈之外,却也不无一点意思。北望是人家十万,雾气腾腾,其上略有略无,抹一带西山青影。南望却是一道高高的城墙,远远两个箭楼,立在白云下,如是而已。

我在北平将近二十年,在南城几乎勾留一半的时间,每当人事烦扰的时候,常是一个人跑去陶然亭,在芦苇丛中,找一个野水浅塘,徘徊一小时,若遇到一棵半落黄叶的柳树,那更好,可以手攀枯条,看水里的青天。这里没有人,没有一切市声,虽无长处,洗涤繁华场中的烦恼,却是可能的。

4.

听听那冷雨[1]

余光中

[阅读提示]

余光中先生热爱中华传统文化,热爱中国。礼赞"中国,最美最母亲的国度"。他说:"蓝墨水的上游是汨罗江","要做屈原和李白的传人","我的血系中有一条黄河的支流"。他是中国文坛杰出的诗人与散文家,他目前仍在"与永恒拔河"。呼吸在当今,却已经进入了历史,他的名字已经显目地镂刻在中国新文学的史册上。

余光中于1949年离开厦门去香港,1950年到台湾,本文创作于1974年,正如文章中所说,离开大陆已经25年了。几十年来,余光中经历了离别家园的痛苦,浪迹天涯的辛酸,却始终在精神上与祖国血脉相连。他的作品,无论散文、诗歌,都充满浓郁的传统意识和乡土观念,抒发出浓浓的去国怀乡之感,强烈的思乡思亲之情。本文作为余光中散文的代表作,表达了流落在台湾的大陆游子强烈的思乡之情。

课文以描写望着雨中的家的心情而终,在中间各段采取时空交错的写法:忽而过去,忽而现在；忽而故园，忽而异域，又随时回到台湾，回到厦门街，文理知错综，作者企图以此表达诉说不尽的复杂情绪；而其无疑的文才，足令读者的心情随作者的心灵转换而起落，却不会感到凌乱无章。

细读之后发现主旨、内涵很简单，都在表达作者的中国意识、对中华文化的赞美与眷恋。该文特殊之处其实在于形式，解析文字，打破书写的秩序，以敲打乐的形式，依靠句子的长短组合变化，达成绝对的音乐感，大量运用中文的长短句，造成结构上的美感，又用同音异义的字造成错综变化。

一气呵成，不能中断，是他形式上的特色，尤其在最后一句"清明这季雨"忽然收短，与之前的长句一同形成强烈的节奏感，以及无限的感叹，完全用作诗的方法，句子的长正好表现出雨下个不停，形象上的淅淅沥沥呼之欲出。

这篇文章是那个充满着昔日家国忧愁之思年代的文字。时代久远，但今日读之，仍然觉得是所读过的音乐性韵律最强的一篇文字。诗人为文，文字特别凝炼、生动而富有韵律感。许多人评论感觉上喜爱余光中的散文更甚于他的诗。

惊蛰[2]一过，春寒加剧。先是料料峭峭，继而雨季开始，时而淋淋漓漓，时而淅淅沥沥，天潮潮地湿湿，即使在梦里，也似乎有把伞撑着。而就凭一把伞，躲过一阵潇潇的冷雨，也躲不过整个雨季。连思想也都是潮润润的……

每天回家，曲折穿过金门街到厦门街迷宫式的长巷短巷，雨里风里，走入霏霏令人更想入非非。想这样子的台北凄凄切切完全是黑白片的味道，想整个中国整部中国的历史无非是一张黑白片子，片头到片尾，一直是这样下着雨的。这种感觉，不知道是不是从安东尼奥尼那里来的。不过那一块土地是久违了，二十五年，四分之一的世纪，即使有雨，也隔着千山万山，千伞万伞。二十五年，一切都断了，只有气候，只有气象报告还牵连在一起。大寒流从那块土地上弥天卷来，这种酷冷吾与古大陆分担。不能扑进她的怀里，被她的裙边扫一扫吧，也算是安慰孺慕之情。

这样想时，严寒里竟有一点温暖的感觉了。这样想时，他希望这些狭长的巷子永远延伸下去，他的思路也可以延伸下去，不是金门街到厦门街，而是金门到厦门。他是厦门人，至少是广义的厦门人，二十年来，不住在厦门，住在厦门街，算是嘲弄吧，也算是安慰。不过说到广义，他同样也是广义的江南人，常州人，南京人，川娃儿，五陵少年。杏花春雨江南，那是他的少年时代了。再过半个月就是清明。安东尼奥尼的镜头摇过去，摇过去又摇过来。残山剩水犹如是。皇天后土犹如是。纭纭黔首纷纷黎民从北到南犹如是。那里面是中国吗？那里面当然还是中国，永远是中国。只是杏花春雨已不再，牧童遥指已不再，剑门细雨渭城轻尘也都已不再。然则他日思夜梦的那片土地，究竟在哪里呢？

在报纸的头版标题里吗？还是香港的谣言里？还是傅聪的黑键白键马思聪的跳弓拨弦？还是安东尼奥尼的镜底勒马洲的望中？还是呢，故宫博物院的壁头和玻璃橱内，京戏的锣鼓声中太白和东坡的韵里？

杏花。春雨。江南。六个方块字，或许那片土就在那里面。而无论赤县也好神州也好中国也好，变来变去，只要仓颉[3]的灵感不灭，美丽的中文不老，那形象，那磁石一般的向心力当必然长在。因为一个方块字是一个天地。太初有字，于是汉族的心灵，祖先的回忆和希望便有了寄托。譬如凭空写一个"雨"字，点点滴滴，滂滂沱沱，淅沥淅沥淅沥，一切云情雨意,就宛然其中了。视觉上的这种美感,岂是什么rain[4]也好pluie也好所能满足?翻开一部《辞源》或《辞海》,金木水火土,各成世界,而一入"雨"部,古神州的天颜千变万化,便悉在望中,美丽的霜雪云[5]霞,骇人的雷电霹雹,展露的无非是神的好脾气与坏脾气,气象台百读不厌门外汉百思不解的百科全书。

听听,那冷雨。看看,那冷雨。嗅嗅闻闻,那冷雨,舔舔吧,那冷雨。雨在他的伞上,这城市百万人的伞上,雨衣上,屋上,天线上。雨下在基隆[6]港,在防波堤,在海峡的船上,清明这季雨。雨是女性,应该最富于感性。雨气空蒙而迷幻,细细嗅嗅,清清爽爽新新,有一点点薄荷的香味,浓的时候,竟发出草和树沐发后特有的淡淡土腥气,也许那竟是蚯蚓和蜗牛的腥气吧,毕竟是惊蛰了啊。也许地上的地下的生命,也许古中国层层叠叠的记忆皆蠢蠢而蠕,也许是植物的潜意识和梦吧,那腥气。

第三次去美国,在高高的丹佛[7]山居了两年。美国的西部,多山多沙漠,千里干旱。天,蓝似安格罗·萨克逊人[8]的眼睛;地,红如印第安人的肌肤;云,却是罕见的白鸟。落基山[9]簇簇耀目的雪峰上,很少飘云牵雾。一来高,二来干,三来森林线以上,杉柏也止步,中国诗词里"荡胸生层云"[10],或是"商略黄昏雨"[11]的意趣,是落基山上难睹的景象。落基山岭之胜,在石,在雪。那些奇岩怪石,相叠互倚,砌一场惊心动魄的雕塑展览,给太阳和千里的风看。那雪,白得虚虚幻幻,冷得清清醒醒,那股皑皑不绝一仰难尽的气势,压得人呼吸困难,心寒眸酸。不过要领略"白云回望合,青霭入看无"[12]的境界,仍须回中国。台湾湿度很高,最饶云气氤氲[13]雨意迷离的情调。两度夜宿溪头,树香沁鼻,宵寒袭肘,枕着润碧湿翠苍苍交叠的山影和万籁都歇的岑寂[14],仙人一样睡去。山中一夜饱雨,次晨醒来,在旭日未升的原始幽静中,冲着隔夜的寒气,踏着满地的断柯折枝和仍在流泻的细股雨水,一径探入森林的秘密,曲曲弯弯,步上山去。溪头的山,树密雾浓,葱郁的水汽从谷底冉冉升起,时稠时稀,蒸腾多姿,幻化无定,只能从雾破云开的空处,窥见乍现即隐的一峰半壑,要纵览全貌,几乎是不可能的。至少入山两次,只能在白茫茫里和溪头诸峰玩捉迷藏的游戏,回到台北,世人问起,除了笑而不答心自闲,故作神秘之外,实际的印象,也无非山在虚无之间罢了。云缭烟绕,山隐水迢的中国风景,由来予人宋画的韵味。那天下也许是赵家[15]的天下,那山水却是米家[16]的山水。而究竟,是米氏父子下笔像中国的山水,还是中国的山水上纸像宋画。恐怕是谁也说不清楚了吧?

雨不但可嗅,可观,更可以听。听听那冷雨。听雨,只要不是石破天惊的台风暴雨,在听觉上总是一种美感。大陆上的秋天,无论是疏雨滴梧桐,或是骤雨打荷叶,听去总有一点凄凉,凄清,凄楚,于今在岛上回味,则在凄楚之外,更笼上一层凄迷了。饶你多少豪情侠气,怕也经不起三番五次的风吹雨打。一打少年听雨,红烛昏沉。二打中年听雨,客舟中,江阔云低。三打白头听雨在僧庐下。这便是亡宋之痛,一颗敏感心灵的一生,楼上,江上,庙里,用冷冷的雨珠子串成。十年前,他曾在一场摧心折骨的鬼雨中迷失了自己。雨,该是一滴湿漓漓的灵魂,在窗外喊谁。

雨打在树上和瓦上,韵律都清脆可听。尤其是铿铿敲在屋瓦上,那古老的音乐,属于中国。王禹偁[17]在黄冈,破如橼的大竹为屋瓦。据说住在竹楼上面,急雨声如瀑布,密雪声比碎玉。而无论鼓琴,咏诗,下棋,投壶[18],共鸣的效果都特别好。这样岂不像住在竹筒里面,任何细脆的声响,怕都会加倍夸大,反而令人耳朵过敏吧。

雨天的屋瓦，浮漾湿湿的流光，灰而温柔，迎光则微明，背光则幽黯，对于视觉，是一种低沉 的安慰。至于雨敲在鳞鳞千瓣的瓦上，由远而近，轻轻重重轻轻，夹着一股股的细流沿瓦槽与屋檐潺潺泻下，各种敲击音与滑音密织成网，谁的千指百指在按摩耳轮。"下雨了，"温柔的灰美人来了，她冰冰的纤手在屋顶拂弄着无数的黑键啊灰键，把响午一下子奏成了黄昏。

　　在古老的大陆上，千屋万户是如此。二十多年前，初来这岛上，日式的瓦屋亦是如此。先是天黯了下来，城市像罩在一块巨幅的毛玻璃里，阴影在户内延长复加深。然后凉凉的水意弥漫在空间，风自每一个角落里旋起，感觉得到，每一个屋顶上呼吸沉重都覆着灰云。雨来了，最轻的敲打乐敲打这城市，苍茫的屋顶，远远近近，一张张敲过去，古老的琴，那细细密密的节奏，单调里自有一种柔婉与亲切，滴滴点点滴滴，似幻似真，若孩时在摇篮里，一曲耳熟的童谣摇摇欲睡，母亲吟哦鼻音与喉音。或是在江南的泽国水乡，一大筐绿油油的桑叶被啮于千百头蚕，细细琐琐屑屑，口器与口器咀咀嚼嚼。雨来了，雨来的时候瓦这么说，一片瓦说，千亿片瓦说，轻轻地奏吧沉沉地弹，徐徐地叩吧挞挞地打，间间歇歇敲一个雨季，即兴演奏从惊蛰到清明，在零落的坟上冷冷奏挽歌，一片瓦吟千亿片瓦吟。

　　在日式的古屋里听雨，听四月，霏霏不绝的黄梅雨，朝夕不断，旬月绵延，湿黏黏的苔藓从石阶下一直侵到他舌底，心底。到七月，听台风台雨在古屋上一夜盲奏，千寻[19]海底的热浪沸沸被狂风挟来，掀翻整个太平洋只为向他的矮屋檐重重压下，整个海在他的蜗壳上哗哗泻过，不然便是雷雨夜，白烟一般的纱帐里听羯鼓[20]一通又一通，滔天的暴雨滂滂沛沛扑来，强劲的电琵琶忐忐忑忑忐忐忑忑，弹动屋瓦的惊悸腾腾欲掀起。不然便是斜斜的西北雨斜斜，刷在窗玻璃上，鞭在墙上，打在阔大的芭蕉叶上，一阵寒濑[21]泻过，秋意便弥漫日式的庭院了。

　　在日式的古屋里听雨，从春雨绵绵听到秋雨潇潇，从少年听到中年，听听那冷雨。雨是一种单调而耐听的音乐是室内乐是室外乐，户内听听，户外听听，冷冷，那音乐。雨是一种回忆的音乐，听听那冷雨，回忆江南的雨下得满地是江湖下在桥上和船上，也下在四川的秧田和蛙塘，下肥了嘉陵江下湿布谷咕咕的啼声。雨是潮潮润润的音乐下在渴望的唇上舔舔那冷雨。

　　因为雨是最最原始的敲打乐从记忆的彼端敲起。瓦是最最低沉的乐器灰蒙蒙的温柔覆盖着听雨的人，瓦是音乐的雨伞撑起。但不久公寓的时代来临，台北你怎么一下子长高了，瓦的音乐竟成了绝响。千片万片的瓦翩翩，美丽的灰蝴蝶纷纷飞走，飞入历史的记忆。现在雨下下来，下在水泥的屋顶和墙上。没有音韵的雨季。树也砍光了，那月桂，那枫树，柳树和擎天的巨椰，雨来的时候不再有丛叶嘈嘈切切，闪动湿湿的绿光迎接。鸟声减了啾啾，蛙声沉了阁阁，秋天的虫吟也减了唧唧。七十年代的台北不需要这些，一个乐队接一个乐队便遣散尽了。要听鸡叫，只有去《诗经》的韵里寻找。现在只剩下一张黑白片，黑白的默片。

　　正如马车的时代去后，三轮车的时代也去了。曾经在雨夜，三轮车的油布篷挂起，送她回家的途中，篷里的世界小得多可爱，而且躲在警察的辖区以外。雨衣的口袋越大越好，盛得下他的一只手里握一只纤纤的手。古台湾的雨季这么长，该有人发明一种宽宽的双人雨衣,一人分穿一只袖子,此外的部分就不必分得太苛。而无论工业如何发达,一时似乎还废不了雨伞。只要雨不倾盆,风不横吹,撑一把伞在雨中仍不失古典的韵味。任雨点敲在黑布伞或是透明的塑料伞上,将骨柄一旋,雨珠向四方喷溅,伞缘便旋成了一圈飞檐。跟女友共一把雨伞,该是一种美丽的合作吧。最好是初恋,有点兴奋,更有点不好意思,若即若离之间,雨不妨下大一点。真正初恋,恐怕是兴奋得不需要伞的,手牵手在雨中狂奔而去,把年轻的长发和肌肤交给漫天的淋淋漓漓,然后向对方的唇上颊上尝凉凉甜甜的雨水。不过那要非常年轻且激情。同时,也只能发生在法国的新潮片里吧。

大多数的雨伞想不会为约会张开。上班下班,上学放学,菜市来回的途中,现实的伞,灰色的星期三。握着雨伞,他听那冷雨打在伞上。索性更冷一些就好了,他想。索性把湿湿的灰雨冻成干干爽爽的白雨,六角形的结晶体在无风的空中回回旋旋地降下来,等须眉和肩头白尽时,伸手一拂就落了。二十五年,没有受故乡白雨的祝福,或许发上下一点白霜是一种变相的自我补偿吧。一位英雄,经得起多少次雨季?他的额头是水成岩削成还是火成岩?他的心底究竟有多厚的苔藓?厦门街的雨巷走了二十年与记忆等长,一座无瓦的公寓在巷底等他。一盏灯在楼上的雨窗子里,等他回去,向晚餐后的沉思冥想去整理青苔深深的记忆。前尘隔海,古屋不再。听听那冷雨。

一九七四年春分之夜

[注释]

[1] 选自《余光中集》(第五卷),百花文艺出版社2004年版,有改动。余光中,1928年出生于南京。祖籍福建永春。母亲原籍江苏武进,故也自称"江南人"。一生从事诗歌、散文、评论、翻译,自称为自己写作的"四度空间"。至今驰骋文坛已逾半个世纪,涉猎广泛,被誉为"艺术上的多妻主义者"。其文学生涯悠远、辽阔、深沉,为当代诗坛健将、散文重镇、著名批评家、优秀翻译家。现已出版诗集21种;散文集11种;评论集5种;翻译集13种;共40余种。作品有《左手的缪斯》、《记忆像铁轨一样长》等。本文是作者自美国返回台湾后所写的一组散文中的一篇,这组散文编成的集子也以《听听那冷雨》为名。

[2] 惊蛰:二十四节气之一,在3月5、6或7日(阳历)。

[3] 仓颉(jié):也作"苍颉"。传为黄帝史官,汉字创造者。仓颉可能是古代整理文字的一个代表人物。

[4] T:英语,意思是"雨"。下文的"pluie"是法语,意思也是"雨"。

[5] 云:和下文的"电"的繁体分别是"雲""電",简体的"云""电"字已不属"雨"部。

[6] 基隆:市名,在台湾省本岛北岸。因一年内有两百多天下雨,故有"雨港"之称。是台湾省重要海港和渔业基地。

[7] 丹佛:美国科罗拉多州首府,地处落基山东麓。

[8] 安格罗·萨克逊人:现通译盎格鲁-撒克逊人。古代日耳曼人中的盎格鲁、撒克逊、朱特等部落集团。近代常被用来泛指英格兰人、苏格兰人以及他们在北美、澳大利亚、南非等地的移民。

[9] 落基山:北美洲科迪勒拉山系东部的山脉,是北美大陆重要的气候分界线和河流分水岭。

[10] "荡胸生层云":语出唐代诗人杜甫《望岳》诗。

[11] "商略黄昏雨":语出宋代词人姜夔《点绛唇》词。

[12] "白云回望合,青霭入看无":语出唐代诗人王维《终南山》诗。

[13] 氤氲(yīnyūn):形容烟或云气浓郁。

[14] 岑寂：寂静。
[15] 赵家：封建社会的君王都将国家作为自己的私有财产，宋朝皇帝姓赵，所以又称赵家天下。
[16] 米家：指北宋书画家米芾(fú)、米仁友父子，其山水画自成一家。
[17] 王禹偁(chēng)(954—1001年)：北宋文学家。宋真宗咸平二年(公元999年)，王禹偁因编写《太祖实录》触犯当局，被贬为黄州(治所在今湖北黄冈)刺史。到黄冈后，他修建了一座竹楼，并写下了表达恬淡自然、随遇而安情怀的《黄冈竹楼记》。
[18] 投壶：古代宴会时的一种娱乐活动，宾主依次把筹投入壶中，以投中多少决定胜负，负者须饮酒。
[19] 寻：古代长度单位，八尺叫一寻。
[20] 羯(jié)鼓：我国古代的一种鼓，两面蒙皮，腰部细。据说来源于古代羯族。
[21] 濑(lài)：湍急的水。

[思考练习]

一、找出文章中写雨的诗句。

二、这篇散文比较长，通读以后，请想一想作者究竟是如何结构这许许多多的段落，它们都集中在什么方面，落实在怎样一个主题上？你觉得这些段落对表现主题起到了什么样的作用？

三、为表现自己文章的主题，作者引用了大量的古典诗词，也使用了各种修辞手段，比如对偶、排比、双声叠韵、拟人化的手法等。这样的写法当然可以起到感染读者的作用，请尝试设想，假如不使用这些艺术表现手法，在我们的阅读中又会产生什么样的感觉？

四、展开充分的联想与想象，借鉴本文的表达技巧，描写一个雨景，300字左右。

5.

一片叶子(节选)[1]

东山魁夷

[阅读提示]

东山魁夷是一位热爱大自然的作家，他善于从细微的自然变化中体悟出深邃的人生哲理，《一片叶子》就是这样一篇写景抒情散文。作者借一片树叶的枯荣，启发我们去领悟热爱自然、热爱生活、珍爱生命的人生真谛。

作者运用"顺乎天理法"构思，按树叶由出生到枯死、再由死到生的顺序，清峻、飘逸的笔触细致的描绘了一片树叶子历经春、夏、秋、冬，由一棵生机勃勃"幼小而坚实"的嫩芽，长成一片"明亮剔透"的嫩叶，最后变成一张黄色的枯叶在冷雨中凋落，回归大地生死轮回的过程。形象地说明了自然界新陈代谢的自然规律，进而想到人类与绿叶一样生死循环。面对人类不可避免的生命变化，作者没有悲观失望，而是从生命发展的哲理中领悟到：珍爱自己的生命，同时也珍爱别人的生命。生命终结之时，回归大地，这就是幸福的人生真谛。表现了作者积极乐观的人生态度。

无论何时,偶遇美景只会有一次。因为自然是活生生的,它在不断地变化。而且,眼望着风景的我们,也在天天变化着。如果樱花常开,我们的生命常在,那么两相邂逅就不会动人情怀了。人和花的生存,在世界上都是短暂的,可他们萍水相逢了,不知不觉中我们会感到无限的欣喜。这不只限于樱花,即使路旁一棵无名小草,不是也同样如此吗?

　　现代文明的高速发展,破坏了人类和自然之间的平衡。人类的妄自尊大给这个世界带来了越来越大的危险性。世界有必要恢复和谐的感觉。自然和我们都连接在一条根上,应当珍视清澄的自然和素朴的人类,要制止人类着了魔一般的贸然行为。人应该更谦虚地看待自然和风景,体会自然给我们的启示。就在我们住地周围,哪怕是庭前的一棵树,一片叶子,只要我们用心观察,也会从中深刻地领悟出生命的涵义。

　　我凝望着庭院的树木。不,是观赏着生长在枝桠上的一片叶。此刻这片美丽的绿叶承受着夏日的阳光,闪烁着晶莹的光。我忆起这片叶子还是小小的嫩芽第一次跳入我眼帘时的情景。那是在去年的初冬时分。现在生长着叶子的地方,那时上面附着一片枯萎的茶色叶子,后来它离开枝桠飘落了下来。就在这个地方,当时还是幼小而坚实的嫩芽带着娇嫩的生命诞生了。

　　尽管经历了寒风呼啸、雪花纷扬的日子,可它还是默默地等待着春天的到来,逐渐在体内积蓄起一种充实的力量。一天早晨,细雨停息,我看见星星点点的珍珠落满了枝头,发出晶莹的光。原来却是一株株幼芽上聚满了雨点。我感到嫩芽丰满起来,春天已经临近了。

　　春天终于来到了,呈现一派萌芽时的喜悦。但是,飘落在地上的那片叶,如今已经腐朽,还原于故土了。

　　沐浴着初春的阳光,它长成了一片明亮剔透的嫩叶。这季节令人感到生命的充实,同时嫩叶也容易被虫子侵害。幸好平安地迎来了夏天,如今正与伙伴们竞相争茂,绿油油的一片。

　　我也知晓它的未来。进入盛夏,叶荫下梨蝌骚然,不停地鸣叫。但台风过后,又会变成茅蝌、寒蝉的略带凄凉的歌声。气候转凉,就听不见蝉鸣了。这回,从根部响起了虫儿的合唱,悄然凭添了秋夜的兴致。

　　它的绿色不知不觉间竟变成了疲惫的色调。不久呈黄色,又变成茶色,耷拉在冷雨之中。一天夜里,风将挡雨板刮得嘎嘎作响。翌日早晨,枝头上再也看不见它的身影了。只是,我将会发现在其原来的位置上又冒出了小小的嫩芽。当新芽萌生的时候,躺在地上的它就回归故土了。

　　这就是大自然,不仅是它,而且是地球上一切有生命的东西的命运。一片叶的凋零,绝不是无意义的,它与整株树的生是密切相关的。一片叶有其诞生和衰亡,它使人看到四季不断的流转,万物生生不息。

　　一个人的死,也与整个人类的生相关。毫无疑问,谁也不喜欢死,但是因此应想到的是要珍惜自然给予自己的生,同时也要珍重他人的生。生命终结之时,回归大地,这就是幸福的。与其说这是我观察庭院树木的一片叶子所悟到的真谛,莫如说是一片叶子对我静静地述说生死轮回的要诀吧。

〔注释〕

[1] 本文节选自东山魁夷《探索日本之美》中的《风景》篇。东山魁夷：日本风景画家、散文家。1908年7月生于横滨。原名新吉，画号魁夷。1931年毕业于东京美术学校。1934年留学德国，在柏林大学哲学系攻读美术史。其早年绘画作品《冬日三乐章》、《光昏》分别获得1939年第一回日本画院展一等奖和1956年日本艺术院奖。1969年获文化勋章和每日艺术大奖。其代表作有1968年创作的《京洛一四季组画》，及1975—1981年创作的《唐招提寺障壁画》等。东山魁夷是当代日本画的泰斗。此外，他还长于散文写作，著有《东山魁夷文集》11卷。

〔思考练习〕

一、作者在本文中着力描绘一片叶子的生命形态，他把叶子的生命形态描画成了哪几幅彩图？

二、作者是按什么顺序组织材料的？

三、最为平常不过的叶子，经过作者出神入化地描写，引发出了许多关于人生的哲理，读完课文后，你有何感悟？

四、结合课文内容谈谈你对人生的看法、对幸福的理解。

写作训练（七）

散 文 写 作
—— 游记

写作范围

写一篇散文（游记）。

写作指导

写景写游记散文重在描写游览过程中看到的自然景观和人文景观。写好这类散文，不仅可以记录下自己游历山水时的所见所闻、定格亲近自然的美好时光，更能拓宽视野，陶冶情操，提升人生品位。那么怎样才能写好这一类型的散文呢？首先在总体上要注意：一是把景物写清楚；二是把游览的过程写明白；三是要有情感的渗透。具体操作如下：

1. 抓住景物的特征

游览的对象无论是山川风景还是城乡面貌，它们都有不同于其他地方的形态、布局、格调、氛围等，要在仔细观察的基础上，在比较中抓住该处景物所独有的、他处景物不会有或者不会跟它全然相同的特征，只有这样，才能给人留下鲜明深刻的印象。例如郁达夫的《故都的秋》一文，紧紧扣住"清、静、悲凉"的特征，以细腻的笔触写出了特定时间（20世纪30年代）、特定地点（故都北平）、特定季节（秋）的特色景观。

2. 掌握写景的方法

写景的方法有多种多样，没有固定的格式，应根据文章内容和表达的需要，恰当地选用某种方法。常见的方法有：

(1) 定点观察,移步换景

观察景物时,观察点如果是固定的,可仰视,也可俯瞰;可近观,也可远眺,把站在同一位置上看到的景观记录下来,这就是定点观察。观察点如果是变换的,可以边走边看,把在不同地方看到的不同景观依次描写下来,这是移步换景的写法。对于同一景物,还可以从高低、远近、前后、左右等不同角度去观察,这样可以多侧面、多层次地去反映景物的形貌地势,给人以立体感,从而更好地突出景物的特征。例如《荷塘月色》一文中,作者在描绘月色下的荷塘时,就运用了由高到低,由远及近的顺序,从不同的角度,生动的展示荷叶和荷花的美。

(2) 粗笔勾勒,工笔细描

要把看到的景观描摹下来,可以从大处着笔,就像画家写生一样,勾画出景观的大致轮廓,让人对景观有个整体的感受和印象;也可以对某一具体的景象,从形、声、色等多个方面进行生动细致的描绘,以便让人更好地了解这个地方的特色。

(3) 动静结合,虚实相间

在行文过程中,可以如实地记录下自己在游览过程中听到的声音、看到的实景。为了增强形象可感性,可将动景写成静景;为了增强描写的生动性,可以把景物的静止状态写成动态,化静为动,写出景物的生机和活力。为了唤起读者的联想和想象,可以由眼前的景观写到记忆中的类似景观,写到自己想象中的景观,可以将虚像写成实景,将实景写成虚像,自然会将读者带入一种美妙的境界。

3. 合理安排写作内容

写景写游记散文,一般按照游踪来组织材料,便于写清楚方位和沿途的具体景观,给人一目了然之感,文章也显得井然有序。同时写景要有详有略,详略处理可根据内容的需要而定,一般地说,主要景点或有特色的景物应详写,次要景点或感受不深的景物可以略写或者干脆不写。

4. 融注自己的情感

游览不是科学考察,它是一种文化娱乐活动,因此,在此过程中,必然要渗透某种情愫,是喜是惊,是爱是怜,要写出你的感受,你的情感,以及它在游览过程中的波动、陡转和变化。没有情感渗透和灌注的风景只是一幅没有生气的呆板的画面。有情,景才会生动,才会有声有色;有景,情才能有所依附,有所寄托。写此类文章时应做到景中含情,情中有景,情景交融,浑然一体。登山则情满于山,观海则意溢于海,同时这种情感还要贯穿全文,成为一条隐于文中的感情线索,这样的文章才能焕发出人性的光辉和艺术的魅力。

5. 处理好文章的语言

这类散文要力求通过你的描述,给人带来身临其境之感。在描写景物时,语言要生动、恰当并且简练,多用一些形象可感的词语,灵活运用比喻、拟人、象征、衬托等多种手法,可以增强表达效果。也可以阅读一些名家的写景写游记散文名篇,从他们那里借鉴和吸收好的语言。

总之,写好写景游记散文,不仅需要仔细观察、反复揣摩,更重要的是要深入景观、用心体悟,然后运用切实可行的描写方法,写出一片真正具有自己个性特征和独特情感的明丽的风景,这才是这类散文写作的最大成功。

参考题目

1. 春游
2. 故乡行
3. (×××)一日游

例文

我的空中楼阁
李乐薇

山如眉黛,小屋恰似眉梢的痣一点。

十分清新,十分自然,我的小屋玲珑地立于山脊一个柔和的角度上。

世界上有很多已经很美的东西,还需要一些点缀,山也是。小屋的出现,点破了山的寂寞,增加了风景的内容。山上有了小屋,好比一望无际的水面飘过一片风帆,辽阔无边的天空掠过一只飞雁,是单纯的底色上一点灵动的色彩,是山川美景中的一点生气,一点情调。

小屋点缀了山,什么来点缀小屋呢?那是树!

山上有一片纯绿色的无花树;花是美丽的,树的美丽也不逊于花。花好比人的面庞,树好比人的姿态。树的美在于姿势的清健或挺拔,苗条或婀娜,在于活力,在于精神!

有了这许多树,小屋就有了许多特点。树总是轻轻摇动着。树的动,显出小屋的静;树的高大,显出小屋的小巧;而小屋的别致出色,乃是由于满山皆树,为小屋布置了一个美妙的绿的背景。

小屋后面有一棵高过屋顶的大树,细而密的枝叶伸展在小屋的上面,美而浓的树阴把小屋笼罩起来。这棵树使小屋予人另一种印象,使小屋显得含蓄而有风度。

换个角度,近看改为远观,小屋却又变换位置,出现在另一些树的上面。这个角度是远远地站在山下看。首先看到的是小屋前面的树,那些树把小屋遮掩了,只在树与树之间露出一些建筑的线条,一角活泼翘起的屋檐,一排整齐的图案式的屋瓦。一片蓝,那是墙;一片白,那是窗。我的小屋在树与树之间若隐若现,凌空而起,姿态翩然。本质上,它是一幢房屋;形势上,却像鸟一样,蝶一样,憩于枝头,轻灵而自由。

小屋之小,是受了土地的限制。论"领土",只有有限的一点。在有限的土地上,房屋比土地小,花园比房屋小,花园中的路又比花园小,这条小路是我袖珍型的花园的大道。和领土相对的是"领空",论"领空"却又是无限的,足以举目千里,足以俯仰天地,左顾有山外青山,右盼有绿野阡陌。适于心灵散步,眼睛旅行,也就是古人说的游目骋怀。这个无限的"领空",是我开放性的院子。

有形的围墙围住一些花,有紫藤、月季、喇叭花、圣诞红之类。天地相连的那一道弧线,是另一重无形的围墙,也围住一些花,那些花有朵状有片状,有红,有白,有绚烂,也有飘落。也许那是上帝玩赏的牡丹或芍药,我们叫它云或霞。

空气在山上特别清新,清新的空气使我觉得呼吸的都是香!

光线以明亮为好,小屋的光线是明亮的,因为屋虽小,窗很多。例外的只有破晓或入暮,那时山上只有一片微光,一片柔静,一片宁谧。小屋在山的怀抱中,犹如在花蕊中一般,慢慢地花蕊绽开了一些,好像层山后退了一些。山是不动的,那是光线加强了,是早晨来到了山中。当花瓣微微收拢。那就是夜晚来临了。小屋的光线既富于科学的时间性,也富于浪漫的文学性。

山上的环境是独立的,安静的。身在小屋享受着人间清福,享受着充足的睡眠,以及一天一个美梦。

出入的交通要道,是一条类似苏花公路的山路,一边傍山,一边面临稻浪起伏的绿海和那高高的山坡。山路和山坡不便于行车,然而便于我行走。我出外,小屋是我快乐的起点;我归来,小屋是我幸福的终点。往返于快乐与幸福之间,哪儿还有不好走的路呢?我只觉得出外时身轻如飞,山路自动地后退;归来时带几分雀跃的心情,一跳一跳就跳过了那些山坡。我替山坡起了个名字,叫幸福的阶梯,山路被我唤做空中走廊!

我把一切应用的东西当做艺术,我在生活中的第一件艺术品就是小屋。白天它是清晰的,夜晚它是朦胧的。每个夜幕深垂的晚上,山下亮起灿烂的万家灯火,山上闪出疏落的灯光。山下的灯把黑暗照亮了,山上的灯把黑暗照淡了,淡如烟,淡如雾,山也虚无,树也缥缈。小屋迷于雾失楼台的情景中,它不再是清晰的小屋,而是烟雾之中、星点之下、月影之侧的空中楼阁!

这座空中楼阁占了地利之便,可以省去许多室内设计和其他的装饰。

虽不养鸟,每天早晨有鸟语盈耳。

无须挂画,门外有幅巨画——名叫自然。

(选自《中国现代文学大系·散文》第一集,台湾巨人出版社1972年版。)

课外练笔参考题

将自己到过的最美的地方的景色生动地描绘出来。

口语交际(四)

采 访

生活情境

情境一:

七一前夕,学校召开了党员纳新大会,5名老师和2名同学成为中国共产党的预备党员。作为校学生会记者团的记者,梁志栋和刘秀秀承担本次会议的采访任务。大会结束后,两人分别走向学校领导和纳新对象进行现场采访。

情境二:

新学期开学的第一天,学校收到了一封感谢信,被感谢的是餐饮专业二年级9班的一个男生。原来,在假期实习时,他捡到了一个装着巨款的提包,并想方设法找到了失主。事情传开之后,班宣传委员李周决定采访这位男生,搜集一些一手资料,然后写成通讯寄到报社。

情境三：

王奇利用业余时间到一家公司打工,领导给他安排的任务是搜集用户对该公司产品的意见。王奇查阅了一些用户资料之后,又制定了一个采访提纲,然后就挨家挨户地开始了登门采访。

……

提起采访,我们往往会马上想到专业记者。时代在发展,人们的交际活动在增多,社会对人们口语交际能力的要求也在发生变化。采访也不再仅仅是专业记者的独家所为,说不定哪一天,你就会面对一个采访任务。艺多不压身,多一种本领,自身就会多一个亮点;多一种本领,也许就会多一种职业选择。

相关知识

所谓采访,是指为了解情况、搜集资料,向掌握情况和资料的人进行调查访问的口语交际形式。

采访的基本要求:

1. 充分准备,认真策划

"凡事预则立,不预则废"采访是否能够成功,很大程度上取决于采访者事先的准备和策划。不仅要知道采访的时间、地点和场合,还要清楚采访什么人、什么事,采访的目的是什么,主题是什么,如何去采访,要提一些什么问题,应该掌握哪些背景材料,采访中出现意外应如何应对等等,这些都要认真准备,精心策划。

2. 了解对方,善于提问

不同的采访对象,其年龄、职业、性格、爱好都不尽相同,了解对方既是对采访对象的尊重,同时也可以避免在采访过程中,由于不合适的提问而导致采访对象产生不满情绪,以致拒绝采访,致使采访失败。

提问技巧的掌握运用程度直接反映一个采访者的采访水平。只有提问有术,才有可能了解到丰富的信息,才能达到采访的目的。否则,要么不着边际、东拉西扯,要么使对方产生厌烦或抵触情绪而三缄其口,这都会直接影响采访的效果。

3. 勤于思考,做好记录

采访过程中,采访者是带着问题和思考向对方提问的,对方的回答又会很快反馈回来,采访者要及时地整理这些反馈回来的信息,一边倾听,一边分析、判断、思考,从而有效地控制采访的内容和进程。为了不遗漏采访资料,采访时有必要做好记录,记录应该具体、真实、准确。

示例简析

示例

悉尼奥运会结束后,记者采访了在奥运会举办期间担任解说的中央电视台节目主持人白岩松。

记　者　有媒体评论说,白岩松是中央电视台最火的主持人。半个月的评说奥运,使亿万观众更加认可你了。你如何看待这种评论？

白岩松　我曾经跟朋友开玩笑说，把一条狗牵进中央电视台，每天让它在一套节目黄金时段中露几分钟脸，不出一个月，它就成了一条名狗。我在《东方时空》已经待了七年，如此而已。这没有什么值得骄傲的，相反给我的生活带来了一些不便，比如没有随便出门逛街的自由。

记　者　最近我看到有媒体把你和中央电视台的其他名嘴作了比较，给你的打分是最高的，在强手如林的竞争中，你感觉到有对手吗？

白岩松　事业跟百米赛有相似的地方，我跑的时候，眼睛只想着前面那条线，而绝不会去考虑对手。但人生跟百米还不太一样，百米就一条线，人生是你撞了一条线后还有另一条线，你得不断去撞，直至死亡。

记　者　你到《东方时空》时，只是一个25岁的小伙子，而且一点电视经验都没有。第一次面对镜头，你是不是很紧张？

白岩松　不紧张。因为我知道镜头在哪里。开拍前，导演告诉我，你要放松，就当没有镜头，于是我就不去想它。现在再看那次录像，还是很放松的。如今面对镜头，我感觉到的只是一种工作状态，比如，它开机了。

记　者　无论你承认不承认，你已经是一个明星，一个传媒明星。如何在明星和记者之间摆正自己的位置呢？

白岩松　有一位年轻人曾求教于一位大提琴家："我如何才能成为一个优秀的大提琴家？"大提琴家回答说："你先成为一个优秀的人，再成为一个优秀的音乐人，然后会很自然地成为一个优秀的大提琴家。"这对我们也一样，先成为一个优秀的人，再成为一个优秀的记者或主持人。

记　者　我听到的观众对你的唯一的意见是，你太过严肃，不苟言笑，为什么不能在屏幕上露出一点笑意呢？

白岩松　有不少观众说不习惯我老是一副"忧国忧民"的脸，可如果我换上一副笑容灿烂的脸是不是就习惯了呢？我以前做的节目大都是一些学生的话题，背后有太多不适于公开的背景，我笑不出来。职业病。我也曾努力笑过，但我一笑就不会说话，平常也是这样，一笑我所有的身体语言就都失去了。因此，我绝对不是故作深沉，而平常就是这样。真实是最自然的。

【简析】在本段采访中，记者共问了五个问题。第一个问题很明显是对白岩松的赞扬。在采访之初的赞扬，既是对采访对象的一种肯定，可以起到平慰对方心理的作用，推动采访的进程，同时又自然而然地将采访对象带入到事先准备的问题中去。第二个问题，看上去是记者在继续赞扬白岩松，而实际上记者的真正目的是想知道白岩松如何评价对手和对待对手的态度。第三个问题是在了解白岩松成为央视名嘴的成长过程，但记者却间接地、巧妙地提出问题，让对方很容易接话并自行展开。第四个问题提得很关键、很有价值。作为名人专访，采访者总希望能探及名人的思想境界，记者所提的这个问题，是每一个名人必须要解决的，同时它又能很充分地体现被采访者的修养品行。第五个问题，记者话锋一转，从上一个严肃的问题转到轻松有趣的话题上。这一提问，既能缓和现场气氛，还可了解到观众想知道的白岩松的另一面。

从本段采访可以看出采访者事先做了积极的准备，对采访的内容和采访的技巧都进行了认真的思考和精心的策划。

练习实践

一、如果你是"情境二"中的李周，那么你这次采访的目的是什么？你将围绕一个什么主题设计提问的问题？

二、现代流行歌坛"星光灿烂"，不少同学都有自己喜欢的歌手。你最喜欢谁？如果你有机会以记者的身份采访这位歌手，你将向他（她）提一些什么样的问题？为什么要提这些问题？

三、从下列话题中选择一个自己感兴趣的，模拟场景，进行采访训练。

1. 现代社会中，古文的学习可有可无。
2. 大学生就业也很难，所以中职学生没有必要选择继续深造。
3. 计算机的使用越来越普及，我们学习汉字重在掌握拼音，汉字写得好坏已经不是很重要了。
4. 时代在变，人们的思想也要变，对中职生的管理应采取宽松式。

要求：

(1) 选好话题后，编写采访提纲，列出准备提问的问题。
(2) 尽量多设计几个问题，采访时间自己控制。
(3) 两人（同桌）一组，互为采访者和被采访者，彼此积极配合。

第九单元

人生哲理

在人生的道路上,总有一些问题是要去解决的,总有一些困难是要去克服的。而在这时,靠的是什么?是武力解决?还是坐以待毙、听任天命?不,都不是,在生活中,我们应多思考,用思考来编织幸福的生活,用思考来构思美丽的人生。

本单元所选的文章都是杂文。杂文古已有之,到20世纪二三十年代,经过鲁迅的倡导之后,成为独立的文体。杂文是短小的文艺性社会评论。它是说理的,又具有文学的因素。它短小精悍,以幽默、讽刺的文笔,针砭时弊,鞭挞黑暗,求索真理,感悟人生。好的杂文,被誉为"匕首"或"投枪"。《我若为王》从假定"我若为王"入手,痛斥了种种丑恶现象,表达了作者"憎恶一切奴才和奴才相"的思想。《剃光头发微》从"剃光头"这件小事谈起,抨击了有的人一旦掌权,就肆意侵凌他人的丑恶行径。《一只特立独行的猪》自辟蹊径,在故事的讲述中展开讽喻性的比附,把复杂的说理融入意趣盎然的故事中。《哲学家皇帝》篇幅不长,内涵丰富,充满哲理的思辨。《哀八旗子弟》从"八旗子弟"这一特定的历史现象谈起,阐述了干部子女应慎防腐化堕落的重大问题。

阅读杂文,要联系时代背景,从形象的描述中领悟所蕴含的道理,从旁敲侧击中品位弦外之音,从幽默讽刺中领略寓庄于谐的情趣,尤其要仔细揣摩生动、幽默、犀利的语言。

世界因思考而清晰,人生因思考而从容,生活因思考而精彩!让我们都学会思考吧!

1.

我若为王[1]

聂绀弩

[阅读提示]

这篇文章发表时,封建帝王退出历史舞台已经几十年了,而人们头脑中的皇权意识及奴性,却仍然顽固地盘踞着。这篇杂文便是立足于人人平等的民主观念,对皇权意识和奴性的无情鞭笞。

本文立意新颖,从假定"我若为王"入手,痛斥了种种丑恶现象,表达了作者"憎恶一切奴才或奴才相"的思想,在当时社会具有很强的现实意义。

文章借助想象,把尖锐、犀利的观点表现得生动淋漓,最后直抒胸臆,具有不可辩驳的力量。文章语言典雅朴素、明晰活泼,阅读时,要体会它的精妙。

在电影刊物上看见一个影片的名字：《我若为王》。从这影片的名字，我想到和影片毫无关系的另外的事。我想，自己如果作了王，这世界会成为一种怎样的光景呢？这自然是一种完全可笑的幻想，我根本不想作王，也根本看不起王，王是什么东西呢？难道我脑中还有如此封建的残物吗？而且真想作王的人，他将用他的手去打天下，决不会放在口里说的。但是假定又假定，我若为王，这世界会成为一种怎样的光景？

我若为王，自然我的妻就是王后了。我的妻的德性，我不怀疑，为王后只会有余的。但纵然没有任何德性，纵然不过是个娼妓，那时候，她也仍旧是王后。一个王后是如何地尊贵呀，会如何地被人们像捧着天上的星星一样捧来捧去呀，假如我能够想象，那一定是一件有趣的事情。

我若为王，我的儿子，假如我有儿子，就是太子或王子了。我并不以为我的儿子会是一无所知、一无所能的白痴；但纵然是一无所知一无所能的白痴，也仍旧是太子或王子。一个太子或王子是如何地尊贵呀，会如何地被人们像捧天上的星星一样地捧来捧去呀。假如我能够想象，倒是件不是没有趣味的事。

我若为王，我的女儿就是公主；我的亲眷都是皇亲国戚。无论他们怎样丑陋，怎样顽劣，怎样……也会被人们像捧天上的星星一样地捧来捧去，因为他们是贵人。

我若为王，我的姓名就会改作"万岁"，我的每一句话都成为"圣旨"。我的意欲，我的贪念，乃至每一个幻想，都可竭尽全体臣民的力量去实现，即使是无法实现的。我将没有任何过失，因为没有人敢说它是过失；我将没有任何罪行，因为没有人敢说它是罪行。没有人敢呵斥我，指摘我，除非把我从王位上赶下来。但是赶下来，就是我不为王了。我将看见所有的人们在我面前低头，鞠躬，匍匐，连同我的尊长，我的师友，和从前曾在我面前昂头阔步耀武扬威的人们。我将看不见一个人的脸，所看见的只是他们的头顶或帽盔；或者所能够看见的脸都是谄媚的，乞求的，快乐的时候不敢笑，不快乐的时候不敢不笑，悲戚的时候不敢哭，不悲戚的时候不敢不哭的脸。我将听不见人们的真正的声音，所能听见的都是低微的，柔婉的，畏葸[2]和娇痴的，唱小旦的声音："万岁，万岁！万万岁！"这是他们的全部语言："有道明君！伟大的主上啊！"这就是那语言的全部内容。没有在我之上的人了，没有和我同等的人了，我甚至会感到单调、寂寞和孤独。

为什么人们要这样呢？为什么要捧我的妻，捧我的儿女和亲眷呢？因为我是王，是他们的主子，我将恍然大悟：我生活在这些奴才们中间，连我所敬畏的尊长和师友也无一不是奴才，而我自己也不过是一个奴才的首领。

我是民国国民，民国国民的思想和生活习惯使我深深地憎恶一切奴才或奴才相，连同敬畏的尊长和师友们。请科学家们不要见笑，我以为世界之所以还大有待于改进者，全因为有这些奴才的缘故。生活在奴才们中间，作奴才们的首领，我将引为生平的最大的耻辱，最大的悲哀。我将变成一个暴君，或者反而正是明君：我将把我的臣民一齐杀死，连同尊长和师友，不准一个奴种留在人间。我将没有一个臣民，我将不再是奴才们的君主。

我若为王，将终于不能为王，却也真地为古今中外最大的王了。"万岁，万岁，万万岁！"我将和全世界的真的人们一同三呼。

[注释]

[1] 选自《血书》(上海群益出版社1949年版)。聂绀弩(1903—1986年)，湖北京山人，现代作家，是中

国现代杂文史上继鲁迅、瞿秋白之后,在杂文创作上成绩卓著、影响很大的战斗杂文大家。

[2] 畏葸(xǐ):畏惧。

[思考练习]

一、课文描绘"我若为王"后的种种情景,在全文中起什么作用?"假定又假定"的前三段联想,句式几乎相同,在表达上有什么效果?

二、联系上下文,理解下列句子的含义。

1. 我将变成一个暴君,或者反而正是明君:我将把我的臣民一齐杀死,连同尊长和师友,不准一个奴种留在人间。

2. 我若为王,将终于不能为王,却也真地为古今中外最大的王了。"万岁,万岁,万万岁!"我将和全世界的真的人们一同三呼。

三、领悟课文,联系下边的材料,写二三百字的感想。

去年(注:1981年)10月,湖南桃源出了一个李皇帝;11月,四川达县出了个朱皇帝。李皇帝自称名字上了天书,注定有九五之尊。朱皇帝的来头更大,自称是"玉皇大帝"下凡。这种公元前就已经流行一千多年的君权神授论,到20世纪80年代依然保持蛊惑人的魔力。据说,朱皇帝登基7天,纳了十多个"娘娘"。李皇帝尚未登上大宝,但已有人贡上亲生女,跪奏收为"皇妃"。后来,两位"皇帝"落入法网,验明正身,原来是两个诈骗惯犯。(虞丹《被民主遗忘的角落》)

2.

剃光头发微[1]

何满子

[阅读提示]

这篇杂文以"剃光头"这件小事为发端,本着每一个人都应该受到尊重的平等观念,抨击了有的人一旦掌权,就肆意侵凌他人的丑恶行径。

文章从平凡的生活现象谈到重大的社会问题,以小见大,立意非凡。作者充分借助联想,信手挥洒,说古论今,使文章内容丰富,含义深刻。在行文上,作者用大部分篇幅铺陈种种掌故,然后,卒章显志,点明主题,构思十分精巧。

学习本文,要遵循行文脉络,领悟所蕴含的道理,体会幽默与讽刺的语言特点。

余生也晚,关于头发的惊心动魄的故事,大都来自耳食[2]。什么清朝初年勒令汉人把发髻剃成辫子,否则"留发不留头"呀,什么清末的留学生在外国剪去了辫子,回国后要装一根假辫子才能平安无事呀,等等,都未尝眼见。所以读到鲁迅的小说《头发的故事》,除了恍若有悟的吃惊以外,实在很难有切肤之痛的感受。并且,知道在旧社会,与头发关系最密切的理发工人,是颇受社会贱视的,连家谱都不许上,也就是开除其宗籍,还很为他们不平。更值得一提的是,虽然年轻时在进步的历史书籍里,读到太平天国起义是如何如何

正义,但真正佩服太平天国的英雄,却是看到了一副据说是翼王石达开的对联以后。对联曰:

　　磨砺以须,问天下头颅几许;

　　及锋而试,看老夫手段如何?

　　联语的对仗既工稳,造意又豪迈,用之于理发师,更是想象诡奇,出于意表,妙不可言。一面惊叹这位太平天国将领的不羁之才,一面也想到这位王爷对理发师的感情,不但没有旧社会上层人物那样卑视,而且还将自己睥睨[3]人世的豪情寄托在他们的职业丰姿上,真是物与民胞[4],平等亲切极了。

　　不料,3月2日读到《人民日报》一封读者来信,却使我大大不舒服了一阵,那封来信正是关系到理发工人的。说是济南市一家理发店的理发工人,拒绝给一个"乡下佬"剃平头,认为乡下佬只配剃光头。当"乡下佬"碰了壁跑掉以后,一对男女理发师还说:"乡下佬还想理平头,没门!""也不瞧瞧自己那模样!"……

　　"乡下佬"是不是只配剃光头,以及什么模样的人才配剃平头,这问题是够深奥的,我答不上来。既答不上,也只好避开,置之勿论。我只记得古代有一种刑法,叫"髡"[5],那办法就是把古圣人所说的"身体发肤,受诸父母,不敢毁伤"的诸种东西中之一的头发给去掉;而且似乎是和罚做苦役,即今语之所谓"劳改"结合起来的,那就是"髡钳为城旦"。但那是秦制,沿用了千把年,至少到隋唐以后就废止了。现在许多国家的罪犯也剃光头,但那并非是刑罚,恐怕多半出于习惯,或便于辨识之类;如果容许用胡适博士的考据方法,来一下"大胆假设",还可能是由于旧社会监狱里卫生条件不好,怕犯人头发里生虱子,所以干脆让他们牛山濯濯[6]也说不定;但要我"小心求证"却求不到。这很抱歉,胡适博士的考据方法只能学到一半。

　　时至今日,剃光头既不是在政治上或人格上有什么差池[7]的象征,不剃光头也肯定不会是因为"身体发肤,受诸父母,不敢毁伤",才舍不得剃光,无非是保护头颅和美观上的讲究。那封读者来信中的"乡下佬"恐怕也是为了怕剃光头太冷,才要求剃平头的。但从认为"乡下佬剃平头,没门"的理发师看来,似乎是"乡下佬"的"模样"不够格,所以才只配剃光头,倒是从美观这方面着眼的。当然,问题不在于什么标准,也不在于这位城里人的理发师为什么瞧不起"乡下佬"(那里面当然大有文章的),而在于为什么他可以任意决定谁该剃平头,谁只能剃光头,可以这样为所欲为?

　　原因简单之至:剃头刀在他手里。

　　这就是权。虽然仅仅是一把剃头刀,但掌握在手里,就有那么一点剃头权,在这点权限里,谁撞在他手里,就得看他的嘴脸,听他的发落。你要剃平头,没门!权在他手里,"乡下佬"只好悻悻而去,乃至悻悻也不敢悻悻。幸亏他只有这么点儿小权,如果他掌握了用人的权,分配房子的权,乃至更大的权,那就不仅"乡下佬",更多的人在更多的事上也只好"没门"了。

　　希望少有、乃至没有这种有点权就要耍的人。如果有权就想戏弄,就想顺着自己的意思胡来,那么,至少要在"读者来信"栏里让他亮亮相,直到像剃光头那样地把他剃下去。这才叫做"试看剃头者,人亦剃其头"。

[注释]

[1] 选自1983年3月27日《解放日报》。
[2] 耳食：指听到传闻不加审察就信以为真。
[3] 睥睨(pìnì)：眼睛斜着看，形容高傲的样子。
[4] 物与民胞：即民胞物与。北宋张载的伦理学说，从人类万物都是天地所生出发，提出"民吾同胞，物吾与也"的抽象命题。要求爱一切人如爱同胞手足一样，并进一步扩大到"视天下无一物非我"。
[5] 髡(kūn)：古代剃去男子头发的刑罚。
[6] 牛山濯濯(zhuózhuó)：形容头顶光秃无发。濯濯，形容山上光秃秃的，没有树木。
[7] 差池：差错，问题。

[思考练习]

一、杂文在立意选材上常常因小见大，就是从平凡的生活现象落笔，谈到重大的社会问题。试回答下列问题。

1. 说说本文从剃头谈到掌权的行文脉络。

2. 如果只保留关于剃光头的读者来信和结尾谈掌权这两部分文字，把其他内容删去，也能构成一篇文章，但这样对文章的主旨和结构有什么影响？

二、杂文是见诸文字的漫画，寓意于讽刺与幽默之中。试说说下列句子的讽刺与幽默意味。

1. "乡下佬"是不是只配剃光头，以及什么模样的人才配剃平头，这问题是够深奥的，我答不上来。

2. ……但要我"小心求证"却求不到。这很抱歉，胡适博士的考据方法只能学到一半。

3. 如果有权就想戏弄，就想顺着自己的意思胡来，那么，至少要在"读者来信"栏里让他亮亮相，直到像剃光头那样地把他剃下去。这才叫做"试看剃头者，人亦剃其头"。

3.

一只特立独行的猪[1]

王小波

[阅读提示]

　　杂文《一只特立独行的猪》显现了王小波的写作特色——主打的黑色幽默。质疑和批判是杂文的主要特征，但王小波与众不同，自辟蹊径，他的质疑和批判涂抹了黑色幽默的底色，在故事的讲述中展开讽喻性的比附，把复杂的说理融入意趣盎然的故事中。

　　那只有着四五岁猪龄的猪，洒脱、浪漫、富有才华、淘气、机敏、胸有成竹，可谓"性情中猪"。它是作家的一种自我的现实解读，是回望过去抒发心中感慨的另类言说者，也是作家完成对当时社会反讽的代言人，所以说王小波不仅仅运用黑色幽默，他富有智慧地加入理性,在理性与黑色幽默中解读着社会普遍认定的神圣。

曾羁绊于"文革"十年癫狂思想束缚的作家,经历过上山下乡、赴美深造、登台答疑解惑之后,他用一种超脱一切的思考痴笑众生,以自己独特的话语方式解读神圣,坚守着作为一个知识分子应有的思想独立和人格自由的立场。

文中的猪性就是人性,但时代重荷下的人焉能与猪比。"文革"是笼罩在作家所有故事里的阴霾,在那充满了人为限制、充满了刻板教条、缺乏生机活力的环境里,没有谁敢于像这头猪,无视对生活的设置。

傲然于世的猪身上,寄托了作家对自由精神的追求,体现了知识分子对精神领地的捍卫。如果人类被过多的社会设置所羁绊,如果人性在个体成长中不能顺其本真,那么本来朝气蓬勃、活力四射的人也会走向庸碌无为。

本文的写作风格是幽默而严肃,活泼而平实,犀利深刻而具温情与善意。文章的主题与作者的态度是严肃的,但又出之以幽默之语;而这种幽默不是"搞笑",也不是一般的风趣,其所喻示的道理又是颇为严正的。这种文章风格既使人忍俊不禁,又使人深思不已。作者的态度平实,行文却跳跃活泼,毫不枯燥。作者的批判相当犀利,当得起一针见血,但在这种批判锋芒的背后,却是作者对社会、对人群的热切关爱,一如鲁迅当年批判"国民性"时所呈现给我们的。

插队的时候,我喂过猪、也放过牛。假如没有人来管,这两种动物也完全知道该怎样生活。它们会自由自在地闲逛,饥则食渴则饮,春天来临时还要谈谈爱情;这样一来,它们的生活层次很低,完全乏善可陈[2]。人来了以后,给它们的生活做出了安排:每一头牛和每一口猪的生活都有了主题。就它们中的大多数而言,这种生活主题是很悲惨的:前者的主题是干活,后者的主题是长肉。我不认为这有什么可抱怨的,因为我当时的生活也不见得丰富了多少,除了八个样板戏,也没有什么消遣。有极少数的猪和牛,它们的生活另有安排。以猪为例,种猪和母猪除了吃,还有别的事可干。就我所见,它们对这些安排也不大喜欢。种猪的任务是交配,换言之,我们的政策准许它当个花花公子。但是疲惫的种猪往往摆出一种肉猪(肉猪是阉过的)才有的正人君子架势,死活不肯跳到母猪背上去。母猪的任务是生崽儿,但有些母猪却要把猪崽儿吃掉。总的来说,人的安排使猪痛苦不堪。但它们还是接受了:猪总是猪啊。

对生活做种种设置是人特有的品性。不光是设置动物,也设置自己。我们知道,在古希腊有个斯巴达[3],那里的生活被设置得了无生趣,其目的就是要使男人成为亡命战士,使女人成为生育机器,前者像些斗鸡,后者像些母猪。这两类动物是很特别的,但我以为,它们肯定不喜欢自己的生活。但不喜欢又能怎么样?人也好,动物也罢,都很难改变自己的命运。

以下谈到的一只猪有些与众不同。我喂猪时,它已经有四五岁了,从名分上说,它是肉猪,但长得又黑又瘦,两眼炯炯有光。这家伙像山羊一样敏捷,一米高的猪栏一跳就过;它还能跳上猪圈的房顶,这一点又像是猫——所以它总是到处游逛,根本就不在圈里呆着。所有喂过猪的知青都把它当宠儿来对待,它也是我的宠儿——因为它只对知青好,容许他们走到三米之内,要是别的人,它早就跑了。它是公的,原本该劁掉[4]。不过你去试试看,哪怕你把劁猪刀藏在身后,它也能嗅出来,朝你瞪大眼睛,噢噢地吼起来。我总是用细米糠熬的粥喂它,等它吃够了以后,才把糠对到野草里喂别的猪。其他猪看了嫉妒,一起嚷起来。这时候整个猪场一片鬼哭狼嚎,但我和它都不在乎。吃饱以后,它就跳上房顶去晒太阳,或者模仿各种声音。它会学汽车响、拖拉机响,学得都很像;有时整天不见踪影,我估计它到附近的村寨里找母猪去了。我们这里也有母猪,都关在圈里,被过度的生育搞得走了形,又脏又臭,它对它们不感兴趣;村寨里的母猪好看一些。它有很多精彩的事迹,但我喂猪的时间短,知道得有限,索性就不写了。总而言之,所有喂过猪的知青都喜欢它,喜欢它特立独行的派头儿,还说它活得潇洒。但老乡们就不这么浪漫,他们说,这猪不正经。领导则痛恨它,这一点以后还要谈到。我对它则不止是喜欢——我尊敬它,常常不顾自己虚长十几岁这一现实,把它叫做"猪兄"。如前所述,这位猪兄会模仿各种声音。我想它也学过人说话,但没有学会——假如学会了,我们就可以做倾心之谈。但这不能怪它。人和猪的音色差得太远了。

后来,猪兄学会了汽笛叫,这个本领给它招来了麻烦。我们那里有座糖厂,中午要鸣一次汽笛,让工人换班。我们队下地干活时,听见这次汽笛响就收工回来。我的猪兄每天上午十点钟总要跳到房上学汽笛,地里的人听见它叫就回来——这可比糖厂鸣笛早了一个半小时。坦白地说,这不能全怪猪兄,它毕竟不是锅炉,叫起来和汽笛还有些区别,但老乡们却硬说听不出来。领导上因此开了一个会,把它定成了破坏春耕的坏分子,要对它采取专政手段——会议的精神我已经知道了,但我不为它担忧——因为假如专政是指绳索和杀猪刀的话,那是一点门都没有的。以前的领导也不是没试过,一百人也这不住它。狗也没用:猪兄跑起来像颗鱼雷,能把狗撞出一丈开外。谁知这回是动了真格的,指导员带了二十几个人,手拿五四式手枪;副指导员带了十几人,手持看青的火枪,分两路在猪场外的空地上兜捕它。这就使我陷入了内心的矛盾:按我和它的交情,我该舞起两把杀猪刀冲出去,和它并肩战斗,但我又觉得这样做太过惊世骇俗——它毕竟是只猪啊;还有一个理由,我不敢对抗领导,我怀疑这才是问题之所在。总之,我在一边看着。猪兄的镇定使我佩服之极:它很冷静地躲在手枪和火枪的连线之内,任凭人喊狗咬,不离那条线。这样,拿手枪的人开火就会把拿火枪的打死,反之亦然;两头同时开火,两头都会被打死。至于它,因为目标小,多半没事。就这样连兜了几个圈子,它找到了一个空子,一头撞出去了;跑得潇洒之极。以后我在甘蔗地里还见过它一次,它长出了獠牙,还认识我,但已不容我走近了。这种冷淡使我痛心,但我也赞成它对心怀叵测的人保持距离。

我已经四十岁了,除了这只猪,还没见过谁敢于如此无视对生活的设置。相反,我倒见过很多想要设置别人生活的人,还有对被设置的生活安之若素的人。因为这个缘故,我一直怀念这只特立独行的猪。

[注释]

[1] 特立独行:特,独特;立,立身。形容人的志行高洁,不同流俗。
[2] 乏善可陈:陈,述说。没有什么好称道的。
[3] 斯巴达:Sparta(公元前7世纪末—公元396年),古代希腊最强大的城邦中,雅典第一;斯巴达第二。位于希腊半岛南部的拉哥尼亚平原。
[4] 劁(qiāo):割去牲畜的生殖器,骟。

[思考练习]

一、本文中,这只"特立独行"的猪成为主角,在它的身上寄托了作者怎样的情感?
二、结合本文谈谈王小波杂文的主要特色。
三、结合现实,谈谈对别人设置我们的生活,应如何对待?

4.

哲学家皇帝[1]

陈之藩

[阅读提示]

课文对美国的教育方式有感而发,赞扬了他们训练青年勤苦自立,"做卑微的工作,树高傲之自尊"的做法,同时也指出他们忽略人文训练的不足。

本文篇幅不长,内涵丰富。其特点体现为两个方面:一是深刻,文章命题和作者阐述都富含哲理;二是形象,议论和描写、叙述、抒情融为一体。课文的语言充满机智,要言不繁。

学习本文,要注意领略充满哲理的思辨,从中获得有益的启示。

到此作工已半月,不像是作工,像是恢复了以前当兵的生活。如果我们中国还可以找出这样紧张的工作,那只有在军队里了。同事里有从韩国刚当过兵回来的,有远从加州大学来的学生。我问他们,美国作工全这样紧张吗?他们异口同声地说:"这里可能是最轻闲的。"

如不置身其中,可能怎样说也不容易说明白。一旦,在日光下整整推上八小时的草,或在小雨中漆上八小时的墙,下工以后,只觉得这个人已瘫下来,比行军八小时还累。

今天下工后,已近黄昏,我坐在湖边对着远天遐想。这个环境美得像首诗,也像幅画。大匠造物时,全用蓝色画成了这个"太平湖"。第一笔用淡蓝画的湖水;第二笔加了一些颜色,用深蓝画出青山;第三笔又减去一些颜色,用浅蓝画出天空来。三笔的静静画幅中,半躺着一个下工后疲倦不堪的动物。我想整个美国的山水人物画,都可以此为代表。

虽然,眼前景色这样静,这样美,但我脑筋中依然是这一日中,同事们的紧张面孔与急促步伐的影子。我的脉搏好像还在加速地跳动。我昏沉沉的头脑中得到一个结论:"这样拼命地工作,这个国家当然会强。"

中学生送牛奶,送报;大学生作苦力,作苦工,已经是太习惯了的事。这些工作已经变成了教育中的一部分。这种教育是让每一个学生不由自主地知道了什么是生活,也知道了什么是人生。所以一个个美国孩子,永远独立、勇敢、自尊,像个哲学家帝王。

希腊哲人,想出一种训练皇帝的办法,这种办法是让他"从生硬的现实上挫断足胫再站起来,从高傲的眉毛下滴下汗珠来赚取自己的衣食"。这是作帝王必经的训练,可惜欧洲从来未实行过这种理想。没有想到,新大陆上,却无形中在实践这句话,每一个青年,全在无形中接受这样皇帝的训练。

做卑微的工作,树高傲之自尊,变成了风气以后,峥嵘的现象有时是令人难以置信的。耶鲁大学有个学生,父亲遗产30万美金,他拒绝接受。他说:"我有两只手,一个头,已够了。"报纸上说:"父亲是个成功的创业者,儿子真正继承了父亲的精神。"

青年们一切都以自己为出发,承受人生所应有的负担,享受人生所应有的快乐。青年们的偶像不是叱咤风云的流血家,而是勤苦自立的创业者。富兰克林自传,是每个人奉为圭臬[2]的经典。

我们试听他们的歌声,都是钢铁般的声响的:

——人生是一奋斗的战场

到处充满了血滴与火光

不要作一甘受宰割的牛羊

在战斗中,要精神焕发,要步伐昂扬

——郎法罗

我很钦佩在绿色的大地上,金色的阳光中,一个个忙碌得面颊呈现红色的青年。

然而,我在湖边凝想了半天,我总觉得,这个美国青年画幅里面还缺少一些东西。什么东西,我不太能指出,大概是人文的素养吧。我在此三四个月的观感,可以说:美国学生很少看报的。送报而不看报,这是件令人不可思议的事。

哲学家皇帝,不仅要受苦,还要有一种训练,使他具有雄伟的抱负与远大的眼光,可惜这一点,美国教育是太忽略了。忽略的程度令人可哀。

爱因斯坦说:"专家还不是训练有素的狗?"这话并不是偶然而发的,多少门专家都是人事不知的狗,这种现象是会窒息死一种文化的。

民主,并不是"一群会投票的驴";民主确实需要全国国民都有"哲学家皇帝"的训练。在哲学家皇帝的训练中,勤苦自立,体验生活那一部分,美国的教育与社会所赋予青年的,足够了;而在人文的训练上却差得太多。

晚风袭来,湖水清澈如镜,青山恬淡如诗,我的思想也逐渐澄明而宁静。

天暗下来,星光,一个一个的亮了。

1955年7月2日于纽约州平湖

[注释]

[1] 选自《中国散文鉴赏文库(当代卷)》(百花文艺出版社1993年版)。陈之藩,香港中文大学教授。

[2] 圭臬(guīniè):即圭表,我国古代天文仪器。这里比喻准则或法度。

[思考练习]

一、这篇杂文说理性虽强,但并不枯燥乏味。这是由于在议论中兼有描写,议论与描写达到统一。试举例说明。

二、写一二百字的读后感,可以结合自己的成长道路来谈。

5.

哀"八旗子弟"[1]

秦 牧

[阅读提示]

本文从"八旗子弟"这一特定的历史现象引出教训,提出了足以引起我们深思的观点。

这篇杂文,阐述的是干部子女应慎防腐化堕落的重大问题。这个问题既是历史的,又是现实的。作者先对八旗子弟的产生,到以后的演变,以及它的结局,做了系统的论述。接着上溯到明代,下延伸至民国,最后转到现实社会,真是古今中外,旁征博引。作者还指出,这不仅是个"子女教育问题",而且也是某些"大人"必须警惕的,这使得文章的思想深度更进了一层。全文资料翔实,巧用类比手法,有理有据,具有很强的说服力。

有一次,周恩来同志向干部讲话,告诫干部子女应该好好学习,奋发有为,不要学"八旗子弟",游手好闲,沉沦下去。周恩来同志关于"莫学'八旗子弟'"的告诫,素为许许多多的人所熟知和折服。

"八旗子弟"是什么?很多上了年纪的人都知道,但是年轻人知道的可能不多了。清兵入关以前,17世纪初,努尔哈赤(清太祖)把满洲军队分成了四旗,每一旗,起初是七千五百人。后来因为人数一天天增加(以满人为主,也包括少量蒙古、汉、朝鲜、俄罗斯等族人),又由四旗扩充为八旗。八旗旗色的分别,是除了原来的正黄、正红、正白、正蓝之外,再加上镶黄、镶红、镶白、镶蓝。这些旗的编制,是合军政、民政于一体的。满洲的贵、贱、军、民,都编了进去,受旗制的约束。后来,随着军事的发展,又增编了"蒙古旗"和"汉军旗"。三类军旗各有八旗,实际上共为二十四旗。原来的本部,由于区别上的需要就专称"满洲旗"了。

清兵入关的时候,这些"旗下人"或者说"八旗人"的男丁,大抵是能骑善射,勇于征战的。入关以后,他们大抵受到了世代的优待。和皇室血缘亲近,地位崇隆的,当了王公大臣,什么亲王、贝勒、贝子、镇国公、辅国公之类;地位低的,当什么参领、佐领;最小最小的,也当一名旗兵。由于他们参与"开国"有功,地位特殊,世世代代食禄或者受到照顾。特别是满洲旗的"旗下人",更加享有特殊的身份。他们大抵是满洲人,但也有早年祖先就跟随清宗室到处征战的汉人,即归附已久的"旧人"置身其间。清代的制度,规定他们不准随便离开本旗,在京的也不准随便离京。凭祖宗的福荫,他们好些人世代有个官衔,领月钱过活。一般的旗人要做事就得去当兵,领一份钱粮。但是家族蕃衍[2],人越来越多。有的人名义上还是参领佐领,但实际上已经并不带兵,有的人名义还是骁骑校,但是已经不会骑马。更甚的,由于子孙大量繁殖的结果,每家每户的"月钱"不可能累进,"粥少僧多",就分薄了收入。旗兵的名额有限,也不可能随便入营。加上上层人物的贪污腐化,大吃空额,能够入营的旗兵相对来说就更加有限了。这样,世代递嬗,不少"旗下人"就穷困下来。他们之中某些有识之士,也觉得长年累月游手好闲,不事生产,坐吃山空不是办法,也有去学习手艺的。但是这样的人,反而受旗籍人的冷眼,认为他们没有出息。所以就其压倒的多数而论,"旗下人"大抵是游手好闲的。

先代的"光荣",祖辈的"福荫",特殊的身份,闲逸的生活(靠领月钱过日子),使得许多"旗下人"都非常会享乐,十分怕劳动。男的打茶围,蓄画眉[3],玩票[4],赌博,斗蟋蟀,放风筝,玩乐器,坐茶馆,一天到晚尽有大量吃喝玩乐的事情可以忙的。女的也各有各的闲混过日的法门。到了家道日渐中落,越来越入不敷出的时候,恃着特殊的身份和机灵的口舌,就干上巧取豪夺,诓诓骗骗的事儿了。他们大抵爱赊买东西,明明口袋里有钱,偏要赊,已经寅吃卯粮了,还是要赊。当时好些人对他们采取敬而远之的态度。广州曾经是"旗下人"聚居的城市之一,至今市区还留下"八旗二马路"这么一个名称。这里流传着一个故事:早年有个"旗下人"到茶馆喝茶,当堂倌取来冲茶用的盖盅,还没有冲水的时候,他就把一只小鸟放在盅里,加上盖子。当堂倌揭开盖子的时候,小鸟呼的一声飞走了。于是这旗人就撕开颜面,缠着堂倌索取赔偿,狠狠敲了一笔之后,才扬长而去。直到今天,广州的茶馆里,服务员为茶客泡好茶,如果茶客饮后自己不揭开盖子的话,服务员是不会主动来冲水的。传说这种习惯就和这个故事有关。姑不论这是真是假,直到现在仍有这样的故事流传,可见当年"八旗子弟"给人的印象了。

周恩来同志曾经提到的"八旗子弟",应该说是一个特定名称,它指的不是清兵入关前后,策马弯弓,英勇善战的旗籍青年;也不是辛亥革命之后,逐渐变成了劳动人民的曾经有过旗籍的青年;也不是指具有旗籍的一切人。"旗人"之中,也有出类拔萃、不同凡响的人物。清代的大作家曹雪芹,就是正白旗人。现代作家老舍,就是正红旗人。他们"旗下人"的身份丝毫不影响他们在文学上的卓越成就。它指的是清末那些凭借祖宗福荫,领着"月钱",游手好闲,爱逸恶劳,沾染恶习,腐化沉沦的人物。

老舍先生因为是满族的旗人(不像曹雪芹那样是原属汉族而祖先进了满洲旗的旗人),因此,他对于满族旗人,对于那些"八旗子弟"的生活方式和所作所为是知之素的。在他的《正红旗下》那篇自传体的文章中,曾对早年旗人生活作了绘声绘色、入木三分的揭露。这里我想引他的两段话,以窥见不少旗人沦落的原因以及他们当时的生活方式:

……按照我们的佐领制度,旗人是没有什么自由的,不准随便离开本旗,随便出京;尽管可以去学手艺,可是难免受人家的轻视。他应该去当兵,骑马射箭,保卫大清皇朝。可是旗族人口越来越多,而骑兵的数目是有定额的。于是,老大老二也许补上缺,吃上粮钱,而老三老四就只好赋闲。这样,一家子若有几个白丁,生活就不能不越来越困难。这种制度曾经扫南荡北,打下天下;这种制度可也逐渐使旗人失去自由,失去自信,还有多少人终身失业。

二百多年积下的历史尘垢,使一般的旗人既忘了自谴,也忘了自励。我们创造了一种独具风格的生活方式:有钱的真讲究,没钱的穷讲究。生命就这么浮沉在有讲究的一汪死水里。是呀,以大姐的公公来说吧,他为官如何,和会不会冲锋陷阵,倒似乎都是次要的。他和他的亲友仿佛一致认为他应当食王禄,唱快书,和养四只靛颏儿(注:一种小鸟)。同样地,大姐丈不仅满意他的"满天飞元宝",而且情愿随时为一只鸽子而牺牲了自己。是,不管他去办多么要紧的公事或私事,他的眼睛,总看着天空,决不考虑可能撞倒一位老太太或自己的头上碰个大包。……他们老爷儿俩都聪明、有能力、细心,但都用在从微不足道的事物中得到享受与刺激。他们在蛐蛐罐子、鸽哨、干炸丸子……上提高了文化,可是对天下大事一无所知。他们的一生像作着个细巧的、明白而有点糊涂的梦。

这类人物去当什么"参领""佐领"以至什么名义上更大的官儿,自然没有办法不把事情弄糟。当年帝国主义军舰开到中国沿海耀武扬威,初次见到那些艨艟[5]时,扬言"此妖术也,当以乌鸡白狗血破之"的,不就是官阶虽然比他们高得多,但无知和胡混的程度,和此辈也在伯仲之间的八旗王爷将军一类的人物么!

清朝的覆亡自然有多方面的原因,而"八旗兵"的颟顸[6]腐败,也不能不说是原因之一。后来的"八旗兵"已经变得腐朽透顶,在战场上常常一触即溃,和清军初入关时那种秣马厉兵、能征惯战的景象完全不可同日而语了。这就迫使清廷不得不搁起这支老队伍,另行去编练新军。而编练新军,又没法阻止具有进步思想的青年前来参加,起义新军终于构成了声势浩大的革命军的洪流之一。

重温这段历史,我们可以见到,一个人不是凭真才实学,凭艰苦奋斗,而是凭血统关系,躺在祖先的"福荫"之下,享受特权,闲逸度生,是终究非衰颓腐败下去不可的。这样的事情,该是顺治、康熙所始料不及的吧!早期的八旗将领,可以说过的是相当艰苦的生活。今天如果到沈阳的故宫参观,可以看到金銮殿下的广场上,两旁分列着八座小殿宇似的建筑,那是八旗主帅进见努尔哈赤,入朝议事时的驻宿之处。那些房屋并不大,大概只相当于现代旅馆每天十块钱的房间的大小,那就是早期"主帅"们的生活标准了,较之后期的王侯公卿的生活水平来,是相去很远的。

凭血统关系,凭祖宗"福荫"过骄奢闲逸的生活,可以使人日渐腐朽,终至于烂得不成样子。这种事情,实际上并不独"八旗子弟"为然,可以说历朝历代,都有无数这样的事例。这真是"前面乌龟爬泥路,后面乌龟照样爬","前车虽覆,后车不鉴"了。在清代之前,明代原本就已经有了类似的活剧。明初朱元璋分封王子为各地的王,这些王的儿子,嫡长的就继承王位,世袭不已。其他的王子王女,也各有封赠。由于人数越来越多,一代代传下去,封号和食禄就依级递减,例如"镇国将军"之下就是什么"辅国将军","辅国将军"之下就是什么"奉国将军","奉国将军"之下就是什么"奉恩将军"之类。有人统计过,明代开国时的几十个帝王子弟,到了明末,繁衍出来的人数已经数以万计,这些人躺在祖先荣誉、血统关系的账本上,过着寄生虫式的生活,大抵都成了营营扰扰的庸碌之辈。明朝的覆亡,和这么一大群人都直接间接向农民进行各种各样的需索,使人民负担越来越重,不胜其苦,也是很有关系的。辛亥革命以后,明清式的世袭王公大臣没有了。但是许多地主人家,他们的儿女还不是换汤不换药地过着另一种"世袭"的老爷少爷、奶奶小姐式的生活,在血统关系的账本上度不劳而获的日子?而在这样的生活方式中,谁知道究竟孳生了多少的浪荡子弟、花花公子、赌徒和鸦片烟鬼?

在这方面,西方的资产阶级,却是不简单地把大量的财产很快付托给儿女,而是在给他们以相当的教育之后,就鼓励他们从事一定的工作来获取酬报。例如小孩补篱笆、种树之后才给予一定的奖励,成人参与某种工作之后才按月领薪,并不给予特殊照顾之类。这是有他们比较深远的用心的。资产阶级至少在这些方面,比较历史上各个剥削阶级,都显得稍有见地一些。

在无产阶级当家做主的社会里,照理说,干部子弟不会也不应该变成"八旗子弟"式的人物,然而社会制度、马克思主义的教育是一回事,各家各户的具体环境、具体教育又是一回事。在我们社会里,尽管有大量干部子弟成长得很好,不自命特殊,不躺在父母亲的功劳簿上,也不依靠先辈遗传下来的"染色体"过非份生活,因而,能真正成长为革命的接班人。但是有些父母教育子女自命高人一等,对儿女千依百顺,处处让他们得到非份享受,恨不得把天上的星星也摘下来给他们玩耍;他们干了坏事,就百般包庇,肆意纵容,走后门,企图来个大事化小,小事化了,以致把儿女变成了新型的"高衙内""鲁斋郎"[7](按:这都是历史故事里著名的白鼻公子)。作为司令公子的"杭州二熊",后来一个被枪决,一个被判了无期徒刑,就是著名的事例。这样的事情决不是"绝无仅有"的,而是有那么一小批,因而也就时有所闻了。某市一位副市长的儿子,某县一个县委书记的儿子,因杀人伤人而被处以极刑的事情,已经不是什么新闻。等而次之,没有受到极刑,但已锒铛入狱,或者路人侧目的,那就数量更多了。周恩来同志告诫"莫学'八旗子弟'",在我们这个封建习气还严重存在的国家,看来是很有历史意义和现实意义的。

那些特权人物、特权分子是错估了我们的形势和现实了,因此不必等待"五世而斩",立刻受到"现世报"了。

其实,不仅要教育孩子不可变成"八旗子弟",对于某些大人来说(按:请注意这个"些"字的准确性),毋宁说自己就必须警惕自己不要变成"八旗子弟",因为人是会变的。一个人从革命者变成了老爷和蛀虫,在历史上,在现实中,事例是常见的。自命特殊,高人一等,自以为置身于法律之上,吃喝玩乐,逍遥度日,以至于利欲熏心,巧取豪夺,肆意横行,违法乱纪,因而落得个众人摇头、身败名裂的事,难道就很罕见吗?不!这也是不时听到的。

这样看来,"莫学'八旗子弟'"的告诫对象,比"干部子女"还要广一些吧。

写到这儿,《哀"八旗子弟"》这篇杂文,是可以结束了。最后,我想借用一千多年前,诗人杜牧的两句长期应验在某些人身上的话作为结语:"后人哀之而不鉴之,亦使后人而复哀后人也。"

1981年年底于广州

[注释]

[1] 选自《昆仑》1982年第1期,有改动。秦牧(1919—1992年),当代散文家。
[2] 蕃(fán)衍:同"繁衍"。
[3] 画眉:一种鸟,常用于玩赏。
[4] 玩票:非职业的戏曲、曲艺演员和乐师被称为票友;而非职业演员唱戏,客串演出的行为,则称为玩票。
[5] 艨艟(méngchōng):也写作蒙冲,古代战船。这里借指军舰。
[6] 颟顸(mānhān):糊涂而又马虎。
[7] 鲁斋郎:关汉卿杂剧《包待制智斩鲁斋郎》中的一个"高衙内"式人物。

[思考练习]

一、作者在课文中就哪一个重大社会问题展开了阐述?
二、结合课文内容和社会实际谈谈你对"八旗子弟"的理解。
三、如今的"干部子女"与清代的"八旗子弟"有哪些相似之处?

写作训练（八）

议论文写作
——辩证分析

写作范围

写一篇议论文，在议论中作些辩证分析。

写作指导

有的同学写议论文，往往只提出论点，再举些事例作论据就算完事。这样的文章，说服力不强。议论文，光有观点、有事例还不够，还要有所分析，讲点道理，论证自己的观点，使读者信服、接受。

那么。怎样分析呢？就是摆出事例之后，再讲点道理，使材料和观点挂起钩来。

讲道理、作分析，常常会出现这样一种状况：提出的论点是正确的，但分析论证的时候，对事物的某一点强调得过分，成了站不住脚的"过头话"。例如，有篇《不能重理轻文》的习作，提出"中学生不能重理轻文"，论点是对的，但在分析中却把学好数理化给忽略了，强调说："只有学好语文，才能成才，才能为社会主义建设作出贡献；否则，四个现代化的社会主义强国就难以建成。"这样分析说理，有简单化的毛病，难以让人接受。如果能在承认学好数理化的重要性的同时，议论学好语文的重要性，并说明学好语文对学好数理化会起促进作用，分析说理的效果就会好得多。

避免说"过头话"，需要了解事物的本质和内在联系，把握好分析、判断的分寸。《人民日报》曾经发表过一篇题为"地方也能大办科学事业"的社论，其中有这样几句话：

有些同志以为研究生产中的一般技术问题，不能算作科学研究，这是极其错误的。<u>因为从来的科学研究基本上都是直接或间接为生产服务的。</u>

加线的话，在初稿中是这样写的："因为从来的科学研究都是为生产服务的。"初稿为了强调"研究生产中的一般技术问题"的重要，说了"过头话"；事实上有些基础科学的研究并不是为生产服务的，或者不是直接为生产服务的。比如历史分期问题的研究，北京猿人化石的研究，对某一星球的研究，等等。修改时虽然只加了"基本上""直接或间接"这八个字，但订正了初稿的偏颇之处，使文章的分析说理更加正确、周密。

讲道理，作分析，还会出现另一种情况：只注意事物的一面，不注意事物的另一面；重视了某一方面的因素，而忽略了其他方面的因素。这种片面性的议论，自然也不会有很强的说服力。例如何其芳在为《不怕鬼的故事》这本书写序言的时候，原稿只从"不怕"两字做文章，只讲"战略上藐视"。毛泽东审阅后指出："除了战略上藐视，还要讲战术上重视。对具体的鬼，对一个一个的鬼，要具体分析，要讲究战术，要重视。不然，你就打不败它。"他向何其芳建议："你可以再写几百字，写战术上重视。"根据这个意见，作者修改了稿子，增加了"战术上重视"的内容，使分析说理符合唯物辩证法，避免了片面性，从而增强了这篇序言的指导意义。

分析说理的时候,除了要避免说"过头话"、作片面的议论外,还要避免静止地看待和分析问题。世界上没有一成不变的事物,如果用静止的、孤立的眼光看待事物,就不能洞察它的本质和规律,分析起来就无法得出正确的结论。例如,"艰苦奋斗"这个口号,从提出到现在已经几十年了。在当前搞现代化建设,物质条件得到很大改善的时代,怎样看待"艰苦奋斗",还要不要发扬"艰苦奋斗"的精神呢?一篇谈"艰苦奋斗"的文章,这样分析:

事物的内容在一定条件下是与特定的形式密切联系的,但绝不会囿于某种形式。艰苦奋斗的"苦",过去与敌人进行战斗,有时是"夏吃杨梅冬剥笋","野菜和水煮"(陈毅诗句)。现在生活不断改善,能吃到珍肴美味,但也是经过改革开放,在艰苦劳动中创造出来的。不同的时代,不同的条件、环境中,对艰苦奋斗各有不同的要求,在形式上也不必强求一致。延安时代党中央是住在窑洞里的,而倘若有人非要把人民大会堂修得如窑洞一样,准会被认为是思维不正常。草鞋在一定条件下表现了艰苦奋斗,而深圳人创造了"蛇口速度",在穷乡僻壤建起一个现代化城市,尽管出入有车,也是地地道道的艰苦奋斗。

发扬传统与时代的发展是统一的。作者对"艰苦奋斗"作了历史的考察,指出它的形式会随着时间的推移、条件的不同而发生变化,引导读者认识到:衡量是否艰苦奋斗的标志,并不是"野菜和水煮"或者"草鞋、窑洞",而是主要看处于艰难困苦之中,能否有一种自强不息的奋斗精神。作者用发展的观点分析说理,揭示了"艰苦奋斗"的本质特点,具有较强的说服力。

学会在议论中作一点辩证分析,要重视辩证地看问题,学会用实事求是的态度,客观地、全面地分析事物,学会用发展的眼光,由此及彼、由表及里地深入分析,抓住问题的实质,不断提高辩证分析的能力。

参考题目

1. 说平凡
2. "学而不厌,诲人不倦"之我见
3. 评新型的师生关系
4. 根据下列材料,谈谈自己的见解(自拟题目)

陈蕃是东汉时的名人,他少年时独居一室而庭院龌龊不堪。他父亲的朋友薛勤见状批评说:"孺子何不洒扫以待宾?"他回答说:"大丈夫处世,当扫除天下,安事一屋?"薛勤当即针锋相对地反问:"一屋不扫,何以扫天下?"这个故事引起了后人很多议论,大多论者认为,薛勤的批评是对的。

例文

由树桩盆景所想到的

——浅谈美和丑

我们知道,制作树桩盆景的材料是一些树桩疙瘩。那些树桩七弯八扭,七坑八洞,节疤遍布,稀奇古怪,与那千姿百态的盆景相比,真可谓丑不可言了。可是,在园艺师辛勤的劳动下,树桩疙瘩在土壤中重新生根、发芽,身穿绿衣,婀娜多姿;接着移栽到盆景盆里,让它继续生长,再进行复杂的艺术造型,使之逐渐美妙、潇洒,各具情态;然后,再给予诗情画意般的命名,那就更美了。例如,有这么一盆盆景,题为"水阁鸣琴图",画面上有水阁,而不见抚琴人。但是,桥上站着一位琴童,经"水阁鸣琴图"一点题,那个不在画中的抚琴人就呼之欲出了。这含蓄的题名,给迷人的盆景增添了神奇的色彩。

令人赏心悦目的树桩盆景,不仅具有很高的观赏价值,而且具有相当高的经济价值。一盆好的盆景往往价值上千元,高级的达万元,乃至数十万元。至于盆景为题材的绘画、摄影作品,更为盆景之美增添了新的光彩。

欣赏、制作树桩盆景的过程,使我进一步理解了美和丑的辩证关系。唯物辩证法告诉我们:矛盾着的双方互相依存,一方的存在以另一方的存在为条件,双方共处于一个统一体中;矛盾着的双方,依据一定的条件各向自己相反的方向转化。树桩之丑和树桩盆景之美,是相比较而存在的。试想,没有树桩之丑,怎么会有树桩盆景之美呢?同样,树桩盆景的美正是相对于树桩的丑而言的。丑得古怪,美得可爱。这种丑向美的转化,其根本的原因,在于树桩自身具有生根、发芽、抽枝、可造型的能力,这是树桩之丑转化成树桩盆景之美的内在原因。当然这种转化又离不开园艺师浇水、整枝等辛勤劳动的外因条件,而外因作用又是通过树桩自身的内在因素实现的。可见,美丑相依,在一定的条件下又互相转化。这就是美和丑的关系。我想,如果我们用这一观点来看待社会上一些阴暗面或者丑恶的现象,头脑就会清醒多了,就会有助于我们去正确地认识和处理这些事情。

在现实生活中,有些人受形而上学的美丑观支配,看不惯、见不得丑的东西,或者斥骂不休,或者避而远之。在学校里,个别老师对一些纪律散漫、学习又不好的后进学生,不能正确地看待,把他们斥之为"烂坛破罐"、"难雕的朽木",对他们采取漠不关心的态度。在社会生活中,有些人见到失足青少年就摇头叹息,甚至诅咒,视他们为"臭狗屎",认为对他们只能惩办,不可教化。这都是不对的。

其实,就像树桩能变成树桩盆景一样,美和丑也是相互转化的。后进学生身上不见得没有先进因素。教育改造得法,坏人也可以转化变成好人。前不久,我看过一则报道,一个服刑近二十年的人,告别监狱重返社会以后,成为一个热爱社会主义祖国的公民。最近报上也陆续不断地刊载了一些失足青少年在劳教所、少管所、工读学校悔过自新、自学成才的典型事例。这些事实证明,坏人坏事在一定条件下是可以转化为好人好事的。

当然,这里必须强调的是,丑转化成美是要有一定条件的。没有一定条件,转变就不可能发生。除了内因之外,树桩的丑转变为树桩盆景的美,要靠园艺师的智慧和辛勤劳动;社会生活中的丑转变为美,则要靠人们加强社会主义精神文明建设,做艰苦细致的思想政治工作。

同样,美在一定条件下也可以转化成丑。树桩盆景离开人工的管理,可能会枯萎变丑;任何人如果放松了思想修养,也可能会蜕变为社会的丑类。这样的事例也是比比皆是的。可见,加强思想修养,加强法制观念,对我们每个人是多么重要!

生活中处处有哲学。树桩盆景之中包含着深刻的美和丑相互关系的哲学道理。观赏之余,可以给人以启迪。那些美丑不分,静止地看待美丑,或缺乏正确美丑观的人,不妨到花木公司的盆景园里去实地观赏、体会一番!

(陈恩春)

课外练笔参考题

1. 针对本班或本校同学中近来关心的热门话题,写一篇短文,谈谈自己的看法。要作点辩证分析。

2. 我国自古以来流传的许多格言和成语,给人以有益的启示,请从下列题目中任选一题(或自行拟题),说说你对这条格言或成语的思考。

(1) 近朱者赤,近墨者黑

A 近墨者必黑

B 近墨者未必黑

(2) 知足常乐

A 知足方能常乐

B 常乐者不知足

(3) 多多益善

A "多多"才能"益善"

B "多多"未必"益善"

知识拓展(六)

"人肉搜索"利与弊

"人肉搜索"引擎是近年来在互联网兴起的一种资料搜索方式,它是一个依托来自五湖四海的网民而不再依赖网络数据库的新型搜索工具,利用现代信息科技,变传统的网络信息搜索为人找人、人问人、人碰人、人挤人、人挨人的关系型网络社区活动,变枯燥乏味的查询过程为"一人提问、八方回应,一石激起千层浪,一声呼唤惊醒万颗真心"的人性化搜索体验。

"人肉搜索"正反方的争执

在"人肉搜索"引擎的发展史中,其强大搜索能力几乎每天都在网络上重复上演着。在由衷赞叹它强大威力的同时,一些人对它的存在也表示了自己的忧虑,从而逐渐形成了正反两方针锋相对的观点。对"人肉搜索"持肯定态度的一方认为它不仅可以在最短时间内揭露一些事件背后的真相,维护社会道德秩序,还可延伸到网络无法触及的地方,拓宽了人们获取知识的途径,充分发动了人际网络的力量,将互联网"互助、分享"的精神发扬光大。地震发生后,"人肉搜索"跨越时空限制,协助很多灾区人民亲友团聚。反对的一方则一针见血地指出,未经授权公开资料是对隐私权赤裸裸地侵犯,而"人肉搜索"的参与者们有成长为网络暴民的趋势。"人肉搜索"究竟是互助精神的体现还是一种新的暴力?也许只有其发起者和参与者最具有发言权。

狭义"人肉搜索"易侵犯隐私

据了解,猫扑网是最早启动"人肉搜索"功能的网站,在猫扑"人肉搜索"版上经常有人问各种问题。而为了增加用户参与热情,猫扑设计了虚拟货币——Mp,提出问题者往往会用 Mp 作为"悬赏"来奖励可以帮助自己的人,由此出现了通过回答问题挣取 Mp 的"赏金猎人"，他们用搜索引擎来寻找问题的答案，然后争先恐后地把找到的答案回在帖子里面邀功。最后，提问题的人得到了答案，"赏金猎人"得到了 Mp，皆大欢喜。

寻人，是"人肉搜索"引擎的一个主要功能。网友可能通过一段录像的背景，地理环境等等剥茧抽丝最终锁定目标，几乎人人都成了福尔摩斯。这是广义的"人肉搜索"，也就是"人肉搜索"最为主要的应用。不过这也正是有关侵犯隐私权争议的来源。而通常我们提到的那种社会层面的寻找具体的人和线索的"人肉搜索"，在"人肉搜索"的应用当中占到的是极小的一部分，属于很特殊的少数情况，也就是狭义的"人肉搜索"，其存在的侵犯隐私问题，需要相应的内容监管和正面引导。

知识问答是精髓所在

其实，猫扑的特点已经很好解释了"人肉搜索"目前所面临的环境，人们和部分传媒的目光很多都集中在"寻人"这个热点问题上，而对于"人肉搜索"的公益性质如资料共享和问题解答却很少给予关注和正确评价，甚至以偏概全和无限妖魔化。大型互动搜索工具"百度知道"，它的设计初衷源自于对网民需求的深入把握，致力于为网民提供更便捷的信息获取方式，找到所求，通过提供互动问答平台，一问一答的形式使网民能够更好地获取信息和知识。其实从它的性质上看，完全可以归类于广义上的"人肉搜索"。

2008年3月7日奇虎公司推出了问答形式网站。据介绍：奇虎的"人肉搜索"事实上应该被称为"经验搜索"，人脑中的知识和经验通过论坛帖子和博客的形式反映在网络上，被奇虎的搜索引擎捕捉。存在于人脑中的知识（经验），只会通过博客、论坛帖子的形式反映在网络上，通过对博客和论坛帖子的搜索，实际上就是对全国网民的大脑进行搜索。这是"人肉搜索"引擎在特定环境下的一个自我完善，也能够远离有关隐私问题的困扰。

"人肉搜索"存在法律风险

尽管有关"人肉搜索"的争议只是它产生庞大社会效应的冰山一角，但是网络的开放性和缺乏约束使得对一些行为的定性变得更加复杂。法律专家表示，我国《计算机信息网络国际联网安全保护管理办法》第7条规定：用户的通信自由和通信秘密受法律保护。任何单位和个人不得违反法律规定，利用国际联网侵犯用户的通信自由和通信秘密。《中华人民共和国计算机信息网络国际联网管理暂行规定实施办法》第18条规定：不得擅自进入未经许可的计算机系统，篡改他人信息，冒用他人名义发出信息，侵犯他人隐私。

而事实上"人肉搜索"引擎从诞生起就不可避免地触及隐私问题，因此对于"人肉搜索"可能带来的泄密、隐私侵犯等问题，目前可行的约束办法就是不断加强内容管理和正面引导，让"人肉搜索"这种特殊的互联网互助行为为更多的网友提供有效帮助。

使用应注意"度"

业内人士认为，网络知识共享是社会进步的必然趋势。共享人类知识和互联网传播的开放性相一致，也与互联网的开明思想相一致，可以说互联网最完美地体现了知识共享的前景。"人肉搜索"引擎是一场充分发动群众互联网的革命，使团结互助美德发扬光大。每天它都在默默地为网友排忧解难回答问题，无形中促进了人与人的交流，潜移默化推动了社会的进步。作为一种工具，和所有群体性活动一样，"人肉搜索"也需要遵守相关法律、法规，不违背社会的公序良俗和道德规范。而作为"人肉搜索"的载体，相关网站无疑要承担更多的社会责任，去提炼和萃取"人肉搜索"获得的资源，约束不当言论和行为，维护网络搜索平台的秩序。让"人肉搜索"能够通过互联网健康、规范地发展，最终服务于社会。

第十单元

诗情画意

　　语文的天空,浩瀚无垠,云彩缥缈,给人一种悠闲惬意之感;

　　语文的天空,深邃美丽,星星点缀,给人一种神秘迷人之感;

　　语文的天空,五彩斑斓,彩虹悬架,给人一种怡然自得之感。

　　语文是天空,那么,诗情画意的诗歌便是天边最丰富的云彩。古诗的典雅,现代诗的灵秀,外国诗的激情,无不闪动着诗歌的灵魂。

　　本单元所选的都是现代诗。《再别康桥》以轻盈柔美的旋律,歌咏了康桥旖旎迷人的风光,抒发了作者对母校的一片深情。在《致大海》中,诗人以大海为知音,以自由为旨归,以倾诉为形式,多角度多侧面描绘自己追求自由的心路历程。《雨巷》运用了象征性的抒情手法,描绘了一幅梅雨时节江南小巷的阴沉图景,表达了作者在孤寂中对美好理想和希望的憧憬与追求。《我愿意是一条急流》借助一系列自然物象,通过一连串鲜活生动的比喻,表达诗人纯洁而坚贞、博大而无私的爱。

　　诗歌的天空,梦幻高雅,智慧灵动,有着语文的内涵;

　　文章的天空,丰富多彩,耐人寻味,有着语文的光芒;

　　写作的天空,绚丽多姿,快乐满足,有着语文的七彩;

　　一切的一切,尽在语文的天空!

1.

再别康桥[1]

徐志摩

[阅读提示]

　　本诗作者曾在英国剑桥大学学习。1928年夏,他第二次游欧洲并到剑桥大学叙旧。11月6日,在回国途中船行至中国海上的时候,写下了这首《再别康桥》。

　　这是一首抒情意味极浓的诗。首节起笔三个"轻轻的"写出了诗人对康桥难以割舍的细腻感情,为全诗奠定了一个轻柔缠绵的基调;中间四节描绘了康桥旖旎迷人的风光,渗透了诗人无限的情思;第六节是一个过渡,由眼前之景又回转到内心之情;最后一节只将第一节稍稍变动,进一步深化了离别的情绪。

　　这是一幅赏心悦目的风景画,但它并不是单纯地歌咏康桥妩媚迷人的自然风光,而是融情入景,倾注了诗人对康桥的无限依恋,表达了诗人对曾经生活、学习过的古老学府的深厚情感。

　　这首诗语气轻盈柔和,形式精巧圆熟,诗人将日常口语洗练磨砺,却又全无雕琢的痕迹。随感情的起伏波动,诗句自然地抒写出来,如清泉流泻,白云飘浮,形成优美的旋律和节奏。全诗首尾应和,形式十分完美。阅读时要注意体会作品优雅的词句、轻柔的诗绪中所蕴含的深挚感情。

轻轻的我走了,
正如我轻轻的来;
我轻轻的招手,
作别西天的云彩。

那河畔的金柳,
是夕阳中的新娘;
波光里的艳影,
在我的心头荡漾。

软泥上的青荇[2],
油油的在水底招摇;
在康河的柔波里,
我甘心做一条水草!

那榆阴下的一潭,
不是清泉,是天上虹;
揉碎在浮藻间,
沉淀着彩虹似的梦。

寻梦?撑一支长篙[3]
向青草更青处漫溯[4],
满载一船星辉,
在星辉斑斓里放歌。

但我不能放歌,
悄悄是别离的笙箫;
夏虫也为我沉默,
沉默是今晚的康桥!

悄悄的我走了,
正如我悄悄的来;
我挥一挥衣袖,
不带走一片云彩。

1928 年 11 月 6 日作

[注释]

[1] 选自《徐志摩选集》(人民文学出版社1983年版)。徐志摩(1896—1931年),现代诗人、散文家。名章垿,笔名南湖、云中鹤等。浙江海宁人。他生于富商之家。是中国现代"才华横溢"的一位诗人,新月诗派的代表人物。1931年11月,这个经常"想飞"的诗人坐飞机在山东济南附近触山焚化。

　　康桥,即"剑桥"(Cambridge),英国著名的学术、文化中心,风景胜地,剑桥大学所在地。1920年10月—1922年8月,诗人曾游学于此。康桥时期是徐志摩一生的转折点。诗人在《猛虎集·序文》中曾经自陈道:在24岁以前,他对于诗的兴味远不如对于相对论或民约论的兴味。正是康河的水,开启了诗人的性灵,唤醒了久蛰在他心中的诗人的天命。因此他后来曾满怀深情地说:"我的眼是康桥教我睁的,我的求知欲是康桥给我拨动的,我的自我意识是康桥给我胚胎的。"(《吸烟与文化》)1928年,诗人故地重游。11月6日,在归途的中国海上,他吟成了这首传世之作。这首诗最初刊登在1928年12月10日《新月》月刊第1卷第10号上,后收入《猛虎集》。可以说,"康桥情结"贯穿在徐志摩一生的诗文中;而《再别康桥》无疑是其中最有名的一篇。

[2] 荇(xìng):多年生草本植物,叶子略呈圆形,浮在水面,根生在水底,花为黄色。

[3] 篙(gāo):撑船的竹竿或木杆。

[4] 溯(sù):逆着水流的方向走。

[思考练习]

　　一、朗读并背诵这首诗。

　　二、这首诗抒发了作者什么感情?是怎样抒发这种感情的?

　　三、分析二、三、四、五节之间的关系,说说这首诗的一系列意象是怎样流动的?

　　四、你最欣赏这首诗中的哪几句?为什么?

　　五、将"寻梦"一节诗改写成一段散文,要求展开联想和想象,加以扩充,字数不少于100字。

2.

致　大　海[1]

普希金

[阅读提示]

　　普希金是俄国文学史上一位举世瞩目的伟大作家。他是近代俄罗斯现实主义文学的奠基人,俄罗斯文学语言的创造者。果戈理曾评价说:"一提到普希金的名字,就会立刻想到俄罗斯民族诗人。事实上,在我们的民族诗人中,没有一个及得上他,而且没有一个人能更适宜于被称为民族诗人……在他身上,俄罗斯的大自然,俄罗斯的精神,俄罗斯的语言,反映得这样的纯洁,这样的净美,犹如突出的光学玻璃上面所反映出来的风景。"高尔基盛赞普希金是一位"伟大的俄国人民诗人","无论在诗句的美或是在感情和思想的表现力上,从来没有人能够超过的一位诗人",他是"伟大的俄国文学之始祖"。

1824年，普希金与奥德萨总督发生冲突而遭受禁居。这首诗是在他被解送离开奥德萨之前开始动笔，在禁居地米哈依洛夫斯克村完成的。作品表现了诗人渴望自由的强烈愿望和不屈服于专制统治的顽强精神。

在诗人眼里，大海就是自由的象征，一声"再见吧，自由奔放的大海！"喊出了诗人热爱自由却又面临失去自由的无奈窘境，恰似一只欲展翅高飞而被束缚住了翅膀的苍鹰。大海是诗人"心灵的愿望之所在"，告别大海，犹如告别至亲的朋友，对大海的赞美和无限的依恋，也就是对自由的赞美和依恋。作品中表现诗人的心理活动的诗句，"那个隐秘的愿望""任我的诗歌顺着你的波涛奔向远方"，都体现了对自由的渴望和追求。尽管诗人"未能如愿以偿"，但即使到了"静寂的荒漠之乡"，大海和自由的精神依然与诗人的心灵同在。

普希金的《致大海》是一首反抗暴政，反对独裁，追求光明，讴歌自由的政治抒情诗。诗人以大海为知音，以自由为旨归，以倾诉为形式，多角度多侧面描绘自己追求自由的心路历程。感情凝重深沉而富于变化，格调雄浑奔放而激动人心。

阅读这首诗，要联系作品产生的时代背景和诗人的具体遭遇去理解，要从澎湃的激情中感受诗人热爱自由、反抗专制的不屈精神。

  再见吧，自由奔放的大海！
  这是你最后一次在我的眼前，
  翻滚着蔚蓝色的波浪，
  和闪耀着娇美的容光。

  好像是朋友的忧郁的怨诉，
  好像是他在临别时的呼唤，
  我最后一次在倾听
  你悲哀的喧响，你召唤的喧响。

  你是我心灵的愿望之所在呀！
  我时常沿着你的岸旁，
  一个人静悄悄地、茫然地徘徊，
  还因为那个隐秘的愿望[2]而苦恼心伤！

  我多么热爱你的回音，
  热爱你阴沉的声调，你的深渊的音响，
  还有那黄昏时分的寂静，
  和那反复无常的激情！

  渔夫们的温顺的风帆，
  靠了你的任性的保护，
  在波涛之间勇敢地飞航：
  但当你汹涌起来而无法控制时，
  大群的船只就会被覆亡。

我曾想永远地离开
你这寂寞和静止不动的海岸,
怀着狂欢之情祝贺你,
并任我的诗歌顺着你的波涛奔向远方,
但是我却未能如愿以偿!

你等待着,你召唤着……而我却被束缚住;
我的心灵的挣扎完全归于虚枉:
我被一种强烈的热情所魅惑,
使我留在你的岸旁……

有什么好怜惜呢? 现在哪儿
才是我要奔向的无忧无虑的路径?
在你的荒漠之中,有一样东西
它曾使我的心灵为之震惊。

那是一个峭岩,一座光荣的坟墓……
在那儿,沉浸在寒冷的睡梦中的,
是一些威严的回忆:
拿破仑就在那儿消亡[3]。

在那儿,他长眠在苦难之中。
而紧跟他之后,正像风暴的喧响一样,
另一个天才,又飞离我们而去,
他是我们思想上的另一位君王[4]。

为自由之神所悲泣着的歌者消失了,
他把自己的桂冠留在世上。
阴恶的天气喧腾起来吧,激荡起来吧:
哦,大海呀,是他曾经将你歌唱。

你的形象反映在他的身上,
他是用你的精神塑造成长:
正像你一样,他威严、深远而阴沉,
他像你一样,什么都不能使他屈服投降。

世界空虚了……大海洋呀,
你现在要把我带到什么地方?
人们的命运到处都是一样:
凡是有着幸福的地方,那儿早就有人在守卫:
或许是开明的贤者,或许是暴虐的君王。

哦,再见吧,大海!
我永不会忘记你庄严的容光,
我将长久地,长久地
倾听你在黄昏时分的轰响。

我整个心灵充满了你,
我要把你的峭岩,你的海湾,
你的闪光,你的阴影,还有絮语的波浪,
带进森林,带到那静寂的荒漠之乡。

[注释]

[1] 选自《普希金抒情诗全集(Ⅱ)》(湖南文艺出版社1993年版)。亚历山大·谢尔盖耶维奇·普希金(1799—1837年),19世纪俄罗斯最伟大的诗人,有"俄罗斯文学之父"之称。他出身贵族家庭,从小受到良好的文学教养。13岁开始写诗,15岁公开发表诗作。1837年,在沙皇及其党羽策划的决斗中受重伤而死。主要作品有诗体小说《叶甫盖尼·奥涅金》、小说《上尉的女儿》、历史悲剧《鲍利斯·戈东诺夫》、长诗《茨冈》和《青铜骑士》等。他还写了八百多首抒情诗,歌颂爱情和友谊,抒发热爱祖国的感情和向往自由的理想。他的诗感情真挚,语言晓畅,风格优雅,洋溢着明朗、健康的情绪,具有真正的俄罗斯民族风格。

[2] 隐秘的愿望:指普希金想秘密逃到海外去的愿望。1824年正月间,普希金曾写信给他的弟弟:"我想静悄悄地拿着芦杖和礼帽,乘船去一游君士坦丁堡。神圣的俄罗斯在我觉得是太难受了。"

[3] 拿破仑就在那儿消亡:指拿破仑于1821年死于圣赫勒拿岛,诗中的"一个峭岩"即指此岛。

[4] 思想上的另一位君王:指英国诗人拜伦。拜伦因参加希腊的革命于1824年4月间患寒热病死于米索隆基地方。

[思考练习]

一、普希金是在什么情形下写成这首诗的?
二、熟读课文,想一想,诗歌表现了诗人怎样的精神?
三、诗中哪些语句体现了诗人对自由的渴望和追求?

3.

雨　巷[1]

戴望舒

[阅读提示]

　　《雨巷》是戴望舒的成名作和前期的代表作,诗歌发表后产生了较大影响,诗人也因此赢得了"雨巷诗人"的雅号。这首诗写于1927年夏天。当时全国处于白色恐怖之中,戴望舒因曾参加进步活动而不得不避居于松江的友人家中,在孤寂中咀嚼着大革命失败后的幻灭与痛苦,心中充满了迷惘的情绪和朦胧的希望。《雨巷》一诗就是他的这种心情的表现,其中交织着失望和希望、幻灭和追求的双重情调。这种情怀在当时是有一定的普遍性的。

《雨巷》运用了象征性的抒情手法。诗歌描绘了一幅梅雨时节江南小巷的阴沉图景,借此构成了一个富有浓重象征色彩的抒情意境。在这里,诗人把当时黑暗阴沉的社会现实暗喻为悠长狭窄而寂寥的"雨巷",没有阳光,也没有生机和活力。而抒情主人公"我"就是在这样的雨巷中孤独的彳亍着的彷徨者。"我"在孤寂中仍怀着对美好理想和希望的憧憬与追求。诗中"丁香一样的姑娘"就是这种美好理想的象征。但是,这种美好的理想又是渺茫的、难以实现的。这种心态,正是大革命失败后一部分有所追求的青年知识分子在政治高压下因找不到出路而陷于惶惑迷惘心境的真实反映。诗中那狭窄阴沉的雨巷,在雨巷中徘徊的独行者,以及那个像丁香一样结着愁怨的姑娘,都是象征性的意象。这些意象又共同构成了一种象征性的意境,含蓄地暗示出作者既迷惘感伤又有期待的情怀,并给人一种朦胧而又幽深的美感。

富于音乐性是《雨巷》另一个突出的艺术特色,全诗回荡着一种流畅的节奏和旋律。诗中运用了复沓、叠句、重唱等手法,形成了回环往复的旋律和婉转悦耳的乐感。因此叶圣陶先生称赞这首诗为中国新诗的音节开了一个"新纪元"。

撑着油纸伞,独自
彷徨在悠长、悠长
又寂寥的雨巷,
我希望逢着
一个丁香一样地
结着愁怨的姑娘。

她是有
丁香一样的颜色,
丁香一样的芬芳,
丁香一样的忧愁,
在雨中哀怨,
哀怨又彷徨;

她彷徨在这寂寥的雨巷,
撑着油纸伞
像我一样,
像我一样地
默默彳亍[2]着,
冷漠,凄清,又惆怅。

她静默地走近
走近,又投出
太息一般的眼光,
她飘过

像梦一般地
像梦一般地凄婉迷茫。

像梦中飘过
一枝丁香地,
我身旁飘过这女郎;
她静静地远了,远了,
到了颓圮[3]的篱墙,
走尽这雨巷。

在雨的哀曲里,
消了她的颜色,
散了她的芬芳,
消散了,甚至她的
太息般的眼光,
丁香般的惆怅。

撑着油纸伞,独自
彷徨在悠长、悠长
又寂寥的雨巷,
我希望飘过
一个丁香一样地
结着愁怨的姑娘。

[注释]

[1] 《雨巷》一诗约写于1927年夏,发表于1928年8月出版的《小说月报》第19卷第8号上。戴望舒(1905—1950年),原名戴朝实,又名戴梦鸥,浙江杭县人,中国现代著名诗人。1925年入上海复旦大学学习法文,开始受到法国象征派的影响。1926年参加共青团。1928年后成为水沫社和其后的《现代》杂志的作者之一,创作现代派诗歌。1932年后留学法国、西班牙。1938年赴香港,主编《星岛日报》副刊。1941年底香港沦陷,被日军以抗日罪名下狱,在狱中保持了民族气节,次年春被营救出狱。抗战胜利后回上海教书,1949年春北上至解放区。1950年因病逝世。诗集有《我底记忆》《望舒草》《望舒诗稿》和《灾难的岁月》。早期诗歌多写个人的孤寂心境,感伤气息较重,因受西方象征派的影响,意象朦胧、含蓄。后期诗歌表现了热爱祖国、憎恨侵略者的强烈感情和对美好未来的热烈向往,诗风明朗、沉挚。
[2] 彳亍(chìchù)慢慢走,走走停停。
[3] 颓圮(pǐ):坍塌,倒塌。

[思考练习]

一、熟读这首诗,体会作者的情感。
二、作者在诗中描绘了怎样一幅图景?
三、诗歌在语言方面有什么特色?

4.

我愿是一条急流[1]

裴多菲·山陀尔

[阅读提示]

　　裴多菲的这首诗写在诗人与尤丽娅热恋时期,是一首向自己所爱表白爱情的诗,1846年9月,23岁的裴多菲在舞会上结识了伊尔诺茨伯爵的女儿森德莱·尤丽娅。这位身材修长、有浅蓝色眼睛的美丽姑娘的清纯和率真,使年轻诗人一见倾心,拥有大量土地庄园的伯爵却不肯把女儿嫁给裴多菲这样的穷诗人。面对阻力,裴多菲对尤丽娅的情感仍不可抑制,在半年时间里发出了一首首情诗,如《致尤丽娅》《我是一个怀有爱情的人》《你爱的是春天》《凄凉的秋风在树林中低语》《一下子给我二十个吻吧》等,其中包括《我愿是一条急流》。这些抒情诗中的珍品,鼓动着尤丽娅冲破父亲和家庭的桎梏,在一年后同裴多菲走进了婚礼的殿堂。

　　在这首诗中,诗人借助一系列自然物象,构筑起一个庞大的抒情网络,营建了一个炽热的恋爱磁场,通过一连串鲜活生动的比喻,围绕同一主题,表达诗人纯洁而坚贞、博大而无私的爱。"急流、荒林、废墟、草屋、云朵和破旗"等,或荒瑟冷落,或凋敝残败,诗人用以此喻自己,而笔下的"小鱼、小鸟、常春藤、火焰、夕阳"则显得美好热情,欢畅明丽,用它们来比喻心中的爱人,两者形成了鲜明的反差,相反相成间流露出诗人的一腔赤诚。也就是说,不管自身的处境多么险恶,命运怎样坎坷,只要同"我的爱人"在一起,只要"我的爱人"能够自由幸福,那么"我"也就"幸福着你的幸福"了,那么"我"也就能变得勇猛强悍,拥有战胜一切困难的力量了。

　　全诗五个章节,围绕同一中心,反复吟唱,但反复而不重复。"急流、小河"要穿越"崎岖的路"和层层"岩石",说明我们的爱情生活也许会有重重的艰难险阻;同"一阵阵的狂风"作战的"荒林",意味着爱情路上会遭受到的磨难和打击;"废墟"本已被遗弃,并正在"静默地毁灭"之中,表明诗人愿为爱情付出一切的巨大的牺牲精神;而谷底的"草屋"则突出了诗人处境的孤危;飘来荡去的"云朵"又昭示了诗人必然浪迹天涯的一生。凡此种种,都展现了抒情主人公不屈的意志和忠贞的爱恋。同时,诗人对"爱人"的描摹也同样耐人寻味:浪花中的"小鱼",多么自由,多么活泼可爱;树枝间鸣叫的"小鸟",又是那样的天真欢快,甜蜜怡人;青青的"常春藤",是一种永不消褪的美;炉中的"火焰",一如爱的火焰,温馨而暖人;至于那"珊瑚似的夕阳",不仅绚烂美丽,更能给人带来无限光明和"鲜艳的辉煌"。

　　一组博喻,一组对比,勾勒出男女主人公丰满的形象:是诗情的倾诉,是画意的泼墨,是至美的追求,是真爱的憧憬。美得令人拍案,真得荡人肺腑。难怪鲁迅先生要说裴多菲"所著诗歌,妙绝人世"了。至于有人依据裴多菲革命而战斗的一生,把此诗也作为一首政治抒情诗来理解(如《初中语文第三册教师教学用书》),则不免有失牵强,更有违于裴多菲写作此诗的初衷。

我愿是一条急流，
是山间的小河，
穿过崎岖的道路，
从山岩中间滚过……
只要我的爱人
是一条小鱼，
在我的浪花中间，
愉快地游来游去。

我愿是一座荒林，
坐落在河流两岸；
我高声呼叫着，
同暴风雨作战……
只要我的爱人
是一只小鸟，
停在枝头上啼叫，
在我的怀里作巢。

我愿是城堡的废墟，
耸立在高山之巅，
即使被轻易毁灭，
我也并不懊丧……
只要我的爱人
是一根常春藤，
绿色枝条恰似臂膀，
沿着我的前额上升。

我愿是一所小草棚，
在幽谷中隐藏，
饱受风雨的打击，
屋顶留下了创伤……
只要我的爱人
是我胸中的烈火，
在我的炉膛里，
愉快而缓慢地闪烁。

我愿是一块云朵，
是一面破碎的大旗，
在旷野的上空，
疲倦地飘来飘去……

只要我的爱人
是黄昏的太阳，
照射我苍白的脸，
射出红色的光焰。

1847 年 6 月 1 日至 10 日，索伦塔。

[注释]

[1] 选自《裴多菲文集》(上海译文出版社 1996 年版)。裴多菲·山陀尔(1823—1849 年)是匈牙利伟大的革命诗人，也是匈牙利民族文学的奠基人。他出身于一个贫困的屠户家庭，从小过着困苦的生活。他做过演员，当过兵，是 1848 年匈牙利资产阶级革命的领导者和歌手。他的一生是与匈牙利人民反抗外国侵略和争取政治自由的斗争联系在一起的。他十五岁开始写诗，在短暂而光辉的一生中，共写了八百多首抒情诗和九首长篇叙事诗。最著名的抒情诗有《民族之歌》《我的歌》《一个念头在烦恼着我》《自由与爱情》《我愿是一条急流》《把国王吊上绞架》等等；最著名的叙事诗有《农村的大锤》《雅诺什勇士》(一译《勇敢的约翰》)和《使徒》。此外他还写过小说、戏剧和政论。裴多菲的诗用民歌的形式描写当代人民的斗争。他曾说："在匈牙利人民中间，我的歌是为了争取自由而斗争的第一课"。在 1848 年至 1849 年由科苏特领导的民族解放战争中，裴多菲于 1849 年 1 月参加了贝姆将军的部队，作为贝姆将军的少校副官同俄奥联军英勇奋战，同年 7 月 31 日在瑟什堡战役中失踪。多数学者认为他牺牲在瑟什堡大血战中，尸体埋葬在 1 050 名英烈的大坟冢中。

[思考练习]

一、熟读这首诗，找出诗歌中你欣赏的意象词句，并说明理由。

二、你认为此诗中的"常春藤"和舒婷诗歌《致橡树》中的"木棉"有区别吗？同样是爱情诗，由于身份和思想的角度不同，诗作者的爱情观不尽相同，你更喜欢哪种爱情呢？

5.

我骄傲，我是一棵树[1]

李 瑛

[阅读提示]

《我骄傲，我是一棵树》创作于 1980 年。这是一首讴歌奉献和理想的诗篇。"我骄傲，我是一棵树"，"我"不是一棵普通的树，是黄河岸边和长城脚下的一棵树，是灿烂的中华文化和民族精神浇灌哺育、融天地之精华而成长的一棵树。因此具有坚强不屈、坦荡正直的品格，有美好的心灵和崇高的理想。为他人带来快乐就是"我"的快乐，即使有一天倒下去变成煤，也要把纯洁的光、炽烈的热献给人间。

在这首诗中，"树"是诗人抒情的载体，"树"这一意象，正是诗人自身精神境界和人生信念的写照。"我骄傲，我是一棵树"的真正含义是"我骄傲，我是一个人"，一个大写的"人"!

全诗分为三段,前两段分别写"我"的品格和奉献,最后一段写死后变为煤,将生命的意义进一步升华。作品结构清晰、完整,想象丰富,刻画生动,运用了排比和反复的手法,情绪饱满,气韵轩昂。阅读时应从"树—人"统一的艺术形象中,去理解诗人热情讴歌的奉献精神。

1

我骄傲,我是一棵树,
我是长在黄河岸边的一棵树,
我是长在长城脚下的一棵树;
我能讲许多许多的故事,
我能唱许多许多支歌。

山教育我昂首屹立,
我便矢志坚强不仆;
海教育我坦荡磅礴,
我便永远正直地生活;
条条光线,颗颗露珠,
赋予我美的心灵;
熊熊炎阳,茫茫风雪,
铸就了我斗争的品格;
我拥抱着——
自由的大气和自由的风,
在我身上,意志、力量和理想,
紧紧的、紧紧的融合。

我是广阔田野的一部分,大自然的一部分,
我和美是一个整体,不可分割;
我属于人民,属于历史,
我渴盼整个世界
都作为我们共同的祖国。

2

无论是红色的、黄色的、黑色的土壤,
我都将顽强地、热情地生活。

哪里有孩子的哭声,我便走去,
用柔嫩的枝条拥抱他们,
给他们一只只红艳艳的苹果;
哪里有老人在呻吟,我便走去,
拉着他们黄色的、黑色的、白色的多茧的手,
给他们温暖,使他们欢乐。

我愿摘下耀眼的星星，
给新婚的嫁娘，
作她们闪光的耳环；
我要挽住轻软的云霞，
给辛勤的母亲，
作她们擦汗的手帕。

雨雪纷飞——
我伸展开手臂覆盖他们的小屋，
作他们的伞，
使每个人都有宁静的梦；
月光如水——
我便弹响无弦琴，
抚慰他们劳动回来的疲倦的身子，
为他们唱歌。
我为他们抗击风沙，
我为他们抵御雷火。
我欢迎那样多的小虫——
小蜜蜂，小螳螂，小蝴蝶，
和我一起玩耍；
我拥抱那样多的小鸟——
长嘴的，长尾巴的，花羽毛的小鸟，
在我的肩头作窠。

我幻想：有一天，我能
流出奶，
流出蜜，
甚至流出香醇的酒，
并且能开出
各种色彩、各种形状、各种香味的花朵；
而且我幻想：
我能生长在海上，
我能生长在空中，
或者生长在不毛的
戈壁荒滩，瀚海沙漠……
既然那里有
粗糙的手，黝黑的背脊，闪光的汗珠，
我就该到那里去，
作他们的仆人，

我知道该怎样认识自己，
怎样为使他们愉快的生活
工作……

我相信：总有一天，
我将再也看不见——
饿得发蓝的眼睛，
卖血之后的苍白的嘴唇，
抽泣时颤动的肩膀，以及
浮肿得变形的腿、脚和胳膊……

人民呵，如果我刹那间忘却了你，
我的心将枯萎，
像飘零的叶子，
在风中旋转着
沉落……

3

假如有一天，我死去，
我便平静的倒在大地上，
我的年轮里有我的记忆，我的懊悔，
我经受的隆隆的暴风雪的声音，
我脚下的小溪淙淙流响的歌；
甚至可以发现熄灭的光、熄灭的灯火，
和我引为骄傲的幸福和欢乐……

那是我对泥土的礼赞，
那是我对大地的感谢；
如果你俯下身去，会听见，
我的每一个细胞都在轻轻地说：
让我尽快地变成煤炭
——沉积在地下的乌黑的煤炭，
为的是将来献给人间
纯洁的光，
炽烈的热！

1980年3月10日于北京

[注释]

[1] 选自《新华文摘》1983年第五期。

[思考练习]

一、熟读这首诗,体会作者的情感。
二、在这首诗中,诗人抒情的载体是什么?
三、"我骄傲,我是一棵树"的真正含义是什么?
四、读整首诗,找出诗人运用的修辞手法,理解诗人热情讴歌的奉献精神。

写作训练(九)

诗 歌 写 作

写作范围

诗歌,可长可短,可"新"可"旧",形式不拘,题目自拟。

写作指导

我们走进了人生的花季,心中常有诗情跳荡,不少同学喜欢写诗,或写在心爱的日记里,或赠给要好的同学。古人说"诗言志",说的不但是诗的内容,而且是诗的功能。写诗可以抒发心中的激情,留下感情的记录,弥足珍贵。写诗应该鼓励,应该提倡。

我们已经读了一些诗,已经初知一些诗歌常识,这里从创作的角度讲一讲,初学写诗应该注意些什么。

第一,要着眼于形象。

初学诗歌的通病是好唱空洞的调子,味同嚼蜡,不懂得诗歌要用形象思维。记叙文、通讯、报告文学、小说,可以适当用些议论,例如《谁是最可爱的人》,赞扬志愿军战士:"他们的品质是那样的纯洁和高尚,他们的意志是那样的坚韧和刚强,他们的气质是那样的淳朴和谦逊,他们的胸怀是那样的美丽和宽广!"这样的句子放在通讯中,是好句,但是诗歌如果这样写,就不是好诗。任何一首好诗都不用那些抽象的概念,都是用形象来说话,即使哲理诗,也是寓哲理于形象之中。

因此,写诗切忌使用抽象的概念,发空洞的抒情、议论。关键是要着眼于具体事物,着笔于具体事物。毛泽东《沁园春·长沙》,上阕着眼于景物,下阕着眼于当年活动。徐志摩《再别康桥》,着眼于康河景色。把着眼点放在具体事物上,才有可能写好诗。

第二,要把握事物最令人动情的特点。

诗歌与其他文学体裁相比,凝练是一个重要特点。凝练才有诗意,才引人遐想。例如,毛泽东写到武汉长江大桥——"风樯动,龟蛇静,起宏图。一桥飞架南北,天堑变通途",诗人最动情的一点是大桥的壮阔,透露着成就感、自豪感。又如,毛泽东写长沙的山——"看万山红遍,层林尽染",诗人最动情的一点是红色,透露着内心的激昂。再如徐志摩写康河的柳树——"那河畔的金柳,/是夕阳中的新娘;/波光里的艳影,/在我的心头荡漾",诗人最动情的一点是柳树的娇艳,透露着对康河的爱恋。只有把握事物最令自己动情的特点,才能以凝练的形象、凝练的语言营造出蕴含丰富的意象。

第三,要注意语言的音乐美。

诗歌讲究有规律的抑扬顿挫与合辙押韵,要琅琅上口,优美动听。新诗虽然不像格律诗那样要求严格,也要大体押韵。《再别康桥》中,"来(lái)"与"彩(cǎi)"是押韵的,"娘(niáng)"与"漾(yàng)"是押韵的,如此等等。

押韵的要求限制了字眼选择的范围,既要押韵又要不露雕琢的痕迹,如行云流水般自然,就见出功夫来了。

诗情涌动的时候,有节奏的语句像叮咚的琴声在心头作响,这时要乘诗兴,及时书写下来。有了初稿,再进一步斟酌推敲,就可能成为一首不错的诗。

参考题目

1. 青春
2. 十八岁
3. 青青校园

例文一

面朝大海　春暖花开
海　子

从明天起,做一个幸福的人
喂马,劈柴,周游世界
从明天起,关心粮食和蔬菜
我有一所房子,面朝大海,春暖花开

从明天起,和每一个亲人通信
告诉他们我的幸福
那幸福的闪电告诉我的
我将告诉每一个人

给每一条河每一座山取一个温暖的名字
陌生人,我也为你祝福
愿你有一个灿烂的前程
愿你有情人终成眷属
愿你在尘世获得幸福
我只愿面朝大海,春暖花开

例文二

故乡情深
金　童

故乡美,故乡亲
故乡有我的父老乡亲

他乡山水景色美
他乡人儿情意深
最美不过故乡景
最亲莫过故乡人

故乡的山,故乡的云
故乡有我牵挂的人
灯红酒绿人不醉
贫贱富贵不忘本
功名利禄多诱惑
不改一片赤子心

故乡的河,故乡的村
故乡深埋着我的根
游子离乡闯天下
几度风雨几度春
江河万里奔大海
树高千尺叶落归根

课外练笔参考题

1. 雪
2. 春之歌
3. 秋雨

口语交际(五)

辩　　论

生活情境

情境一:

餐饮专业的学生宋扬毕业在即,爸爸针对他的专业特点,为他找好了工作单位,并让他尽快和单位领导见个面,但宋扬却迟迟未去。原来宋扬一心想去当兵,实现自己儿时的梦想。爸爸十分恼怒,他以"这个年代,傻子才会去当兵"为由,教训儿子。宋扬毫不示弱,他抓住爸爸命题中的漏洞,进行反驳。一场辩论在父子之间展开。

情境二:

放假回家的徐鹏,进门就发现父母脸上阴云密布。一问才知道,父母在自家院子里放鞭炮,惊扰了邻居家正在生产期的母貂,致使五十多只貂仔死亡,造成了不小的经济损失。邻居把父母告上了法庭,要求赔偿损失,一个星期后就要开庭,老实巴交的父母正愁着不知如何应对。徐鹏详细了解了事情的经过,他认为,邻居事先没有告知父母,父母对养貂知识一无所知,且是在自家院里放鞭炮,所以没有义务赔偿对方损失。他准备代表父母出庭答辩。

情境三:

又是一年三月三,风筝飞满天。某中职学校学生会拟组织一次以班级为单位的大型春游活动,旨在培养学生热爱自然、热爱环境、热爱生活的情趣。但活动方案上报学生处后,却以"外出旅游,学生安全得不到保证"为由被否决。学生会成员对此众口不一。支持学校决定的同学认为安全第一,学校的做法是为了防患于未然;反对学校决定的同学认为安全固然重要,但学校的做法是因噎废食。一时间,双方展开了激烈的辩论。

……

作为一种较为常见的口语交际形式,辩论在我们生活中的许多场合都会出现。尽管辩论未必一定能辩出真理,但通过辩论有利于人们认识真理,统一认识,激发新思想,学习新知识,并提高语言表达能力。希望在辩论中取胜,也是人之常情。所以,对辩论知识有所了解,还是很有必要的。

辩论相关知识

所谓辩论,是指彼此用一定的理由来说明自己对事物或问题的见解,指出对方的矛盾,以便最后得到正确的认识或共同的意见。

"论"与"辩"是辩论的两大基本要素。"论"就是"立",是正面论证己方观点的正确;"辩"就是"破",是辩驳对方观点的错误。"辩"是中心,"论"是为"辩"服务的。

辩论的基本要求:

1. 紧扣命题,论据充分有力

辩论是围绕特定命题而展开的语言互动活动,任何一方都不可以凭主观臆断而信口开河,每一句话都要紧扣命题,有理有据。所选择的论据要充足有力,具有典型性,因为典型性的论据能反映事物的共性和特性,揭示事物的本质和规律,对证明观点有很强的说服力。

2. 论驳结合,攻守切中要害

"论"是运用论据推出己方观点的真实正确;"驳"是从对方的论点切入,抓住要害揭露对方观点的虚假。辩论中,论和驳要紧密结合,守要从容自信,稳扎稳打;攻则针锋相对,一针见血。

3. 逻辑严密,思路清晰畅通

严密的逻辑性是辩论的一个重要特点。辩论中,必须保持立论和结论的一致,论据和论点的一致,语句之间要语义贯通,衔接自然。同时,考虑问题要迅速,思路清晰通达。

4. 反应敏捷,应变从容自如

一方面,面对对方的质问,辩手不能迟疑,或立或驳,或守或攻必须迅速作出反应;另一方面,无论辩论前做了多么充分的准备,辩论现场总会出现一些意想不到的问题,此时更需要辩手从容镇定,及时调整思路,想出对策,运用各种辩论技巧,予以应对。

5. 沉着自信,态度不温不火

辩论过程中,正反双方你来我往,唇枪舌战,神经高度紧张。不仅如此,辩手们还常常被对方穷追猛打,"恶"言相激。在这种情况下,人往往容易急躁、冲动、出言不逊。正确的态度是沉着冷静,从容自信,不温不火。失态是自己心理素质不过硬的表现,会给对方留下话柄。

6. 语言流利生动,仪态端庄

在辩论现场,语言就是武器,辩手依靠语言表现自我,攻驳对方。简明生动、干净利落的语言,是酣畅淋漓地表达思想、抒发情感的保证。尽管辩论双方为了胜利要进行激烈的交锋,但这毕竟是一场智者的没有硝烟的战斗,是展示个人素养的大好机会。端庄的仪态,优雅的风度,不仅是自信的表现,是对对手的尊重,同时还蕴涵着震慑对方的力量。

示例简析

示例一

苏格拉底是古希腊的哲学家,他高超的论辩术至今被后人所赞叹。

下面是苏格拉底与一位叫欧提德莫斯的青年关于"正直"问题的一场小论辩的片段。

苏 好吧,请问虚伪是正直呢,还是不正直呢?

欧 当然是不正直的。

苏 欺骗呢?

欧 不正直。

苏 偷盗呢?

欧 不正直。

苏 奴役他人呢?

欧 不正直。

苏 像这类事情没一样是正直的吗?

欧 是的。

苏 好吧。请问如果一个将军战胜了危害他的国家的敌人,并且奴役他,难道这也不正直?

欧 当然是正直的。

苏 如果他作战时欺骗了敌人,又运走了财物,这种行为正直不正直?

欧 当然是正直的。

苏 你方才讲欺骗和奴役都不是正直的行为,怎么现在又说是正直的行为呢?

欧 方才讲的是对朋友,现在讲的是对敌人。

苏 好吧,现在我就专门来讨论一下对朋友的问题吧。如果一个将军所统率的部队已经丧失了作战的勇气,军心涣散,他便欺骗他们说:"援军马上就要到了。"从而使他们重新鼓起了勇气,取得了战争的胜利,这是正直的呢,还是不正直的呢?

欧 我想这应该是正直的。

苏 如果一个孩子生病需要吃药而不肯吃,她的父亲欺骗她,说药很好吃,哄她吃了,这种行为正直还是不正直?

欧 那是正直的。

苏　如果有人发现一个朋友发了病,怕他自杀,偷去了他的刀子,这个行为正直不正直?

欧　那也是正直的。

苏　你方才讲过的对敌人的行为,即使是欺骗、偷盗和奴役也是正直的。这种行为只可对敌人,不可对朋友。现在,这种行为用来对朋友,怎么也变成正直的呢?

欧　唉,苏格拉底,我对我的回答已经失去了信心。

——选自《科海故事博览(智慧)》2009年12期

【简析】在本场辩论中,双方争论的焦点是"什么是正直"。欧提德莫斯的回答本身并没有错,他之所以输给苏格拉底,是因为他犯了以偏概全的错误,致使每个回答都有漏洞。正直与否不是一个抽象的问题,而是一个很具体的问题,我们只能对某一件事是否正直作出评判,而不能对某一类行为是否正直作出判定。如果欧提德莫斯在辩论之初就说明这一点,苏格拉底就无法再纠缠不放了。而正是因为他没有说明这一点,致使漏洞百出,让苏格拉底紧抓不放,步步紧逼,最终取得胜利。这一示例充分说明,在辩论过程中,善于发现对方的漏洞是取胜的一个重要法宝。

示例二

　　诗人歌德到公园散步,在一条只能通过一人的小径上,遇到了对他抱有很深成见的批评家。狭路相逢,四目相对。

　　批评家傲慢地说:"对一个傻瓜,我决不让路。"

　　面对辱骂,歌德微微一笑道:"我正好和你相反。"说罢往路边一站。

　　批评家满脸通红,进退不得。

——选自《语文月刊》1998年12期

【简析】在辩论中,正反双方都会受到来自于对方的进攻,进攻的火力常常很猛烈。此时,如果一味地以辩解的方式进行防守,一方面显得软弱,另一方面又容易捉襟见肘。面对进攻,最好的防守就是也发动进攻,向对方"亮剑",这就是所谓的以攻为守。示例中的歌德面对批评家失礼的、粗鲁的言行,没有辩解、指责,而是接过对方的话,以攻为守,彬彬有礼地予以巧妙的反击,既陷对方于进退维谷的境地,又维护了自己的尊严。

示例三

　　有一个年轻人想到大发明家爱迪生的实验室工作,他对爱迪生说:"我发明了一种万能的溶液,它可以溶解一切物品。"

　　"你用什么器皿放置这种溶液呢?"爱迪生听了反问道。

　　年轻人哑口无言。

——选自《中学生天地A版》2007年06期

【简析】在辩论过程中,思想观点必须前后一致,否则就暴露出论点的荒谬。示例中年轻人的言论自相矛盾,被爱迪生敏锐地发现并一语道破。善于在对方的言辞中捕捉矛盾并予以揭露,陷对方于自相矛盾的境地,这也是辩论中常用到的技巧。

示例四

　　1993年,国际大专辩论会在新加坡举行,剑桥大学代表队与复旦大学代表队在初赛第四场中相遇。作为正方,剑桥大学代表队的观点是"温饱是谈道德的必要条件",复旦大学代表队为反方,观点是"温饱不是谈道德的必要条件"。最后复旦大学代表队获胜。

下面节选的是反方一辩姜丰的发言。

姜丰:谢谢主席,谢谢各位。刚才,对方辩友把温饱放到了压倒一切的位置,还问了我们很多问题。我要告诉对方辩友的是,比温饱更重要的是道德。人活着不仅仅是为了吃饭。我方认为,温饱不是谈道德的必要条件。有理性的人类存在,才是谈道德的必要条件。只要有理性的人类存在,在任何情况下都能谈道德。走向温饱的过程当中,尤其应该谈道德。第一,温饱绝不是谈道德的先决条件。古往今来,没有解决衣食之困的社会比比皆是,都不谈道德了吗?今天,在衣不蔽体、食不果腹的埃塞俄比亚就不要谈道德了吗?在国因民乏、战火连绵的索马里就不要谈道德了吗?古语说:"人无好恶是非之心,非人也。"人有理性,能够谈道德,这正是人和动物的区别所在。无论是饥寒交迫还是丰衣足食,无论是金玉满堂还是家徒四壁,人都能够而且应该谈道德。第二,道德是调节人们行为的规范,由社会舆论和良心加以支持。众所周知,谈道德实际包括个人修养、社会弘扬和政府倡导三层含义。我们从个人看,有衣食之困但仍然坚持其品德修养的例子,实在是不胜枚举。孔老夫子的好学生颜回,他只有一箪食,一瓢饮,不仍然"言忠信、行笃敬"吗?杜甫的茅屋为秋风所破的时候,他不还是想着"安得广厦千万间,大庇天下寒士俱欢颜"吗?说到政府,新加坡也曾经筚路蓝缕。李光耀先生就告诫国人:我们一无所有,除了我们自己。他强调道德是使竞争力胜人一筹的重要因素。试想,如果没有政府倡导美德,新加坡哪里有今天的繁荣昌盛、国富民强呢?第三,所谓必要条件,从逻辑上看,也就是"有之不必然,无之必不然"的意思。因此,对于今天的辩题,我方只需论证没有温饱也能谈道德。而对方要论证的是,没有温饱,就绝对不能谈道德。而这一点对方一辩恰恰没有自圆其说。雨果说过:"善良的道德是社会的基础。"道德是石,敲出希望之火;道德是火,点燃生命之灯;道德是灯,照亮人类之路;道德是路,引我们走向灿烂的明天。以上我主要从逻辑上阐发了我方的观点。接下来我方辩友还将从理论、事实、价值三方面进一步阐述我方观点。谢谢各位。

——选自《复旦大学代表队首届国际华语大专辩论会夺冠纪实》

【简析】本段辩词,从三个方面来论证温饱不是谈道德的必要条件,在论证过程中引经据典,运用大量的典型材料,形成势不可挡的雄辩威力。严密的逻辑性是辩论的一个重要特色,该辩词有严密的逻辑框架,条理清晰,环环紧扣。语言铿锵有力,典雅优美,让人赏心悦目的同时,又具有很强的感染力和说服力。

练习实践

一、指出下列事件所能证明的观点。

1. 愚公移山的故事
2. 文天祥拒绝降元
3. 初中毕业的蓝领工人孔祥瑞创造了近百项科技成果
4. "伤仲永"的故事

5. 洪战辉的故事

二、分析下列命题,举出实例加以反驳。

1. 温饱是谈道德的必要条件
2. 发展旅游业利大于弊
3. 现代社会竞争比合作更重要

三、运用所学知识,以小组为单位,就"人的命运是由自己掌握还是由社会掌握"这一问题展开讨论,最后选出 8 名同学,通过抽签方式决定正反方,在班内组织一场辩论赛。

第十一单元

戏 剧 人 生

人类天生就是一个伟大的演员,与生俱来就有一种表演天赋。

生活本来就是一个宽广的戏台,随时随地都会有人在表演。

于是,在我们的身边,便有了许多场精彩绝伦的好戏。

本单元的学习重点是剧本的阅读与欣赏,所选的戏剧剧本大多是古今中外的传世名著,具有极高的欣赏价值。元杂剧《窦娥冤》是关汉卿的代表作,节选的第三折集中反映了官吏昏聩、司法腐败的黑暗现实,塑造了一个善良而富有反抗精神的女性形象。话剧《雷雨》是曹禺的代表作,课文节选的第二幕,将周朴园与鲁侍萍两家的各种矛盾冲突交织在一起,鲜明地展现了剧中人物的思想性格,具有深刻的社会意义。《威尼斯商人》是英国著名剧作家莎士比亚的名作之一,节选部分通过尖锐的戏剧冲突,鞭挞仇恨和邪恶,褒扬友谊和仁爱。老舍的《茶馆》被公认为中国当代话剧经典作品,通过对茶馆不同时期生活场景的艺术塑造,深刻地反映了清末至国民政府崩溃前夕动荡不安的社会生活,既有揭露和鞭挞,也指出光明与希望。《哈姆雷特》是莎士比亚最具代表性的悲剧杰作,课文节选的是第三幕第一场,"生存还是毁灭"这段著名的内心独白,深刻表现了主人公对人生的思索。

人生就是一场戏,这场戏中的演员就是我们自己,我们应尽力做到最好,为自己人生的这场戏增添更多的快乐!

1.

窦娥冤(节选)[1]

关汉卿

[阅读提示]

关汉卿是中国文学史上一位伟大的作家。1958年,被世界和平理事会提名为世界文化名人。

《窦娥冤》是中国古典悲剧的典范,"列之于世界大悲剧中亦无愧色"(王国维语)。剧本通过善良而柔弱无靠的窦娥所蒙受的千古奇冤,提出了封建社会"官吏每无心正法,使百姓有口难言"这个带有普遍性的问题。作家以"人命关天关地"的高度社会责任感,对官吏昏聩、司法腐败作了强烈的控诉。窦娥临刑前,对封建的社会秩序与传统观念作出大胆怀疑和斥责,使这个悲剧具有高度的社会意义。这折戏采用浪漫主义手法,把窦娥的冤写得感天动地。

关汉卿是一位杰出的语言艺术大师。他一面汲取生动的民间语言,一面借鉴精美的古典诗词,创造出一种朴素自然、生动流畅的语言风格,无论曲词宾白都非常符合人物的身份和个性。

阅读这篇课文,先要弄懂字面意思,再想想:窦娥所埋怨的"天地"指什么?在窦娥赴刑场的途中,安排婆媳见面的场面有什么用意?血溅白练、六月飞雪、三年大旱这些实际上根本不可能发生的事,为什么人们希望它是真的?

(外[2]扮监斩官上,云)

下官[3]监斩官是也。今日处决犯人,着[4]做公的[5]把住巷口,休放往来人闲走。

(净[6]扮公人,鼓三通,锣三下科[7],刽子磨旗[8]、提刀、押正旦[9]带枷上。刽子云)

行动些[10],行动些,监斩官去法场上多时了。

(正旦唱)

[正宫][11][端正好][12]没来由犯王法,不提防遭刑宪[13],叫声屈动地惊天。顷刻间游魂先赴森罗殿[14],怎不将天地也生埋怨[15]。

[滚绣球]有日月朝暮悬,有鬼神掌着生死权。天地也!只合[16]把清浊分辨,可怎生糊突了盗跖、颜渊[17]?为善的受贫穷更命短,造恶的享富贵又寿延[18]。天地也!做得个怕硬欺软,却原来也这般顺水推船!地也,你不分好歹何为地!天也,你错勘[19]贤愚枉做天!哎,只落得两泪涟涟。

(刽子云)

快行动些,误了时辰也。

(正旦唱)

[倘秀才]则[20]被这枷纽[21]的我左侧右偏,人拥的我前合后偃[22]。我窦娥向哥哥行[23]有句言。

(刽子云)

你有甚么话说?

(正旦唱)

前街里去心怀恨,后街里去死无冤,休推辞路远。

(刽子云)

你如今到法场上面,有甚么亲眷要见的,可教他过来,见你一面也好。

(正旦唱)

[叨叨令]可怜我孤身只影无亲眷,则落的吞声忍气空嗟怨[24]。

(刽子云)

难道你爷娘家也没的?

(正旦云)

只有个爹爹,十三年前上朝取应[25]去了,至今杳无音信。

(唱)

早已是十年多不睹爹爹面。

(刽子云)

你适才要我往后街里去,是甚么主意?
(正旦唱)
怕则怕前街里被我婆婆见。
(刽子云)
你的性命也顾不得,怕他见怎的?
(正旦云)
俺婆婆若见我披枷带锁赴法场餐刀[26]去呵,
(唱)
枉将他气杀也么哥[27],枉将他气杀也么哥。告哥哥,临危好与人行方便。
(卜儿[28]哭上科,云)
天哪,兀的[29]不是我媳妇儿!
(刽子云)
婆子靠后。
(正旦云)
既是俺婆婆来了,叫他来,待我嘱咐他几句话咱[30]。
(刽子云)
那婆子近前来,你媳妇要嘱咐你话哩。
(卜儿云)
孩儿,痛杀我也!
(正旦云)
婆婆,那张驴儿把毒药放在羊肚儿汤里,实指望药死了你,要霸占我为妻。不想婆婆让与他老子吃,倒把他老子药死了。我怕连累婆婆,屈招了药死公公[31],今日赴法场典刑[32]。婆婆,此后遇着冬时年节,月一十五[33],有牺[34]不了的浆水饭,牺半碗儿与我吃,烧不了的纸钱,与窦娥烧一陌儿[35]。则是[36]看你死的孩儿面上。
(唱)
[快活三]念窦娥葫芦提当罪愆[37],念窦娥身首不完全,念窦娥从前已往干家缘[38],婆婆也,你只看窦娥少爷无娘面。
[鲍老儿]念窦娥服侍婆婆这几年,遇时节将碗凉浆奠;你去那受刑法尸骸上烈[39]些纸钱,只当把你亡化[40]的孩儿荐[41]。
(卜儿哭科,云)
孩儿放心,这个老身都记得。天哪,兀的不[42]痛杀我也!
(正旦唱)
婆婆也,再也不要啼啼哭哭,烦烦恼恼,怨气冲天。这都是我做窦娥的没时没运,不明不暗[43],负屈衔冤。
(刽子做喝科,云)
兀那[44]婆子靠后,时辰到了也。
(正旦跪科)
(刽子开枷科)

（正旦云）

窦娥告监斩大人，有一事肯依窦娥，便死而无怨。

（监斩官云）

你有什么事，你说。

（正旦云）

要一领[45]净席，等我窦娥站立，又要丈二白练，挂在旗枪[46]上。若是我窦娥委实冤枉，刀过处头落，一腔热血休半点儿沾在地下，都飞在白练上者[47]。

（监斩官云）

这个就依你，打甚么不紧[48]。

（刽子做取席科，站[49]科，又取白练挂旗上科）

（正旦唱）

[耍孩儿]不是我窦娥罚[50]下这等无头[51]愿，委实的冤情不浅；若没些儿灵圣[52]与世人传，也不见得湛湛青天[53]。我不要半星热血红尘洒[54]，都只在八尺旗枪素练悬。等他四下里皆瞧见，这就是咱苌弘化碧[55]，望帝啼鹃[56]。

（刽子云）

你还有甚的说话，此时不对监斩大人说，几时说哪？

（正旦再跪科，云）

大人，如今是三伏天道[57]，若窦娥委实冤枉，身死之后，天降三尺瑞雪，遮掩了窦娥尸首。

（监斩官云）

这等三伏天道，你便有冲天的怨气，也召[58]不得一片雪来，可不胡说！

（正旦唱）

[二煞]你道是暑气暄[59]，不是那下雪天，岂不闻飞霜六月因邹衍[60]？若果有一腔怨气喷如火，定要感得六出冰花[61]滚似锦，免着我尸骸现；要什么素车白马[62]，断送[63]出古陌荒阡？

（正旦再跪科，云）

大人，我窦娥死的委实冤枉，从今以后，着[64]这楚州[65]亢旱[66]三年。

（监斩官云）

打嘴！那有这等说话！

（正旦唱）

[一煞]你道是天公不可期，人心不可怜，不知皇天也肯从人愿。做甚么三年不见甘霖降，也只为东海曾经孝妇冤[67]。如今轮到你山阳县，这都是官吏每[68]无心正法[69]，使百姓有口难言。

（刽子做磨旗科，云）

怎么这一会儿天色阴了也？

（内[70]做风科，刽子云）

好冷风也！

（正旦唱）

[煞尾]浮云为我阴,悲风为我旋,三桩儿誓愿明题遍。

（做哭科,云）

婆婆也,直等待雪飞六月,亢旱三年呵,

（唱）

那其间才把你个屈死的冤魂这窦娥显。

（刽子做开刀,正旦倒科）

（监斩官惊云）

呀,真个下雪了,有这等异事!

（刽子云）

我也道平日杀人,满地都是鲜血,这个窦娥的血,都飞在那丈二白练上,并无半点落地,委实奇怪。

（监斩官云）

这死罪必有冤枉。早两桩儿应验了,不知亢旱三年的说话准也不准,且看后来如何。左右,也不必等待雪晴,便与我抬他尸首,还了那蔡婆婆去罢。

（众应科,抬尸下）

[注释]

[1] 选自《关汉卿戏剧集》（人民出版社1976年版）。关汉卿,生卒年不详,金末元初大都（现在北京）人,著名戏曲作家。他一生写了六十多本杂剧,流传下来的有十余本。他的剧本收在《元曲选》和《关汉卿戏剧集》等书中。这里选的是《窦娥冤》的第三折。

[2] 外:传统戏曲角色名。元人戏曲中有外末、外旦、外净等,大致是指末、旦、净等行当的次要角色。这里指外末,扮演中年以上男子。

[3] 下官:官吏自称的谦词。

[4] 着（zhuó）:派遣。

[5] 做公的:衙门的差役。

[6] 净:传统戏曲角色名。俗称"花脸",扮演性格刚烈或粗暴的男性人物。

[7] 科:戏曲角色的表演动作,又称"介"。

[8] 磨旗:摇旗,挥动旗帜。

[9] 正旦:传统戏曲角色名。在剧中扮演女主角。

[10] 行动些:动作快些。表示催促。

[11] 正宫:宫调之一。曲子分许多宫调,用来表示声音的高低。

[12] 端正好:和下文的《滚绣球》、《倘秀才》、《叨叨令》、《快活三》、《鲍老儿》、《耍孩儿》、《二煞》、《一煞》、《煞尾》都是曲牌名。每一曲牌都有一定的曲调、唱法、字数、句法、平仄。

[13] 刑宪:刑罚。宪,法令。

[14] 森罗殿:即阎罗殿。迷信传说中阴间阎罗王所居之殿。

[15] 将天地也生埋怨:把天地呀深深地埋怨。生,甚,深。

[16] 合:应该,应当。

[17] 可怎生糊突了盗跖（zhí）、颜渊:意思是,可是怎么混淆了坏人和好人。糊突,混淆。盗跖,相传为古时民众起义的领袖,名跖,"盗"是当时统治者对他的贬称,后来成为盗贼或盗魁的代称。颜渊,

孔子的弟子,以德行著称,被推崇为贤人。
[18] 寿延:寿长。
[19] 错勘:这里指错误判断的意思。
[20] 则:助词,用于句首,无义。
[21] 纽:同"扭"。
[22] 前合后偃:前仆后倒。合、偃,都是倒下的意思。
[23] 哥哥行(háng):哥哥们。哥哥,对年龄相近的男子的尊称。行,们、等,表示复数。
[24] 嗟怨:嗟叹怨恨。
[25] 上朝取应(yìng):到京城应考。取应,参加科举考试。
[26] 餐刀:挨刀。
[27] 也么哥:元明戏曲中常用衬词,没有实在意义。
[28] 卜儿:元代戏曲里扮演老妇人的角色。
[29] 兀的:这个,这。
[30] 咱:语气助词,表示祈使语气。
[31] 公公:旧时对男性老者的敬称。这里指张驴儿的父亲。
[32] 典刑:这里指受死刑。
[33] 冬时年节,月一十五:冬至和过年,初一和十五。
[34] 㳠(jiǎn):倒,泼。
[35] 一陌:旧时一百纸钱之称,也泛指一串纸钱。陌,量词,用于旧时祭奠所烧的纸钱,约相当于"叠"。
[36] 则是:只当是。
[37] 念窦娥葫芦提当罪愆(qiān):想想我窦娥糊里糊涂地担当起罪过。葫芦提,糊涂。愆,罪过。
[38] 家缘:家务。
[39] 烈:烧。
[40] 亡化:去世。
[41] 荐:指请和尚道士念经拜忏以超度亡灵。窦娥只求婆婆烧些纸钱当作荐亡。
[42] 兀的不:怎的不。兀的,这里是语气助词,与"不"连用,表示反问。
[43] 不明不暗:糊里糊涂。
[44] 兀那:那,那个。兀,发声词,无意义。
[45] 领:量词。
[46] 旗枪:旗杆头。
[47] 者:语气助词,用在句末。
[48] 打甚么不紧:没有什么要紧。
[49] 站:这里指让窦娥站在席上。
[50] 罚:同"发"。罚愿,发愿。
[51] 无头:无根据的。意思是离奇的。
[52] 灵圣:神异的灵应。
[53] 也不见得湛湛青天:也显不出天理昭彰。湛湛,清明澄澈的样子。
[54] 红尘洒:洒在红尘上。红尘,尘土。
[55] 苌弘化碧:苌弘,周景王、敬王的大臣刘文公的大夫。传说他无罪被杀,三年后,他的血化成碧玉。后来用以借指屈死者的形象。
[56] 望帝啼鹃:相传战国末年杜宇在蜀称帝,号望帝,为蜀除水患有功,后来让位,隐居西山。蜀人很

怀念他,二月里听到杜鹃悲凄的啼鸣,以为是望帝的灵魂化成了杜鹃。

[57] 天道:气候,天气。

[58] 召:召唤。

[59] 喧:炎热。

[60] 飞霜六月因邹衍:邹衍,战国时齐国人,相传他尽忠于燕惠王,惠王却听信谗言把他囚禁起来。他入狱时仰天而哭,正当夏天,竟然下起霜来。后来用"六月飞霜"比喻冤狱、冤情。

[61] 六出冰花:雪花。六出,花分瓣叫"出",雪花六角,所以用"六出"作雪的别名。

[62] 素车白马:古代凶、丧之事所用的白车白马。

[63] 断送:送,推送。

[64] 着(zhuó):教,使。

[65] 楚州:窦娥的家乡。下文的山阳县(现在江苏淮安)是当时楚州府治所。

[66] 亢旱:大旱。

[67] 做甚么三年不见甘霖降,也只为东海曾经孝妇冤:据《汉书》记载,汉代东海有个年轻寡妇,对婆婆很孝顺。后来婆婆自缢身亡,寡妇被诬告为凶手。她含冤被杀,死后,东海一带大旱三年。

[68] 每:相当于"们"。

[69] 正法:这里指正法制,依法判案的意思。

[70] 内:指后台。

[思考练习]

一、从主要情节上去理解这折戏的思想内容,完成下边两题。

1. 引用窦娥的语言,组成一段话,说明了这折戏揭露了怎样的社会现实。

2. 试概括窦娥的思想性格。

二、从窦娥与婆婆的关系这一侧面去理解这折戏的思想内容,回答下边的问题。

1. 写窦娥的善良对表现这折戏的中心意思有什么作用?

2. 写窦娥的孤独对表现这折戏的中心意思又有什么作用?

三、窦娥三桩誓愿的曲词中运用典故有什么好处?

四、读《滚绣球》一曲,完成下列练习。

1. 下边三句在意思和感情上有什么进展?

(1) 天地也!只合把清浊分辨,可怎生糊突了盗跖、颜渊?

(2) 天地也!做得个怕硬欺软,却原来也这般顺水推船!

(3) 地也,你也不分好歹何为地!天也,你错勘贤愚枉做天!

2. 默写这一曲。

五、下边一段对白,语言上有什么特色?

婆婆,那张驴儿把毒药放在羊肚儿汤里,实指望药死了你,要霸占我为妻。不想婆婆让与他老子吃,倒把他老子药死了。我怕连累婆婆,屈招了药死公公,今日赴法场典刑。婆婆,此后遇着冬时年节,月一十五,有溁不了的浆水饭,溁半碗儿与我吃,烧不了的纸钱,与窦娥烧一陌儿,则是看你死的孩儿面上。

2.

雷雨(节选)[1]

曹 禺

[阅读提示]

《雷雨》是曹禺的成名作,也是他的代表作。

1934年,《雷雨》问世,中国有了可以同世界优秀剧作媲美的话剧作品。《雷雨》一上演,就震动剧坛,至今依然保持着旺盛的艺术生命力。

《雷雨》第二幕接连有两个紧张的场面和激烈的戏剧冲突,这种冲突发生在早年曾经相爱的周朴园、鲁侍萍之间和有着血缘关系的父子兄弟之间,就更加有"戏",思想性也更为深刻。这幕剧的艺术魅力,在于它不是简单的政治概念的图解,而是复杂生动的实际生活的更集中、更典型、更强烈的反映。阅读剧本,要思考人生,思考社会。在这幕戏里,周朴园对侍萍的感情,突然起了一个大变化,周朴园明知鲁大海是亲生儿子,却如此凶狠,要想想这究竟是为什么。

《雷雨》这一幕,将周朴园与鲁侍萍分隔三十年后的相认场面,写得一波三折。而且,一波未平,一波又起,前后两种冲突,又是两番情景。阅读这个剧本,要仔细揣摩作者是怎样巧妙地把周朴园、侍萍、鲁大海、周萍逐步聚合起来的,戏剧情节是怎样波浪式地推进的,尖锐的戏剧冲突是怎样展开的。

剧中人物语言耐人寻味,不仅具有鲜明的个性特征,而且异彩纷呈。随着剧情的发展、人物思想感情的变化,用语和语气也不断变化。剧中妙语迭出,潜台词极其丰富。阅读欣赏时要注意体味。

[午饭后,天气更阴沉,更郁热[2]。低沉潮湿的空气,使人异常烦躁[3]……]
……

周朴园　(点着一枝吕宋烟[4],看见桌上的雨衣,向侍萍)这是太太找出来的雨衣么?
鲁侍萍　(看着他)大概是的。
周朴园　(拿起看看)不对,不对,这都是新的。我要我的旧雨衣,你回头跟太太说。
鲁侍萍　嗯。
周朴园　(看她不走)你不知道这间房子底下人不准随便进来么?
鲁侍萍　(看着他)不知道,老爷。
周朴园　你是新来的下人?
鲁侍萍　不是的,我找我的女儿来的。
周朴园　你的女儿?
鲁侍萍　四凤是我的女儿。
周朴园　那你走错屋子了。

鲁侍萍　哦。——老爷没有事了?
周朴园　(指窗)窗户谁叫打开的?
鲁侍萍　哦。(很自然地走到窗户,关上窗户,慢慢地走向中门。)
周朴园　(看她关好窗门,忽然觉得她很奇怪)你站一站。(侍萍停。)
周朴园　你——你贵姓?
鲁侍萍　我姓鲁。
周朴园　姓鲁。你的口音不像北方人。
鲁侍萍　对了,我不是,我是江苏的。
周朴园　你好像有点无锡口音。
鲁侍萍　我自小就在无锡长大的。
周朴园　(沉思)无锡?嗯,无锡,(忽而)你在无锡是什么时候?
鲁侍萍　光绪二十年[5],离现在有三十多年了。
周朴园　哦,三十年前你在无锡?
鲁侍萍　是的,三十多年前呢,那时候我记得我们还没有用洋火呢。
周朴园　(沉思)三十多年前,是的,很远啦,我想想,我大概是二十多岁的时候。那时候我还在无锡呢。
鲁侍萍　老爷是那个地方的人?
周朴园　嗯,(沉吟)无锡是个好地方。
鲁侍萍　哦,好地方。
周朴园　你三十年前在无锡么?
鲁侍萍　是,老爷。
周朴园　三十年前,在无锡有一件很出名的事情——
鲁侍萍　哦。
周朴园　你知道么?
鲁侍萍　也许记得,不知道老爷说的是哪一件?
周朴园　哦,很远了,提起来大家都忘了。
鲁侍萍　说不定,也许记得的。
周朴园　我问过许多那个时候到过无锡的人,我也派人到无锡打听过。可是那个时候在无锡的人,到现在不是老了就是死了。活着的多半是不知道的,或者忘了。不过也许你会知道。三十年前在无锡有一家姓梅的。
鲁侍萍　姓梅的?
周朴园　梅家的一个年轻小姐,很贤慧,也很规矩。有一天夜里,忽然地投水死了。后来,后来,——你知道么?
鲁侍萍　不敢说。
周朴园　哦。
鲁侍萍　我倒认识一个年轻的姑娘姓梅的。
周朴园　哦?你说说看。
鲁侍萍　可是她不是小姐,她也不贤慧,并且听说是不大规矩的。

周朴园　也许,也许你弄错了,不过你不妨说说看。
鲁侍萍　这个梅姑娘倒是有一天晚上跳的河,可是不是一个,她手里抱着一个刚生下三天的男孩。听人说她生前是不规矩的。
周朴园　(苦痛)哦!
鲁侍萍　她是个下等人,不很守本分的。听说她跟那时周公馆的少爷有点不清白,生了两个儿子。生了第二个,才过三天,忽然周少爷不要她了。大孩子就放在周公馆,刚生的孩子她抱在怀里,在年三十夜里投河死的。
周朴园　(汗涔涔[6]地)哦。
鲁侍萍　她不是小姐,她是无锡周公馆梅妈的女儿,她叫侍萍。
周朴园　(抬起头来)你姓什么?
鲁侍萍　我姓鲁,老爷。
周朴园　(喘出一口气,沉思地)侍萍,侍萍,对了。这个女孩子的尸首,说是有一个穷人见着埋了。你可以打听到她的坟在哪儿么?
鲁侍萍　老爷问这些闲事干什么?
周朴园　这个人跟我们有点亲戚。
鲁侍萍　亲戚?
周朴园　嗯,——我们想把她的坟墓修一修。
鲁侍萍　哦,——那用不着了。
周朴园　怎么?
鲁侍萍　这个人现在还活着。
周朴园　(惊愕)什么?
鲁侍萍　她没有死。
周朴园　她还在?不会吧?我看见她河边上的衣服,里面有她的绝命书。
鲁侍萍　她又被人救活了。
周朴园　哦,救活啦?
鲁侍萍　以后无锡人是没见着她,以为她那夜晚死了。
周朴园　那么,她呢?
鲁侍萍　一个人在外乡活着。
周朴园　那个小孩呢?
鲁侍萍　也活着。
周朴园　(忽然立起)你是谁?
鲁侍萍　我是这儿四凤的妈,老爷。
周朴园　哦。
鲁侍萍　她现在老了,嫁给一个下等人,又生了个女孩,境况很不好。
周朴园　你知道她现在在哪儿?
鲁侍萍　我前几天还见着她!
周朴园　什么?她就在这儿?此地?
鲁侍萍　嗯,就在此地。

周朴园　哦！

鲁侍萍　老爷,你想见一见她么？

周朴园　(连忙)不,不,不用。

鲁侍萍　她的命很苦。离开了周家,周家少爷就娶了一位有钱有门第[7]的小姐。她一个单身人,无亲无故,带着一个孩子在外乡,什么事都做：讨饭,缝衣服,当老妈子,在学校里伺候人。

周朴园　她为什么不再找到周家？

鲁侍萍　大概她是不愿意吧。为着她自己的孩子,她嫁过两次。

周朴园　嗯,以后她又嫁过两次。

鲁侍萍　嗯,都是很下等的人。她遇人都很不如意,老爷想帮一帮她么？

周朴园　好,你先下去吧。

鲁侍萍　老爷,没有事了？(望着朴园,泪要涌出)

周朴园　啊,你顺便去告诉四凤,叫她把我樟木箱子里那件旧雨衣拿出来,顺便把那箱子里的几件旧衬衣也捡出来。

鲁侍萍　旧衬衣？

周朴园　你告诉她在我那顶老的箱子里,纺绸的衬衣,没有领子的。

鲁侍萍　老爷那种绸衬衣不是一共有五件？您要哪一件？

周朴园　要哪一件？

鲁侍萍　不是有一件,在右袖襟上有个烧破的窟窿,后来用丝线绣成一朵梅花补上的？还有一件,——

周朴园　(惊愕)梅花？

鲁侍萍　旁边还绣着一个萍字。

周朴园　(徐徐立起)哦,你,你,你是——

鲁侍萍　我是从前伺候过老爷的下人。

周朴园　哦,侍萍！(低声)是你？

鲁侍萍　你自然想不到,侍萍的相貌有一天也会老得连你都不认识了。

　　　　〔周朴园不觉地望望柜上的相片,又望侍萍。
　　　　半响。〕

周朴园　(忽然严厉地)你来干什么？

鲁侍萍　不是我要来的。

周朴园　谁指使你来的？

鲁侍萍　(悲愤)命！不公平的命指使我来的！

周朴园　(冷冷地)三十年的工夫你还是找到这儿来了。

鲁侍萍　(怨愤)我没有找你,我没有找你,我以为你早死了。我今天没想到到这儿来,这是天要我在这儿又碰见你。

周朴园　你可以冷静点。现在你我都是有子女的人。如果你觉得心里有委屈,这么大年纪,我们先可以不必哭哭啼啼的。

鲁侍萍　哼,我的眼泪早哭干了,我没有委屈,我有的是恨,是悔,是三十年一天一天我自己受的苦。你大概已经忘了你做的事了！三十年前，过年三十的晚上我生下你的第二个儿子才三天，你为了要赶紧娶那位有钱有门第的小姐，你们逼着我冒着大雪出去，要我离开你们周家的门。

周朴园　从前的旧恩怨，过了几十年，又何必再提呢？

鲁侍萍　那是因为周大少爷一帆风顺，现在也是社会上的好人物。可是自从我被你们家赶出来以后，我没有死成，我把我的母亲可给气死了，我亲生的两个孩子你们家里逼着我留在你们家里。

周朴园　你的第二个孩子你不是已经抱走了么？

鲁侍萍　那是你们老太太看着孩子快死了，才叫我带走的。（自语）哦，天哪，我觉得我像在做梦。

周朴园　我看过去的事不必再提起来吧。

鲁侍萍　我要提，我要提，我闷了三十年了！你结了婚，就搬了家，我以为这一辈子也见不着你了；谁知道我自己的孩子偏偏要跑到周家来，又做我从前在你们家做过的事。

周朴园　怪不得四凤这样像你。

鲁侍萍　我伺候你，我的孩子再伺候你生的少爷们。这是我的报应，我的报应。

周朴园　你静一静。把脑子放清醒点。你不要以为我的心是死了，你以为一个人做了一件于心不忍的事就会忘了么？你看这些家具都是你从前顶喜欢的东西，多少年我总是留着，为着纪念你。

鲁侍萍　（低头）哦。

周朴园　你的生日——四月十八——每年我总记得。一切都照着你是正式嫁过周家的人看，甚至于你因为生萍儿，受了病，总要关窗户，这些习惯我都保留着，为的是不忘你，弥补我的罪过。

鲁侍萍　（叹一口气）现在我们都是上了年纪的人，这些话请你也不必说了。

周朴园　那更好了。那么我们可以明明白白地谈一谈。

鲁侍萍　不过我觉得没有什么可谈的。

周朴园　话很多。我看你的性情好像没有大改，——鲁贵像是个很不老实的人。

鲁侍萍　你不要怕。他永远不会知道的。

周朴园　那双方面都好。再有，我要问你的，你自己带走的儿子在哪儿？

鲁侍萍　他在你的矿上做工。

周朴园　我问，他现在在哪儿？

鲁侍萍　就在门房等着见你呢。

周朴园　什么？鲁大海？他！我的儿子？

鲁侍萍　就是他！他现在跟你完完全全是两样的人。

周朴园　（冷笑）这么说，我自己的骨肉在矿上鼓励罢工，反对我！

鲁侍萍　你不要以为他还会认你做父亲。

周朴园　（忽然）好！痛痛快快地！你现在要多少钱吧？

鲁侍萍　什么？

周朴园　留着你养老。

鲁侍萍　（苦笑）哼，你还以为我是故意来敲诈你，才来的么？

周朴园　也好，我们暂且不提这一层。那么，我先说我的意思。你听着，鲁贵我现在要辞退的，四凤也要回家。不过——

鲁侍萍　你不要怕，你以为我会用这种关系来敲诈你么？你放心，我不会的。大后天我就会带四凤回到我原来的地方。这是一场梦，这地方我绝对不会再住下去。

周朴园　好得很，那么一切路费，用费，都归我担负。

鲁侍萍　什么？

周朴园　这于我的心也安一点。

鲁侍萍　你？（笑）三十年我一个人都过了，现在我反而要你的钱？

周朴园　好，好，好，那么，你现在要什么？

鲁侍萍　（停一停）我，我要点东西。

周朴园　什么？说吧？

鲁侍萍　（泪满眼）我——我——我只要见见我的萍儿。

周朴园　你想见他？

鲁侍萍　嗯，他在哪儿？

周朴园　他现在在楼上陪着他的母亲看病。我叫他，他就可以下来见你。不过是——（顿）他很大了，——（顿）并且他以为他母亲早就死了的。

鲁侍萍　哦，你以为我会哭哭啼啼地叫他认母亲么？我不会那么傻的。我明白他的地位，他的教育，不容他承认这样的母亲。这些年我也学乖了，我只想看看他，他究竟是我生的孩子。你不要怕，我就是告诉他，白白地增加他的烦恼，他自己也不愿意认我的。

周朴园　那么，我们就这样解决了。我叫他下来，你看一看他，以后鲁家的人永远不许再到周家来。

鲁侍萍　好，我希望这一生不要再见你。

周朴园　（由衣内取出支票，签好）很好，这是一张五千块钱的支票，你可以先拿去用。算是弥补我一点罪过。

［侍萍接过支票，把它撕了。］

周朴园　侍萍。

鲁侍萍　我这些年的苦不是你拿钱算得清的。

周朴园　可是你——

［外面争吵声。鲁大海的声音："让开，我要进去。"三四个男仆声："不成，不成，老爷睡觉呢。"］

周朴园　（走至中门）来人！

（仆人由中门进）

周朴园　谁在吵？

仆　人　就是那个工人鲁大海！他不讲理，非见老爷不可。

周朴园　哦。（沉吟）那你就叫他进来吧。等一等，叫人到楼上请大少爷下楼，我有话问他。
仆　人　是，老爷。(由中门下。)
周朴园　(向侍萍)侍萍，你不要太固执。这一点钱你不收下，将来你会后悔的。
　　　　［侍萍望着周朴园，一句话也不说。
　　　　　仆人领着大海进，大海站在左边，三四仆人立一旁。］
鲁大海　(见侍萍)妈，您还在这儿？
周朴园　(打量鲁大海)你叫什么名字？
鲁大海　你不要同我摆架子，难道你不知道我是谁么？
周朴园　我只知道你是罢工闹得最凶的工人。
鲁大海　对了，一点儿也不错，所以才来拜望拜望你。
周朴园　你有什么事吧？
鲁大海　董事长当然知道我是为什么来的。
周朴园　(摇头)我不知道。
鲁大海　我们老远从矿上来，今天我又在您府上门房里从早上六点钟一直等到现在，我就是要问问董事长，对于我们工人的条件，究竟是答应不答应？
周朴园　哦，——那么，那三个代表呢？
鲁大海　我跟你说吧，他们现在正在联络旁的工会呢。
周朴园　哦，——他们没有告诉你旁的事情么？
鲁大海　告诉不告诉于你没有关系。——我问你，你的意思，忽而软，忽而硬，究竟是怎么回事？
　　　　［周萍由饭厅上，见有人，想退回。］
周朴园　(看周萍)不要走，萍儿！(望了一下侍萍。)
周　萍　是，爸爸。
周朴园　(指身侧)你站在这儿。(向大海)你这么只凭意气是不能交涉事情的。
鲁大海　哼，你们的手段，我都明白。你们这样拖延时候，不过是想去花钱收买少数不要脸的败类，暂时把我们骗在这儿。
周朴园　你的见地[8]也不是没有道理。
鲁大海　可是你完全错了。我们这次罢工是有团结的，有组织的。我们代表这次来，并不是来求你们。你听清楚，不求你们。你们答应就答应；不答应，我们一直罢工到底，我们知道你们不到两个月整个地就要关门的。
周朴园　你以为你们那些代表们，那些领袖们都可靠么？
鲁大海　至少比你们只认识洋钱的结合要可靠得多。
周朴园　那么我给你一件东西看。
　　　　［周朴园在桌上找电报，仆人递给他；此时周冲[9]偷偷由左书房进，在旁谛听。］
周朴园　(给大海电报)这是昨天从矿上来的电报。
鲁大海　(拿过去读)什么？他们又上工了。(放下电报)不会。
周朴园　矿上的工人已经在昨天早上复工，你当代表的反而不知道么？
鲁大海　(怒)怎么，矿上警察开枪打死三十个工人就白打了么？(又看电报，忽然笑起来)

哼,这是假的。你们自己假作的电报来离间我们的。你们这种卑鄙无赖的行为!

周　萍　（忍不住）你是谁？敢在这儿胡说？
周朴园　没有你的话！（向大海）你就这样相信你那同来的几个代表么？
鲁大海　你不用多说,我明白你这些话的用意。
周朴园　好,那我把那复工的合同给你瞧瞧。
鲁大海　（笑）你不要骗小孩子,复工的合同没有我们代表的签字是不生效力的。
周朴园　合同！
　　　　［仆人进书房把合同拿给周朴园。］
周朴园　你看,这是他们三个人签字的合同。
鲁大海　（看合同）什么？（慢慢地）他们三个人签了字？（伸手去拿,想仔细看一看）他们不告诉我,自己就签了字了？
周朴园　（顺手抽过来,交给仆人）对了,傻小子,没有经验只会胡喊是不成的。
鲁大海　那三个代表呢？
周朴园　昨天晚车就回去了。
鲁大海　（如梦初醒）这三个没有骨头的东西！他们就把矿上的工人们卖了！哼,你们这些不要脸的董事长,你们的钱这次又灵了。
周　萍　（怒）你混帐！
周朴园　不许多说话。（回头向大海）鲁大海,你现在没有资格跟我说话——矿上已经把你开除了。
鲁大海　开除了!?
周　冲　爸爸,这是不公平的。
周朴园　（向周冲[9]）你少多嘴,出去！
　　　　［周冲愤然由中门走下。］
鲁大海　好,好。（切齿）你的手段我早明白,只要你能弄钱,你什么都做得出来。你叫警察杀了矿上许多工人,你还——
周朴园　你胡说！
鲁侍萍　（至大海前）走吧,别说了。
鲁大海　哼,你的来历我都知道,你从前在哈尔滨包修江桥,故意在叫江堤出险——
周朴园　（厉声）下去！
仆人们　（拉鲁大海）走！走！
鲁大海　你故意淹死了两千二百个小工,每一个小工的性命你扣三百块钱！姓周的,你发的是绝子绝孙的昧心财！你现在还——
周　萍　（冲向大海,打了他两个嘴巴）你这种混帐东西！
　　　　［大海还手,被仆人们拉住］
周　萍　打他！
鲁大海　（向周萍）你！
　　　　［仆人们一齐打大海。大海流了血］
周朴园　（厉声）不要打人！

　　　　　　[仆人们住手,仍拉住大海。]
鲁大海　（挣扎）放开我,你们这一群强盗!
周　萍　（向仆人）把他拉下去!
鲁侍萍　（大哭）这真是一群强盗!（走至周萍前）你是萍,…凭——凭什么打我的儿子?
周　萍　你是谁?
鲁侍萍　我是你的——你打的这个人的妈。
鲁大海　妈,别理这种东西,小心吃了他们的亏。
鲁侍萍　（呆呆地望着周萍的脸,又哭起来）大海,走吧,我们走吧!
　　　　　　[大海为仆人们拥下,侍萍随下。]

[注释]

[1] 选自《曹禺选集》（人民出版社 1978 年版）。节选的是《雷雨》第二幕。四幕话剧《雷雨》写于 1933 年,次年,在《文学季刊》第一卷第三期上正式发表。曹禺（1910—1996 年）,原名万家宝,著名剧作家。
[2] 郁热：闷热。
[3] 午饭后……异常烦躁：这是一个夏天的午后,地点在周公馆的客厅里。
[4] 吕宋烟：雪茄烟的别称。因为菲律宾吕宋岛所产的雪茄烟很有名,所以有此别称。
[5] 光绪二十年：公元 1894 年。
[6] 汗涔涔（céncén）：汗流不断的样子。
[7] 门第：旧指家庭在社会上的地位等级和家庭成员的文化程度等。
[8] 见地：见识,见解。
[9] 周冲：周朴园和后妻繁漪生的儿子。

[思考练习]

一、戏剧演出受舞台条件的限制,要求剧本结构必须遵循时间空间高度集中的原则,戏剧冲突和戏剧情节都应当在高度集中的场面和场景中展开。《雷雨》第二幕舞台演出的地点只在周公馆的客厅内,时间只是一个夏天的午后,但是通过人物对话,涉及许多发生在其他时间其他地点的事情。试按时间为序,填写下边的表格,并说说为什么这样大量涉及往事。

时　间	地　点	事　情
三十多年前	无锡	周朴园与梅妈的女儿侍萍相爱,生了两个儿子。
三十年前除夕	无锡	
三十年来	外乡	
	周公馆	
从前	哈尔滨	
最近	矿上	

二、就周朴园的思想性格,思考下列问题。
1. 侍萍痛诉三十年痛苦遭遇,鲁大海痛斥周朴园种种罪恶,周朴园这个"社会上的好

人物"的假面具被撕掉了,他的丑恶面目暴露了。试用一句话高度概括他的本性中最突出的一点。

2. 周朴园想用金钱来弥补他对侍萍的"罪过",用钱来收买工人代表,平息罢工,这两件事有什么相通之处?

3. 周朴园在知道鲁大海是自己儿子之后,却丝毫不讲父子之情,相反把他开除了,这个情节说明什么?

三、侍萍经历了三十年痛苦磨难之后,思想性格上具有哪些可贵之处?

四、欣赏"相认"的场面,回答下边的问题。

1. 为什么侍萍再三隐瞒自己?为什么最后却又借衬衣这个话题挑明自己就是侍萍?

2. 周朴园三问侍萍"你贵姓""你姓什么""你是谁",侍萍三次隐瞒了过去。你认为这样写三个回合好,还是写一两个回合好,还是写四五个回合好?为什么?

五、体会人物内心的思想感情,回答括号里的问题。

1. 周朴园 好,你先下去。
   鲁侍萍 老爷,没有事了?(望着朴园,泪要涌出。)
   [为什么此时侍萍"望着朴园,泪要涌出"?]

2. 鲁侍萍 (大哭)这真是一群强盗!(走至周萍前)你是萍,……凭——凭什么打我的儿子?
   [侍萍起初想说什么?为什么马上改口了?]
   周　萍 你是谁?
   鲁侍萍 我是你的——你打的这个人的妈。
   鲁大海 妈,别理这种东西,小心吃了他们的亏。
   鲁侍萍 (呆呆地望着周萍的脸,又哭起来)大海,走吧,我们走吧!
   (大海为仆人们拥下,侍萍随下。)
   [为什么侍萍呆呆地望着周萍的脸,又哭起来?]

六、分组分角色朗读。要用心体会每句台词所表达的思想感情,要进入角色,读出人物的感情。

3.

威尼斯商人(节选)[1]

莎士比亚

[阅读提示]

《威尼斯商人》全剧主要情节是这样的:商人安东尼奥为帮助朋友巴萨尼奥成婚,向犹太人高利贷者夏洛克转借三千块钱,夏洛克对安东尼奥怀有宿怨,假意不收利息,契约到期不还可以割安东尼奥胸部一磅肉。巴萨尼奥得到安东尼奥的帮助,求婚顺利成功。可是安东尼奥因商船触礁遭致破产,到期无法还债。夏洛克执意照约处罚,巴萨尼奥的未婚妻鲍西亚乔装律师出庭,终于击败夏洛克。

课文是第四幕第一场,法庭判决,是全剧的高潮。阅读这场戏,要思考夏洛克是怎样一个人,安东尼奥、巴萨尼奥、鲍西亚等人又有哪些性格特点,要领悟剧作家的思想、观点和感情,要能提出自己的看法。

阅读欣赏这个剧本,要用心看出转机出现之前的种种伏笔,例如当夏洛克丧心病狂时,公爵说"你这样一点没有慈悲之心,将来怎么能够希望人家对你慈悲呢?"对后面的情节有暗示的意味。这样的伏笔很多,只有用心领会,才能发现妙处。

莎士比亚戏剧的原文是用诗的形式写成的,译文改为散文,仍富有诗味,优美、畅达。阅读时可将自己喜爱的语句做上记号,仔细品味。

威尼斯·法庭

[公爵[2]、众绅士、安东尼奥、巴萨尼奥[3]、葛莱西安诺[4]、萨拉里诺、萨莱尼奥及余人等同上。]

公　　爵　安东尼奥有没有来?

安 东 尼 奥　有,殿下[5]。

公　　爵　我很为你不快乐;你是来跟一个心如铁石的对手当庭质对,一个不懂得怜悯、没有一丝慈悲心的不近人情的恶汉。

安 东 尼 奥　听说殿下曾经用尽力量劝他不要过为已甚[6],可是他一味固执,不肯略作让步。既然没有合法的手段可以使我脱离他的怨毒[7]的掌握,我只有用默忍迎受他的愤怒,安心等待着他的残暴的处置。

公　　爵　来人,传那犹太人到庭。

萨 拉 里 诺　他在门口等着;他来了,殿下。

[夏洛克[8]上。]

公　　爵　大家让开些,让他站在我的面前。夏洛克,人家都以为——我也是这样想——你不过故意装出这一副凶恶的姿态,到了最后关头,就会显出你的仁慈恻隐[9]来,比你现在这种表面上的残酷更加出人意料;现在你虽然坚持着照约处罚,一定要从这个不幸的商人身上割下一磅肉来,到了那时候,你不但愿意放弃这一种处罚,而且因为受到良心上的感动,说不定还会豁免[10]他一部分的欠款。你看他最近接连遭逢的巨大损失,足以使无论怎样富有的商人倾家荡产,即使铁石一样的心肠,从来不知道人类同情的野蛮人,也不能不对他的境遇发生怜悯。犹太人,我们都在等候你一句温和的回答。

夏　洛　克　我的意思已经向殿下告禀过了;我也已经指着我们的圣安息日[11]起誓,一定要照约执行处罚;要是殿下不准许我的请求,那就是蔑视宪章,我要到京城里去上告,要求撤销贵邦的特权。您要是问我为什么不愿接受三千块钱,宁愿拿一块腐烂的臭肉,那我可没有什么理由可以回答您,我只能说我欢喜这样,这是不是一个回答?要是我的屋子里有了耗子,我高兴出一万块钱叫人把它们赶掉,谁管得了我?这不是回答了您吗?有的人不爱看张开嘴的猪,有的人瞧见一头猫就要发脾气,还有人听见人家吹风笛的声音,就忍不住要小便;因为一个人的感情完全受着喜恶的支配,谁也做不了自己的主。现在我就这样回答您:为什么有人受不住一头张开嘴的猪,有人受不住一头有益无害的猫,还有人受不住咿咿唔唔的风笛的声音,这些都是毫无充分的理由的,只是因为天生的癖性,使他们一受到刺激,就会情不自禁地现出丑相来;所以我不能举什么理由,也不愿举什么理由,除了因为我对于安东尼奥抱着久积的仇恨和深刻的反感,所以才会向他进行这一场对于我自己并没有好处的诉讼[12]。现在您不是已经得到我的回答了吗?

巴萨尼奥　你这冷酷无情的家伙,这样的回答可不能作为你的残忍的辩解。

夏洛克　我的回答本来不是为了讨你的欢喜。

巴萨尼奥　难道人们对于他们所不喜欢的东西,都一定要置之死地吗?

夏洛克　哪一个人会恨他所不愿意杀死的东西?

巴萨尼奥　初次的冒犯,不应该就引为仇恨。

夏洛克　什么!你愿意给毒蛇咬两次吗?

安东尼奥　请你想一想,你现在跟这个犹太人讲理,就像站在海滩上,叫那大海的怒涛减低它的奔腾的威力,责问豺狼为什么害得母羊为了失去它的羔羊而哀啼,或是叫那山上的松柏,在受到大风吹拂的时候,不要摇头摆脑,发出簌簌[13]的声音。要是你能够叫这个犹太人的心变软——世上还有什么东西比它更硬呢?——那么还有什么难事不可以做到?所以我请你不用再跟他商量什么条件,也不用替我想什么办法,让我爽爽快快受到判决,满足这个犹太人的心愿吧!

巴萨尼奥　借了你三千块钱,现在拿六千块钱还你好不好?

夏洛克　即使这六千块钱中间的每一块钱都可以分做六份,每一份都可以变成一块钱,我也不要它们;我只要照约处罚。

公爵　你这样一点没有慈悲之心,将来怎么能够希望人家对你慈悲呢?

夏洛克　我又不干错事,怕什么刑罚?你们买了许多奴隶,把他们当作驴狗骡马一样看待,叫他们做种种卑贱的工作,因为他们是你们出钱买来的。我可不可以对你们说,让他们自由,叫他们跟你们的子女结婚?为什么他们要在重担之下流着血汗?让他们的床铺得跟你们的床同样柔软,让他们的舌头也尝尝你们所吃的东西吧。你们会回答说:"这些奴隶是我们所有的。"所以我也可以回答你们:我向他要求的这一磅肉,是我出了很大的代价买来的;它是属于我的,我一定要把它拿到手里。您要是拒绝了我,那么你们的法律去见鬼吧!威尼斯城的法令就将等于一纸空文。我现在等候着判决,请快些回答我,我可不可以拿到这一磅肉?

公爵　我已经差人去请培拉里奥,一位有学问的博士,来替我们审判这件案子;要是他今天不来,我可以有权宣布延期判决。

萨拉里诺　殿下,外面有一个使者刚从帕度亚来,带着这位博士的书信,等候着殿下的召唤。

公爵　把信拿来给我;叫那使者进来。

巴萨尼奥　高兴起来吧,安东尼奥!喂,老兄,不要灰心!这犹太人可以把我的肉、我的血、我的骨头、我的一切都拿去,可是我决不让你为了我的缘故流一滴血。

安东尼奥　我是羊群里一头不中用的病羊,死是我的应分[14];最软弱的果子最先落到地上,让我也就这样结束了我的一生吧。巴萨尼奥,我只要你活下去,将来替我写一篇墓志铭,那你就是做了再好不过的事。

〔尼莉莎[15]扮律师书记上。〕

公　　爵　你是从帕度亚培拉里奥那里来的吗?

尼 莉 莎　是,殿下。培拉里奥叫我向殿下致意。(呈上一信。)

巴萨尼奥　你这样使劲儿磨着刀干吗?

夏 洛 克　从那破产的家伙身上割下那磅肉来。

葛莱西安诺　狠心的犹太人,你不是在鞋口上磨刀,你这把刀是放在你的心口上磨;无论哪种铁器,就连刽子手的钢刀,都赶不上你这刻毒的心肠一半的锋利。难道什么恳求都不能打动你吗?

夏 洛 克　不能,无论你说得多么婉转动听,都没有用。

葛莱西安诺　万恶不赦的狗,看你死后不下地狱!让你这种东西活在世上,真是公道不生眼睛。你简直使我的信仰发生摇动,相信起毕达哥拉斯[16]所说畜生的灵魂可以转生人体的议论来了;你的前生一定是一头豺狼,因为吃了人给人捉住吊死,它那凶恶的灵魂就从绞架上逃了出来,钻进了你那老娘的腌臜[17]的胎里,因为你的性情正像豺狼一样残暴贪婪。

夏 洛 克　除非你能够把我这一张契约上的印章骂掉,否则像你这样拉开了喉咙直嚷,不过白白伤了你的肺,何苦来呢?好兄弟,我劝你还是让你的脑子休息一下吧,免得它损坏了,将来无法收拾。我在这儿要求法律的裁判。

公　　爵　培拉里奥在这封信上介绍一位年轻有学问的博士出席我们的法庭。他在什么地方?

尼 莉 莎　他就在这儿附近等着您的答复,不知道殿下准不准许他进来?

公　　爵　非常欢迎。来,你们去三四个人,恭恭敬敬领他到这儿来。现在让我们把培拉里奥的来信当庭宣读。

书　　记　(读)"尊翰[18]到时,鄙人抱疾[19]方剧;适有一青年博士鲍尔萨泽君自罗马来此,致其慰问,因与详讨犹太人与安东尼奥一案,遍稽[20]群籍,折衷是非[21],遂恳其为鄙人庖代[22],以应殿下之召。凡鄙人对此案所具意见,此君已深悉无遗;其学问才识,虽穷极赞辞,亦不足道其万一,务希勿以其年少而忽之,盖如此少年老成之士,实鄙人生平所仅见也。倘蒙延纳[23],必能不辱使命。敬祈钧裁[24]。"

公　　爵　你们已经听到了博学的培拉里奥的来信。这儿来的大概就是那位博士了。

〔鲍西娅[25]扮律师上。〕

公　　爵　把您的手给我。足下是从培拉里奥老前辈那儿来的吗?

鲍 西 娅　正是,殿下。

公　　爵　欢迎欢迎;请上坐。您有没有明了今天我们在这儿审理的这件案子的两方面的争点?

鲍 西 娅　我对于这件案子的详细情形已经完全知道了。这儿哪一个是那商人,哪一个是犹太人?

公　　爵　安东尼奥,夏洛克,你们两人都上来。

鲍 西 娅　你的名字就叫夏洛克吗?

夏 洛 克　夏洛克是我的名字。

鲍 西 娅　你这场官司打得倒也奇怪,可是按照威尼斯的法律,你的控诉是可以成立的。(向安东尼奥)你的生死现在操在他的手里,是不是?

安东尼奥　他是这样说的。

鲍 西 娅　你承认这借约吗?

安东尼奥　我承认。

鲍 西 娅　那么犹太人应该慈悲一点。

夏 洛 克　为什么我应该慈悲一点?把您的理由告诉我。

鲍 西 娅　慈悲不是出于勉强,它是像甘霖一样从天上降下尘世;它不但给幸福于受施的人,也同样给幸福于施与的人;它有超乎一切的无上威力,比皇冠更足以显出一个帝王的高贵;御杖不过象征着俗世的威权,使人民对于君上的尊严凛然生畏;慈悲的力量却高出于权力之上,它深藏在帝王的内心,是一种属于上帝的德性,执法的人倘能把慈悲调剂着公道,人间的权力就和上帝的神力没有差别。所以,犹太人,虽然你所要求的是公道,可是请你想一想,要是真的按照公道执行起赏罚来,谁也没有死后得救的希望;我们既然祈祷着上帝的慈悲,就应该按照祈祷的指点,自己做一些慈悲的事。我说了这一番话,为的是希望你能够从你的法律的立场上作几分让步;可是如果你坚持着原来的要求,那么威尼斯的法庭是执法无私的,只好把那商人宣判定罪了。

夏 洛 克　我自己做的事,我自己当!我只要求法律允许我照约执行处罚。

鲍 西 娅　他是不是无力偿还这笔借款?

巴萨尼奥　不,我愿意替他当庭还清;照原数加倍也可以;要是这样他还不满足,那么我愿意签署契约,还他十倍的数目,拿我的手、我的头、我的心做抵押;要是这样还不能使他满足,那就是存心害人,不顾天理了。请堂上运用权力,把法律稍为变通一下,犯一次小小的错误,干一件大大的功德,别让这个残忍的恶魔逞他杀人的兽欲。

鲍 西 娅　那可不行,在威尼斯谁也没有权力变更既成的法律;要是开了这一个恶例,以后谁都可以借口有例可援,什么坏事情都可以干了。这是不行的。

夏 洛 克　一个但尼尔[26]来做法官了!真的是但尼尔再世!聪明的青年法官啊,我真佩服你!

鲍 西 娅　请你让我瞧一瞧那借约。

夏 洛 克　在这儿,可尊敬的博士,请看吧。

鲍 西 娅　夏洛克,他们愿意出三倍的钱还你呢。

夏 洛 克　不行,不行,我已经对天发过誓啦,难道我可以让我的灵魂背上毁誓的罪名

	吗？不，把整个儿的威尼斯给我，我都不能答应。
鲍 西 娅	好，那么就应该照约处罚；根据法律，这犹太人有权要求从这商人的胸口割下一磅肉来。还是慈悲一点，把三倍原数的钱拿去，让我撕了这张约吧。
夏 洛 克	等他按照约中所载条款受罚以后，再撕不迟。您瞧上去像是一个很好的法官；您懂得法律，您讲的话也很有道理，不愧是法律界的中流砥柱，所以现在我就用法律的名义，请您立刻进行宣判，凭着我的灵魂起誓，谁也不能用他的口舌改变我的决心。我现在但[27]等着执行原约。
安东尼奥	我也诚心请求堂上从速宣判。
鲍 西 娅	好，那么就是这样：你必须准备让他的刀子刺进你的胸膛。
夏 洛 克	啊，尊严的法官！好一位优秀的青年！
鲍 西 娅	因为这约上所订定的惩罚，对于法律条文的涵义并无抵触。
夏 洛 克	很对很对！啊，聪明正直的法官！想不到你瞧上去这样年轻，见识却这么老练！
鲍 西 娅	所以你应该把你的胸膛袒露出来。
夏 洛 克	对了，"他的胸部"，约上是这么说的；——不是吗，尊严的法官？——"靠近心口的所在"，约上写得明明白白。
鲍 西 娅	不错，称肉的天平有没有预备好？
夏 洛 克	我已经带来了。
鲍 西 娅	夏洛克，去请一位外科医生来替他堵住伤口，费用归你负担，免得他流血而死。
夏 洛 克	约上有这样的规定吗？
鲍 西 娅	约上并没有这样的规定；可是那又有什么相干呢？肯做一件好事总是好的。
夏 洛 克	我找不到；约上没有这一条。
鲍 西 娅	商人，你还有什么话说吗？
安东尼奥	我没有多少话要说；我已经准备好了。把你的手给我，巴萨尼奥，再会吧！不要因为我为了你的缘故遭到这种结局而悲伤，因为命运对我已经特别照顾了：她往往让一个不幸的人在家产荡尽以后继续活下去，用她凹陷的眼睛和满是皱纹的额角去挨受贫困的暮年；这一种拖延时日的刑罚，她已经把我豁免了。替我向尊夫人致意，告诉她安东尼奥的结局；对她说我怎样爱你，又怎样从容就死；等到你把这一段故事讲完以后，再请她判断一句，巴萨尼奥是不是曾经有过一个真心爱他的朋友。不要因为你将要失去一个朋友而懊恨，替你还债的人是死而无怨；只要那犹太人的刀刺得深一点，我就可以在一刹那的时间把那笔债完全还清。
巴萨尼奥	安东尼奥，我爱我的妻子，就像我自己的生命一样；可是我的生命、我的妻子以及整个的世界，在我的眼中都不比你的生命更为贵重；我愿意丧失一切，把它们献给这恶魔做牺牲，来救出你的生命。
鲍 西 娅	尊夫人要是就在这儿听见您说这样话，恐怕不见得会感谢您吧。
葛莱西安诺	我有一个妻子，我可以发誓我是爱她的；可是我希望她马上归天，好去求告

|尼　莉　莎|幸亏尊驾[28]在她的背后说这样的话,否则府上一定要吵得鸡犬不宁了。
|夏　洛　克|这些便是相信基督教的丈夫!我有一个女儿,我宁愿她嫁给强盗的子孙,也不愿她嫁给一个基督徒,别再浪费光阴了,请快些儿宣判吧。
|鲍　西　娅|那商人身上的一磅肉是你的;法庭判给你,法律许可你。
|夏　洛　克|公平正直的法官!
|鲍　西　娅|你必须从他的胸前割下这磅肉来;法律许可你,法庭判给你。
|夏　洛　克|博学多才的法官!判得好!来,预备!
|鲍　西　娅|且慢,还有别的话哩。这约上并没有允许你取他的一滴血,只是写明着"一磅肉";所以你可以照约拿一磅肉去,可是在割肉的时候,要是流下一滴基督徒的血,你的土地财产,按照威尼斯的法律,就要全部充公。
|葛莱西安诺|啊,公平正直的法官!听着,犹太人;啊,博学多才的法官!
|夏　洛　克|法律上是这样说吗?
|鲍　西　娅|你自己可以去查查明白。既然你要求公道,我就给你公道,而且比你所要求的更公道。
|葛莱西安诺|啊,博学多才的法官!听着,犹太人;好一个博学多才的法官!
|夏　洛　克|那么我愿意接受还款;照约上的数目三倍还我,放了那基督徒。
|巴萨尼奥|钱在这儿。
|鲍　西　娅|别忙!这犹太人必须得到绝对的公道。别忙!他除了照约处罚以外,不能接受其他的赔偿。
|葛莱西安诺|啊,犹太人!一个公平正直的法官,一个博学多才的法官!
|鲍　西　娅|所以你准备着动手割肉吧。不准流一滴血,也不准割得超过或是不足一磅的重量;要是你割下来的肉,比一磅略微轻一点或是重一点,即使相差只有一丝一毫,或者仅仅一根汗毛之微,就要把你抵命,你的财产全部充公。
|葛莱西安诺|一个再世的但尼尔,一个但尼尔,犹太人!现在你可掉在我的手里了,你这异教徒!
|鲍　西　娅|那犹太人为什么还不动手?
|夏　洛　克|把我的本钱还我,放我去吧。
|巴萨尼奥|钱我已经预备好在这儿,你拿去吧。
|鲍　西　娅|他已经当庭拒绝过了;我们现在只能给他公道,让他履行原约。
|葛莱西安诺|好一个但尼尔,一个再世的但尼尔!谢谢你,犹太人,你教会我说这句话。
|夏　洛　克|难道我单单拿回我的本钱都不成吗?
|鲍　西　娅|犹太人,除了冒着你自己生命的危险割下那一磅肉以外,你不能拿一个钱。
|夏　洛　克|好,那么魔鬼保佑他去享用吧!我不打这场官司了。
|鲍　西　娅|等一等,犹太人,法律上还有一点牵涉你。威尼斯的法律规定:凡是一个异邦人企图用直接或间接手段,谋害任何公民,查明确有实据者,他的财产的半数应当归受害的一方所有,其余的半数没入公库,犯罪者的生命悉听公爵处置,他人不得过问。你现在刚巧陷入这个法网,因为根据事实的发展,已

　　　　　经足以证明你确有运用直接间接手段,危害被告生命的企图,所以你已经遭逢着我刚才所说起的那种危险了。快快跪下来,请公爵开恩吧。

葛莱西安诺　求公爵开恩,让你自己去寻死吧;可是你的财产现在充了公,一根绳子也买不起啦,所以还是要让公家破费把你吊死。

公　　爵　让你瞧瞧我们基督徒的精神,你虽然没有向我开口,我自动饶恕了你的死罪。你的财产一半划归安东尼奥,还有一半没入公库;要是你能够诚心悔过,也许还可以减处你一笔较轻的罚款。

鲍　西　娅　这是说没入公库的一部分,不是说划归安东尼奥的一部分。

夏　洛　克　不,把我的生命连着财产一起拿了去吧,我不要你们的宽恕。你们拿掉支撑房子的柱子,就是拆了我的房子;你们夺去了我的养家活命的根本,就是活活要了我的命。

[注释]

[1] 选自《莎士比亚全集》第二卷(人民文学出版社1994年版)。朱生豪译。莎士比亚(1564—1616年),文艺复兴时期英国杰出的戏剧家和诗人,主要作品有《李尔王》《哈姆雷特》《奥赛罗》《罗密欧与朱丽叶》等。威尼斯商人指的是安东尼奥。
[2] 公爵:指威尼斯公爵。威尼斯在中古后期是个共和国,最高统治者是公爵。
[3] 巴萨尼奥:安东尼奥的朋友。
[4] 葛莱西安诺:和下文的萨拉里诺、萨莱尼奥都是安东尼奥和巴萨尼奥的朋友。
[5] 殿下:这里是对公爵的尊称。
[6] 过为已甚:错误的行为太过了头。已甚,太过。
[7] 怨毒:怨恨,仇恨。
[8] 夏洛克:放高利贷的犹太富翁。
[9] 恻(cè)隐:同情,怜悯。
[10] 豁(huò)免:免除。
[11] 安息日:犹太教、基督教每周一次的圣日,这一天教徒停止工作,礼拜上帝。犹太教根据《圣经·创世纪》关于上帝在六天内创造天地万物,第七天(星期五太阳落山至星期六太阳落山)休息的记载,定该日为安息日。基督教则以星期日为安息日。
[12] 诉讼(sòng):检察机关、法院以及民事案件中的当事人、刑事案件中的自诉人解决案件时所进行的活动。俗称"打官司"。讼,在法庭上争辩是非曲直。
[13] 簌簌:念 sùsù。
[14] 应分(yīngfèn):分内应该的。
[15] 尼莉莎:鲍西娅的侍女,葛莱西安诺的妻子。在这场戏里,她女扮男装,充当律师书记。
[16] 毕达哥拉斯:古希腊哲学家,主张灵魂轮回说。
[17] 腌臜(āzā):肮脏。
[18] 尊翰:对别人来信的尊称。翰,这里指书信。
[19] 抱疾:抱病,患病。
[20] 稽:查考。
[21] 折衷是非:调和不同意见或争执。
[22] 庖(páo)代:比喻越权办事或代做别人分内的事情。这里指后一种意思。也说"代庖",是成语

"越俎代庖"的简省说法。
[23] 延纳：引见接纳。
[24] 钧裁：对上级裁决的敬称。钧，敬辞，用于对尊长或上级。
[25] 鲍西娅：富家女儿，巴萨尼奥的妻子。在这场戏里，她女扮男装，充当律师。
[26] 但尼尔：以色列的著名法官，善于处理诉讼案件。
[27] 但：只
[28] 尊驾：对对方的敬称。

[思考练习]

一、续写剧情梗概。

安东尼奥为帮助他的朋友巴萨尼奥与鲍西娅成婚，借了夏洛克的三千块钱。夏洛克因与安东尼奥有宿怨，迫使他订了一个借约，如果不能在规定的日期和地点还钱，就要在欠债人的胸前割下一磅肉。巴萨尼奥在安东尼奥的帮助下，求婚顺利地成功了。可是安东尼奥因为商船触礁而破产，到期还不起夏洛克的钱。在法庭上⋯⋯

二、下面是从三本书上摘录的关于《威尼斯商人》主题思想的不同见解，说说你的看法。

1. 剧本主要通过夏洛克与威尼斯商人安东尼奥的矛盾冲突，揭露高利贷者的残暴贪婪。

2. 赞颂仁爱、友谊和真诚的爱情。

3. 戏剧的主题思想是所谓慷慨无私的友谊、真诚的爱情、仁爱同贪婪、嫉妒、仇恨、残酷之间的冲突。

三、就剧中人物的思想性格，回答下边的问题。

1. 为什么夏洛克非要置安东尼奥于死地不可？哪一句话吐出了真情？

2. 任何道德劝告，任何道德谴责，夏洛克都拒之门外，表现了他什么性格特点？

3. 契约写明"一磅肉"，没有写明准许流血，只有鲍西娅发现了这个破绽，其他人都没有发觉。这一点分别表现了剧中人物什么性格？

四、鲍西娅的反击，其情节是一步一步发展的；鲍西娅步步进逼，夏洛克步步退却。说说鲍西亚的反击有几个步骤，剧情这样展开比一次性和盘托出有什么好处。

五、阅读短文，回答下边的问题。

1. 鲍西娅　⋯⋯犹太人，虽然你要求的是公道，可是请你想一想，要是真的按照公道执行起赏罚来，谁也没有死后得救的希望⋯⋯

（这段话里暗示什么意思？）

2. 鲍西娅　那可不行，在威尼斯谁也没有权力变更既成的法律；要是开了这一个恶例，以后谁都可以借口有例可援，什么坏事情都可以干了。这是不行的。

（这段话里又暗示什么意思？）

六、补全下面一段话，体会语言特点，反复阅读。

慈悲不是_____勉强，它是像_____一样从天上_____；它_____给幸福于_____的人，也同样给幸福于_____的人；它有_____的_____威力，比皇冠更足以显出一个帝王的＿＿＿＿：御杖不过象征着＿＿＿＿，使人民对于＿＿＿＿的尊严＿＿＿＿；慈悲的力量却＿＿＿＿，它深藏在帝王的内心，是一种＿＿＿＿的德性，执法的人倘能把慈悲＿＿＿＿公道，人间的权力就和＿＿＿＿没有差别。

4.

茶馆（节选）[1]

老 舍

[阅读提示]

《茶馆》是当代中国话剧舞台上最优秀的剧目之一。

"一个大茶馆就是一个小社会"。《茶馆》截取三个时代的横断面，三幕戏分别展示清末戊戌维新运动失败之秋、民国初年北洋军阀盘踞时期、国民党政府崩溃前夕的生活场景，表现旧中国日趋衰微、日暮途穷的历史大趋势，昭示了中国社会必须寻找别的出路这个历史的结论。

课文节选《茶馆》第一幕，艺术地再现了清末社会面貌，展开了纷繁的戏剧冲突，刻画了众多的人物形象。除一大批"小人物"之外，还安排财主秦仲义和总管庞太监两个显赫人物登场，开拓了这幕戏所反映的社会生活的广度和深度。这里有清末社会的面面观：朝廷恶势力十分猖獗，官吏腐败，作威作福；特务爪牙遍于中国，专横跋扈，刚正之士遭受迫害；寄生阶层游手好闲，社会渣滓乘人之危，敲骨吸髓；兵荒马乱，民不聊生，苦苦挣扎，卖儿救穷；治安混乱，斗殴成风，洋货充塞，民穷财尽。总而言之，大清国已经腐朽透顶，气息奄奄了。

这样丰富的社会生活内容，纷繁的戏剧情节，集中在一幕之中，一个个场面转换自然，一个个片段精彩纷呈，真是令人目不暇接，叹为观止。

剧中人物如此众多，语言各有各的特色。老舍善于"三笔两笔画出个人来"，不多的几句台词，就使一个人物有血有肉。欣赏时要注意比较，用心体会。老舍剧本语言的"京味"，也是很值得玩味的。

时　间　1898年（戊戌）初秋，康梁等的维新运动失败了。早半天[2]。
地　点　北京，裕泰大茶馆。
人　物　王利发、刘麻子、庞太监、唐铁嘴、康六、小牛儿、松二爷、黄胖子、宋恩子、常四爷、秦仲义、吴祥子、李三、老人、康顺子、二德子、乡妇、茶客甲乙丙丁、马五爷、小妞、茶房一二人。

［幕启：这种大茶馆现在已经不见了。在几十年前，每城都起码有一处。这里卖茶，也卖简单的点心与饭菜。玩鸟的人们，每天在遛够了画眉、黄鸟等之后，要到这里歇歇腿，喝喝茶，并使鸟儿表演歌唱。商议事情的，说媒拉纤[3]的，也到这里来。那年月，时常有打群架的，但是总会有朋友出头给双方调解；三五十口子打手，经调人东说西说，便都喝碗茶，吃碗烂肉面（大茶馆特殊的食品，价钱便宜，作起来快当），就可以化干戈为玉帛[4]了。

〔总之,这是当日非常重要的地方,有事无事都可以来坐半天。在这里,可以听到最荒唐的新闻,如某处的大蜘蛛怎么成了精,受到雷击。奇怪的意见也在这里可以听到,像把海边上都修上大墙,就足以挡住洋兵上岸。这里还可以听到某京戏演员新近创造了什么腔儿,和煎熬鸦片烟的最好的方法。这里也可以看到某人新得到的奇珍——一个出土的玉扇坠儿,或三彩的鼻烟壶。这真是个重要的地方,简直可以算作文化交流的所在。〕

〔我们现在就要看见这样的一座茶馆。〕

〔一进门是柜台与炉灶——为省点事,我们的舞台上可以不要炉灶;后面有些锅勺的响声也就够了。屋子非常高大,摆着长桌与方桌,长凳与小凳,都是茶座儿。隔窗可见后院,高搭着凉棚,棚下也有茶座儿。屋里和凉棚下都有挂鸟笼的地方。各处都贴着"莫谈国事"的纸条。〕

〔有两位茶客,不知姓名,正眯着眼,摇着头,拍板低唱。有两三位茶客,也不知姓名,正入神地欣赏瓦罐里的蟋蟀。两位穿灰色大衫的——宋恩子与吴祥子,正低声地谈话,看样子他们是北衙门的办案的(侦缉)。〕

〔今天又有一起打群架的,据说是为了争一只家鸽,惹起非用武力解决不可的纠纷。假若真打起来,非出人命不可,因为被约的打手中包括着善扑营[5]的哥儿们和库兵[6],身手都十分厉害。好在,不能真打起来,因为在双方还没把打手约齐,已有人出面调停了——现在双方在这里会面。三三两两的打手,都横眉立目,短打扮,随时进来,往后院去。〕

〔马五爷在不惹人注意的角落,独自坐着喝茶。〕

〔王利发高高地坐在柜台里。〕

〔唐铁嘴趿[7]拉着鞋,身穿一件极长极脏的大布衫,耳上夹着几张小纸片,进来。〕

王利发　唐先生,你外边遛遛吧!
唐铁嘴　(惨笑)王掌柜,捧捧唐铁嘴吧!送给我碗茶喝,我就先给您相相面吧!手相奉送,不取分文!(不容分说,拉过王利发的手来)今年是光绪二十四年,戊戌。您贵庚[8]是……
王利发　(夺回手去)算了吧,我送你一碗茶喝,你就甭卖那套生意口啦!用不着相面,咱们既在江湖内,都是苦命人!(由柜台内走出,让唐铁嘴坐下)坐下!我告诉你,你要是不戒了大烟,就永远交不了好运!这是我的相法,比你的更灵验!

〔松二爷和常四爷都提着鸟笼进来,王利发向他们打招呼。他们先把鸟笼子挂好,找地方坐下。松二爷文绉绉的,提着小黄鸟笼;常四爷雄赳赳的,提着大而高的画眉笼。茶房李三赶紧过来,沏上盖碗茶。他们自带茶叶。茶沏好,松二爷、常四爷向临近的茶座让了让。〕

松二爷
常四爷　您喝这个!(然后,往后院看了看)

松二爷　好象又有事儿?
常四爷　反正打不起来!要真打的话,早到城外头去啦,到茶馆来干吗?

〔二德子,一位打手,恰好进来,听见了常四爷的话。〕

二德子　(凑过去)你这是对谁甩闲话呢?

常四爷　(不肯示弱)你问我哪？花钱喝茶，难道还教谁管着吗？
松二爷　(打量了二德子一番)我说这位爷，您是营里当差的吧？来，坐下喝一碗，我们也都是外场人[9]。
二德子　你管我当差不当差呢！
常四爷　要抖威风，跟洋人干去，洋人厉害！英法联军烧了圆明园，尊家吃着官饷，可没见您去冲锋打仗！
二德子　甭说打洋人不打，我先管教管教你！(要动手)
　　　　[别的茶客依旧进行他们自己的事。王利发急忙跑过来。]
王利发　哥儿们，都是街面上的朋友，有话好说。德爷，您后边坐！
　　　　[二德子不听王利发的话，一下子把一个盖碗搂下桌去，摔碎。翻手要抓常四爷的脖领。]
常四爷　(闪过)你要怎么着？
二德子　怎么着？我碰不了洋人，还碰不了你吗？
马五爷　(并未立起)二德子，你威风啊！
二德子　(四下扫视，看到马五爷)喝，马五爷，你在这儿哪？我可眼拙[10]，没看见您！(过去请安)
马五爷　有什么事好好地说，干吗动不动地就讲打？
二德子　嗻[11]！您说得对！我到后头坐坐去。李三，这儿的茶钱我候[12]啦！(往后面走去)
常四爷　(凑过来，要对马五爷发牢骚)这位爷，您圣明，您给评评理！
马五爷　(立起来)我还有事，再见！(走出去)
常四爷　(对王利发)邪！这倒是个怪人！
王利发　您不知道这是马五爷呀！怪不得你也得罪了他！
常四爷　我也得罪了他？我今天出门没挑好日子！
王利发　(低声地)刚才您说洋人怎样，他就是吃洋饭的。信洋教，说洋话，有事情可以一直地找宛平县的县太爷去，要不怎么连官面上都不惹他呢！
常四爷　(往原处走)哼，我就不佩服吃洋饭的！
王利发　(向宋恩子、吴祥子那边稍一歪头，低声地)说话请留点神！(大声地)李三，再给这儿沏一碗来！(拾起地上的碎瓷片)
松二爷　盖碗多少钱？我赔！外场人不作老娘们事！
王利发　不忙，待会儿再算吧！(走开)
　　　　[纤手刘麻子领着康六进来。刘麻子先向松二爷、常四爷打招呼。]
刘麻子　您二位真早班儿[13]！(掏出鼻烟壶，倒烟)您试试这个！刚装来的，地道的英国造，又细又纯！
常四爷　唉！连鼻烟也得从外洋来！这得往外流多少银子啊！
刘麻子　咱们大清国有的是金山银山，永远花不完！您坐着，我办点小事！(领康六找了个座儿)
　　　　[李三拿过一碗茶来。]

刘麻子　说说吧,十两银子行不行?你说干脆的!我忙,没工夫专伺候你!
康　六　刘爷!十五岁的大姑娘,就值十两银子吗?
刘麻子　卖到窑子去,也许多拿一两八钱的,可是你又不肯!
康　六　那是我的亲女儿!我能够……
刘麻子　有女儿,你可养活不起,这怪谁呢?
康　六　那不是因为乡下种地的都没法子混了吗?一家大小要是一天能吃上一顿粥,我要还想卖女儿,我就不是人!
刘麻子　那是你们乡下的事,我管不着。我受你之托,教你不吃亏,又教你女儿有个吃饱饭的地方,这还不好吗?
康　六　到底给谁呢?
刘麻子　我一说,你必定从心眼里乐意!一位在宫里当差的!
康　六　宫里当差的谁要个乡下丫头呢?
刘麻子　那不是你女儿的命好吗?
康　六　谁呢?
刘麻子　庞总管!你也听说过庞总管吧?伺候着太后,红得不得了,连家里打醋的瓶子都是玛瑙作的!
康　六　刘大爷,把女儿给太监作老婆,我怎么对得起人呢?
刘麻子　卖女儿,无论怎么卖,也对不起女儿!你胡涂!你看,姑娘一过门,吃的是珍馐[14]美味,穿的是绫罗绸缎,这不是造化[15]吗?怎样,摇头不算点头算,来个干脆的!
康　六　自古以来,哪有……他就给十两银子?
刘麻子　找遍了你们全村儿,找得出十两银子找不出?在乡下,五斤白面就换个孩子,你不是不知道!
康　六　我,唉!我得跟姑娘商量一下!
刘麻子　告诉你,过了这个村可没有这个店,耽误了事可别怨我!快去快来!
康　六　唉!我一会儿就回来!
刘麻子　我在这儿等着你!
康　六　(慢慢地走出去)
刘麻子　(凑到松二爷、常四爷这边来)乡下人真难办事,永远没有个痛痛快快!
松二爷　这号生意又不小吧?
刘麻子　也甜不到哪儿去,弄好了,赚个元宝!
常四爷　乡下是怎么了?会弄得这么卖儿卖女的!
刘麻子　谁知道!要不怎么说,就是一条狗也得托生在北京城里嘛!
常四爷　刘爷,您可真有个狠劲儿,给拉拢这路事!
刘麻子　我要不分心,他们还许找不到买主呢!(忙岔话)松二爷(掏出个小时表来),你看这个!
松二爷　(接表)好体面的小表!
刘麻子　您听听,嘎登嘎登地响!

松二爷　（听）这得多少钱？

刘麻子　您爱吗？就让给您！一句话，五两银子！您玩够了，不爱再耍了，我还照数退钱！东西真地道，传家的玩艺！

常四爷　我这儿正咂摸[16]这个味儿：咱们一个人身上有多少洋玩艺儿啊！老刘，就看你身上吧：洋鼻烟，洋表，洋缎大衫，洋布裤褂……

刘麻子　洋东西可真是漂亮呢！我要是穿一身土布，像个乡下脑壳[17]，谁还理我呀！

常四爷　我老觉乎着咱们的大缎子，川绸，更体面！

刘麻子　松二爷，留下这个表吧，这年月，带着这么好的洋表，会教人另眼看待！是不是这么说，您哪？

松二爷　（真爱表，但又嫌贵）我……

刘麻子　您先戴两天，改日再给钱！

　　　　〔黄胖子进来。〕

黄胖子　（严重的砂[18]眼，看不清楚，进门就请安）哥儿们，都瞧我啦！我请安了！都是自己弟兄，别伤了和气呀！

王利发　这不是他们，他们在后院哪！

黄胖子　我看不大清楚啊！掌柜的，预备烂肉面，有我黄胖子，谁也打不起来！（往里走）

二德子　（出来迎接）两边已经见了面，您快来吧！

　　　　〔二德子同黄胖子入内。〕

　　　　〔茶房们一趟又一趟地往后面送茶水。老人进来，拿着些牙签、胡梳、耳挖勺之类的小东西，低着头慢慢地挨着茶座儿走；没人买他的东西。他要往后院去，被李三截住。〕

李　三　老大爷，您外边遛遛吧！后院里，人家正说和事呢，没人买您的东西！（顺手儿把剩茶递给老人一碗）

松二爷　（低声地）李三！（指后院）他们到底为了什么事，要这么拿刀动杖的？

李　三　（低声地）听说是为一只鸽子。张宅的鸽子飞到了李宅去，李宅不肯交还……唉，咱们还是少说话好。（问老人）老大爷您高寿啦？

老　人　（喝了茶）多谢！八十二了，没人管！这年月呀，人还不如一只鸽子呢！唉！（慢慢走出去）

　　　　〔秦仲义，穿得很讲究，满面春风，走进来。〕

王利发　哎哟！秦二爷，您怎么这样闲在，会想起下茶馆来了？也没带个底下人？

秦仲义　来看看，看看你这年轻小伙子会作生意不会！

王利发　唉，一边作一边学吧，指着这个吃饭嘛。谁叫我爸爸死的早，我不干不行啊！好在照顾主儿[19]都是我父亲的老朋友，我有不周到的地方，都肯包涵，闭闭眼就过去了。在街面上混饭吃，人缘儿顶要紧。我按着我父亲遗留下的老办法，多说好话，多请安，讨人人的喜欢，就不会出大岔子！您坐下，我给您沏碗小叶茶去！

秦仲义　我不喝！也不坐着！

王利发　坐一坐！有您在我这儿坐坐，我脸上有光！

秦仲义　也好吧！（坐）可是，用不着奉承我！

王利发　李三,沏一碗高的[20]来!二爷,府上都好?您的事情都顺心吧?

秦仲义　不怎么太好!

王利发　您怕什么呢?那么多的买卖,您的小手指头都比我的腰还粗!

唐铁嘴　(凑过来)这位爷好相貌,真是天庭饱满,地阁方圆[21],虽无宰相之权,而有陶朱[22]之富!

秦仲义　躲开我!去!

王利发　先生,你喝够了茶,该外边活动活动去!

(把唐铁嘴轻轻推开)

唐铁嘴　唉!(垂头走出去)

秦仲义　小王,这儿的房租是不是得往上提那么一提呢?当年你爸爸给我的那点租钱,还不够我喝茶用的呢!

王利发　二爷,您说的对,太对了!可是,这点小事用不着您分心,您派管事的来一趟,我跟他商量,该长多少租钱,我一定照办!是!嗻!

秦仲义　你这小子,比你爸爸还滑!哼,等着吧,早晚我把房子收回去!

王利发　您甭吓唬着我玩,我知道您多么照应我,心疼我,决不会叫我挑着大壶茶,到街上卖热茶去!

秦仲义　你等着瞧吧!

[乡妇拉着个十来岁的小妞进来。小妞的头上插着一根草标[23]。李三本想不许她们往前走,可是心中一难过,没管。她们俩慢慢地往里走。茶客们忽然都停止说笑,看着她们。]

小　妞　(走到屋子中间,立住)妈,我饿!我饿!

[乡妇呆视着小妞,忽然腿一软,坐在地上,掩面低泣。]

秦仲义　(对王利发)轰出去!

王利发　是!出去吧,这里坐不住!

乡　妇　哪位行行好?要这个孩子,二两银子!

常四爷　李三,要两个烂肉面,带她们到门外吃去!

李　三　是啦!(过去对乡妇)起来,门口等着去,我给你们端面来!

乡　妇　(立起,抹泪往外走,好像忘了孩子;走了两步,又转回身来,搂住小妞吻她)宝贝!宝贝!

王利发　快着点吧!

[乡妇、小妞走出去。李三随后端出两碗面去。]

王利发　(过来)常四爷,您是积德行好,赏给她们面吃!可是,我告诉您:这路事儿太多了,太多了!谁也管不了!(对秦仲义)二爷,您看我说的对不对?

常四爷　(对松二爷)二爷,我看哪,大清国要完!

秦仲义　(老气横秋[24]地)完不完,并不在乎有人给穷人们一碗面吃没有。小王,说真的,我真想收回这里的房子!

王利发　您别那么办哪,二爷!

秦仲义　我不但收回房子,而且把乡下的地,城里的买卖也都卖了!

王利发　那为什么呢？
秦仲义　把本钱拢到一块儿，开工厂！
王利发　开工厂？
秦仲义　嗯，顶大顶大的工厂！那才救得了穷人，那才能抵制外货，那才能救国！（对王利发说而眼看着常四爷）唉，我跟你说这些干什么，你不懂！
王利发　您就专为别人，把财产都出手，不顾自己了吗？
秦仲义　你不懂！只有那么办，国家才能富强！好啦，我该走啦。我亲眼看见了，你的生意不错，你甭在耍无赖，不长房钱！
王利发　您等等，我给您叫车去！
秦仲义　用不着，我愿意遛达遛达[25]！
　　　　〔秦仲义往外走，王利发送。〕
　　　　〔小牛儿搀着庞太监走进来。小牛儿提着水烟袋。〕
庞太监　哟！秦二爷！
秦仲义　庞老爷！这两天您心里安顿了吧？
庞太监　那还用说吗？天下太平了：圣旨下来，谭嗣同问斩！告诉您，谁敢改祖宗的章程，谁就掉脑袋！
秦仲义　我早就知道！
　　　　〔茶客们忽然全静寂起来，几乎是闭住呼吸地听着。〕
庞太监　您聪明，二爷，要不然您怎么发财呢！
秦仲义　我那点财产，不值一提！
庞太监　太客气了吧？您看，全北京城谁不知道秦二爷！您比作官的还厉害呢！听说呀，好些财主都讲维新！
秦仲义　不能这么说，我那点威风在您的面前可就施展不出来了！哈哈哈！
庞太监　说得好，咱们就八仙过海，各显其能吧！哈哈哈！
秦仲义　改天过去给您请安，再见！（下）
庞太监　（自言自语）哼，凭这么个小财主也敢跟我逗嘴皮子，年头真是改了！（问王利发）刘麻子在这儿哪？
王利发　总管，您里边歇着吧！
　　　　〔刘麻子早已看见庞太监，但不敢靠近，怕打搅了庞太监、秦仲义的谈话。〕
刘麻子　喝，我的老爷子！您吉祥！我等您好大半天了！（搀庞太监往里面走）
　　　　〔宋恩子、吴祥子过来请安，庞太监对他们耳语。〕
　　　　〔众茶客静默一阵之后，开始议论纷纷。〕
茶客甲　谭嗣同是谁？
茶客乙　好象听说过！反正犯了大罪，要不，怎么会问斩呀！
茶客丙　这两三个月了，有些作官的，念书的，乱折腾乱闹，咱们怎能知道他们捣的什么鬼呀！
茶客丁　得！不管怎么说，我的铁杆庄稼[26]又保住了！姓谭的，还有那个康有为，不是说叫旗兵不关[27]钱粮，去自谋生计吗？心眼多毒！

茶客丙　一份钱粮倒叫上头克扣去一大半,咱们也不好过!
茶客丁　那总比没有强啊!好死不如赖活着,叫我去自己谋生,非死不可!
王利发　诸位主顾,咱们还是莫谈国事吧!
　　　　〔大家安静下来,都又各谈各的事。〕
庞太监　(已坐下)怎么说?一个乡下丫头,要二百银子?
刘麻子　(侍立)乡下人,可长得俊呀!带进城来,好好地一打扮、调教,准保是又好看,又有规矩!我给您办事,比给我亲爸爸作事都更尽心,一丝一毫不能马虎!
　　　　〔唐铁嘴又回来了。〕
王利发　铁嘴,你怎么又回来了?
唐铁嘴　街上兵荒马乱的,不知道是怎么回事!
庞太监　还能不搜查搜查谭嗣同的余党吗?唐铁嘴,你放心,没人抓你!
唐铁嘴　嗻,总管,您要能赏给我几个烟泡儿,我可就更有出息了!
　　　　〔有几个茶客好像预感到什么灾祸,一个个往外溜。〕
松二爷　咱们也该走啦吧!天不早啦!
常四爷　嗻!走吧!
　　　　〔二灰衣人——宋恩子和吴祥子走过来。〕
宋恩子　等等!
常四爷　怎么啦?
宋恩子　刚才你说"大清国要完"?
常四爷　我,我爱大清国,怕它完了!
吴祥子　(对松二爷)你听见了?他是这么说的吗?
松二爷　哥儿们,我们天天在这儿喝茶。王掌柜知道:我们都是地道老好人!
吴祥子　问你听见了没有?
松二爷　那,有话好说,二位请坐!
宋恩子　你不说,连你也锁了走!他说"大清国要完",就是跟谭嗣同一党!
松二爷　我,我听见了,他是说……
宋恩子　(对常四爷)走!
常四爷　上哪儿?事情要交代明白了啊!
宋恩子　你还想拒捕吗?我这儿可带着"王法"呢!(掏出腰中带着的铁链子)
常四爷　告诉你们,我可是旗人!
吴祥子　旗人当汉奸,罪加一等!锁上他!
常四爷　甭锁,我跑不了!
宋恩子　量你也跑不了!(对松二爷)你也走一趟,到堂上实话实说,没你的事!
　　　　〔黄胖子同三五个人由后院过来。〕
黄胖子　得啦,一天云雾散,算我没白跑腿!
松二爷　黄爷!黄爷!
黄胖子　(揉揉眼)谁呀?
松二爷　我!松二!您过来,给说句好话!

黄胖子　（看清）哟,宋爷,吴爷,二位爷办案哪？请吧！
松二爷　黄爷,帮帮忙,给美言两句！
黄胖子　官厅儿管不了的事,我管！官厅儿能管的事呀,我不便多嘴！（问大家）是不是？
众　　　嗻！对！
　　　　〔宋恩子、吴祥子带着常四爷、松二爷往外走。〕
松二爷　（对王利发）看着点我们的鸟笼子！
王利发　您放心,我给送到家里去！
　　　　〔常四爷、松二爷、宋恩子、吴祥子同下。〕
黄胖子　（唐铁嘴告以庞太监在此）哟,老爷在这儿哪？听说要安份儿家,我先给您道喜！
庞太监　等吃喜酒吧！
黄胖子　您赏脸！您赏脸！（下）
　　　　〔乡妇端着空碗进来,往柜上放。小妞跟进来。〕
小　妞　妈！我还饿！
王利发　唉！出去吧！
乡　妇　走吧,乖！
小　妞　不卖妞妞啦？妈！不卖啦？妈！
乡　妇　乖！（哭着,携小妞下）
　　　　〔康六带着康顺子进来,立在柜台前。〕
康　六　姑娘！顺子！爸爸不是人,是畜生！可你叫我怎办呢？你不找个吃饭的地方,你饿死！我弄不到手几两银子,就得叫东家活活地打死！你呀,顺子,认命吧,积德吧！
康顺子　我,我……（说不出话来）
刘麻子　（跑过来）你们回来啦？点头啦？好！来见总管！给总管磕头！
康顺子　我……（要晕倒）
康　六　（扶住女儿）顺子！顺子！
刘麻子　怎么啦？
康　六　又饿又气,昏过去了！顺子！顺子！
庞太监　我要活的,可不要死的！
　　　　〔静场。〕
茶客甲　（正与茶客乙下象棋）将！你完啦！

——幕落

[注释]

[1]　选自《老舍文集》第十一卷（人民出版社1980年版）。
[2]　早半天：上午。
[3]　拉纤：比喻为双方牵引撮合并从中谋利。
[4]　化干戈为玉帛：比喻变战争为和平或变争斗为友好。出自《淮南子·原道训》。
[5]　善扑营：清代禁卫军之一。在八旗内选勇士,练习摔跤等技艺,担任皇帝的警卫工作。

[6] 库兵：守仓库的兵士。

[7] 趿：念 tā。

[8] 贵庚：敬词，问人年龄。庚，年龄。

[9] 外场人：指在外面做事见世面的人。

[10] 眼拙：目光迟钝，视力差。多用作客套语。

[11] 嗻(zhè)：清代仆役对主人或宾客的应诺声，表示"是"的意思。

[12] 候：付账。

[13] 早班儿：方言，称人起得早，来得早。

[14] 珍馐(xiū)：珍奇贵重的食物。

[15] 造化：福分，运气。

[16] 咂(zā)摸：方言，仔细辨别（滋味、意思等）。

[17] 乡下脑壳(ké)：乡下人。

[18] 砂：同"沙"。

[19] 照顾主儿：照顾生意的人，指顾客。

[20] 高的：指上等的好茶。

[21] 天庭饱满，地阁方圆：天庭，相术指人两眉之间，也指前额中央。地阁，指人的下颔。认为天庭饱满、地阁方圆是一种福相。

[22] 陶朱：即陶朱公，春秋时越国大夫范蠡的别号。他曾帮助越王勾践发愤图强，打败吴国。后来离开越国，以经商致富。因为住在陶这个地方，自称朱公，所以人称他为陶朱公。

[23] 草标：用草做的标志，插在人身上或物体上，表示要出卖。

[24] 老气横秋：这里形容摆老资格，自以为了不起的样子。

[25] 遛达遛达：同"蹓跶蹓跶"。

[26] 铁杆庄稼：指吃皇粮。这是当时旗人的一种特权。

[27] 关：这里是领取的意思。

[思考练习]

一、通读课文，把握剧情，思考下列问题。

1. 透过哪些剧情可以想见帝国主义对中国的政治压迫和经济侵略？庞太监的淫威、京城的恐怖表现了怎样的局势？

2. 常四爷说："乡下怎么了？会弄得这么卖儿卖女的！"常四爷不明白的问题，你能不能从剧中找到答案？

3. 秦仲义讲他的强国梦，为什么并不激动人心？

二、这一幕写进了秦仲义和庞太监两个显赫人物，秦仲义出场在前，庞太监出场在后，一上一下之间还有一段对话，剧情这样安排有哪些好处？

三、读了这一幕，你对王利发、常四爷两个人物的印象是怎样的？试预测他们今后几十年各自的命运。课外找《茶馆》再读读第二幕、第三幕。

四、品味下列台词，回答括号里的问题。

1. 常四爷　刘爷，您可真有个狠劲儿，给拉拢这路事！
　　刘麻子　我要不分心，他们还许找不到买主呢！
（常四爷对刘麻子做这笔生意是什么看法和态度？刘麻子露出什么嘴脸？）

2. 王利发　您甭吓唬着我玩,我知道您多么照应我,心疼我,决不会叫我挑着大壶茶,到街上卖热茶去!
   (秦仲义真要把房子收回去,王利发就开不了茶馆,心里当然发急。为什么剧作家不写恳求的话,而写成这样的话?)
3. 庞太监　(自言自语)哼,凭这么个小财主也敢跟我逗嘴皮子,年头真是改了!
   (庞太监的感觉,透露当时中国在经济和政治上有什么变化?你是怎样理解庞太监对秦仲义这样的态度?)
4. 茶客甲　(正与茶客乙下象棋)将!你完啦!
   (茶客甲是一个连"谭嗣同是谁"都不知道的人,他这一喊有没有言外之意?这幕戏为什么在这喊声中落幕?)

五、《茶馆》把地点确定在茶馆里,《孔乙己》把地点确定在咸亨酒店,联系起来想想:这些作品把故事安排在一个公共场合有什么好处?

5.

悭吝人(节选)[1]

莫里哀

[阅读提示]

《悭吝人》又译作《吝啬鬼》,是莫里哀的著名喜剧。剧本以夸张的手法,塑造了阿尔巴贡这一典型的守财奴、吝啬鬼形象。

围绕阿尔巴贡的吝啬性格,课文节选了放高利贷的苛刻、定婚筵席的精打细算和钱匣丢失后的心理活动三个情节。特别是第四幕丢失钱匣后,阿尔巴贡的那一大段独白,将他的吝啬性格推到了极致。欣赏节选部分,要弄清作品是通过哪些典型细节刻画阿尔巴贡这一人物形象的,仔细品味作品夸张和幽默的语言。

人物

(以选文中出场的人物为限)

阿尔巴贡——克莱昂特和艾莉丝的父亲,玛丽雅娜的求婚人。
克莱昂特——阿尔巴贡的儿子,玛丽雅娜的情人。
艾莉丝——阿尔巴贡的女儿,法赖尔的情人。
法赖尔——昂塞耳默的儿子,艾莉丝的情人。
玛丽雅娜——克莱昂特的情人,阿尔巴贡的意中人。
昂塞耳默——法赖尔和玛丽雅娜的父亲。
西蒙老板——掮客。
雅克师傅——阿尔巴贡的厨子和车夫。
阿箭——克莱昂特的听差。

荞麦秆儿、干鳕鱼——阿尔巴贡的跟班。

地点

巴黎。

第 二 幕

第一场

克莱昂特，阿箭。

克莱昂特　啊！你这坏包，你钻到哪儿去了？我不是吩咐你……

阿　　箭　是啊，少爷，我本来一直在这儿等您，可是老太爷蛮不讲理，不管三七二十一，把我给撵出来了，差点儿还把我给揍了。

克莱昂特　事情怎么样？情形越来越急，在我没有看见你的这个时期，我发现我爸爸是我的情敌。

阿　　箭　老太爷闹恋爱？

克莱昂特　可不，我听了这话，心乱如麻，好不容易才没有让他看出来。

阿　　箭　他也闹恋爱！他打的是什么鬼主意？是不是成心和人作对？难道恋爱是为这种人预备的吗？

克莱昂特　一定是我造下孽了，他才害上了这相思病。

阿　　箭　可是您为什么瞒着不让他知道？

克莱昂特　免得他起疑心，我在紧要关头上，也好找窍门儿，打消这门亲事。他们怎么答复你的？

阿　　箭　说真的！少爷，人倒了霉，才借债；像您这样走投无路，非跨债主的门槛儿不可，有些怪事，就得受着。

克莱昂特　借不到钱？

阿　　箭　不是这么说。和我们打交道的那位掮客，西蒙老板，有活动能力，人也热心，他说，他为您的事大卖气力，单凭您的长相，他就乐意效劳。

克莱昂特　我要的一万五千法郎，会不会有？

阿　　箭　有的，不过您想事情成功，有几个小条件，可得接受。

克莱昂特　他有没有让你和借钱的人谈谈？

阿　　箭　哎呀！您可真不在行啦，哪儿会有这事啊。他藏自己，比您藏自己小心多了；有些秘密事，您说什么也料想不到。人家根本不肯说出他的名姓来，打算今天在一家借来的房子里，让他和您谈谈，从您嘴里问出您的产业和您的家庭。我相信，单老太爷这个姓，就会做成这笔交易。

克莱昂特　尤其是我母亲已经死了，她留给我的财产，旁人是夺不去的。

阿　　箭　这是他本人口授给中人的条款，要您在进行交易之前先看看："兹假设贷方已有充分保证，又假设借方已达成年，家境宽裕，产业确实，安全可靠，并无任何纠纷，双方始得于公证人监视下，订立确切精当契约。该公证人必须绝对正直，为此，应由贷方加以选择，因借据是否合乎手续，对贷方关系最大。"

克莱昂特　这没有什么好说的。
阿　　箭　"贷方为免除良心上任何不安起见,建议所贷之款应以十八个、一个利计算。"[2]
克莱昂特　十八个、一个利!行!公平合理,没有什么可抱怨的。
阿　　箭　说的是。"但该贷方手边并无此款,为满足借方需要起见,本人不得不以五个、一个利[3]向人借入,故该借方自应于承担前利之外,并担负后利,因该贷方之所以借入,仅为资助借方而已。"
克莱昂特　怎么?活见鬼!他是犹太人[4],还是阿拉伯人[5]?比四个、一个利[6]还高。
阿　　箭　着啊,我就这么说来的。您要仔细核计核计看。
克莱昂特　你要我核计什么?我急着等钱用;什么条件我都得接受。
阿　　箭　我就是这么回答他的。
克莱昂特　还有别的条件吗?
阿　　箭　也就只是一个小条款了。
"所需一万五千法郎,贷方仅有一万二千现金,下余一千艾居[7],以旧衣、杂物与首饰折付,其价格已由该贷方本诸善意,以最低价折合。附清单如下——"
克莱昂特　这是什么意思?
阿　　箭　听听这张清单吧——
"一:四脚床一张,带匈牙利绣呢,床单一条,料子橄榄色,极为雅致,外有六只椅子与色彩相同之护被单;全部整洁如新,并有红蓝闪光缎沿边。
又:床帐一顶,料子为暗玫瑰红十字呢,欧马耳[8]出品,下缀大小不等丝线流苏[9]。"
克莱昂特　他要我拿这些东西干什么用?
阿　　箭　还有
"又:贡保与玛赛行乐图[10]挂锦一套。
又:胡桃木大桌一张,两头可以拉长,桌腿为十二根圆柱或旋柱,下附小板凳六张。"
克莱昂特　家伙,我要这些东西干什么?
阿　　箭　您听我念——
"又:大型火枪[11]三支,镶珠贝,并有原配架子三只。
又:砖炉一只,附蒸馏器二只,受容器三只,对爱蒸馏者,极为有用。"
克莱昂特　气死我啦。
阿　　箭　别急——
"又:博洛尼亚琵琶一张,弦齐全,缺亦无几。
又:球桌[12]一张,棋盘一只,与传自古希腊人之鹅图[13]一具,消磨时光,最为相宜。
又:蜥蜴皮一张,长三尺半,内盛干草,悬于天花板上,珍奇悦目。
以上所开各物,实值四千五百法郎尚多,贷方力求克己,削价为一千艾居。"
克莱昂特　"力求克己",见他的鬼!简直是奸商、杀人不见血的凶手!谁从来听说过这种高利贷的?利息已经高到不能再高了,他还不知足,要我把他拾来的破铜烂铁,照三千法郎收下来?我拿到手,连六百法郎也变卖不出。可是有什么办法?我还非接受他的条件不可,因为他知道我急于要钱,条件再酷苛,也肯接受。可不,无赖,他简直是活要人命。

阿　　箭　　少爷,不是我说,您走的路,我看正是巴吕奇[14]走的那条下坡路,预支钱用,买时贵,卖时便宜,寅吃卯粮[15]。

克莱昂特　　你要我怎么着?这就是父亲一毛不拔,年轻人被迫铤而走险的下场。无怪乎儿子要咒父亲死了。

阿　　箭　　像老太爷那样爱财如命,我敢说,涵养工夫顶深的人,见了也要发火的。多谢上帝,我没有上绞刑架的心思。我那批弟兄,爱干些小不正经的勾当,我可不那么傻,到时说溜就溜;他们干的那些妙事,离绞刑架有点太近,我小心在意,不和他们伙在一起。不过话说回来,冲他的行事,我真还有意偷他。我相信,偷他可以说是功德无量。

克莱昂特　　你把这张清单给我,让我再过过目。

第 二 场

西蒙老板,阿尔巴贡,克莱昂特,阿箭。

西蒙老板　　(认出克莱昂特,低声,向阿尔巴贡)是啊,先生,是一个年轻人等着钱用。他找钱找得很急,您写的条款,他全部接受。

阿尔巴贡　　不过西蒙老板,你相信绝对没有风险?你说起的这个人,你晓得他的姓名、财产和家庭吗?

西蒙老板　　不知道,他是人家在偶然场合介绍给我的,所以有些情形,我还不能详细讲给您听,不过他本人会对您交代明白的,接头的人告诉我,您见到他以后,一定满意。我所能告诉您的,就是他的家境非常富裕,母亲已经死了,而且有必要的话,他保证他父亲不到八个月就死。

阿尔巴贡　　值得考虑。西蒙老板,只要我们有力量,就该大发慈悲,与人方便才对。

西蒙老板　　当然。

阿　　箭　　(低声,向克莱昂特)这是怎么回事?我们那位掮客,西蒙老板,在和老太爷讲话。

克莱昂特　　会不会有人告诉他,我是谁来着?会不会是你跟我捣蛋?

西蒙老板　　(向阿箭)啊!啊!你们真是急碴儿!谁告诉你们是这儿来的?(向阿尔巴贡)先生,您的姓名和您的住宅,并不是我透露给他们知道的,其实依我看来,也没有什么太要不得。他们做人持重,你们在这儿就可以一块儿谈清楚的。

阿尔巴贡　　怎么?

西蒙老板　　(指着克莱昂特)我对您说起的一万五千法郎,就是这位先生想跟您借。

阿尔巴贡　　怎么,死鬼?不务正业,走短命路的,原来是你啊?

克莱昂特　　怎么,爸爸?伤天害理,干欺心事的,原来是您啊?

阿尔巴贡　　死活不管,胡乱借钱的,原来是你啊?

克莱昂特　放印子钱,非法致富的,原来是您啊?
阿尔巴贡　你干这种事,还敢见我?
克莱昂特　您干这种事,还敢见人?
阿尔巴贡　你倒说,你这样胡作非为,拿钱乱花,把父母流血流汗为你攒下的家业败光了,害不害臊?
克莱昂特　您做这种生意,辱没您的身份,一个钱又一个钱往里抠,没有知足的一天,丢尽了体面,坏尽了名声,就连自来名声最狼藉的放高利贷的,他们丧心病狂,想出种种花样,和您重利盘剥的手段一比,也不如您苛刻;您倒是羞也不羞?
阿尔巴贡　混账东西,滚开,我不要看见你!
克莱昂特　就您看来,谁顶有罪?是需要钱用而张罗钱的人,还是根本不需要钱用而盗窃钱的人?
阿尔巴贡　我说过了,走开,别招我生气。(一个人)我对这事,并不难过;这对我倒是一个警告:他的一举一动,以后我要格外注意。

第 三 幕

第一场

阿尔巴贡,克莱昂特,艾莉丝,法赖尔,克楼德妈妈,雅克师傅,荞麦秆儿,干鳕鱼。

阿尔巴贡　好,全过来,听我安排你们回头的活儿,把各人的事给派定了。克楼德妈妈,过来,先打你起。(她拿着一把扫帚)好,你手里拿着家伙。我要你把四下里打扫干净,擦家具,千万当心,别擦得太重了,蹭伤了什么的。另外,用晚饭的时候我要你管理酒瓶,万一少掉一只,砸碎什么东西的话,我就找你算账,从你的工资里扣。
雅克师傅　(旁白)精明的处罚。
阿尔巴贡　(向克楼德妈妈)去吧。(克楼德妈妈下)你,荞麦秆儿,还有你,干鳕鱼,你们的活儿是洗干净杯子,倒酒喝;可是要注意,只在人家渴了的时候才许倒。有些跟班不懂事,过来劝酒,人家想也没有想到,就提醒人家喝:这种习惯是学不得的。要倒,也得人家问过不止一次才倒。而且要记住总多往里头兑水。
雅克师傅　(旁白)对,纯酒要上头的。
干鳕鱼　老爷,我们脱不脱罩褂?
阿尔巴贡　看见有人来,你们再脱。脱了以后,可千万当心,别弄脏了衣服。
荞麦秆儿　老爷,您晓得,我这件制服,前襟有一个大点子灯油渍。
干鳕鱼　还有,老爷,我这条灯笼裤,后头破了一个窟窿,我说话粗,老爷别见怪,望得见我的……
阿尔巴贡　住口。想办法背朝墙,总拿脸儿冲人,也就是了。(阿尔巴贡把荞麦秆儿的帽子拿过来,放在制服前头,教他怎么样遮盖油渍)你呢,伺候客人的时候,老这样拿着你的帽子。(两个跟班下)至于你,女儿,撤下去的东西,你要看好了,当心别糟蹋掉。女孩子们干这事很相宜。可是你还要准备好了招待我的意中人，她就要来看望你，带你一道逛集去。我的话你听见没有？

艾 莉 丝　听见了，爸爸。

……

阿尔巴贡　法赖尔，帮我多想想看。喂，雅克，你过来，我把你留到最末来讲。

雅克师傅　老爷，我是您的车夫，又是您的厨子，您想同哪一个讲？

阿尔巴贡　同两个讲。

雅克师傅　不过两个里头，哪一个在先？

阿尔巴贡　厨子。

雅克师傅　请您等等。（他脱去他的车夫制服，露出厨子服装）

阿尔巴贡　家伙！这是什么臭讲究？

雅克师傅　现在您吩咐好了。

阿尔巴贡　雅克，我约好了今天请人吃晚饭。

雅克师傅　（旁白）希罕事！

阿尔巴贡　说说看，你有好菜给我们吃吗？

雅克师傅　有，又要您有很多的钱给我。

阿尔巴贡　见鬼，老离不开钱！除掉了钱，钱，钱，他们就像没有别的话讲。啊！他们挂在嘴边的，只有这个字："钱。"老在说钱。这成了他们的口头禅："钱。"

法 赖 尔　对。

雅克师傅　说真的，管家先生，你把这个秘诀告诉我，把我这厨子差事接过去，我承情不浅。你在这家，好管闲事，成了一手抓。

阿尔巴贡　别闲扯啦。到底该怎么做？

雅克师傅　有您的管家先生嘛。他会给您花很少的钱，做出好吃的菜来。

阿尔巴贡　得啦！我要你回话。

雅克师傅　席面上有多少人？

阿尔巴贡　我们不是八个人，就是十个人。就算八个人好了。有八个人吃的，也就足够十个人了。

法 赖 尔　当然。

雅克师傅　好吧！那就得开四份好汤，五道主菜。好汤……主菜……

阿尔巴贡　活见鬼哟！可以款待全城的人了。

雅克师傅　烤的东西……

阿尔巴贡　（拿手捂他的嘴）哎呀！捣蛋鬼，你想吃掉我的全部家当。

雅克师傅　和烤的东西同时上的……

阿尔巴贡　（又拿手捂雅克师傅的嘴）还有？

法 赖 尔　（向雅克师傅）你打算把大家撑死啊？难道老爷请客，是要他们死塞活塞，把他们害死吗？你去念念卫生守则吧，问问医生，还有比吃多了对人害处大的？

阿尔巴贡　说得对。

法 赖 尔　大师傅，你和你那些同行要知道：一张饭桌，上多了菜，等于是一家黑店。把客人当做朋友看待，菜饭就该清淡才好，一位古人说得好，"夫食以其为生也，非生以其为食也"。[16]

阿尔巴贡　　对。(向雅克师傅)你听见了没有?(向法赖尔)这话是哪一位大人物说的?
法　赖　尔　我现在想不起他的姓名。
阿尔巴贡　　记着把这句话给我写下来,我要用金字刻在我饭厅的壁炉上。
法　赖　尔　我一定写。至于晚饭,交给我办。我会安排妥当的。
阿尔巴贡　　就你办吧。
雅克师傅　　再好不过:我免去许多麻烦。
阿尔巴贡　　就该搭配一些不对胃口的东西,不吃便罢,一吃就饱,好比肥肥的红烧羊肉啊,栗子肉馅的点心呐。
法　赖　尔　一切有我,您放心好啦。
阿尔巴贡　　现在,大师傅,要把我的马车擦干净。
雅克师傅　　等一下。这话是对车夫讲的。(他又穿上他的罩袢)您说……
阿尔巴贡　　把我的马车擦干净,把马准备好,回头赶集去……
雅克师傅　　老爷,您那些马呀?说真的,一步都走不动啦。我不是说,它们累坏了,躺在槽头站不起来,可怜的牲口不是累坏了,那么说,不合实情。毛病出在您老叫它们挨饿,饿到后来,也就只有皮包骨头,马架子、马影子、马样子了。
阿尔巴贡　　什么活儿也不干,说病就病。
雅克师傅　　老爷,什么活儿也不干,就该挨饿吗?可怜的牲口,多干活儿,可是有的吃,对它们好多了。看见它们就剩一口气了,我打心里难过;因为说到临了,我对我那些马有感情,看见它们受罪,就像自己也在受罪一样,我每天省下自己的口粮来喂它们。老爷,对生灵没有一点点怜惜,未免心肠也太狠了点儿。
阿尔巴贡　　赶一趟集,又不是什么重活儿。
雅克师傅　　老爷,不成,我狠不下这个心吆喝,它们那副可怜样子,我拿鞭子抽,要良心不安的。它们连自己都拖不动,您怎么好叫它们拖车?
法　赖　尔　老爷,我约街坊毕伽底人吆喝车好了,再说,我们也需要他预备晚饭。[17]
雅克师傅　　也好。它们宁可死在旁人手中,也别死在我手中。
法　赖　尔　大师傅真是高谈阔论的能人。
雅克师傅　　管家先生真是水来土挡的好手。
阿尔巴贡　　别吵!
雅克师傅　　老爷,我就是看不惯那些马屁精。不管他干什么,哪怕是无时无刻查对面包呀,我看呀,只不过是巴结、逢迎。想到这上头我就有气。听见人家议论您,我就难过。因为不管我怎么着,说到临了,我觉得自己对您是有感情的。除去我那些马,您就是我顶爱的人了。
阿尔巴贡　　雅克,你能不能告诉我,人家议论我什么。
雅克师傅　　老爷,说也没有什么,不过话讲在前头,您可不能恼我。
阿尔巴贡　　我不恼你,决不会的。
雅克师傅　　算了吧,我看十有八九,您要生气的。
阿尔巴贡　　我不但不生气,反而爱听。我喜欢知道人家怎么议论我。

雅克师傅　老爷,您一定要听,我就干脆对您明说了吧,到处有人说您坏话。人家说起您来,刻薄得就像大雨点子,四面八方全是。人家就喜欢挖苦您,无时无刻,不拿您的吝啬当笑话讲。有人讲:您专为自己印了一些历书,四季的大斋[18]和举行圣典之前吃斋的日子,加了一倍,好叫一家大小多断几回食。有人讲:赶上过节送礼或下人歇工的时候,您总有碴儿跟下人吵,找借口不给他们东西。又有人讲:街坊养的一只猫,有一回偷吃了您剩下来的一块羊腿,您告了猫一状。还有人讲:有一夜晚,有人发觉您到马棚偷喂马的荞麦,您的车夫,就是我以前的那个车夫,黑地里不晓得揍了您多少棍子,您是哑巴吃黄连,有苦说不出。总之,您要我说给您听,随便走到一个地方,就会听见有人在糟蹋您。您成了人人的话柄,笑柄。人家不说您便罢,一说起您来,总把您叫做吝啬鬼、钱串子、财迷和放高利贷的。

阿尔巴贡　(打他)你是一个傻瓜、一个混蛋、一个坏包、一个不要脸的东西。

雅克师傅　看!我不早就料到了吗?您就是信不过我嘛。我早对您说过了:我对您讲了真话,您要恼我的。

阿尔巴贡　学学该怎么讲话吧。

第 四 幕

第六场
阿箭,克莱昂特。

阿　　箭　(抱着一只匣子,从花园那边出来)哎!少爷,我正在找您!快跟我走!
克莱昂特　什么事?
阿　　箭　跟我走就是。这下子可好啦。
克莱昂特　你说什么?
阿　　箭　事情有着落啦。
克莱昂特　什么?
阿　　箭　我憋了整整一天。
克莱昂特　到底是怎么一回事?
阿　　箭　老太爷藏的钱,让我弄到手啦。
克莱昂特　你怎么弄到手的?
阿　　箭　回头说给您听。我们快走,我听见他在嚷嚷。

第七场
阿尔巴贡。

阿尔巴贡　(他在花园就喊捉贼,出来帽子也没有戴)捉贼!捉贼!捉凶手!捉杀人犯!王法,有眼的上天,我完啦,叫人暗害啦,叫人抹了脖子啦,叫人把我的钱偷了去啦。这会是谁?他去了什么地方?他在什么地方?他躲在什么地方?我怎么样才找得着他?往什么地方跑?不往什么地方跑?他不在那边?他不在这边?这是谁?站住。还我钱,混账东西……(他抓住自己的胳膊)啊!是我自己。我神志不清啦,我不晓得我在什么地方,我是谁,我在干什么。哎呀!我可怜的钱,我可怜的钱,我的好朋友!人家把你活生生从我这边抢走啦;你既然被抢走了,我也就没有了依靠,没有了安慰,没有了欢乐。我是什么都完啦,我活在世上也没有意思啦。没有你,我就活不下去。全完啦,我再也无能为力啦,我在咽气,我死啦,我叫人埋啦。难道没有一个人愿意把我救活过来,把我的宝贝钱还我,要不然也告诉我,是谁把它拿走的?哦?你说什么?没有人。不管是谁下的这个毒手,他一定用心在暗地里算计我的:不前不后,正好是我跟我那忤逆儿子讲话的时候。走。我要告状,拷问全家大小:女佣人,男佣人,儿子,女儿,还有我自己。这儿聚了许多人(指台下的观众)!我随便看谁一眼,谁就可疑,全像偷我的钱的贼。哎!他们在那边谈什么?谈那偷我的钱的贼?楼上什么声音响?他会不会在上头?行行好,有谁知道他的下落,求谁告诉我。他有没有藏在你们当中?他们全看着我,人人在笑。你看吧,我被偷盗的事,他们一定也有份。快来呀,警务员,宪兵,队长,法官,刑具,绞刑架,刽子手。我要把那几个人绞死。我找不到我的钱呀,跟着就把自己吊死。

[注释]

[1] 选自《外国文学作品选》(上海译文出版社 1983 年版)。李健吾译。莫里哀(1622—1673 年),法国古典主义剧作家,擅长喜剧创作。代表作有《悭吝人》《伪君子》《丈夫学堂》《太太学堂》等。《悭吝人》尖锐讽刺了高利贷者嗜财如命的贪婪本性,吝啬在这里变成一种绝对欲望。阿尔巴贡靠放高利贷发财,一生吝啬而多疑。他的儿子克莱昂特爱上出身贫贱的姑娘玛丽雅娜,他却硬要儿子娶个有钱的寡妇;他的女儿艾莉丝爱上了曾救过自己性命的贵族青年法赖尔,而他却让女儿嫁给不要陪嫁的年过半百的富翁昂塞尔默;他自己竟然爱上儿子的情人玛丽雅娜,还要不花钱娶她。这里节选的部分,着重刻画了阿尔巴贡这一吝啬鬼形象。
[2] 十八个、一个利:即五点五厘多利。
[3] 五个、一个利:即二分利
[4] 犹太人:指放高利贷的。
[5] 阿拉伯人:指野蛮人。
[6] 四个、一个利:即二分五厘利。
[7] 一千艾居:即三千法郎。
[8] 欧马耳:在法国西北部,近海。
[9] 流苏:装在车马、楼台、帐幕等物上的穗状饰物。
[10] 贡保与玛赛行乐图:图共有八联,有诗,有画,从订婚到去世,叙述一对田野夫妇的日常生活,以贡保为主,在 17 世纪初期相当流行。
[11] 大型火枪:是老式火枪,十分笨重,要放在架子上才能瞄准。
[12] 球桌:直译应是"夫人洞"。桌上摆一个架子,靠桌面开 13 个小洞,上写数字,不按顺序排列,中间一个洞眼为 13,用 13 个象牙小球往里打。
[13] 鹅图:似"升官图",共 63 格,每格有图,中央最大,绘鹅,掷二骰为戏,先到鹅图者赢。
[14] 巴吕奇:拉伯雷《高康大与胖大官儿》中的人物。
[15] 寅吃卯粮:寅年就吃了卯年的口粮,预先支用了以后的收入。比喻入不敷出,只顾眼前渡过难

关,不顾将来。

[16] 夫食以其为生也,非生以其为食也,意思是"吃东西为了活着,不是活着为了吃东西",传说是苏格拉底说的。
[17] 毕伽底:旧时法国北部临海的一个省。这里是人名。
[18] 四季的大斋:天主教规定每季开始,划出三天(星期四、五、六)吃斋。

[思考练习]

一、简析阿尔巴贡这一典型形象。
二、阅读《悭吝人》原文。

写作训练(十)

剧 本 写 作

写作范围

自己创作一篇简单的剧本或将以前学过的小说片段改写成剧本。

写作指导

剧本区别于任何一种文体形式,我们平时经常看到有的朋友把剧本写成了小说或人物传记,这是不对的,至少是不专业的。剧本有自己专属的格式,写剧本从某种程度上说是个技术活。写剧本也不是什么很崇高的艺术创作,这只是一个普通的工种,剧作家和清洁工人没什么区别,都是很普通的工作而已,所以每个人都可以写剧本,那我们应如何写作剧本呢?

一、首先我们需要明确:什么叫剧本?剧本有什么特点?剧本的结构形式怎样?

(一)剧本就是为戏剧演出而创作的文学脚本

(二)剧本的特点

1. 舞台性。剧本的直接目的,是为演员在舞台上表演提供依据,因此剧本离不开舞台,要受舞台的限制。舞台的限制主要表现在三个方面:A.舞台的空间规定性,舞台的空间十分有限,不能像小说、电影那样随便变换场景;B.舞台的时间规定性,舞台演出要受时间限制;C.舞台的人物规定性,因为空间、时间十分有限,因此舞台演出不能有太多人物,人物间的关系也不能太散松。这三个规定性决定了剧本舞台性的三个特点:A.情节的紧凑性。剧本的情节线索一定要严谨、单一,剧本的情节构成一定要精练集中。B.人物的集中。剧本中的人物一定要少而精,人物间的关系一定要紧密相联。C.结构的跳跃性。舞台需要人物、时间、地点高度集中。这样就需要把许多事情分在几个场景中表现出来,在结构上就不能不是跳跃的。

2. 矛盾冲突的特性。矛盾冲突,是剧本外表构成的内在基础和动力,是一出戏的灵魂。我们常把这种冲突称之为戏剧冲突。这种戏剧冲突的特性表现为:A.行动性。没有行动,就谈不到戏剧表演,因此戏剧冲突充满了行动性。B.尖锐性。戏剧冲突是针锋相对的,这种冲突越是强烈、尖锐,就越有戏剧性,这种尖锐性表现在不同人物间的尖锐冲突和人物内心世界的尖锐冲突。C.曲折性。剧本的矛盾冲突,总是按照"平衡—不平衡—平衡"这个周而复始的过程进行的,这就造成了戏剧情节的"紧张—危机—缓和—紧张—危机—缓和"这样波调起伏的曲折线索。

3. 剧本语言的特性。剧本的语言,是供演员舞台演出的语言。这种语言:A.具有动作性。剧本语言与戏剧动作紧密相关,表现了人的内心活动,是表现人的思想感情的有力手段,因此剧本语言有很强的动作性。B.性格化。剧本中人物的语言,都出于他自己的性格和思想感情,最忌讳是剧本台词谁说都行。C.诗化。戏剧语言应该是诗歌化的语言,做到含蓄、凝练、感情充沛、节奏鲜明,这样才有益于舞台表演。

（三）剧本的结构形式

剧本一般由人物台词和舞台提示两部分组成。人物台词是心理活动的外现,表现形式有对话、独白、旁白、内白、潜台词等。舞台提示是帮助导演和演员掌握剧情,为演出提示一些注意点的有关说明的叙述和描写的语言。说明的内容有关于时间、地点、人物、布景的,也有关于登场人物的动作、表情的等等。

二、怎样写作剧本？

（一）在尖锐的矛盾冲突中表现人物。剧本以塑造人物为中心。剧本塑造人物最基本的手法就是展开戏剧冲突。戏剧冲突越尖锐,人物形象就会塑造得越鲜明。

怎样通过尖锐的矛盾冲突表现人物呢？

1. 设置性格差异明显的戏剧人物。首先,把正面人物与反面人物对立性格搭配好,他们的性格越鲜明、思想差距越大越好。其次,在同一阶级同一类型的人物中也要挖掘出他们性格的差异。再次,不仅主要人物间形成鲜明的性格对比,主要人物和次要人物,次要人物和次要人物之间,也要有鲜明的性格对比,这样才能形成互相映衬互相对照的人物关系。

2. 要妥帖地安排人物间的关系。性格本身的差异,还构不成冲突。只有不同性格的人处在一定的相互关系之中,彼此发生切身利益的对立时,才能出现戏剧冲突。剧本中常见的人物关系有三种:A.人物间的血缘关系、家庭关系,实际是社会关系的缩影,是社会矛盾在血缘关系和家庭关系中的表现。如曹禺的《雷雨》。B.人物间的某种历史关系。这种关系一般构不成正面展开戏剧冲突的根本原因,却可以成为戏剧冲突的渊源、或使冲突发生某种变化的"借用力量"。C.在日常生活中人们之间的关系。它比较广阔,更具普遍性,对揭示主题、展示人物性格,更具有社会必然性。

3. 精选最能促使人物行动的事件。事件是戏剧冲突的直接动因,是人物性格的具体体现,只有抓住最能促使人物行动、最有利于展现人物性格的事件,才能把戏剧冲突表现的有力。这样的事件有:A.自然性事件,如:地震、洪水等。它们不是由社会造成的,一般不做剧本的中心事件,却可做引起中心事件的起因,或引起中心事件变化的偶然性因素。B.社会性事件。发生事件的原因在社会,是社会矛盾突发性的表现,具有深刻社会意义。C.具有震动性的事件。无论自然性事件还是社会性事件,都要有震动人心的力量。一方面能使剧中人物震动,另一方面其严重性和强烈性能震动观众。

(二)严密安排戏剧结构。戏剧结构,又叫布局,即情节安排。
　　1. 在安排戏剧结构时要注意的问题:
　　(1)要为展开矛盾冲突服务。戏剧结构和戏剧冲突就像骨骼与血肉一样,孕育成长在一起。安排结构时首先要考虑剧中所要表现的矛盾冲突是什么?有什么特点?怎样开展?怎样发展?怎样结束?以最能生动地展示这种冲突为原则,合理地安排结构。
　　(2)要为表现主题服务。戏剧结构,是在一定的主题思想的指导下形成的,因此安排结构要服从揭示主题的需要。最好的结构处理,就是能在具体的艺术作品中最深刻、最完整地表现出思想意图来。
　　(3)要受剧中人物的约制。戏剧结构,实际是对人物行动顺序的安排:先安排哪个人物的行动,哪个行动在前,哪个行动在后,哪个行动是因,哪个行动是果,都是在安排戏剧结构时必须解决的。
　　2. 戏剧结构的类型。常见的戏剧结构类型有三种:
　　(1)开放式结构。它是从故事的开端写起,有头有尾的自然铺开,把事件的完整过程正面展现出来。开放式结构的优点是:境界宽、曲折多、有头有尾、场面热闹、通俗易懂;时间拉得长,人物性格发展明确,容易生动;地点拉得开,情节多变,容易引人入胜。缺点是:结构易松散不易写出深度。
　　(2)锁闭式结构。它从高潮前不久开幕,选取尖锐冲突已迫在眉睫的时刻,有时甚至从临近结局处入笔。它的优点是:戏易集中紧凑,结构易完整;内心动作与外部动作结合紧密;人物少、有深入揭示人物的可能性。缺点是:容易写得单调、乏味,不宜反映丰富多彩的社会生活,舞台变化少,戏易冷。
　　(3)人物展览式结构。以展览人物形象和社会风貌为主要目的的戏剧结构方式。其特点是:人物较多,情节较少,剧情进展缓慢,只展示性格间的内部冲突,展示社会一角的生活横断面。
　　3. 几种基本的结构手法。
　　(1)重点突出。又被称为注意力的集中。即把戏的重点加以强调、突出。重点突出常用的方法是:重复。为给观念留下深刻印象,戏的重点部分重复多次点明。繁写,即抓住戏的关键大作文章。安排重点位置,一幕戏的重点位置在开场和收场,把重点放在这两个地方能吸引观众。
　　(2)巧设悬念。悬念在心理学上叫期待心理状态。剧本在情节安排上不断造成这种期待心理状态,是一个非常重要的艺术手段。悬念的三种情况:一是观众什么都不知道,而愿意明究,这种悬念一般用在开场时;二是观众知道了一点,愿意知道更多、更详尽的细节,这种悬念多用在剧情进展之中;三是观众知道很多,甚至已全知道了结局,但用欣赏或恐惧态度,看这结局如何到来,这种悬念可以用在戏剧开头,也可用在进行中。造成悬念的方法:一是必须交待清楚悬念的前提。如果前提交待不清,或者只是让观众看到过去的一些情况,却看不到这些情况令人担心的发展趋势,那么他们就不会有所期待。二是悬念的内容必须引起观众的同情。有些事件和人物,尽管交待清楚,但由于观众对它们不感兴趣、毫无爱憎,那么事件的发展趋势和人物命运也同样不能引起观众的关注和期待。如果能使观众对剧中人物产生深厚爱憎、对事件发展产生强烈好奇,那么观众期待的兴趣就浓厚了。三是巧妙地运用"抑制"和"拖延"。抑制和拖延是造成悬念的重要艺术手段,人们认为它是写好剧本的决定性技巧。所谓抑制和拖延,就是控制戏剧发展的节奏,从而积蓄矛盾冲突的内在力量,在关键处"引爆",一举达到高潮。

(3) 虚实结合。由于受时间和空间的限制,有很多情节不能在舞台上正面表现,而剧情的发展又需要这些情节,这就需要虚写。所谓虚写就是把某些情节,不通过舞台的正面表现而传达给观众。实虚结合,以虚衬实,以实点虚,这是剧本结构中的很重要手法。实虚结合的方法有三种:一是以实表虚。有些戏剧场面、情节,不便在舞台上正面处理就需变换角度,从侧面加以表现,用舞台上的侧面表演表现了舞台之外的主要事件。二是带戏上场。就是人物登场时,要表现出一定的情绪,带来一定的气氛,展现出一定的处境和一定的行动目的。三是人物叙述。即把舞台上不能表现的事件通过人物的舞台上的表演叙述出来。

(三) 锤炼戏剧语言

戏剧语言一是要力求准确。这个准确表现在三个方面:A.准确地表现人物性格。人物身份不同,社会地位不同,生活经历不同,立场不同,思想感情不同,决定了他们每个人说出的话都应带有鲜明的、不可混淆的个性。戏剧的语言应一开口就显出人物的性格,使人如闻其声。B.准确体现时代特点。不同的时代有不同语言。在写戏剧时,一定要表现出不同时代的不同语言特点来。C.准确把握具体的语言环境。语言的运用,总是以具体环境为条件的,在不同的时间和场合,同一人会说出不同的话。

二是要力求生动。(1)要注意不同语言色彩的搭配。人物性格的丰富色彩,是人物语言色彩丰富的基础;人物语言的丰富,是人物性格丰富的形象体现。所谓不同语言色彩的搭配,就是把各种不同感情、不同节奏、不同语气、不同结构形式的人物语言,在冲突中交织起来,形成美丽诱人的画卷。(2)出奇制胜的语言。戏剧冲突发展到一定阶段,要使人物适当的说一些出奇制胜、令人拍掌叫绝的话。(3)风趣和幽默的语言,不仅可以增强剧场气氛,激起观众兴趣,而且有助于加强生活气息,生动地揭示人物性格。

三是要力求浅显。一方面要多写短语短话,另一方面要注意习惯语言的结构,语浅意深一听就懂,是戏剧语言的一个重要方面。

三、改写剧本

一定要找到合适的小说文本,选择恰当的片断,摘录改写。注意小说和剧本的区别。

剧本写作和小说写作是两样完全不同的事,要知道写剧本的目的是要用文字去表达一连串的画面,所以你要让看剧本的人见到文字而又能够实时联想到一幅图画,将他们带到动画的世界里。小说就不同,他除了写出画面外,更包括抒情句子、修辞手法和角色内心世界的描述。这些在剧本里是不应有的。

剧本要用说话去交待剧情。

参考题目

1. 以同学之间发生的故事为题材,写一剧本,题目自拟。
2. 将学过的一篇文章改写成剧本,如《项链》《一碗清汤荞麦面》等。

例文

举一个简单的例子,在小说里有这样的句子:

〔今天会考放榜,同学们都很紧张地等待结果,小明别过父母后,便去学校领取成绩通知书。老师派发成绩单,小明心里想:如果这次不合格就不好了。

他十分担心,害怕考试失败后不知如何面对家人……〕

试想,如果将上面的句子写在剧本里,你叫演员看了怎样用动作去表达。

如果要用剧本去表达同样的意思,就只有写成如下:

〔在课室里面,学生都坐在座位上,脸上带着紧张的表情,看着站在外面的老师。老师手上拿着一叠成绩通知书,她看了看面头的一张,叫道:"陈大雄!"大雄立刻走出去领取成绩单。小明在课室的一角,两只手不停地搓来搓去。他看向课室外面,画面渐渐返回当日早上时的情景。小明的父母一早就坐在大厅上,小明穿好校服,准备出门,看了看父亲,又看了看母亲,见到他们严肃的脸孔,不知该说些什么。小明的父亲说:"会合格吗?"小明说:"会……会的。"

"陈小明!"老师宏亮的声音把小明从回忆中带回现实。老师手上拿着小明的成绩单看着他,小明呆了一会,才快步走出去领取……〕

课外练笔参考题

在日常生活中,我们周围每天都会发生一些故事,选择其中的典型事件,精心提炼主题,构思一剧本。

口语交际(六)

应聘和自荐

生活情境

情境一:

学校苗苗文学社面向全校学生招聘5名工作人员。笔试之后,有10名同学进入最后的面试,他们将回答由老师和学生组成的招聘小组的各种提问。面试现场,10名同学不免有些紧张。

情境二:

某公司招聘兼职营销员,在校中职生孙晓龙想利用业余时间多参加一些社会实践活动,于是他到该公司应聘。在面试现场,招聘人员要求应聘者先作一番自荐。

情境三:

夏春是某中职学校应届毕业生,她从报纸上得知一家公司正在招聘工作人员,就先通过电话毛遂自荐了一番,对方要求她参加第二天的面试。她知道,在应聘现场将要应付招聘者提出的各种问题,于是,她开始积极准备第二天的应聘。

……

现代社会对人才的要求越来越高，职场上的竞争也越来越激烈。当我们为了寻找适合自己的最佳职位而四处奔忙的时候，常常要经历应聘和自荐这样的求职过程。这个环节，对我们的就业和未来事业的发展起着至关重要的作用。

相关知识

应聘，本意为接受聘请。在现代生活中，应聘与招聘相对应，成为人们在职场上进行择业和实现就业的一种主要方式。自荐就是自己推荐自己，它常常出现在应聘的过程中，成为应聘的一个重要环节。应聘和自荐涉及的内容范围很广，在这里，我们重点介绍与人面对面沟通时，应聘和自荐的一些基本知识。

应聘和自荐的基本要求：

1. 客观地评价自己，准确地为自己定位

在现实生活中，不少人不能客观地评价自己，要么妄自尊大，要么妄自菲薄，求职时，这两种做法都会带来不良后果。客观地评价自己，就是要清楚地了解自身的优缺点、专业特长、职业倾向等，准确地为自己定位。是到大企业，还是到小公司；是从事专业技术工作，还是干公关、跑业务。对自己评价客观，定位合理，应聘场上才会有的放矢地说话。

2. 了解招聘单位的基本情况

知彼知己，方能百战不殆。正确认识自己的同时，还需要了解招聘单位的基本情况。这包括用人单位的归属性质、业务范围、业绩概况、声誉影响、发展前景，尤其要清楚有关应聘条件的规定。了解了这些情况，当对方问及相关问题时，我们才有可能从容应对。

3. 沉着自信，不卑不亢

求职时的面试，是一个充分展示个人风采的机会。不少笔试成绩优异的求职者，往往无法跨越面试这一关。恰当的做法是：从容不迫，态度诚恳，面带微笑；自信坦然地与对方目光接触，而不是目光羞怯、闪闪烁烁、游移不定；有时对方可能有意让你难堪，以测试你的涵养和应变能力，只要对方不是恶意地羞辱，此时一定要沉着应对，冷静地控制情绪的变化；自始至终要神态自若，不卑不亢，既不要因为有求于人而点头哈腰，也不要自以为是，出言不逊。

4. 反应机敏，回答问题条理清晰、自然流畅

面试时，考官往往会提出很多问题，即使是在自荐的时候，应聘者也常常会被对方的问话打断。此时就要迅速领悟考官问话的意图，边思考边巧妙应对，力求说出的话条理清晰、逻辑性强，并且要自然流畅，让人感觉平实可信。

5. 以点带面，突出个性

既然是推销自己，那么在自荐和回答对方的提问时，就要充分展现自身优势，把最能代表自己实力、特长的方面表现出来，以点带面，强调自身的个性。如果面面俱到、浮光掠影，反而面面不到。

6. 语言得体，举止优雅，着装大方

与人交流尽量不要用方言土语，即使普通话说得不标准，也要努力去说。与考官的语言交流不同于平时的聊天，要简明扼要，语速适中，遣词造句得体，不要简单地肯定与否定。

行为举止、仪容仪表是人际交往中无声的语言。作为应聘者,要想给用人单位留下良好的第一印象,一定要重视自己的谈吐举止、着装打扮。说话时不能指手画脚、手舞足蹈,给人留下浮躁、不稳重的印象。面试场合要穿正装,以表示对应聘的重视,即使不是正装,也不能过于休闲,更不能为突显自己的个性而穿奇装异服。女生切忌浓妆艳抹,饰物繁多。

示例简析

示例

招聘现场,主考官正在对参加最后面试的王红等10位应聘者进行现场提问。下面是其中的一个片段。

主考官　与男性相比,女性更容易对自己的能力缺乏自信,你怎么看?

王　红　这种说法也许有一定道理,毕竟男性和女性从生理以至由生理而产生的心理反应上存在着一些差异。但对这种说法我很难完全接受,我今天能从初试的100多人中脱颖而出,成为10名面试者中仅存的3位女性之一,就足以说明我对自己的能力拥有足够的自信。

主考官　你刚走出校门,经历太简单,我们更需要有丰富社会经验的人。

王　红　丰富的经验来源于经历的积累。每个人的人生都要有一个从简单到复杂,从经验缺乏到经验丰富的过程。我相信,如果我被贵公司录取,我将很快成为一个有着丰富经验的人,我渴望自己能有这样一段经历。

主考官　每个人都有缺点,但这些缺点不一定会影响到工作,你认为自己有没有会影响到工作的缺点?

王　红　有。我的性子有些急,做事情常常要一口气做完。可有些工作需要耐心。性子太急,可能会产生欲速则不达的效果。因此,工作中我要常提醒自己"耐心"。

【简析】在上述示例中,主考官向应聘者提出了三个问题,三个问题侧重点不同,但个个都有"陷阱"。第一个问题,主考官的意图并不是看你是赞成还是反对,而是考察应聘者认识问题的能力以及自信程度。王红的回答,既客观地反映了自己对这一问题的认识,又间接地表达了自己的自信,整个表述无懈可击。主考官提出的第二个问题,很容易激怒应聘者,如果应答中露出烦躁情绪,那就必输无疑。王红的回答,没有正面反驳对方,而是当面接招,顺着对方的问题展开去,既然经验与经历密不可分,那就让"我"拥有在公司工作的经历以丰富"我"的经验。这既回答了对方的问题,又自然而然地表露了对加盟公司的渴望和向往。第三个问题是考察应聘者是否诚实。几乎每个人都有对工作不利的缺点,如果此时的回答是"没有",尽管也能应付过去,但一是回答显得过于简单化,失去了可以展示自己的机会,二是主考官会疑心应聘者有意掩饰自己的不足。王红首先坦然承认自己有不利于工作的缺点,然后用一句"工作中我要常提醒自己'耐心'",既表明自己知错改错的严谨作风,又打消了对方可能产生的疑虑。

练习实践

一、在面试现场,招聘者常常提出各式各样的问题,以综合考察应聘者的能力。如果你是应聘者,你将如何回答下列问题?

1. 你认为你有哪些优缺点?
2. 有什么理由让我相信你能胜任这个工作?
3. 我们更想要大学生,而你是一名中专生,与他们一起竞争,你不觉得缺乏优势吗?
4. 你认为金钱、名誉和事业哪个更重要?
5. 你所学的专业与我们需要的不对口啊?
6. 你好像有些内向,这与你应聘的职位不太适合吧?

二、下面是王言同学在应聘面试现场的自荐。你认为他的自荐有哪些不足?应怎样改动?

本人出身于干部家庭,从小受到良好的教育。在校期间,为使自己得到全面发展,本人积极参加学校的各项活动,曾多次担任学生会干部,取得了一定的成绩,也积累了一定的工作经验。本人学习勤奋,团结同学,乐于助人。本人相信,一定能胜任公司的这项工作。

三、根据所在学校的实际条件,模拟一次人才招聘现场的面试活动。

第十二单元

历史回声

　　历史是一面镜子。在人类历史发展过程中,发生过无数令人感奋、发人醒悟的事件,也留下许多经验教训。人们在记录历史、追踪历史时,往往会浮现出许多联想,引发出许多感慨,其中有英雄的喟叹,有智者的思索,也有文人骚客的歌吟。这是历史的回声,它从遥远的过去传来,又将裹挟着今天的声音向着未来绵延而去。

　　本单元所选都是文言文,记述的虽然是一些历史故事,但在今天仍然很有借鉴意义。《鸿门宴》的作者司马迁善于通过人物在历史事件中的行为、语言来塑造性格鲜活的人物形象,全文情节曲折、完整。《六国论》以史为鉴分析现实,洞若观火,是一篇论证严密,辞情并茂的文章。《谏太宗十思疏》运用正反对比的方法,论述了居安思危、戒奢以俭的道理,言辞恳切,说理透彻。《阿房宫赋》是杜牧为劝谏当时统治者应时而作;《过秦论》是西汉政治家贾谊的一篇力作,意在警戒当世之君臣记取秦朝覆亡的历史教训,这两篇文章都与《六国论》有异曲同工之妙。

　　让我们在历史的隧道中踽踽独行,悉心聆听历史"于无声处"的回声吧!

1.

鸿门宴[1]

司马迁

[阅读提示]

　　秦朝末年,群雄纷起,项羽刘邦逐渐发展为两支最大的军事力量。公元前207年,项羽在巨鹿(今河北平乡)一战中消灭了秦军主力。当项羽在黄河以北作战的时候,刘邦乘机从黄河以南攻入关中,占领秦朝首都咸阳,并想据守函谷关称王。项羽听说后大怒,破关而入,驻军鸿门,准备进攻刘邦。当时,项羽的兵力是刘邦的四倍,刘邦为保存自己的实力,不得不冒着生命危险,亲自到鸿门谢罪。这就是鸿门宴发生的背景。鸿门宴表面是个宴会,实际上是一场惊心动魄的政治斗争。鸿门宴上刘邦在项羽面前表现出一副谦恭态度,使项羽受了蒙骗,以至于坐失良机。故事就是以项羽从主动变被动,刘邦从被动变主动为线索,按照时间顺序,精心选材、安排,把这场斗争写得有声有色,情节曲折而生动,场面热烈、紧张,富有戏剧性。

　　作者运用对照、映衬的手法,通过对人物在错综复杂的斗争中的互相关系以及人物个性化的语言、行为、情态的描写,使人物性格鲜明、栩栩如生。项羽的爽直轻信、刚愎自用和优柔寡断,刘邦的老谋深算、知人善用和随机应变,樊哙的勇猛机智,张良的忠诚多谋,范增的见识和果断,项伯的因私忘公,无不跃然纸上。

《鸿门宴》的语言生动精炼,如"项庄舞剑,意在沛公"、"人为刀俎,我为鱼肉"、"秋毫无犯"、"劳苦功高"等已成为千古流传的成语名句。

学习时要注意掌握下列字:

说 幸 素 内 倍 许 即 数 若 乘 如 去 间 度

沛公[2]军[3]霸上[4],未得与项羽[5]相见。沛公左司马[6]曹无伤使人言于项羽曰:"沛公欲王[7]关中[8],使子婴[9]为相,珍宝尽有之。"项羽大怒曰:"旦日[10]飨[11]士卒,为击破沛公军!"当是时,项羽兵四十万,在新丰鸿门;沛公兵十万,在霸上。范增[12]说[13]项羽曰:"沛公居山东[14]时,贪于财货,好美姬[15]。今入关,财物无所取,妇女无所幸[16],此其志不在小。吾令人望其气[17],皆为龙虎,成五彩,此天子气也。急击勿失!"

楚左尹[18]项伯[19]者,项羽季父[20]也,素善留侯张良[21]。张良是时从沛公,项伯乃夜驰之沛公军[22],私见张良,具告以事[23],欲呼张良与俱去,曰:"毋从俱死也。"张良曰:"臣为韩王送沛公[24],沛公今事有急,亡去不义,不可不语。"良乃入,具告沛公。沛公大惊,曰:"为之奈何[25]?"张良曰:"谁为大王为此计者[26]?"曰:"鲰生[27]说我曰:'距[28]关,毋内诸侯[29],秦地可尽王也[30]。'故听之。"良曰:"料[31]大王士卒足以当项王乎?"沛公默然[32],曰:"固不如也。且为之奈何?"张良曰:"请往谓项伯,言沛公不敢背项王也。"沛公曰:"君安与项伯有故[33]?"张良曰:"秦时与臣游[34],项伯杀人,臣活之[35];今事有急,故幸来告良。"沛公曰:"孰与君少长[36]?"良曰:"长于臣。"沛公曰:"君为我呼入,吾得兄事之[37]。"张良出,要[38]项伯。项伯即入见沛公。沛公奉卮酒为寿[39],约为婚姻[40],曰:"吾入关,秋毫不敢有所近[41],籍吏民[42]封府库,而待将军[43]。所以遣将守关者,备[44]他盗之出入与非常[45]也。日夜望将军至,岂敢反乎!愿伯具言臣之不敢倍德[46]也。"项伯许诺,谓沛公曰:"旦日不可不蚤[47]自来谢[48]项王。"沛公曰:"诺。"于是项伯复夜去,至军中,具以沛公言报项王,因言曰:"沛公不先破关中,公岂敢入乎?今人有大功而击之,不义也。不如因善遇之。"项王许诺。

沛公旦日从百余骑[49]来见项王,至鸿门,谢曰:"臣与将军戮力[50]而攻秦,将军战河北[51],臣战河南,然不自意[52]能先入关破秦,得复见将军于此。今者有小人之言,令将军与臣有郤[53]……"项王曰:"此沛公左司马曹无伤言之;不然,籍何以至此?"项王即日因留沛公与饮。项王、项伯东向坐,亚父[54]南向坐。亚父者,范增也。沛公北向坐,张良西向侍[55]。范增数目[56]项王,举所佩玉玦[57]以示之者三,项王默然不应。范增起,出召项庄[58],谓曰:"君王为人不忍[59]。若[60]入前为寿,寿毕,请以剑舞,因击沛公于坐[61],杀之。不者[62],若属皆且为所虏。"庄则入为寿。寿毕,曰:"君王与沛公饮,军中无以为乐,请以剑舞。"项王曰:"诺。"项庄拔剑起舞,项伯亦拔剑起舞,常以身翼蔽[63]沛公,庄不得击。

于是张良至军门见樊哙[64]。樊哙曰:"今日之事何如?"良曰:"甚急!今者项庄拔剑舞,其意常在沛公也。"哙曰:"此迫矣!臣请入,与之同命[65]。"哙即带剑拥盾入军门。交戟之卫士[66]欲止不内,樊哙侧其盾以撞,卫士仆地,哙遂入,披帷[67]西向立,瞋目[68]视项王,头发上指,目眦[69]尽裂。项王按剑而跽[70]曰:"客何为者?"张良曰:"沛公之参乘[71]樊哙者也。"项王曰:"壮士,赐之卮酒[72]。"则与斗卮[73]酒。哙拜谢,起,立而饮之。项王曰:"赐之彘肩[74]。"则与一生彘肩。樊哙覆其盾于地,加彘肩上[75],拔剑切而啖[76]之。项王曰:"壮士!能复饮乎?"樊哙曰:"臣死且不避,卮酒安足辞!夫秦王有虎狼之心,杀人如不能举,刑人如恐不胜[77],天下皆叛之。怀王[78]与诸将约曰:'先破秦入咸阳者王之[79]。'今沛公先破秦入咸阳,毫毛不敢有所近,封闭宫室,还军霸上,以待大王来。故[80]遣将守关者,备他盗出入与非常也。劳苦而功高如此,未有封侯之赏,而听细说[81],欲诛有功之人。此亡秦之续耳[82],窃为大王不取也[83]!"项王未有以应,曰:"坐。"樊哙从良坐。坐须臾,沛公起如厕[84],因招樊哙出。

沛公已出,项王使都尉陈平[85]召沛公。沛公曰:"今者出,未辞也,为之奈何?"樊哙曰:"大行不顾细谨,大礼不辞小让[86]。如今人方为刀俎,我为鱼肉,何辞为[87]?"于是遂去。乃令张良留谢。良问曰:"大王来何操[88]?"曰:"我持白璧一双,欲献项王,玉斗一双,欲与亚父。会其怒,不敢献。公为我献之。"张良曰:"谨诺[89]。"当是时,项王军在鸿门下,沛公军在霸上,相去四十里。沛公则置[90]车骑,脱身独骑,与樊哙、夏侯婴、靳强、纪信[91]等四人持剑盾步走[92],从郦山[93]下,道[94]芷阳[95]间行[96]。沛公谓张良曰:"从此道至吾军,不过二十里耳。度[97]我至军中,公乃入。"

沛公已去,间至军中。张良入谢,曰:"沛公不胜桮杓[98],不能辞。谨使臣良奉白璧一双,再拜[99]献大王足下,玉斗一双,再拜奉大将军[100]足下。"项王曰:"沛公安在?"良曰:"闻大王有意督过[101]之,脱身独去,已至军矣。"项王则受璧,置之坐上。亚父受玉斗,置之地,拔剑撞而破之,曰:"唉!竖子[102]不足与谋。夺项王天下者必沛公也。吾属[103]今为之虏矣!"

沛公至军,立诛杀曹无伤。

[注释]

[1] 节选自《史记·项羽本纪》(中华书局1999年版)。鸿门,地名,在新丰县(现陕西省临潼县以东)东面。司马迁,字子长,夏阳人,西汉时期著名的史学家、文学家。著有《史记》一书。
[2] 沛公:刘邦起兵于沛(现在江苏省沛县),人称"沛公"。
[3] 军:驻军,动词。
[4] 霸上:地名,在今陕西省西安市东,即灞水西边的白鹿原。
[5] 项羽:名籍,字羽,秦末下相(现江苏省宿迁市)人。起兵反秦,以善战著名。后与刘邦争天下,交战五年,战败自杀。
[6] 左司马:官名。司马是统兵官,分左右司马,执掌军政。
[7] 王(wàng):为王,用作动词。
[8] 关中:函谷关(现河南省灵宝县西南)以西,现在陕西省一带。
[9] 子婴:秦二世胡亥的侄子,秦王朝最后一个统治者。在位46天,当时已投降刘邦,后为项羽所杀。
[10] 旦日:明天。
[11] 飨(xiǎng):用酒食款待宾客,这里是犒劳的意思。
[12] 范增:项羽的主要谋士。

[13] 说(shuì)：劝说。
[14] 山东：指崤(xiáo)山以东,也就是函谷关以东地区。
[15] 美姬(jī)：美女。
[16] 幸：封建君主对妇妾的宠爱叫"幸",含有"加恩"的意思。下文"故幸来告良"的"幸"是"幸亏""幸而"的意思。
[17] 望其气：望他头上的云气。这是一种迷信,说是"真龙天子"所在的地方,天空中有一种异样的云气,会望气的人能够看出来。
[18] 左尹：官名,辅佐令尹的官。
[19] 项伯：名缠,字伯,项羽的族叔。
[20] 季父：叔父。
[21] 素善留侯张良：向来与张良友善。素,向来。善,友善。张良,字子房,刘邦的主要谋士。刘邦得天下后,封他为"留侯"。留,地名,现在江苏省沛县东南。
[22] 之沛公军：到沛公驻地。之,到。
[23] 具告以事：把事情(项羽打算攻击刘邦的事)全部告诉了张良。具,通"俱",完全、全部。
[24] 臣为韩王送沛公：张良曾劝说项梁立韩公子为韩王,自己做韩相,刘邦从洛阳南行,让韩王留守阳翟,张良奉韩王的命令同刘邦一道进军入武关。这里张良托辞说"为韩王送沛公",是向项伯表示他和沛公的关系。
[25] 为之奈何：就是"奈何为之",怎样对付这件事。奈何,如何、怎样。
[26] 谁为(wèi)大王为(wéi)此计者：谁替大王作出这个决策的？前一个"为"字,"替"的意思。后一个"为"字,"作"的意思。此计,指下文"距关,毋内诸侯"的计策。
[27] 鲰(zōu)生：指浅陋无知的小人。鲰,原意是小杂鱼,在这里指短小、浅陋。
[28] 距：同"拒",把守的意思。
[29] 毋内诸侯：不让诸侯进来。内,通"纳"。诸侯,指其他率兵攻秦的人。
[30] 秦地可尽王(wàng)也：可以占领整个秦地而为王。尽,全部,整个。
[31] 料：估量。
[32] 默然：沉默的样子。
[33] 有故：有旧交情。
[34] 游：结交,往来。
[35] 活之：使之活。救了他(项伯)的命。活,使动用法。
[36] 孰与君少长：(他)和你相比,年岁谁小谁大？就是"与君孰少孰长"。孰,谁。
[37] 吾得兄事之：我可以用对待长者的礼节侍奉他。事,侍奉。兄,作状语,像对兄长一样。
[38] 要(yāo)：通"邀",邀请。
[39] 奉卮(zhī)酒为寿：奉上一杯酒,祝(项伯)健康长寿。卮,酒器。为寿,即上寿,古时到尊者前敬酒致辞祝颂叫上寿。
[40] 约为婚姻：约定和项伯结为姻亲。
[41] 秋毫不敢有所近：极细小的一点财物都不敢取用。秋毫,鸟兽在秋天初生的细毛,常用来指称细小的东西。近,接触、沾染。
[42] 籍吏民：登记官吏、老百姓在簿籍上。就是造官吏名册和户籍册。
[43] 将军：指项羽。
[44] 备：防备。
[45] 非常：意外的变故。
[46] 倍德：忘恩负义。倍,"通"背。

[47] 蚤：通"早"。
[48] 谢：谢罪，就是道歉的意思。
[49] 从百余骑：带着一百多人马。从，使动用法。骑，一人一马叫一骑。
[50] 戮(lù)力：并力，合力。
[51] 河北：黄河以北。河，黄河，下文"河南"，指黄河以南。
[52] 意：料想。
[53] 有郤(xì)：有隔阂。郤，通"隙"，隔阂、嫌怨。
[54] 亚父：项羽对范增的尊称。意思是尊敬他仅次于父亲。亚，次。
[55] 侍：这里是陪坐的意思。
[56] 数(shuò)目：屡次以目示意。数，频、屡。
[57] 玉玦(jué)：半环形的佩玉。玦，与"决"同音，范增用玦暗示项羽下决心杀刘邦。
[58] 项庄：项羽的堂弟。
[59] 不忍：心慈手软。忍，狠心。
[60] 若：你。下文"若属"，你们，是"若"的复数。
[61] 坐：同"座"。
[62] 不者：否则。不，同"否"。
[63] 翼蔽：像鸟用翅膀那样掩护。
[64] 樊哙(kuài)：沛人，屠夫出身，和刘邦在沛县起义反秦，屡立战功。汉朝建立后曾任左丞相，封舞阳侯。
[65] 与之同命：跟他同生死。之，指刘邦。同命，同生死。
[66] 交戟之卫士：拿戟交叉着守卫军门的兵士。戟，一种长柄的兵器。
[67] 披帷：掀开帷幕。
[68] 瞋(chēn)目：瞪着眼睛，怒目而视。
[69] 目眦(zì)：眼眶。
[70] 按剑而跽(jì)：用手握剑把，跪而挺直身子。这是一种警备的姿势。古人席地而坐，要起来就先跪，然后站立。
[71] 参乘(shèng)：也作"骖乘"，古时乘车，站在车内右边侍卫的人叫参乘。乘，四匹马拉的车。
[72] 壮士，赐之卮酒："壮士"，是项羽称赞樊哙。"赐之卮酒"，是项羽对左右说的。
[73] 斗卮：大的酒器。
[74] 彘(zhì)肩：猪的前腿。彘，猪。
[75] 加彘肩上：把猪腿放(在盾)上。"上"的前面略去"于"字。
[76] 啖(dàn)：吃。
[77] 杀人如不能举，刑人如恐不胜：杀人唯恐不能杀尽，用刑罚唯恐不能用尽酷刑。意思是杀人多得数不过来，用刑唯恐不重。举、胜，都有"尽"的意思。刑，指施加肉刑，动词。
[78] 怀王：战国时楚怀王的孙子，名心。项梁起兵时，立他为王，也称"楚怀王"。破秦后，项羽尊他为"义帝"，后来项羽又把他杀了。
[79] 王之：就是"以他为王"。意动用法。
[80] 故：特意。
[81] 细说：小人的谗言。
[82] 此亡秦之续耳：这是继续走秦朝灭亡的老路罢了。意思是重蹈秦朝灭亡的覆辙。
[83] 窃为大王不取也：私意以为(这是)大王不应该采取(的做法)。为，以为。
[84] 如厕：上厕所。如，往。

[85] 都尉陈平：都尉，官名。陈平，项羽的部下，后来归刘邦，是刘邦的谋士，官至相国。
[86] 大行不顾细谨，大礼不辞小让：意思是，做大事不必拘泥于细枝末节，讲大礼不必避免小小的责备。行，行为、作为。让，指责。
[87] 如今人方为刀俎(zǔ)，我为鱼肉，何辞为：现在人家正处在宰割者的地位，我们处在被宰割的地位，还(向他)告辞做什么。俎，砧板。为，句末语气词。
[88] 操：拿，这里是携带的意思。
[89] 谨诺：遵命的意思。谨，表恭敬的语气副词。
[90] 置：放弃，丢下。
[91] 夏侯婴、靳强、纪信：都是刘邦的部下。
[92] 步走：徒步走。走，急行。
[93] 郦山：就是骊山，现在陕西省临潼县东南。
[94] 道：取道。用作动词。
[95] 芷阳：秦代县名，现在陕西省西安市东。
[96] 间(jiàn)行：从小路走。
[97] 度(duó)：估计。
[98] 不胜(shēng)桮(bēi)杓：不能多喝酒。意思是醉了。不胜，禁不起，受不了。桮，同"杯"。桮杓，酒器，这里作为酒的代称。
[99] 再拜：先后拜两次，古代一种隆重的礼节。
[100] 大将军：对范增的称呼。
[101] 督过：责备，怪罪。
[102] 竖子：骂人的话，相当于"小子"。这里明斥项庄，暗责项羽不够果断。
[103] 吾属：我们这些人。

[思考练习]

一、下列句中带点的词，读音和意义与通常的不同，请在括号内注音并释义。

1. 范增说（　　）项羽曰

2. 沛公之参乘（　　）樊哙者也

3. 度（　　）我至军中

4. 范增数（　　）目项王

5. 沛公已去，间（　　）至军中

二、翻译下列各句，注意句中加点字的意义。

1. 籍吏民封府库，而待将军

2. 沛公欲王关中

3. 沛公军霸上

4. 素善留侯张良

5. 范增数目项王

6. 刑人如恐不胜

三、这篇课文中的一些语句至今广为流传，摘出其中的成语名句。

四、标出下列句中的通假字，在括号内写出本字，并解释其意义。

1. 具告以事（　　）

2. 愿伯具言臣之不敢倍德也（　　）
3. 旦日不可不蚤自来谢项王（　　）
4. 令将军与臣有郤（　　）
5. 交戟之卫士欲止不内（　　）
6. 张良出，要项伯（　　）

五、课文中多次出现"为"字。这是一个多义词，试将下列各句中的"为"的确切意义填在括号里。

1. 沛公欲王关中，使子婴为（　　）相。
2. 为（　　）击破沛公军。
3. 吾令人望其气，皆为（　　）龙虎。
4. 谁为（　　）大王为（　　）此计者？
5. 若入前为（　　）寿。
6. 若属皆且为（　　）所虏。
7. 窃为（　　）大王不取也。
8. 君王为（　　）人不忍。

六、口头叙述鸿门宴的故事，注意突出项羽和刘邦双方有利或不利的局面是怎样一步步转化的。

2.

六 国 论[1]

苏　洵

[阅读提示]

这是一篇借古讽今的史论文章。论古，观点鲜明，分析透辟；讽今，眼光锐利，切中要害。文章揭示和论述了"六国破灭，弊在赂秦"的历史教训，旨在讽谏宋王朝要以六国为鉴，勿蹈覆辙。这是因为作者清醒地预见到了宋王朝为求苟安，一味向西夏、辽行贿，是在走"破灭之道"，是"从六国破亡之故事"。历史的发展、宋王朝后来的败亡都不幸被作者言中，这就更增强了这篇文章的说服力。文章内容上的真知灼见，论证上的严密完整，作者对国家命运的深切关注和痛心急切的感情，都足以令读者深深地折服和感动。

学习时要注意掌握下面的字：

判　亡　使　易　迁

六国破灭，非兵不利，战不善，弊在赂秦[2]。赂秦而力亏，破灭之道也。或曰[3]："六国互丧[4]，率[5]赂秦耶？"曰："不赂者以赂者丧，盖失强援，不能独完。故曰，弊在赂秦也。"

秦以攻取[6]之外，小则获邑，大则得城。较秦之所得，与战胜而得者，其实百倍；诸侯之所亡，与战败而亡者，其实亦百倍。则秦之所大欲，诸侯之所大患，固不在战矣。思厥先祖父[7]，暴霜露[8]，斩荆棘，以有尺寸之地。子孙视之不甚惜，举以予人[9]，如弃草芥。今日割五城，明日割十城，然后得一夕安寝，起视四境，而秦兵又至矣。然则诸侯之地有限，暴秦之欲无厌[10]，奉之弥繁，侵之愈急[11]，故不战而强弱胜负已判[12]矣。至于[13]颠覆，理固宜然。古人云："以地事秦，犹抱薪救火，薪不尽，火不灭[14]。"此言得之[15]。

齐人未尝赂秦，终继五国迁灭[16]，何哉？与嬴[17]而不助五国也。五国既丧，齐亦不免矣。燕赵之君，始有远略[18]，能守其土，义[19]不赂秦。是故燕虽小国而后亡，斯用兵之效也。至丹以荆卿为计[20]，始速[21]祸焉。赵尝五战于秦，二败而三胜。后秦击赵者再，李牧[22]连却之；洎[23]牧以谗诛，邯郸为郡，惜其用武而不终也。且燕赵处秦革灭殆尽之际，可谓智力孤危，战败而亡，诚不得已。向使三国[24]各爱其地，齐人勿附于秦，刺客不行，良将犹在，则胜负之数[25]，存亡之理，当与秦相较，或未易量。

呜呼！以赂秦之地封天下之谋臣，以事秦之心礼天下之奇才，并力西向，则吾恐秦人食之不得下咽也。悲夫！有如此之势，而为秦人积威之所劫[26]，日削月割，以趋于亡。为国者[27]无使为积威之所劫哉[28]！

夫六国与秦皆诸侯，其势弱于秦，而犹有可以不赂而胜之之势。苟以天下之大，而从[29]六国破亡之故事[30]，是又在六国下矣。

[注释]

[1] 选自《中国历代文学作品选》(上海古籍出版社1980年版)。苏洵(1009—1066年)，字明允，号老泉，宋朝著名文学家。在中国文学史上，苏洵与他的两个儿子苏轼、苏辙并称"三苏"。
[2] 赂秦：贿赂秦国。这里指割地求和。
[3] 或曰：有人说。这是设问。下句的"曰"是对设问的回答。或，不定代词，不是连词里的"或"。
[4] 互丧：彼此(都)灭亡。互，交互。
[5] 率：全都，一概。
[6] 以攻取：用攻战(的方法)取得。以，用、凭着。
[7] 厥先祖父：他(或者他们)的先人祖辈父辈。厥，这里相当于"其"。先，对已去世的尊长的敬称。祖父，泛指祖辈父辈。
[8] 暴(pù)霜露：暴露在霜露之中。意思是冒着霜露。和下文的"斩荆棘……之地"连起来，形容创业的艰难。
[9] 举以予人：拿它(土地)来送给别人。
[10] 厌：通"餍"，满足。
[11] 奉之弥繁，侵之愈急：送给他越多，侵犯他们(就)越厉害。前一个"之"指秦，后一个"之"指赂秦各国。弥、愈，都是更加的意思。
[12] 判：分，清清楚楚的意思。
[13] 至于：到……的结局。与现代汉语里的连词"至于"用法不同。
[14] 以地事秦……火不灭：出自《史记·魏世家》和《战国策·魏策》。
[15] 此言得之：这话对了。之，指上面说的道理。
[16] 迁灭：灭亡。迁，改变的意思。
[17] 与嬴：结交秦国。与，交好。嬴，秦王的姓。
[18] 始有远略：起初有长远的打算。略，谋划。这句里的"始"与下文"至丹"的"至"，"洎牧"的"洎"，"用武而不终"的"不终"，互相呼应。

[19]　义：(坚守)道义。
[20]　丹以荆卿为计：燕太子丹用(派)荆卿(刺秦王)作为(对付秦国的)策略。荆卿，荆轲，即下文提到的"刺客"。
[21]　速：招致，动词。
[22]　李牧：赵国的良将，曾几次打退秦军。公元前229年，秦将王翦攻赵，李牧率兵抵抗。赵王中了秦的反间(jiàn)计，杀李牧。第二年，王翦破赵军，虏赵王，灭了赵国。下文的"良将"指李牧；"邯郸为郡"就是指秦灭赵，把赵国都城邯郸改为秦的一郡。
[23]　洎(jì)：及，等到。
[24]　向使三国：假使当初韩、魏、楚三国。这三国都曾经割地赂秦。
[25]　胜负之数：胜败的命运。数，定数。
[26]　劫：胁迫，挟制。
[27]　为(wéi)国者：治理国家的人。为，动词。
[28]　无使为积威之所劫哉：不要使(自己)被(别人)逐渐积累起来的威势所挟制。无使，不要使。劫，挟制，胁迫。
[29]　从：跟随。
[30]　故事：旧事，前例。

[思考练习]

一、课文的中心论点和分论点是什么？它们是以什么样的方式提出的？末尾两段在全文中的作用是什么？

二、给下面各句中带点的字注音并解释其意义。

1. 思厥先祖父，暴霜露，斩荆棘，以有尺寸之地。
2. 然则诸侯之地有限，暴秦之欲无厌，奉之弥繁，侵之愈急。
3. 洎牧以谗诛，邯郸为郡，惜其用武而不终也。
4. 为国者无使为积威之所劫哉！

三、将下边句子翻译成现代汉语。

1. 六国破灭，非兵不利，战不善，弊在赂秦。赂秦而力亏，破灭之道也。
2. 故不战而强弱胜负已判矣。至于颠覆，理固宜然。古人云："以地事秦，犹抱薪救火，薪不尽，火不灭。"此言得之。
3. 呜呼！以赂秦之地封天下之谋臣，以事秦之心礼天下之奇才，并力西向，则吾恐秦人食之不得下咽也。
4. 苟以天下之大，而从六国破亡之故事，是又在六国下矣。

四、翻译下列句子，体会被动句的特点。

1. 而为秦人积威之所劫。
2. 暴见于王。
3. 不者，若属皆且为所虏。
4. 君既若见录，不久望君来。

五、熟读课文，背诵末尾两段。

3.

谏太宗十思疏[1]

魏 征

[阅读提示]

这是魏征写给唐太宗的奏章之一。文章从国家的长治久安出发,针对唐太宗在一片欢呼声中逐渐忘记了前朝覆亡的历史教训,指出了"居安思危""戒奢以俭"的必要性,着重阐述了通过"十思"做到居安思危的途径,这对于后世治理国家很有借鉴意义。

文章在阐述道理时,运用了比喻和排比的方法,并且注意从正反两个方面进行分析,既生动形象,又增强了说服力。如文章开头"求木之长者,必固其根本"三句,先从正面论述,接下来"源不深而望流之远"三句,是从反面论述。此外,文章的语言既有骈体文的整齐华美,又有散文的自然流畅。阅读时要仔细体会这些特点。

学习时要注意掌握下面的字:

本 斯 克 作

臣闻求木之长[2]者,必固[3]其根本;欲流之远者,必浚[4]其泉源;思国之安者,必积其德义[5]。源不深而望流之远,根不固而求木之长,德不厚而思国之安,臣虽下愚[6],知其不可,而况于明哲[7]乎!人君当神器之重[8],居域中之大[9],不念居安思危,戒奢以俭[10],斯亦伐根以求木茂,塞源而欲流长也。

凡百元首[11],承天景命[12],善始者[13]实繁,克终者盖寡[14]。岂取之易守之难乎?盖在殷忧,必竭诚以待下[15],既得志,则纵情以傲物[16];竭诚则吴越[17]为一体,傲物则骨肉为行路[18]。虽董之以为严刑[19],振[20]之以威怒,终苟免而不怀仁[21],貌恭而不心服。怨不在大,可畏惟人[22];载舟覆舟[23],所宜深慎[24]。

诚能见可欲[25],则思知足以自戒;将有作[26],则思知止以安人[27];念高危,则思谦冲而自牧[28];惧满溢[29],则思江海下百川[30];乐盘游[31],则思三驱[32]以为度;忧懈怠,则思慎始而敬[33]终;虑壅蔽[34],则思虚心以纳下;惧谗邪[35],则思正身以黜恶[36];恩所加,则思无因喜以谬赏[37];罚所及,则思无以怒而滥刑。总此十思,宏兹九德[38],简[39]能而任之,择善而从之,则智者尽其谋,勇者竭其力,仁者播其惠[40],信者[41]效其忠;文武并用,垂拱而治[42]。何必劳神苦思,代百司之职役哉[43]?

[注释]

[1] 选自《魏郑公文集》。魏征(580—643年),字玄成,巨鹿曲阳(现河北省晋县)人。曾任谏议大夫、左光禄大夫,封郑国公,以直言敢谏著称。本文是魏征在贞观十一年(公元637年)写给唐太宗的奏章之一,阐述了"居安思危""戒奢以俭""虚心以纳下"等观点。
[2] 长(zhǎng):生长。
[3] 固:使……稳固。
[4] 浚(jùn):疏通、深挖。

[5] 德义：指恩德和道义。
[6] 下愚：最愚昧无知。谦词。
[7] 明哲：明智的人。这里指唐太宗。
[8] 当神器之重：掌握帝王的重权。当，主持、掌握。神器，指帝位。
[9] 居域中之大：据天地间重大的地位。域中，天地间。语出《老子》上篇："道大，天大，地大，王亦大。域中有四大，而王居其一焉。"
[10] 戒奢以俭：戒奢侈，行节俭。以，用，行。
[11] 凡百元首：（历代）所有的帝王。凡百，所有的。元首，指帝王。
[12] 承天景命：承受上天重大使命。景，大。
[13] 善始者：开头做得好的。善，好。
[14] 克终者盖寡：能够保持到底的大概少。克，能够。盖，表示不十分肯定的判断。
[15] 盖在殷忧，必竭诚以待下：因为处在深重忧患之中，一定竭尽诚心对待臣民。盖，承接上文，表示推断原因。殷，深。
[16] 傲物：看不起别人。物，这里指自己以外的人。
[17] 吴越：吴国和越国，春秋时两个敌对的诸侯国。
[18] 骨肉为行路：亲骨肉（也会）成为毫不相干的陌生人。骨肉，比喻至亲，指父母兄弟子女。行路，路人。
[19] 董之以为严刑：用严酷的刑罚监督人民。董，监督。
[20] 振：通"震"，威吓。
[21] 终苟免而不怀仁：最终只是苟且免于刑罚，但是并不会怀念（皇上的）仁慈。
[22] 怨不在大，可畏惟人：怨恨不在有多大，可怕的是人民（的力量）。
[23] 载舟覆舟：意思是人民能拥戴皇帝，也能推翻他的统治。语出《荀子·王制篇》："君者舟也，庶人者水也。水则载舟，水则覆舟。"
[24] 所宜深慎：这是应当深切戒慎的。
[25] 见可欲：看见能引起（自己）喜好的东西（像玉杯、象箸、旨酒、美色等）。语出《老子》上篇："不见可欲，使民心不乱。"下文的"知足"（知道满足）、"知止"（知道适可而止），出自《老子》下篇"知足不辱"、"知止不殆"。
[26] 作：建造，兴建。指大兴土木，营造宫殿苑囿一类事情。
[27] 安人：安民。
[28] 念高危，则思谦冲而自牧：想到（自己的君位）高而险，就要不忘谦虚，加强自身的道德修养。冲，虚。牧，养。这里引用了《易经》"卑以自牧"的意思。
[29] 满溢：容器中水满则溢出。指骄傲自满，听不进别人意见。
[30] 江海下百川：江海居于百川之下。意思是说要有江海容纳众水的度量，善于听取各方面的意见。下，居于……之下。
[31] 乐盘游：以盘游为乐。盘游，娱乐游逸，指从事狩猎。
[32] 三驱：《易经》"王以三驱。"指狩猎有度，不过分捕杀。三驱，网三面，留一面。
[33] 敬：慎。
[34] 虑壅（yōng）蔽：担心（耳目被）堵塞、蒙蔽。
[35] 谗邪：指爱说坏话陷害别人的邪恶之人。
[36] 黜（chù）恶：斥退奸恶小人。黜，排斥。
[37] 谬赏：不恰当地奖赏。
[38] 宏兹九德：扩大九德的修养。宏，使……光大。兹，此。九德，《尚书·皋陶（yáo）谟》："宽而栗

(庄严),柔而立(能立事),愿(良善)而恭,乱(有治理的才能)而敬,扰(和顺)而毅,直(正直)而温,简(简易、宽大)而廉,刚而塞(充实),强而义。"

[39] 简:选拔。
[40] 仁者播其惠:仁爱的人散播他们的恩惠。
[41] 信者:诚信的人。
[42] 垂拱而治:(皇上)垂衣拱手(不亲自处理政务),就能治理好天下。
[43] 代百司之职役:代管百官的职事。百司,百官。

[思考练习]

一、课文第二段从哪个角度进行了评论?阐述了什么观点?第3段中作者所表明的理想的政治境界是什么?

二、下列句子中加点的词语,其用法有的与现代汉语相同,有的不同,试加以辨析。

1. 求木之长者,必固其根本
2. 傲物则骨肉为行路
3. 乐盘游,则思三驱以为度
4. 虑壅蔽,则思虚心以纳下
5. 较秦之所得,与战胜而得者,其实百倍
6. 而从六国破亡之故事

三、找出文中的成语,并体会它们的表达作用。

四、翻译下面的句子,指出其语序倒装的情况。

1. 今日之事何如
2. 君子博学而日参省乎己
3. 窥镜而自视,又弗如远甚
4. 四境之内,莫不有求于王
5. 王语暴以好乐
6. 大王来何操

五、文章在阐述"十思"的内容和意义之前,先用许多文字谈固本开源,取易守难,其作用是什么?

4.

阿 房 宫 赋[1]

杜 牧

[阅读提示]

"赋"作为文学体制,起源于楚辞,至荀况始有定名,它出现于战国后期,到汉代才形成。关于赋的特点,《文心雕龙·诠赋》说:"赋者,铺也;铺采摛文,体物写志也。"体物写志,指赋的内容,指通过摹写事物来达到抒发情志的目的。"铺采摛文"指在语言上要使用

华美的词藻。另外,赋也很讲究声韵的美,它把散文的章法、句式与诗歌的韵律、节奏结合在一起,借助于长短错落的句子、灵活多变的韵脚以及排比、对偶的调式,形成一种自由而又谨严、流动而又凝滞的文体,既适合于散文式的铺陈事理,又能保存一定的诗意。

杜牧所处的时代,政治腐败,阶级矛盾异常尖锐,而藩镇跋扈,吐蕃、南诏、回鹘等纷纷入侵,更加重了人民的痛苦,大唐帝国,已处于崩溃的前夕。杜牧针对这种形势,极力主张内平藩镇,加强统一,外御侵略,巩固国防。为了实现这些理想,他希望当时的统治者励精图治,富民强兵,而事实恰恰和他的愿望相反。穆宗李恒以沉溺声色送命,接替他的敬宗李湛,荒淫更甚,"游戏无度,狎昵群小","视朝月不再三,大臣罕得进见",又"好治宫室,欲营别殿,制度甚广",并命人"修东都宫阙及道中行宫",以备游幸,对于这一切,杜牧是愤慨而又痛心的。他在《上知己文章启》中明白地说:"宝历(敬宗的年号——引者)大起宫室,广声色,故作《阿房宫赋》。"

六王毕[2],四海一[3]。蜀山兀,阿房出[4]。覆压三百余里[5],隔离天日[6]。骊山北构而西折,直走咸阳[7]。二川[8]溶溶[9],流入宫墙。五步一楼,十步一阁;廊腰缦回[10],檐牙高啄[11];各抱地势[12],钩心斗角[13]。盘盘焉,囷囷焉,蜂房水涡[14],矗不知乎几千万落[15]。长桥卧波,未云何龙[16]?复道[17]行空,不霁何虹?高低冥迷[18],不知西东。歌台暖响,春光融融[19];舞殿冷袖,风雨凄凄[20]。一日之内,一宫之间,而气候不齐。

妃嫔媵嫱[21],王子皇孙,辞楼下殿,辇来于秦[22]。朝歌夜弦,为秦宫人。明星荧荧,开妆镜也[23];绿云扰扰,梳晓鬟也;渭流涨腻[24],弃脂水也;烟斜雾横,焚椒兰[25]也。雷霆乍惊,宫车过也;辘辘远听[26],杳不知其所之也。一肌一容,尽态极妍[27],缦立[28]远视,而望幸[29]焉,有不得见者,三十六年[30]。

燕、赵之收藏[31],韩、魏之经营,齐、楚之精英,几世几年,摽掠其人[32],倚叠[33]如山。一旦不能有,输来其间。鼎铛玉石,金块珠砾[34],弃掷逦迤[35]。秦人视之,亦不甚惜。嗟乎!一人之心,千万人之心也。秦爱纷奢,人亦念其家。奈何取之尽锱铢[36],用之如泥沙?使负栋之柱[37],多于南亩之农夫;架梁之椽,多于机上之工女;钉头磷磷[38],多于在庾[39]之粟粒;瓦缝参差,多于周身之帛缕;直栏横槛,多于九土[40]之城郭;管弦呕哑,多于市人之言语。使天下之人,不敢言而敢怒。独夫[41]之心,日益骄固[42]。戍卒叫[43],函谷举[44]。楚人一炬[45],可怜焦土。

呜呼!灭六国者,六国也,非秦也。族秦[46]者,秦也,非天下也。嗟夫!使六国各爱其人,则足以拒秦;使秦复爱六国之人,则递[47]三世可至万世[48]而为君,谁得而族灭也?秦人不暇自哀,而后人哀之;后人哀之而不鉴之,亦使后人而复哀后人也。

[注释]

[1] 选自《樊川文集》(上海古籍出版社 1978 年版)。杜牧(803—853 年),字牧之,京兆万年(现在陕西西安)人,唐代文学家。唐文宗大和二年(公元 828 年)中进士,授弘文馆校郎。后在地方军府任幕僚多年。开成四年(公元 839 年)回到长安,历任左补阙,膳部、司勋员外郎。唐武宗会昌二年(公元 842 年)以后,相继出任黄州、池州、睦州等地刺史。晚年居住在长安城南的樊川别墅,后世因称他为"杜樊川"。

杜牧工诗、赋、辞,而以诗歌创作成就最大,在晚唐诗坛独树一帜。人们将他和杜甫相比,称他为"小杜";又和他同时代的李商隐齐名,并称"小李杜"。散文气势雄浑,多针砭时事;诗歌语言流丽而又风味清新,气势豪宕而又情致婉约。著有《樊川文集》,清人冯浩撰有《樊川诗集注》。

　　阿(ē)房宫,秦始皇在渭南建造的宫殿,始建于秦始皇三十五年(公元前212年),至秦亡时尚未完工,故址在今陕西省西安市西南阿房村。阿房,指宫殿的四阿(即四周)有宽阔宏丽的曲檐。唐敬宗宝历年间,大兴土木,修建宫室。作者借古讽今,切谏时弊,写了这篇文章。

[2] 六王毕:六国灭亡了。六王,齐、楚、燕、韩、赵、魏六国的君王,即指六国。毕,完结,指为秦国所灭。

[3] 一:统一。

[4] 蜀山兀,阿房出:蜀地的山光秃了,阿房宫出现了。兀,高而上平,指伐尽蜀山的树木。

[5] 覆压三百余里:(从渭南到咸阳)覆盖了三百多里地。形容宫殿楼阁接连不断,占地极广。

[6] 隔离天日:遮蔽了天日。形容宫殿楼阁的高大。

[7] 骊山北构而西折,直走咸阳:(阿房宫)从骊山向北建造,折而向西,一直通到咸阳(古咸阳在骊山西北)。骊山,在今陕西临潼东南。走,趋向。

[8] 二川:指渭水和樊川。

[9] 溶溶:水盛的样子。

[10] 廊腰缦回:走廊回环曲折。廊腰,连接高大建筑物的走廊,好像人的腰部。缦回,像缯缦一样回环萦绕。缦,无花纹的帛。

[11] 檐牙高啄:(突起的)檐角尖耸,犹如禽鸟仰首啄物。檐牙,屋檐突起,犹如牙齿。

[12] 各抱地势:指阿房宫的宫殿楼阁随地形而建,彼此环抱呼应。

[13] 钩心斗角:指宫室结构参差错落,精巧工致。钩心,指各种建筑物都向中心攒聚。斗角,指屋角互相对峙,好像兵戈相斗。

[14] 盘盘焉,囷囷(qūnqūn)焉,蜂房水涡:盘旋屈曲的样子,像蜂房,像水涡。楼阁依山而筑,所以说像蜂房,像水涡。焉,相当于"然"。

[15] 矗不知乎几千万落:矗立着不知有几千几万座。矗,高耸。下文"杳不知其所之也"的"杳",用法与"矗"相同。落,座,所。

[16] 长桥卧波,未云何龙:长桥卧在水上,没有云怎么(出现了)龙?《易经·乾卦》:"云从龙。"古人认为有龙就应该有云。这里用故作疑问的话,形容长桥似龙。

[17] 复道:在楼阁之间架木筑成的通道。因上下都有通道,所以叫"复道"。

[18] 冥迷:迷茫不清。

[19] 歌台暖响,春光融融:指人们在台上唱歌,歌乐声响起来,好像充满着暖意,如同春光那融和。融融,和暖。

[20] 舞殿冷袖,风雨凄凄:指人们在殿中舞蹈,舞袖飘拂,好像带来寒气,如同风雨交加那样凄冷。

[21] 妃嫔(pín)媵(yìng)嫱(qiáng):统指六国王侯的宫妃。她们各有等级,妃的等级比嫔、嫱高。媵是陪嫁的人,也可能成为嫔、嫱。下文的"王子皇孙",指六国王侯的女儿、孙女。

[22] 辞楼下殿,辇来于秦:辞别(六国的)楼阁宫殿,乘辇车来到秦国。辇,古代以手推挽的车子,秦汉以后多指帝后乘坐的车子。

[23] 明星荧荧,开妆镜也:(光如)明星闪亮,是(宫人)打开梳妆的镜子。荧荧,明亮的样子。古代铜镜不用时多用布包起来。

[24] 涨腻:浮起了(一层)脂膏。腻,指宫人胭脂、香粉的洗脸水。

[25] 椒兰:两种香料植物,焚烧以熏衣物。

[26] 辘辘远听:车声听起来越来越远。辘辘,车行的声音。

[27] 一肌一容,尽态极妍:每一处肌肤,每一种姿容,都娇媚极了。态,指姿态。妍,美丽。

[28] 缦立：延伫，久立。
[29] 幸：封建时代皇帝到某处，叫"幸"。妃、嫔受皇帝宠爱，叫"得幸"。
[30] 三十六年：指嬴政执政的年数。
[31] 收藏：指收藏的金玉珍宝等物。下文的"经营""精英"都指金玉珠宝等物。
[32] 摽(piāo)掠其人：从人民那里抢来。摽，抢劫，掠夺。人，民，避唐太宗李世民讳，改"民"为"人"。
[33] 倚叠：积累。
[34] 鼎铛(chēng)玉石，金块珠砾：把宝鼎看做铁锅，把美玉看做石头，把黄金看做土块，把珍珠看做石子。铛，平底的浅锅。砾，碎石。
[35] 逦迤(lǐyǐ)：连续不断。这里有连接着、到处都是的意思。
[36] 锱铢(zīzhū)：古代重量单位。一锱等于六铢，一铢约等于后来一两的二十四分之一，锱、铢连用，极言其细微。
[37] 负栋之柱：承担栋梁的柱子。
[38] 磷磷：玉石色彩映耀的样子。这里形容突出的钉头。
[39] 庾(yǔ)：露天的谷仓。
[40] 九土：九州。
[41] 独夫：失去人心而极端孤立的统治者。这里指秦始皇。
[42] 固：顽固。
[43] 戍卒叫：指陈涉、吴广起义。
[44] 函谷举：刘邦于公元前206年率军先入咸阳，推翻秦朝统治，并派兵守函谷关。举，拔，攻占。
[45] 楚人一炬：指公元前206年项羽攻入咸阳，焚烧秦的宫殿，大火三月不灭。炬，火把，这里指焚烧。
[46] 族秦：灭秦。族，灭族。
[47] 递：传递，这里指王位顺着次序传下去。
[48] 万世：《史记·秦始皇本纪》：秦始皇统一六国后，"下诏曰：'朕为始皇帝，后世以计数，二世、三世至于万世，传之无穷。'"然而秦朝仅传二世便亡。

[思考练习]

一、《阿房宫赋》是一篇辞赋，富有音乐美。它讲究声调变化；多用整句（对偶句、排比句），间用散句，整齐而有变化；全篇押韵（或句句押韵，或隔句押韵），文句之内，字系于韵而不散，段落之中，句系于韵而成一气。诵读时注意体会这些特点，读出文章的气势，传达出作者在文中寄寓的情感。

二、为句中加点字注音并解释其意义。

1. 廊腰缦回
2. 辞楼下殿，辇来于秦
3. 一肌一容，尽态极妍
4. 鼎铛玉石，金块珠砾
5. 多于在庾之粟粒

三、翻译句子。

1. 六王毕，四海一。
2. 骊山北构而西折，直走咸阳。

3. 廊腰缦回，檐牙高啄。各抱地势，钩心斗角。
4. 明星荧荧，开妆镜也。
5. 歌台暖响，春光融融；舞殿冷袖，风雨凄凄。

5.

过秦论（上）[1]

贾　谊

[阅读提示]

《过秦论》是西汉政治家贾谊的一篇力作，意在警戒当世之君臣记取秦朝覆亡的历史教训，如作者在《过秦论》下篇里引野谚所作说明："前事之不忘，后世之师也"。创作意图十分明显。

全书共有上、中、下三篇。我们学的是上篇，文中概括叙述了秦王朝的兴亡过程，揭露了秦始皇的暴政，最后指出"仁义不施而攻守之势异也"是它迅速灭亡的根本原因，这是从史实中提炼观点。到了中篇，作者对这个观点作了分析，并进一步指出秦二世不顾"天下之嗷嗷"，继续实行暴政，"重之以无道"，然后从正面提出治理天下的原则："牧民之道，务在安之而已。"这是作者为文的本意所在。下篇主要指责秦王朝第三个也是最后一个君主——子婴的过失。

作者总结秦朝灭亡的教训，却先从秦国的强盛说起。文章以抗秦六国的雄厚实力作为反衬，用铺陈夸张之笔着力渲染了秦国孝公以来六代君主开拓的功业和秦始皇统一六国的赫赫威势。这既为写秦朝日后的覆亡作铺垫，也为揭示主题蓄势。而正是这个"金城千里"，似乎造就了"帝王万世之业"的强大秦国，面对陈涉"斩木为兵，揭竿为旗"的数百"疲弊之卒"，居然不堪一击而迅即覆亡。秦王朝终于由极盛走向了极衰，由万世之业的幻想变成二世而亡的现实，这形成了一种巨大的历史反差。反差促使人们反思，文章连用两个"何也"，发人深省，促使人们从中认识到导致强秦覆亡的最终原因是"仁义不施"。这既是对秦王朝覆亡所作的历史总结，也是为汉王朝的长治久安提供历史借鉴。

文章熔政论性与文学性于一炉，作者善于运用排比与对偶等多种表现手段铺陈渲染，纵横论析，感情充沛，辞锋犀利，文势闳肆，富于节奏，确有一唱三叹之致。前人以为"此等笔力，即求之西汉中，亦不易得也"。

秦孝公据崤函之固[2]，拥雍州[3]之地，君臣固守以窥周室[4]，有席卷天下，包举宇内，囊括四海之意，并吞八荒[5]之心。当是时也，商君[6]佐之，内立法度，务耕织，修守战之具，外连衡而斗诸侯[7]。于是秦人拱手[8]而取西河之外。

孝公既没，惠文、武、昭襄[9]蒙故业，因[10]遗策，南取汉中，西举巴、蜀，东割膏腴之地，北收要害之郡。诸侯恐惧，会盟而谋弱秦，不爱[11]珍器重宝肥饶之地，以致[12]天下之士，合从[13]缔交，相与为一[14]。当此之时，齐有孟尝，赵有平原，楚有春申，魏有信陵[15]。此四君者，皆明智而忠信，宽厚而爱人，尊贤而重士，约从离衡[16]，兼韩、魏、燕、赵、宋、卫、中山[17]之众。于是六国之士,有宁越、徐尚、苏秦、杜赫[18]之属为之谋;齐明、周最、陈轸、召滑、楼缓、翟景、苏厉、乐毅[19]之徒通其意;吴起、孙膑、带佗、倪良、王廖、田忌、廉颇、赵奢[20]之伦制其兵。尝以十倍之地,百万之师,叩关[21]而攻秦。秦人开关延敌[22],九国之师,逡巡[23]而不敢进。秦无亡矢遗镞之费,而天下诸侯已困矣。于是从散约败,争割地而赂秦。秦有余力而制其弊,追亡逐北[24],伏尸百万,流血漂橹[25];因利乘便,宰割天下,分裂山河。强国请服,弱国入朝。延及孝文王、庄襄王[26],享国之日浅,国家无事。

及至始皇,奋六世[27]之余烈,振[28]长策而御宇内,吞二周[29]而亡诸侯,履至尊而制六合[30],执敲扑[31]而鞭笞天下,威振四海。南取百越[32]之地,以为桂林、象郡[33];百越之君,俯首系颈[34],委命下吏。乃使蒙恬北筑长城而守藩篱[35],却匈奴七百余里;胡人不敢南下而牧马,士不敢弯弓而报怨。于是废先王之道,焚百家之言,以愚黔首;堕名城,杀豪杰;收天下之兵,聚之咸阳,销锋镝[36],铸以为金人十二,以弱天下之民。然后践华为城[37],因河为池[38],据亿丈之高,临不测之渊以为固。良将劲弩,守要害之处;信臣精卒,陈利兵而谁何[39]。天下已定,始皇之心,自以为关中之固,金城千里[40],子孙帝王万世之业也。

始皇既没,余威震于殊俗[41]。然陈涉瓮牖绳枢[42]之子,氓隶之人[43],而迁徙之徒也[44];才能不及中人,非有仲尼、墨翟之贤,陶朱、猗顿之富[45];蹑足行伍之间,而倔起阡陌之中,率疲弊之卒,将数百之众,转而攻秦;斩木为兵,揭竿为旗,天下云集响应,赢粮而景从[46]。山东豪俊遂并起而亡秦族矣。

且夫天下非小弱也,雍州之地,崤函之固,自若也。陈涉之位,非尊于齐、楚、燕、赵、韩、魏、宋、卫、中山之君也;锄耰棘矜[47],非铦于钩戟长铩也[48];谪戍之众,非抗于九国之师也;深谋远虑,行军用兵之道,非及乡时之士也[49]。然而成败异变,功业相反,何也?试使山东之国与陈涉度长絜大[50],比权量力,则不可同年而语矣。然秦以区区之地,致万乘之势,序八州而朝同列,百有余年矣;然后以六合为家,崤函为宫;一夫作难而七庙[51]堕,身死人手,为天下笑者,何也?仁义不施,攻守之势异也。

[注释]

[1] 本文选自贾谊《新书》卷一。贾谊(公元前 200—前 168 年),西汉政论家、文学家。洛阳人。18 岁时以能读诗书、善属文,为郡人所称誉,廷尉吴公荐于汉文帝,被任为博士。不久,被破格提拔为太中大夫,受大臣周勃、灌婴排挤,贬为长沙王太傅。后为梁怀王太傅。32 岁时郁郁而死。贾谊生活在西汉初期,由于此前经过 500 多年的战争破坏,社会经济凋敝,人口减少,所以他极力主张行仁政以"安民",曾多次上疏,批评时政。《过秦论》就是为宣传这种主张写的。"过秦"的"过",是过失、过错的意思,这里用作动词,"过秦"就是指责秦国的过失。

[2] 秦孝公:秦国的国君,名渠梁,公元前 361 年至前 338 年在位。崤函:崤山和函谷关。崤,亦作"殽"。

[3] 雍州:古九州之一,今陕西、甘肃、青海一带。

[4] 窥周室:暗暗地计划吞并周朝。窥,窥伺,偷看,意谓寻找机会吞并他国。

[5] 八荒:八方荒远的地方。

[6] 商君:商鞅。

[7] 连衡:也作"连横",是当时外交斗争的一种策略。斗诸侯:使诸侯自相斗争。

[8] 拱手：两手相合，指毫不费力。
[9] 惠文、武、昭襄：秦国的三位国君惠文王、武王、昭襄王。惠文王名驷，是孝公的儿子；武王是惠文王的儿子，昭襄王是武王的异母弟。蒙：有承接的意思。
[10] 因：沿袭。
[11] 不爱：不吝惜。
[12] 致：招纳。
[13] 合从：也作"合纵"，是六国联合共同对付秦国的策略。
[14] 相与为一：互相援助，成为一体。
[15] "齐有"四句：孟尝，孟尝君，齐国的公子，姓田名文。平原，平原君，赵国的公子，名胜。春申，春申君，姓黄名歇。信陵，信陵君，魏国的公子，名无忌。
[16] 约从离衡：相约合从，离散秦国的连衡策略。
[17] 韩、魏、燕、赵、宋、卫、中山：《史记·秦始皇本纪》"燕"后有"楚、齐"二字。
[18] 宁越：赵人。徐尚：宋人。苏秦：周人，是当时的"合从长"。杜赫：周人。
[19] 齐明：东周臣。周最：东周君的儿子。陈轸：楚人。召滑：楚臣。楼缓：魏相。翟景：魏人。苏厉：苏秦之弟。乐毅：燕将。
[20] 吴起：卫人。孙膑：齐将。带佗：楚将。倪良、王廖：都是当时的兵家。田忌：齐将。廉颇、赵奢：都是赵将。
[21] 叩关：指攻打函谷关。
[22] 延敌：引敌人进来。延，引进。
[23] 逡巡：徘徊，行而不进。
[24] 亡：逃跑。此指败逃的敌军。北：溃败，此指败走的敌军。
[25] 橹：盾牌。
[26] 孝文王：秦国国君，昭襄王的儿子，在位只有三天就死了。庄襄王：孝文王的儿子，在位三年就死了。
[27] 六世：指孝公、惠文王、武王、昭襄王、孝文王、庄襄王六代。余烈：遗留下来的功业。
[28] 振：挥动。策：马鞭子。御：驾御，统治。
[29] 吞二周：吞并西周和东周。秦昭襄王五十一年（公前256年）灭西周，秦庄襄王元年（公元前249年）灭东周。
[30] 履至尊：登上帝位。六合：天地四方，指天下。
[31] 敲扑：刑具，短的叫敲，长的叫扑。
[32] 百越：古代越族居住在江、浙、闽、粤各地，各部族各有名称，而统称百越，也叫百粤。
[33] 桂林、象郡：秦所置的二郡，都在今广西境内。
[34] 俯首：低头，表示服从。系颈：颈上系绳，表示投降。
[35] 蒙恬：秦将。始皇时领兵三十万北逐匈奴，修筑万里长城。
[36] 锋镝(dí)：泛指兵器。锋，刀尖。镝，箭头。
[37] 践华为城：依凭着华山当作城。
[38] 因河为池：顺沿着黄河当作池（护城河）。
[39] 谁何：指盘诘查问，系将代词用作动词。
[40] 金城：坚固的城池。
[41] 殊俗：不同的风俗，指边远的地区。
[42] 瓮牖(yǒu)绳枢：以破瓮作窗户，以草绳系户枢，形容家里穷。
[43] 氓：民。隶：奴隶。

[44] 迁徙之徒：被征发的人，指陈涉被征发戍守渔阳而言。
[45] 陶朱：春秋时越国的范蠡。他帮助越王勾践灭吴后，离开越国，跑到陶，自称陶朱公。他善于经营生计，后人常以"陶朱"为富人的代称。猗顿：春秋时鲁国人。他向陶朱公学致富之术，大畜牛羊于猗氏（今山西临猗一带）南部，积累了很多的财物。
[46] 赢粮：担着粮食。赢，担负。景从：如影随形地跟着。景，同"影"。
[47] 鉏耰(yōu)棘矜(jīn)：鉏，"锄"。耰，锄柄。棘，同"戟"。矜，戟柄。
[48] 铦(xiān)：锋利。钩戟，有钩的戟。长铩(shā)：长矛。
[49] 乡(xiàng)时：先前。乡，同"向"。
[50] 度长絜(xié)大：量量长（短），比比大（小）。絜，衡量。
[51] 七庙：天子的宗庙。周制天子祀祖立七庙。

[思考练习]

一、前人指出，贾谊作陈涉与强秦之比，有卵石之异。但文章的最后结局居然是卵能碎石，作者力图用这种意想不到的艺术效果来揭示何种思想？

二、金圣叹认为《过秦论》"前半有说六国时，此只是反衬秦；后半有说秦时，此只是反衬陈涉"。请分析本文在反衬手法运用上有何独到成就？

三、对于秦国的兴亡，贾谊用"仁义不施，攻守之势异也"进行了历史的总结，今天我们重读这篇千古名文，有何新的借鉴意义？

写作训练（十一）

自由写作

写作范围

自由命题，形式不拘。

写作指导

自由写作是培养写作习惯的必由之路；可写的东西比比皆是；写最想写的东西；用平常心，说家常话，设好点，排好序；打草稿要快，修改要下功夫。

除此之外，还要注意以下几点：

一、自由写作也要有追求、有目标

我们作文，是练习写作，写出来不一定给人看。然而实际生活中，写文章又往往是准备给人看的，有时甚至希望读者越多越好。有些作品，也许纯然是作者的主观感受或内心独白，也总是希望以自己的感受去影响他人，至少是让他人了解自己的内心世界。因此，一切写作都应该有追求，有目标。

而追求的高下，目标的大小，往往决定文章价值的大小。因为不同的追求和目标驱使作者去关注不同的事情。鲁迅先生的写作有崇高的目标，他是要改变国民的精神，拯救贫弱的祖国，所以他总是去解剖中国人的灵魂，研制疗救国民精神的"药"，希望国民精神健全起来，去开创新的生活。这样崇高的目标，使鲁迅作品具有非凡的价值。我们应该从鲁迅先生那里得到启发,写点儿有价值的文章。

这样的写作目的,会促使我们去观察现状是怎么样的,去思考社会发展的方向是怎样的。由现实的此岸达到理想的彼岸,需要什么样的精神和思想。试看孙犁的《黄鹂》,就有明确的目的。在极"左"思潮禁锢的年代,他表达了一个明确的理想:社会主义应该为一切美好事物的发展创造理想的环境条件。古代优秀的作品之所以千古流传,往往是有不朽的主题,千百年来,使人们深受教益。《岳阳楼记》中"先天下之忧而忧,后天下之乐而乐"的名言世代流传,一直被人们奉为人生准则。所以,有明确而有意义的写作追求和目的,是至关重要的。

二、既可以写眼前的,也可以写往事

从读过的课文中可以看出,有的是写眼前的,有的是写往事。例如,苏轼的《石钟山记》、王安石的《游褒禅山记》、朱自清的《荷塘月色》,写的都是眼前的,情景还在眼前,心境还未平静,提笔就写,比较容易。

如果眼前没有什么可写,那就打开记忆的仓库吧,那里有丰富的材料。回首往事,往事在现在的眼光观照之下,往往会有一种新的认识,新的意义。例如《黄鹂》,回忆一生所见黄鹂,种种印象迭加起来,从黄鹂的各种状态中可以感悟到,"在一定的环境里,才能发挥这种极致",发现了哲理性的主旨。回首往事,往事的意义显得格外分明,所蕴含的情感格外深厚。例如老舍回忆母亲,更加感念母亲的深恩:"生命是母亲给我的。我之能长大成人,是母亲的血汗灌养的。我之能成为一个不十分坏的人,是母亲感化的。我的性格,习惯,是母亲传给的。她一世未曾享过一天福,临死还吃的是粗粮。唉!还说什么呢?心痛!心痛!"回首往事,因为时空转换,事物的特点往往显得格外鲜明。例如,沈从文写《记忆中的云南跑马节》,回忆之中,地方特色分外鲜明,怀念之情也分外浓烈。

既可以写眼前的,也可以写往事,写作范围大大扩展了,自由选择就大有余地了。

三、既可以纪实,也可以想象、虚构

想象与虚构就是文学创作了,喜欢写诗,写散文,写小说,是应该鼓励的。自由写作的目的之一,就是希望有文学才能的同学自由地表现自己的才能,即使是萌芽状态的才华也应该得到热情鼓励。小说人物、情节,都是虚构而成的。例如,玛蒂尔德并不是实有其人,《项链》的情节也不是实有其事,但是生活中这类人这类事,比比皆是,经过虚构,人物就可能像你像我像他。编故事是要动一番脑筋的。确定了主要人物主要事件之后,要想想按照人物性格可能怎么做,可能发生什么事,情节怎么发展才有故事,情节要这么发展需要配置什么次要人物。例如莫泊桑在项链上编故事,为什么借呢?写舞会。借了以后呢?写她丢失了。丢了肯定要赔。要写她为赔一串项链,吃了十年苦,就设计这串项链特别贵重。作者把她丈夫写成是教育部的小书记,又给玛蒂尔德配了一个好朋友佛来思节,都是根据情节的需要设计出来的。编故事是可以学会的,不妨试试看。

四、希望将自由写作坚持下去

写作不是因为学校里有作文课,才不得不写。因为人生需要写作,所以学校设作文课练习写作。人生之需要写作有两种:一种是硬任务,不能不写的,自己写不来就只能求人;一种是软性的,全在于主观能动性。无论从事何种职业,能写就能对文化的发展多少作出一点贡献。写自己工作的经验,可以推动自己思考,思考怎样改进自己的工作,把成功的经验坚持下去,同时创造新的经验,把自己的经验总结出来,发表出去,就是社会财富。各行各业都有学问,越是普通的岗位,同行越多,成功的经验受益面越大。靠专业作家体验生活写出来的东西,毕竟有点隔膜,自己写自己的生活,那就亲切得多。《石钟山记》中,苏轼说"渔工水师虽知而不能言",就是说渔工水师不善于写,如果会写,石钟山的命名早就有人写出来了。

越来越多的人能较好地使用书面语言,将有助于公民文化素质的提高,社会主义文化必将越来越繁荣。

知识拓展(七)

毛泽东对鲁迅的评价

"鲁迅在外面的作用大"

1931年10月,鲁迅向左联文委书记冯雪峰以及茅盾打听中央苏区和毛泽东的情况,极为佩服朱毛在第二次反"围剿"斗争中的战绩,因为他们把国民党反动派"吓坏了"。1932年秋,在冯雪峰等人的陪同下,鲁迅曾在家中两次会见陈赓。

1933年初,博古提议,可以让鲁迅来当中华苏维埃共和国中央政府的教育人民委员(教育部长),主持中央苏区的教育工作。中共中央派到鲁迅身边的联络员冯雪峰不赞成博古的意见,认为博古不了解鲁迅,低估了鲁迅在白区文化工作中的重要作用,并提出还是让瞿秋白来主持教育工作为好。张闻天赞同冯雪峰的意见,并征求了毛泽东的意见。毛泽东表示:"鲁迅当然是在外面作用大。"

1934年1月,冯雪峰来到瑞金,担任中央党校副校长。毛泽东此时受到博古、李德等人的排挤,处境艰难。听说冯雪峰来到了瑞金,毛泽东专门拜访了他,并对冯雪峰讲述的鲁迅的事情尤其感兴趣。冯雪峰告诉毛泽东,有一个日本人曾经说过,全中国只有两个半人懂得中国:一个是蒋介石,一个是鲁迅,半个是毛泽东。毛泽东听后哈哈大笑,他在沉吟片刻后说:"这个日本人不简单,他认为鲁迅懂得中国,这是对的。"

冯雪峰还告诉毛泽东,鲁迅读过毛泽东的诗词,认为他有"山大王"的气概。毛泽东非常开心,因为他自己一直以"山大王"自居,他在上井冈山之前的演讲中就表示要做革命的"山大王"。

1936年10月鲁迅病逝后,党中央委托冯雪峰主持治丧工作。冯雪峰还特意把毛泽东的名字写进了鲁迅治丧委员会的名单中。1937年1月,冯雪峰回延安汇报工作,毛泽东一再关切地询问鲁迅逝世前后的情况,表示了对鲁迅的怀念之情。

1938年,鲁迅艺术学院在延安成立(1958年改名鲁迅美术学院)。毛泽东亲自书写校名和"紧张、严肃、刻苦、虚心"的校训。

"鲁迅是现代中国的圣人"

毛泽东爱读鲁迅的书,非常推崇鲁迅的人格、思想和文学功绩,在其著作、报告、讲演和口头谈话中,有不少关于鲁迅的论述,仅130多万字的《毛泽东选集》五卷中就达20处之多。

　　1937年10月19日，陕北公学举行纪念鲁迅逝世一周年大会。毛泽东出席会议并发表了演讲。在这次演讲中，毛泽东明确指出："鲁迅在中国的价值，据我看要算是中国的第一等圣人。孔夫子是封建社会的圣人，鲁迅则是现代中国的圣人。"

　　1940年1月，毛泽东在延安新创刊的《中国文化》杂志创刊号上发表了著名的《新民主主义论》，其中有评价鲁迅的短短四句话，毛泽东使用了4个"伟大"、9个"最"和"空前"等最高级的形容词和副词。在毛泽东对古今中外人物的评价中，还没有第二个受到过如此高的评价，他把对鲁迅的评价推向了最高峰。

　　根据毛泽东的提议，1949年7月，全国文联代表大会在北平举行。会议召开期间，各位代表都获得了一枚特殊的像章。这就是毛泽东和鲁迅的双人像章。这枚像章为铜质，圆型，直径2.2厘米，中上方一面飘卷的红旗，有毛泽东和鲁迅的肖像，像章上方有"1949"的字样，下方"中华全国文学艺术工作者代表大会"15个繁体字呈半圆形。毛泽东与鲁迅双人像章的出现，反映了毛泽东对鲁迅的感情。

"我就爱鲁迅的书"

　　1937年3月，毛泽东会见了到延安访问的美国女作家史沫特莱，谈到《阿Q正传》。这是第一次毛泽东谈鲁迅作品的书面记载。毛泽东说：国内有一部分带着阿Q精神的人，洋洋得意地把我们的这种让步叫做"屈服、投降与悔过"，阿Q在任何时候都是胜利的，别人则都是失败的。

　　1938年8月，中国第一次出版了20卷本的《鲁迅全集》，毛泽东通过上海中共秘密组织得到了一套。毛泽东对这套《鲁迅全集》十分珍爱，他转移、行军到哪里，就把它带到哪里。在战争年代，毛泽东的不少书籍和用品都丢弃了，可是这套20卷本的《鲁迅全集》却一直伴随着他。

　　1949年12月，毛泽东首次访问苏联，他也随身带着几本鲁迅的著作，一有空就读。有时甚至边吃饭边读，还笑着对工作人员说："我就爱鲁迅的书，鲁迅的心和我们是息息相通的。"

　　在鲁迅的著作中，毛泽东最爱读、谈得最多的就是《阿Q正传》。他常常利用这个人物形象来表达自己的看法。与美国著名记者斯诺谈话，毛泽东批评蒋介石否认统一战线的事实时，便以阿Q为例，说蒋是"阿Q主义者"，是看不到统一战线存在的自欺欺人。

　　在1959年的中央军委扩大会议上，毛泽东谈道："阿Q这个人是有缺点的。缺点就表现在他那个头不那么漂亮，是个癞痢头，因此见不得人家讲，一讲就发火，发火就打架，打架打不赢，他就说儿子打老子。"在这里，毛泽东讲这些话，意在说明有缺点要允许别人讲，有缺点或犯错误的同志要准备听闲话，多准备听一点。

　　毛泽东还非常喜爱鲁迅的旧体诗。1958年12月1日，著名粤剧演员红线女在武昌为中共八届六中全会的代表演出，并请求毛泽东写几个字。当晚，毛泽东欣然挥毫写了鲁迅的两句诗"横眉冷对千夫指，俯首甘为孺子牛"。从这里可以看出毛泽东对鲁迅诗句的钟爱和赞赏。

"鲁迅活着会怎样"

1957年3月8日,毛泽东在《同文艺界代表的谈话》中说:"我看鲁迅在世还会写杂文,小说恐怕写不动了,大概是文联主席。开会的时候讲一讲。这33个题目,他一讲或者写出杂文来,就解决问题。他一定有话讲,他一定会讲的,而且是很勇敢的。"

毛泽东所说的"33个题目",是中央宣传部办公室1957年3月6日印发的《有关思想工作的一些问题的汇集》,共汇集了33个问题。至于毛泽东认为鲁迅"可做个文联主席",则是"文革"时期社会上的传说,这个传说的缘起,可能就是上面这篇讲话。

两天后,即3月10日,毛泽东接见新闻出版界代表时谈道:"有人问,鲁迅现在活着会怎么样?我看鲁迅活着,他敢写也不敢写。在不正常的空气下面,他也会不写的,但是更多的可能是会写。俗话说得好:'舍得一身剐,敢把皇帝拉下马。'鲁迅是真正的马克思主义者,是彻底的唯物论者。真正的马克思主义者,彻底的唯物论者,是无所畏惧的,所以他会写。现在有些作家不敢写,有两种情况:一种情况是我们没有为他们创造敢写的环境,他们怕挨整;还有一种情况,就是他们本身唯物论没有学通,是彻底的唯物论者就敢写。鲁迅的时代,挨整就是坐班房和杀头,但是鲁迅也不怕。"

"我是圣人的学生"

即便是在"文革"期间,在毛泽东个人已经被神化的情况下,他对鲁迅的评价仍然是很高的。在1971年"九一三"事件后,毛泽东大病一场。此刻他又一次想到了鲁迅,他命人将《鲁迅全集》排成线装大字本,认真重读并批注。1971年11月20日,毛泽东在武汉接见曾思玉等军区领导人的时候说:"劝大家再看看《鲁迅全集》……鲁迅是中国的第一等圣人。中国的第一等圣人不是孔夫子,也不是我。我是圣人的学生。"

毛泽东在晚年多次发出"学鲁迅的榜样"、"读点鲁迅"的号召。1975年7月14日晚,毛泽东同江青谈调整文艺政策问题,对他们把周扬等一批文艺界负责同志长期关押提出批评。毛泽东说:"鲁迅在的话,不会赞成把周扬这些人长期关起来,脱离群众。"1975年8月,毛泽东用颤抖的手在《鲁迅全集》线装本第5卷第5分册的封面上写下了"吃烂苹果"几个字,他要身边的工作人员给他读此分册中的《关于翻译(下)》一文。当读到鲁迅用"剜烂苹果"的比喻,主张正确批评,反对"首饰要'足赤',人物要'完人'"时,毛泽东非常高兴,连声说:"写得好!写得好!"

对于《鲁迅全集》的出版,毛泽东非常关心。1975年11月,毛泽东在周海婴的来信中就鲁迅著作的出版和研究工作,做出重要批示:"我赞成周海婴同志的意见,请将周信印发政治局,并讨论一次,做出决定,立即实行。"

根据毛泽东的批示,一套崭新的《鲁迅全集》很快就呈现在全国广大读者的面前,对进一步学习鲁迅、研究鲁迅、发扬鲁迅精神起到了有力的推动作用。

——选自《报刊荟萃》2008年第3期

参考文献

1. 徐中玉,齐森华.大学语文(第九版).上海:华东师范大学出版社,2007.
2. 许华春.高职语言.杭州:浙江大学出版社,2006.
3. 徐中玉.大学语文(高职版).北京:高等教育出版社,2009.
4. 李山.大学语文(第三版).北京:中央民族大学出版社,2007.
5. 江少川,张映晖.新编大学语文.北京:北京大学出版社,2005.
6. 温儒敏.高等语文.南京:江苏教育出版社,2003.
7. 徐绍建.大学语文.武汉:武汉大学出版社,2005.
8. 刘金同.中国语文.长春:吉林大学出版社,2009.
9. 朱东润.中国历代文学作品选.上海:古籍出版社,1999.
10. 卞孝萱,黄清泉.古代文学作品选.武汉:华中师范大学出版社,1999.
11. 于非.中国古代文学作品选.北京:高等教育出版社,2003.
12. 姜德铭.中国现代名家经典文库.北京:中国戏剧出版社,2001.
13. 陈洪.大学语文.北京:高等教育出版社,2009.
14. 洪波.立体化古代汉语教程.北京:高等教育出版社,2005.
15. 郭锡良等.古代汉语(上、下册).北京:商务印书馆,1999.
16. 卿小平.大学语文(上、下册).北京:中国广播电视出版社,2006.
17. 汪亚明.大学语文教程.北京:北京大学出版社,2005.
18. 宋彦,鲍焰.大学语文.济南:山东人民出版社,2009.
19. 冯天瑜.中国文化史.北京:高等教育出版社,2005.
20. 郭齐勇.中国哲学史.北京:高等教育出版社,2006.
21. 王小舒.新编中华传统文学精要.北京:高等教育出版社,2006.
22. 陈淑梅.大学语文.北京:科学出版社,2008.
23. 刘文斌.大学语文.北京:中国传媒大学出版社,2008.
24. 潘桂云.大学语文.北京:北京交通大学出版社,2008.
25. 石耿立.大学语文.济南:山东人民出版社,2008.
26. 姜山秀,李桂廷.大学语文.济南:山东人民出版社,2008.
27. 刘金同.中国传统文化.天津:天津大学出版社,2009.
28. 孙昕光.大学语文.北京:高等教育出版社,2006.
29. 刘金同.大学语文.北京:科学出版社,2010.
30. 刘金同.大学写作与口才演讲.北京:中国水利水电出版社,2009.
31. 刘金同.应用文写作教程(第二版).北京:清华大学出版社,2010.
32. 刘金同.国家经典释译.北京:高等教育出版社,2012.
33. 刘金同.大学生文化修养.北京:北京大学出版社,2008.
34. 刘金同.新编大学语文.北京:国防工业出版社,2007.